21世纪经济管理新形态教材·会计学系列

审计学理论与实务

宫义飞 ◎ 主　编
廖方楠　崔雯雯　汪　军 ◎ 副主编

清华大学出版社
北京

本书封面贴有清华大学出版社防伪标签，无标签者不得销售。
版权所有，侵权必究。举报：010-62782989，beiqinquan@tup.tsinghua.edu.cn

图书在版编目（CIP）数据

审计学理论与实务 / 宫义飞主编. -- 北京 : 清华大学出版社, 2025.3.
(21 世纪经济管理新形态教材). -- ISBN 978-7-302-68196-0

Ⅰ. F239.0

中国国家版本馆 CIP 数据核字第 20256E2E44 号

责任编辑：付潭蛟
封面设计：汉风唐韵
责任校对：王荣静
责任印制：丛怀宇
出版发行：清华大学出版社
    网　　址：https://www.tup.com.cn，https://www.wqxuetang.com
    地　　址：北京清华大学学研大厦 A 座　　邮　　编：100084
    社 总 机：010-83470000　　邮　　购：010-62786544
    投稿与读者服务：010-62776969，c-service@tup.tsinghua.edu.cn
    质 量 反 馈：010-62772015，zhiliang@tup.tsinghua.edu.cn
    课 件 下 载：https://www.tup.com.cn，010-83470332
印 装 者：河北鹏润印刷有限公司
经　　销：全国新华书店
开　　本：185mm×260mm　　印　张：23　　字　数：515 千字
版　　次：2025 年 3 月第 1 版　　印　次：2025 年 3 月第 1 次印刷
定　　价：59.00 元

产品编号：100113-01

前言

日月其迈，时盛岁新。乘风扶摇，志在凌云。《中华人民共和国国民经济和社会发展第十四个五年规划和 2035 年远景目标纲要》是我国开启全面建设社会主义现代化国家新征程的宏伟蓝图，是全国各族人民共同的行动纲领。为深入贯彻落实习近平总书记的重要指示批示精神，推动"十四五"审计工作高质量发展，更好发挥审计在党和国家监督体系中的重要作用，国家审计署进一步明确了要加快构建集中统一、全面覆盖、权威高效的审计监督体系的目标，并且要求审计在经济监督中应体现政治导向、政治要求。在此背景下，本书进行了内容与结构的重新编排与修订。

本书以最新审计准则为基本依据，结合具体审计案例，将审计的基本理论和知识融为一体；结合思政建设，以注册会计师审计为核心，同时对国家审计和内部审计的内容进行了更新；在充分尊重审计普遍认知规律、吸收国内外先进审计工作和教学经验的基础上，呈现出"三行"特点。

1. 致知力行——理论结合实际

审计是在实践中逐步发展起来的。在介绍审计方法、审计程序以及审计理论的同时，突出实务是本书的重要特征。本书在每一章开始处以案例引入，使读者对本章知识有一个系统的理解和把握；在章节中，涉及的重要的及难理解的知识点，通过具体的案例、知识链接与延伸阅读，使读者对相关知识有一个直观的把握，且知识链接与延伸阅读以二维码的形式呈现，其内容包括审计及会计准则更改前后对比、国内外对比、案例延伸等内容，使本书更具层次性与可读性；在每章的末尾处有思考题与即测即评，使读者能够对本章知识进行系统运用，进而达到熟练掌握的目的。

2. 与时偕行——紧跟最新要求

在政策准则方面，本书结合我国审计领域的新变化，以 2016 年、2019 年、2020 年、2023 年调整的审计准则及中国注册会计师协会印发的审计报告准则应用指南为基础，结合 2021 年 10 月 23 日修订的《中华人民共和国审计法》，特别增加了"思政建设""伦理与道德专栏"，将商务伦理与职业道德的相关知识以案例的形式融入书中，促进商务伦理与审计的结合。同时，考虑到大数据技术的研究与发展给审计工作带来的机遇与挑战，本书增加了大数据审计的相关内容，突出大数据背景下审计的方法、流程等呈现出的变化，深刻反映大数据技术在审计工作中的应用。

3. 不虚此行——内容格式俱佳

本书体例活泼，不拘泥于套路，增添了二维码的形式；在以审计准则为标准的基础上，强调财务报表审计的重要性；在重难点内容讲解上，强化案例应用，使抽象的理论知识转化为具体的实例，以调动读者的积极性，激发读者的学习兴趣，着重培养读者的综合技能。

本书由西南大学经济管理学院宫义飞教授担任主编。全书共12章，各章具体分工如下：第一章"绪论"、第二章"审计职业标准与法律责任"由西南大学经济管理学院宫义飞、努尔别亚·吾买尔、李佳奇编写审核；第三章"审计程序与审计技术方法"、第四章"审计风险与审计证据"由西南大学经济管理学院宫义飞、冯芸、李佳奇编写审核；第五章"现代风险导向审计"由西南大学经济管理学院宫义飞、何湄萱、李佳奇编写审核；第六章"销售与收款循环审计"、第七章"采购与付款循环审计"由西南大学经济管理学院廖方楠、钟思杰编写审核；第八章"生产与存货循环审计"由西南大学经济管理学院汪军、张艺婕编写审核；第九章"货币资金的审计"由西南大学经济管理学院汪军、张艺婕编写审核；第十章"完成审计"由西南大学经济管理学院廖方楠、杜杨编写审核；第十一章"审计报告出具"由西南大学经济管理学院崔雯雯、曾国航编写审核；第十二章"智能审计"由西南大学经济管理学院崔雯雯、曾国航、努尔别亚·吾买尔、冯芸、何湄萱、钟思杰、张艺婕、杜杨编写审核。编者在本书的编写过程中还参考了国内外大量优秀的专业文献，在此，我们一并对相关作者表示诚挚的谢意，对清华大学出版社表示真挚的感谢。

本书的内容体系既能适应我国会计学、财务管理学、审计学专业的教学之用，也能满足诸如工商管理、财政金融等其他经济类专业教学之用。本书也可作为注册会计师、财务工作者及广大经济管理人员业余学习审计知识的参考用书。

文以精思而工，虽奋楫笃行，臻于至善，然黄金有疵，白玉有瑕，金无足赤，人无完人，望诸君不吝赐教。

编　者
2024年3月

目录

第一章 绪论	**1**
第一节 审计的产生与发展	3
第二节 审计的定义与特征	9
第三节 审计的对象与分类	12
第四节 审计的目标与职能	18
第五节 大数据背景下审计的发展	20
思考题	24
伦理与道德专栏	25
即测即练	25
第二章 审计职业标准与法律责任	**26**
第一节 我国注册会计师执业准则体系	27
第二节 注册会计师职业道德规范	31
第三节 注册会计师的法律责任	36
第四节 大数据背景下对审计人才的需求变化	42
思考题	44
伦理与道德专栏	44
即测即练	45
第三章 审计程序与审计技术方法	**46**
第一节 审计程序	47
第二节 管理层认定	51
第三节 审计方法	54
第四节 审计抽样技术	60
第五节 大数据背景下审计技术方法的变化	70
思考题	74
伦理与道德专栏	75
即测即练	75
第四章 审计风险与审计证据	**76**
第一节 审计风险	77

第二节　审计重要性 80
　　第三节　审计证据 88
　　第四节　审计工作底稿 93
　　第五节　大数据时代的审计风险 100
　　思考题 104
　　伦理与道德专栏 104
　　即测即练 104

第五章　现代风险导向审计 **105**
　　第一节　接受业务委托和计划审计工作 106
　　第二节　风险评估审计 112
　　第三节　风险应对程序 131
　　第四节　大数据在现代风险导向审计中的应用研究 146
　　思考题 149
　　伦理与道德专栏 149
　　即测即练 149

第六章　销售与收款循环审计 **150**
　　第一节　销售与收款循环的主要活动及其关键控制 151
　　第二节　销售与收款循环的控制测试 158
　　第三节　主营业务收入审计 161
　　第四节　应收账款审计 166
　　第五节　大数据背景下销售与收款循环审计方法研究 175
　　思考题 179
　　伦理与道德专栏 179
　　即测即练 180

第七章　采购与付款循环审计 **181**
　　第一节　采购与付款循环的主要活动及其关键控制 182
　　第二节　采购与付款循环的控制测试 186
　　第三节　应付账款审计 189
　　第四节　固定资产审计 191
　　第五节　大数据背景下采购与付款循环审计方法研究 197
　　思考题 200
　　伦理与道德专栏 200
　　即测即练 200

第八章　生产与存货循环审计 **201**
　　第一节　生产与存货循环的主要活动及其关键控制 202

第二节　生产与存货循环的控制测试···206
　　第三节　存货审计···211
　　第四节　应付职工薪酬审计···225
　　第五节　大数据背景下生产与存货循环审计的变化···························228
　　思考题··231
　　伦理与道德专栏··232
　　即测即练··232

第九章　货币资金审计···233
　　第一节　货币资金涉及的主要活动及凭证··235
　　第二节　货币资金的控制测试··236
　　第三节　库存现金审计···241
　　第四节　银行存款审计···246
　　第五节　大数据背景下的货币资金审计···249
　　思考题··252
　　伦理与道德专栏··252
　　即测即练··252

第十章　完成审计··253
　　第一节　完成审计工作概述··254
　　第二节　期后事项审计···262
　　第三节　或有事项审计···266
　　第四节　质量复核···267
　　第五节　审计沟通···271
　　第六节　大数据背景下的完成审计··274
　　思考题··277
　　伦理与道德专栏··277
　　即测即练··277

第十一章　审计报告出具···278
　　第一节　沟通关键审计事项··279
　　第二节　形成审计意见和出具审计报告···282
　　第三节　审计报告的基本类型··290
　　第四节　持续经营的影响··306
　　第五节　管理建议书···312
　　第六节　大数据背景下的审计报告出具···317
　　思考题··321

伦理与道德专栏 321
　　即测即练 321

第十二章　智能审计 322
　　第一节　智能审计产生的背景 323
　　第二节　智能审计的内涵 326
　　第三节　智能审计的主要工具 328
　　第四节　电子数据审计 336
　　第五节　信息系统审计 343
　　思考题 355
　　伦理与道德专栏 355
　　即测即练 356

参考文献 357

第一章

绪 论

【思想领航】

- 充分认识审计在党和国家监督体系、推进各领域治理体系和治理能力现代化中的作用，培养学生为国家治理贡献力量的责任感和家国情怀。
- 《"十四五"国家审计工作发展规划》提出要健全集中统一的审计工作体制机制、着力构建全面覆盖的审计工作格局、推动形成权威高效的审计工作运行机制的主要目标。
- 通过对审计发展历史的深入了解，坚持历史唯物主义观点，以辩证和发展的眼光总结审计的演化规律，体会党和国家在创新探索中所表现出的初心、坚守和智慧。

康得新败局始末：从"材料界华为"到触目惊心的百亿造假

这本是一家令国人引以为傲的企业，它从美国 GBC 公司手中夺得了预涂膜全球霸主的地位；打破了日本、韩国对中国光学膜市场的垄断，也减轻了中国台湾企业给大陆光学膜市场带来的压力；从美国 3M 公司手中抢得了宝马公司 90% 的汽车窗膜业务；其母公司投产了号称生产能力中国第一、全球第五的碳纤维生产线，并打算未来把碳纤维业务纳入这家公司；在 2017 年 8 月《福布斯》发布的年度"全球最具创新力企业"排行榜中，这家公司成为中国首家，也是全球唯一入选的材料企业……这家公司就是立志打造基于先进高分子材料的世界级生态平台的康得新。

然而，2017 年之后，仅仅一年多时间，康得新就因涉嫌信息披露违法违规，被证监会立案调查，公司也戴上 ST 帽子。曾在 7 年内股价涨幅近 10 倍、市值近千亿元的 A 股大白马，股价如今从最高点跌去近 90%，走到了退市的边缘。

此次事件可以从 2017 年 7 月 25 日 14 时 20 分康得新股价闪崩跌停说起。虽然此次跌停一闪而过，不过"风起于青萍之末"，但这次闪崩很可能是康得新暴雷最初的征兆。

2017 年 8 月 31 日，康得新回复深交所对公司 2017 年半年报的问询函。问询函显示，截至 2015 年末、2016 年末、2017 年 6 月末，康得新账面货币资金分别为 100.87 亿元、153.89 亿元、168.43 亿元，同期有息负债分别为 50.59 亿元、57.05 亿元、98.33 亿元。"大存大贷"问题尤为严重。

到了 2019 年 1 月 15 日，问题浮出水面。康得新公告"18 康得新 SCP001"不能按期足额偿付本息，构成实质性违约。1月21日，公司又公告"18康得新SCP002"不能兑付。至此，康得新债务危机正式爆发。百亿货币资金难以兑付两只债券，也让市场各方极度怀疑公司账上货币资金的真实性，康得新财务造假嫌疑陡增。

2019年1月21日，因短债违约，银行账户被冻结的康得新，被实施其他风险警示。1月22日，ST康得新因涉嫌信息披露违法违规被证监会立案调查。调查发现，康得新通过虚构销售业务、采购、生产、研发费用、产品运输费用等方式，虚增营业收入、营业成本、研发费用和销售费用，连续四年财务造假。

2019年4月30日，ST康得新公布2018年年报。该年报被瑞华会计师事务所出具无法表示意见的审计报告，新任董监高总均声明无法保证年报真实性。

2019年7月5日，*ST康得公告，收到证监会行政处罚及市场禁入事先告知书，而外界也第一次揭开康得新2015—2018年连续四年虚增利润超百亿元财务造假的神秘面纱。

2019年12月16日，*ST康得公告称，公司实控人钟玉因涉嫌犯罪被执行逮捕。

2020年6月28日，*ST康得公告称，公司及公司实控人收到证监会行政处罚及市场禁入事先告知书。

2020年9月28日，*ST康得公告称，证监会下发对康得新及公司实控人的行政处罚及市场禁入决定。

2021年2月28日，*ST康得披露2015—2018年追溯调整后的财务报表。

2021年3月12日，证监会新闻发言人就康得新退市问题答记者问。根据行政处罚决定，康得新对2015—2018年的财务报表进行了追溯调整，更正后的财务报表显示连续四年净利润为负，触及重大违法强制退市情形。同日，深交所发文称，坚决履行退市主体责任，依法依规推进康得新退市工作。

2021年4月6日，*ST康得公告称，收到深交所《关于康得新复合材料集团股份有限公司股票终止上市的决定》（深证上〔2021〕353号）。鉴于公司股票被终止上市，根据相关规定，公司股票自2021年4月14日起进入退市整理期交易，退市整理期为30个交易日，预计最后交易日期为2021年5月28日。

2021年4月12日，*ST康得公告称，其于2021年4月9日向深交所提交了复核申请材料。复核期间，深交所做出的相关决定不停止执行，但深交所业务规则另有规定或者深交所认为需要停止执行的除外。公司股票于2021年4月14日进入退市整理期交易。

2021年4月14日，康得新进入退市整理期交易。

至此，这只曾一手演绎A股史上最大造假案的昔日新材料千亿白马股，终于"退出了游戏"，而留给我们关于股市的思考却远未结束。

资料来源：改编自康得新败局始末：从"材料界华为"到触目惊心的百亿造假，caifuhao.eastmoney.com。

从昔日的A股"大白马"变成令投资人愤怒的"黑天鹅"，从产业英雄沦为阶下囚，康得新的变化令人始料未及，不胜唏嘘。复盘康得新的成败之路不难发现，导致其最后败局的浅层原因是企业的实力不足以支撑企业实控人的野心。然而，往更深层次去看，是企业对现代企业管理制度以及资本市场的诚信缺乏起码的敬畏之心。这里指的不仅是康得新，还有与之配合的投资银行、审计机构。为康得新提供审计服务的会计师事务所是否违背了职业准则还没有定论，但它对康得新的审计工作确实存在一定的改进空间。

第一节 审计的产生与发展

经济基础决定上层建筑，审计的产生也不例外。当社会经济发展到一定程度时，审计便应运而生。无论是国内还是国外，审计都产生于官厅，即政府审计。后来随着经济的发展，经济组织规模的日益扩大，审计逐步向民间蔓延，形成了现在的内部审计和注册会计师审计。审计从最开始的产生到发展再到如今的日臻成熟，经历了一个漫长的发展过程。

一、审计产生的动因

（一）基本动因

审计的产生可以分为以下几个步骤。

（1）经济社会的发展：审计是经济社会发展到一定阶段的产物。随着社会的进步和经济的复杂化，各种经济活动和交易变得越来越频繁和复杂。为了更好地保障经济的稳定和有序发展，人们对经济活动进行监督和审查的需求逐渐增强。这种需求推动了审计的产生和发展。

（2）所有权和经营权相互分离：所有权和经营权相互分离是审计产生的重要前提。在企业经营中，所有者（股东）通常不直接参与企业的日常经营，而是将经营权交给专业的经营者（管理层）。这种分离导致所有者无法直接监督企业的日常经营和财务状况，因此产生了对经营者进行监督和审查的需求，以确保经营者的行为符合所有者的利益。

（3）受托责任关系：受托责任关系是指资源占有人（所有者）与资源管理人（经营者）之间所形成的资源委托管理与资源受托经管关系。在这种关系中，所有者将资源委托给经营者进行管理和运用，经营者则有义务对资源的运用情况进行报告和说明。由于所有者无法直接监督经营者的行为，因此需要一种机制来确保经营者履行其受托责任。审计作为一种独立的第三方监督机制，能够对经营者的行为进行审查和评估，确保受托责任得到履行。

（4）审计产生（独立第三方）：基于以上三个步骤，审计作为独立的第三方监督机制应运而生。审计机构和人员独立于所有者和经营者，以客观、公正的态度对企业的财务状况和经营成果进行审查和评价。通过审计，审计人员可以揭示企业存在的问题和风险，提出改进意见和建议，帮助所有者更好地了解企业的运营状况，保护其利益不受损害。

（二）代表性假说

基于上述受托责任关系，学界形成了以下几种关于审计动因的理论假说。

1. 监督论

中心思想：审计人员的行为受到审计受托责任关系的监督和制约。审计受托责任关系是审计人员与被审计单位之间的法律关系，审计人员在此关系中承担了一定的责任。审计人员的行为受到这种责任关系的监督，他们通过完成审计程序和出具审计报告来履行责任，以确保其行为符合审计准则和法律规定。

特点：①强调责任与监督。该理论强调审计人员受到审计受托责任关系的监督，这种关系推动审计人员履行其责任并保证行为的合法性。②依据法律规定。审计人员的行为受到法律规定的制约和监督，审计过程和结果必须符合法律要求。③强调合规性。审计人员的行为必须符合审计准则和法律规定，以确保审计工作的合规性和可靠性。

2. 信息论

中心思想：审计的目的是提供有用的信息，使用户能够做出经济决策。审计员的任务是收集、分析和传达信息，帮助用户更好地了解被审计单位的财务状况和经营绩效。

特点：①注重信息提供。审计的核心任务是提供有用的信息，以支持用户做出经济决策。②关注用户需求。审计人员应当根据用户的需求和期望来确定审计目标和内容，确保提供的信息对用户具有实际意义。③信息传递透明。审计报告应当清晰地传达审计发现和结论，让用户能够准确理解被审计单位的财务状况和经营情况。

3. 保险论

中心思想：审计是一种为利益相关方提供保险的行为。审计人员承担了一定的责任，类似于保险人，他们通过审计工作为利益相关方提供一定的保障，降低其因错误或欺诈而导致的经济损失。

特点：①安全保障。审计工作为利益相关方提供了一种安全保障，确保其对被审计单位的财务信息和经营情况的认知是准确的。②转移风险。审计过程中若发现错误或欺诈行为，可以帮助利益相关方及时发现并减轻损失，相当于将潜在的风险转移到了审计人员身上。③信任基础。审计工作增强了利益相关方对被审计单位的信任，使其更愿意与之合作或投资，从而促进了经济发展。

二、我国审计的产生和发展

我国审计历史悠久，可以追溯到3000多年前的西周时期。经过漫长的发展，我国的审计制度大致经历了三个阶段：古代审计、近代审计、现代审计。

（一）古代审计

古代审计可以追溯到中国古代奴隶社会。在夏商周时期已经有了一定程度的财务管理和审计活动。尤其是在周朝，通过《周礼》等文献记载，我们可以看出对财政收支进行监督和核算的制度已经相当完备。《周礼》记载："凡上之用，必考于司会。""以参互考日成，以月要考月成，以岁会考岁成。"在西周时期，周王的开支必须接受司会的严格审查。司会机构每旬、每月、每年都对下级送交的报告进行细致考核，以验证各地方官员编制的报告是否真实、可靠。周王根据这些审查结果来决定赏罚，从而显示了西周王朝对司会职责的高度重视。西周的财政管理体系分为地官大司徒系统和天官冢宰系统。天官所属的中大夫司会是计官之长，主要负责对王朝的财政收支进行全面核算。此外，中央政权中的下级官员担任的"宰夫"一职，虽然地位不高，但负责审查财政出入，并有权定夺刑赏，其工作性质已经具备审计的雏形，可谓我国国家审计的初步萌芽。

秦汉时期是我国审计制度的确立阶段。秦、汉两朝都采用上计制度，以审查监督财物收支有无错弊，并借以评价有关官吏之政绩。这种制度始于西周，到秦汉时期逐渐完善。虽然秦汉官制中尚无专司审计职责的官员，也无专职审计机构，但其设有"御史大夫"一职，地位仅次于相。御史大夫为"三公"之一，执掌弹劾、纠察之权，专司监察全国的民政、财政以及财物审计事项，并协助丞相处理政事，具有极高的权威。虽然审计制度在秦汉时期已经确立，但仍处于初步发展阶段。

秦汉时期审计制度的特点

1. 采用上计制度：秦汉时期采用上计制度，包含对财务收支进行严格审查和监督的内容，以评价官员的政绩。这种制度起源于战国时期，到秦汉时期逐步完善。

2. 御史大夫监察：设立了"御史大夫"一职，其地位仅次于相，负责监察全国的民政、财政以及财物审计事项。御史大夫具有弹劾、纠察等权力，对审计制度的发展具有重要影响。

3. 无专职审计机构：虽然没有专门的审计机构，但通过设置御史大夫等职务来实现对财务审计的监督和管理。

4. 处于初步发展阶段：尽管审计制度在秦汉时期已经确立，但由于缺乏专门的机构和规范，审计工作仍处于初步发展阶段，有待进一步完善和加强。

由于秦、汉两朝都重视审计工作，尽管秦始皇劳民伤财修阿房宫、建万里长城，汉武帝穷兵黩武，但财政上一直未出问题。这与他们重视、亲自抓审计监督是分不开的。

唐朝是我国封建社会发展的鼎盛时期，宋朝则见证了我国封建社会经济的持续繁荣。在这一时期，审计工作也随着社会的发展而兴盛起来。隋朝因袭前朝设立了比部，这是一个相对独立的审计机构，负责审查监督国家财政。在唐朝，随着三省六部制的完善，刑部负责全国的法律和刑事事务，同时也对国家财政进行严格的核对和审查。随着经济的繁荣和政治的稳定，审计在中央和地方的地位得到提升，因对财政收支实行了定期的监督和审查，国家审计制度得以快速发展。宋朝则设立了专门的审计机构，最初隶属太府寺，后来改称为"审计院"，正式使用"审计"一词。

在元明清时期，君主专制逐渐加重，封建社会逐渐衰落，审计制度的发展也停滞不前。这三个朝代均未设立专门的审计机构。明朝初期虽然恢复了比部，但很快又被取消，后来设立了都察院。清朝也设立了类似的机构，但直至清末都没有再次建立独立的审计组织。因此，这三个朝代的国家审计都处于衰败状态。

明太祖朱元璋对贪污舞弊极为厌恶，处理此类问题的决心也十分坚决。一旦发现有官员涉嫌贪污舞弊，他会采取严厉的刑罚进行惩处，如剥皮楦草，并公开示众以警示其他官员。然而，他所依靠的是个人权势，而非完善的制度。由于取消了比部，财政审计合并，明朝的贪污现象始终未能得到有效遏制，甚至对清朝产生了影响。

（二）近代审计

随着近代中国社会的变革，审计制度也发生了相应的变化。在清朝末期和中华民国时期，中国开始接触西方的审计理念和方法，逐步形成了近代审计的雏形。辛亥革命后，中华民国的成立翻开了新的历史篇章。1914年，北洋政府设立审计院，并颁布了审计法。1928年，南京国民政府推出了审计法和实施细则，并于次年颁布了审计组织法。这一系列法规为审计人员划分了审计、协审、稽查等职称，并将审计部纳入监察院的管辖范围。尽管南京国民政府对这些法律进行了若干次修改，由于当时普遍的贪腐现象，这些措施并未得到有效执行，未能发挥其经济监督功能。

与此同时，随着资本主义经济的发展，民间审计活动开始兴起。1918年，北洋政府颁布了我国第一部注册会计师法规——《会计师暂行章程》，并批准谢霖先生为我国第一位注册会计师，他创立了我国第一家会计师事务所。在此基础上，20世纪20年代末及30年代，会计师事务所在主要城市相继成立，推动了民间审计的进一步发展。

（三）现代审计

新中国成立初期，我国并未设立专门的审计机关，而是由财政、银行和税务等相关部门负责在特定领域内进行财经监督。自1978年起，随着中国共产党第十一届中央委员会第三次全体会议的召开，国家将工作焦点转向经济建设和体制改革，带动了国民经济的快速增长。到1982年，《中华人民共和国宪法》明确规定建立政府审计机构。1983年，审计署成立，地方各级审计机关也相继建立并开展工作。随后的几年中，《国务院关于审计工作的暂行规定》（1985年8月）、《中华人民共和国审计条例》（1988年10月）以及《中华人民共和国审计法》（1995年1月生效）相继发布，强化政府审计的法律地位，为审计工作的发展提供了坚实的基础。2003年，《审计署关于内部审计工作的规定》进一步推动了内部审计的发展。至此，形成了包括政府审计、内部审计和民间审计在内的多层次审计体系。2006年，《中华人民共和国审计法》的大幅修订进一步明确了国家审计的法律地位，标志着政府审计制度的进一步完善。

2016年12月23日、2019年2月20日和2020年11月19日，中国注册会计师协会对审计准则进行了调整，以进一步完善国内审计准则并逐步与国际审计准则接轨。2021年10月23日，第十三届全国人大常委会第三十一次会议通过了关于修改审计法的决定，新修订的《中华人民共和国审计法》旨在加强审计监督和完善审计体制，为审计工作提供了法律支持。

我国审计准则与国际审计准则趋同的意义

审计准则是总结广大审计人员的实践经验，适应时代需要，为保障审计的职业声誉而产生的。考察世界范围审计准则发展的历史和现状，可以发现各种审计准则正在不断趋向国际统一,国际化已经成为审计准则发展的历史趋势。究其原因主要有社会需求的国际化、审计准则的技术特性和国际审计组织的积极贡献。梳理我国审计准则的变化历程发现,我国审计准则正逐步趋同于国际审计准则。

我国审计准则与国际审计准则趋同的意义:

第一,有利于促进国际经济合作和国际贸易的发展。在国际经济交往中,如果双方都依据协调一致的会计准则来编制报表、披露财务信息,则有利于双方的理解和沟通,从而达到加强合作的目的。

第二,有利于促进我国会计实务的协调。会计的国际协调可分为会计准则的国际协调和会计实务的国际协调两个方面,前者被称为形式上的国际协调,后者则被称为实质上的国际协调。会计准则的国际协调旨在消除会计准则之间的差异,使会计准则更加科学和合理,为企业的会计处理和财务报告的编制提供高质量的准则;而会计实务的国际协调是为了提高财务信息的可比性。因此,从一定意义上说,会计实务国际协调是会计准则协调的必然延伸,是会计准则协调的目的所在;会计准则协调是实现会计实务协调的必然条件。

第三,有利于我国会计准则的进一步发展和完善。国际财务报告准则是在一个较为成熟的市场经济环境下制定的,而中国的市场经济环境是从计划经济转型而来的,目前与成熟的市场经济环境还存在较大差距。我国还需要借鉴国际会计惯例和准则,循序渐进地制定相应的会计准则,而且应具有前瞻性和预见性。因此,研究中国会计准则国际协调问题,找出中国会计准则与国际财务报告准则的差异,分析协调状况,有利于中国会计准则的进一步发展与完善,才能更好地服务中国经济的发展。

知识链接:审计准则修订的具体内容

《中华人民共和国审计法》的修订

2021年10月23日上午,第十三届全国人大常委会第三十一次会议审议通过了关于修改审计法的决定。

本次审计法修改的主要内容包括:加强党对审计工作的领导,巩固和深化审计管理体制改革成果;健全审计工作报告机制,更好发挥审计监督对人大监督的支持作用;扩展审计监督范围,推进审计全覆盖;优化审计监督手段,规范审计监督行为;强化审计查出问题整改,提升审计监督效能。

审计署法规司司长彭新林介绍,新修订的审计法规定,根据经批准的项目计划,审计机关可以对被审计单位贯彻落实国家重大社会经济措施的情况进行审计监督;规定审计机关有权对国有资源、国有资产进行审计监督;规定审计机关有权对关系国家利

知识链接:《中华人民共和国审计法》修改前后对比

益、公共利益的重大公共工程项目进行审计监督。

审计法是审计领域的基础法律，制定于1994年，2006年进行了第一次修正，本次是第二次修正。此次审计法修改，全面贯彻了"以人民为中心"的发展思想和党中央、国务院关于推进依法行政和建设法治政府的精神，对于维护经济持续健康发展和社会稳定大局、促进审计机关依法审计、推动法治政府建设具有积极意义。

新修订的《中华人民共和国审计法》自2022年1月1日起正式实施。

三、国外审计的发展历史

在西方国家，审计的产生和发展也经历了漫长的过程。社会审计的根源可追溯至16世纪的意大利。在文艺复兴时期，随着地中海地区商业贸易的蓬勃发展，为集聚开展业务所需的资金，合作企业形式应运而生。不直接参与企业管理的合伙人渴望掌握公司的财务状况，那些参与日常管理的合伙人则需向他们展示合伙协议得到了严格遵守，而且利润的核算及分配是公正且合理的，为此，他们开始雇用既不属于任一方又精通复式记账的独立第三方进行财务监督。随着专业人员数量的增加，1581年成立了威尼斯会计协会。工业革命的兴起推动了英国资本主义工商业的迅速发展，随之产生了股份公司。股份公司的出现导致所有权与经营权的分离，股东纷纷聘请专业会计师来承担财务监管的责任，从而促进了现代社会审计制度的形成。1720年，英国议会委托查尔斯负责清查南海公司破产事件，使其成为世界上首位社会审计人员。1844年，英国颁布了第一部公司法，标志着西方注册会计师审计的开端。1853年，在苏格兰爱丁堡成立了世界上第一个职业会计师专业团体，即"爱丁堡会计师协会"。美国在独立战争期间就设立了专门负责审计工作的委员会。到了20世纪初，注册会计师审计在美国得到了迅速发展。1916年，美国公共会计师协会成立，后来发展成为美国注册会计师协会（American Institute of Certified Public Accountants，AICPA），它成为目前世界上最大的民间审计专业团体。1917年，美国进行了首次注册会计师全国统考。

第一次世界大战以后，美国对审计工作更加重视，成立了隶属国会的联邦审计总署（Government Accountability Office，GAO），一直延续至今。20世纪初，由于金融市场的崛起和公司规模的扩大，美国的审计行业快速发展。政府开始对上市公司的财务报告进行监管，推动了审计标准和实践的规范化。20世纪中叶，随着全球化的发展，国际贸易和投资增加，跨国公司的兴起引发了对国际审计标准的需求。国际审计与鉴证准则理事会（International Auditing and Assurance Standards Board，IAASB）成立于1978年，前身为国际审计实务委员会，负责制定国际审计准则。

近年来，随着大数据与人工智能的发展，审计方法得到了进一步改进和优化，审计的效率和准确性得到提高。数据分析和人工智能等新技术在审计领域的应用逐渐增多，为审计师提供了更多的工具和方法来识别风险和发现异常。

总的来说，国外审计经历了从简单的财务验证到涵盖多个领域和层面的全面审查的演变与发展过程。随着全球经济的发展和技术的进步，审计行业将继续适应新的挑战和机遇，不断发展和演进。

四大会计师事务所各携"首发"聚进博

案例研讨问题：

1. 四大会计师事务所如何通过认识和应用人工智能、区块链、大数据等前沿信息技术来优化和提升其服务质量和效率？

2. 面对四大会计师事务所在信息技术应用方面的优势，本土大型会计师事务所应如何应对并提升自身竞争力？

3. 在信息技术应用推动下，会计师事务所如何调整其组织结构和人才配置以适应新的业务模式？

案例 1-1：四大会计师事务所各携"首发"聚进博

中国注册会计师协会于 2021 年 4 月 8 日印发的《注册会计师行业信息化建设规划（2021—2025 年）》明确提出，行业信息化未来五年建设目标为标准化、数字化、网络化、智能化。四大会计师事务所也在第四届中国国际进口博览会上发布各种"首发"。未来，数字技术将在注册会计师行业广泛应用，成为行业高质量发展的有力支撑；标准化、数字化、网络化、智能化水平将大幅提升，行业将逐步进行数字化转型，实现网络强注会的新兴业态。

第二节 审计的定义与特征

一、审计的概念

审计的概念是对审计实践活动的综合概括和总结。鉴于审计实践活动历史悠久，审计的定义因人而异，出现了各种不同的观点。在诸多审计定义中，有三种具有代表性和权威性。

审计是对企业、单位或个人由财务人员所掌管的账目进行审查，并指明其是否正确的一种行为。

——《大英百科全书》（1975 年版）

审计是指对国营企业、单位或个人由财务人员所掌管的账目进行审查，并证明其是否正确的一种行为。

——《新大英百科全书》

审计是指为编写证明报告书做根据而进行的检查工作。

——H. F. 斯泰特格

由于审计所处环境的不同，人们对审计的理解也有所不同。但是随着审计实践活动的开展，以及审计学科的不断完善，人们对审计概念的理解也逐渐趋于完善。

1972 年，美国会计学会在其颁布的《基本审计概念公告》中将审计定义为："审计是一个系统过程，旨在客观地收集和评估证据，以查明有关经济活动和经济现象的认定与所制定标准之间的一致程度，并将结果传递给有利害关系的使用者。"

美国注册会计师协会在《审计准则说明书》第1号中,对审计进行了如下定义:"独立注册会计师对财务报表的审计目标是,对财务报表是否按照公认会计原则在所有重大方面公允地反映财务状况、经营成果和现金流量发表意见。"

国际会计师联合会下设的国际审计与鉴证准则理事会将注册会计师审计概念描述为:"财务报表的审计目标是,使审计师(会计师事务所)能够对财务报表是否在所有重大方面按照确定的财务报告框架编制发表意见。"

《中国注册会计师审计准则第1101号——注册会计师的总体目标和审计工作的基本要求》将审计的目的描述为:"审计的目的是提高财务报表预期使用者对财务报表的信赖程度。这一目的可以通过注册会计师对财务报表是否在所有重大方面按照适用的财务报告编制基础编制发表审计意见得以实现。就大多数通用目的财务报告编制基础而言,注册会计师针对财务报表是否在所有重大方面按照财务报告编制基础编制并实现公允反映发表审计意见。注册会计师按照审计准则和相关职业道德要求执行审计工作,能够形成这样的意见。"

通过分析以上定义,可以看出,各个组织机构对审计的强调方面存在差异。因此,我们将审计定义如下:审计是由国家授权或受委托的专业机构和人员,根据国家法规、审计准则和会计理论,运用专业方法对被审计单位的财政、财务收支、经营管理活动及相关资料的真实性、准确性、合规性和效益性进行审查和监督,评估经济责任,证明经济交易,旨在维护财经法规、改善经营管理、提高经济效益的一项独立性经济监督活动。

审计作为一种社会活动,其运行的基础是审计关系。由上述定义可以发现,审计关系通常涉及三个方面:审计师、审计(授权)委托人和被审计人。其具体关系如图1-1所示。

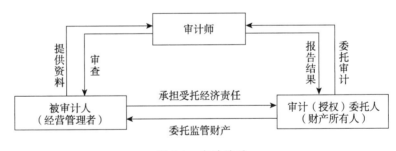

图1-1 审计关系

在上述审计关系中,审计(授权)委托人与被审计人之间的契约关系是审计存在的前提。由于这种契约关系的存在,审计(授权)委托人才有必要要求审计师对被审计人进行审计。审计师是实施审计的主体,包括政府审计组织、内部审计机构、会计师事务所。其实施审计工作的人员包括政府审计师、内部审计师、注册会计师。被审计人,又称审计客体或审计对象,从审计关系的角度来看,主要指被审计的单位和个人。

二、审计的特征

审计是一种特殊的经济监督活动。与经济管理活动、非经济监督活动以及其他专业性经济监督活动相比较，明确审计特征有助于界定审计的范围、目的和方法。审计的主要特征包括独立性、权威性和公正性。

（一）独立性

独立性是审计的核心特征，是审计活动的灵魂，也是确保审计工作有效进行的关键。《中华人民共和国宪法》规定，审计机关在国务院总理领导下，依照法律规定独立行使审计监督权，不受其他行政机关、社会团体和个人的干涉。我国颁布的审计法规和注册会计师法等法律法规，也都对各审计机构、人员的独立性给予了明确的规定。

审计独立性主要包括组织机构的独立、业务工作的独立、经济来源的独立。审计机构独立表现在，审计机构应当是独立的专职机构，具有独立法人地位，单独设置，不受被审计单位组织上的隶属关系影响。这意味着审计机构在执行审计任务时不受外界压力或干扰，能够独立决策和行动，保障审计工作的客观性和公正性。业务工作独立是指审计工作应当独立于任何部门、单位或个人，审计人员应以客观、公正的态度对被审查的事项进行评价和鉴定。这意味着审计人员需要保持精神上的独立，不受任何外部因素影响，严格按照职业道德和审计准则执行工作，确保审计结果的真实性和准确性。经济来源独立是审计机构的经济来源应当与被审计单位或相关单位保持独立，不受其控制或影响。这意味着审计机构的经费应当由国家或其他独立机构提供，经费来源应透明，不受外部利益的影响。只有这样，审计机构才能独立行使审计监督权，保证审计工作的客观性和公正性。

（二）权威性

审计的权威性是有效行使审计权的必要条件，与审计的独立性密不可分，涉及审计组织的独立地位和审计人员的独立执业。国家法律对审计制度、审计机关的设立和权力进行了明确规定，赋予了审计组织法律的权威性。《中华人民共和国宪法》明文规定了审计监督制度，审计法进一步规定了国家设立审计机关，并赋予其依法进行审计监督的权力。

审计人员依法执行职务，受法律保护，任何组织和个人不得干扰或打击报复。审计机关负责人除非违法失职或不符合条件，否则不得随意撤换。审计法规定，被审计单位应当执行审计决定，如有违规行为，可追究责任并强制执行。我国政府审计机关的审计决定具有法律效力，可强制执行，彰显了审计的权威性。

（三）公正性

审计的公正性是指审计工作应当以客观、公正的态度进行，不受利益相关方的影响，对被审计对象进行客观公正的评价和鉴定。具体来说，审计的公正性包括客观性：审计人员在执行审计任务时应当以客观的态度，根据客观事实和证据进行评价和判断，而不受个人情感、偏见或外部压力的影响。独立性：审计工作应当独立于被审计对象以及其他利益相关方，审计人员不受任何部门、单位或个人的干扰，保持审计工作的独立性和自主性。公正性：审计结果应当真实、准确地反映被审计对象的财务状况、经营成果和财务活动，不偏袒任何一方，坚持公正、公平的原则。透明度：审计工作应当具有透明度，审计过程和结果应当对社会公众公开，让公众了解审计的程序和结论，增强审计工作的透明度和可信度。合规性：审计工作应当符合相关法律法规和审计准则的规定，审计人员应当遵守职业道德准则，确保审计工作的合法性和规范性。

综上所述，审计的公正性是确保审计工作客观、公正、真实的重要原则，为保障审计结果的可信度和有效性提供了重要保障。

第三节 审计的对象与分类

一、审计对象

审计对象，即审计客体。首先，审计客体与特定实体息息相关，这个特定实体也被称为被审计单位。被审计单位可以是企业（如上市公司）或非营利组织（如红十字国际委员会），在实体地位上，可以是整个集团或集团的分支机构或特定分部。

其次，审计客体最终反映为特定实体的经济活动和事项信息。在财务报表审计中，审计客体即被审计单位的财务报表。财务报表被视为管理层在治理层监督下编制完成的，通常带有"保证真实"的承诺。根据财务报表的逻辑，其信息的认定可分为两类：关于审计期间各类交易、事项及相关披露的认定（包括发生、完整性、准确性等），以及关于期末账户余额及相关披露的认定（包括存在、权利义务、完整性、准确性等）。因此，在财务报表的具体审计工作中，审计客体即由管理层所认定的内容。

传统审计对象是财务报表，主要关注财务数据的真实性和合规性。现代审计对象更广泛，除财务报表外，还包括内部控制、风险管理、业务过程和信息系统等，旨在提供全面的审计意见，帮助公司管理风险、提升效率和加强治理。

二、审计分类

按照不同的标准，人们可以把审计分为不同的类别，对审计进行科学的分类。这有助于加深对各种不同审计活动的认识，探索审计规律，更好地组织审计工作，充分发挥审计的作用。研究审计的分类，是有效地进行审计工作的一个重要条件。

（一）主要分类方法

1. 按审计主体分类

按审计主体不同，审计可以分为政府审计、内部审计和注册会计师审计三种形式。

1）政府审计

政府审计主要是由政府审计机关，包括审计署和地方审计厅局，依法对国务院各部门和地方各级人民政府及其各部门的财政收支、国有的金融机构和企业事业组织的财务收支，以及其他应当接受审计的财政收支、财务收支的真实、合法和有效进行审计监督。其审计目的是对政府的财政收支、国有金融机构和企事业单位财务收支进行审计，确定其是否真实、合法和有效，依据主要是《中华人民共和国审计法》和审计署发布的《中华人民共和国国家审计准则》等。政府审计作为行政行为，其所需经费列入同级财政预算，并由同级人民政府予以保证。政府审计的内容由基础性的预算执行审计逐步丰富到绩效审计、决算草案审计、社保资金审计、资源环境审计等。

2）内部审计

内部审计是一种独立、客观的鉴证和咨询活动，运用系统、规范的方法，审查和评价组织的业务活动、内部控制和风险管理的适当性和有效性，以促进组织完善治理、增加价值和实现目标。尽管内审机构受所在单位的直接领导，其独立性相对受到一定的限制，但其审计方式是根据单位自身经营管理的需要进行的。内部审计在审计程序上具有灵活性，可以根据所执行业务的目的和需要选择并实施必要的程序。其审计职责主要服务于单位内部管控的需要，审计的结论只作为本单位改善工作的参考，对外不起鉴证作用，并对外保密。

国际内部审计师协会对内部审计的定义

"内部审计是一种独立的、客观的保证工作与咨询活动，它的目的是为机构增加价值并提高机构的运作效率。内部审计采取系统化、规范化的方法来对风险管理、控制及治理程序进行评价，提高它们的效率，从而帮助实现机构目标。"这是国际内部审计师协会在修改后的《内部审计实务标准》中对内部审计给出的新定义。内部审计的这一新定义是内部审计环境变化下的产物，体现了不同环境下对内部审计的不同要求，顺应内部审计职业的发展趋势。

国际内部审计师协会将内部审计定义为一种保证工作和咨询活动，目标是为组织增加价值并提高运作效率。我们认为，现代内部审计必须将工作重点放到效益审计上来，它是内部审计发展的方向，但是不等于只搞效益审计，而不搞或放弃财务审计。道理很简单，审计基本原理告诉我们，审计的基本目标是审查经济活动的真实、合法和有效。这里，人们往往忽视了为什么把真实和合法两个目标放在前面，其实，只有在真实合法的基础上才谈得上效益。虚假的会计信息，使广大投资人的利益受到损失和侵害，不但使公司股价一落千丈，甚至导致公司的破产和倒闭，企业都没有了，哪里还有效益和增加价值可言！

知识链接：对新内部审计定义的理解

3）注册会计师审计

注册会计师审计又称社会审计、民间审计、独立审计。中国注册会计师协会（CICPA）在其发布的《独立审计基本准则》中指出："独立审计是指注册会计师依法接受委托，对被审计单位的会计报表及其相关资料进行独立审查并发表审计意见。"会计师事务所主要承办海外企业、横向联合企业、集体所有制企业、个体企业的财务审计和管理咨询业务；接受国家审计机关、政府其他部门、企业主管部门和企事业单位的委托，办理经济案件鉴定、纳税申报、资本验证、可行性方案研究、解散清理,以及财务收支、经济效益、经济责任等方面的审计。注册会计师审计的风险高、责任重,因此审计理论的产生、发展及审计方法的变革都是围绕独立审计展开的。

对贵州茅台酒股份有限公司的财务报表审计

案例研讨问题:

1. 在审计贵州茅台财务报表时,注册会计师如何识别和评估由于舞弊或错误出现的财务报表重大错报风险?他们采取了哪些具体的审计程序来应对这些风险?

2. 在评价管理层选用会计政策的恰当性和做出会计估计及相关披露的合理性时,注册会计师应关注哪些关键因素?他们是如何确保财务报表的准确性和完整性的?

3. 注册会计师如何在审计过程中保持职业判断和职业怀疑?在面临复杂的财务交易和事项时,他们是如何运用专业知识和经验来评估其真实性和合规性的?

案例 1-2:对贵州茅台酒股份有限公司的财务报表审计

政府审计、内部审计与注册会计师审计的区别如表 1-1 所示。

表 1-1 政府审计、内部审计与注册会计师审计的区别

类型	政府审计	内部审计	注册会计师审计
审计方式	强制审计	授权审计	受托审计
审计对象	主要是各级政府及其部门的财政收支及公共资金收支、运用情况	主要是审查各项内部控制的执行情况、经营管理状况等,提出各项改进措施	受委托人的委托,对一切营利及非营利组织进行审计
审计监督的性质	根据审计结果发表审计处理意见,如被审计单位拒不采纳,政府审计部门可依法强制执行(监督职能)	审计的结果只对本单位负责,只能作为本单位改进管理的参考,对外不起鉴证作用,并向外界保密	根据审计结论发表独立、客观、公正的审计意见,以合理保证使用人确定被审计单位会计报表的可靠程度。审计结论不具有强制性(鉴证职能)
审计实施的手段	是行政监督,属于政府行为,所以是无偿审计	根据本单位经营管理的需要自行安排施行	会计师事务所进行的有偿审计
审计的独立性	仅独立于被审计单位	仅仅强调与所审计的其他职能部门独立(相对独立)	既独立于审计委托人,又独立于被审计单位
依据的审计准则	依据审计署制定的国家审计准则	非法定的公认方针和程序,中国内部审计协会制定的内部审计准则	依据中国注册会计师协会制定的独立审计准则
法律法规依据	《中华人民共和国审计法》	《中国内部审计准则》	《中华人民共和国注册会计师法》
审计目标	财政、财务收支的真实性、合法性、效益性	经营管理的效率与效果	财务报表编制的合法性与公允性
审计报告	含整改意见	含整改建议	不含整改建议

2. 按审计的内容和目的分类

按审计的内容分类，我国一般将审计分为财政财务审计和经济效益审计。

1）财政财务审计

财政财务审计主要分为财政审计和财务审计两部分。财政审计包括财政预算执行审计、财政决算审计和其他财政收支审计。它主要关注政府部门的财政收支活动，确保财政预算执行的真实、合法和效益，以及财税政策执行、政府预算体系建设等情况。财务审计则是对企事业单位的资产、负债和损益的真实性和合法合规性进行审查。由于企业的财务状况、经营成果和现金流量是通过会计报表来体现的，因此财务审计通常也会涉及会计报表的审计。

财政财务审计自审计诞生以来，长期占据核心位置，堪称审计领域的传统之选。其核心特点在于严格遵循国家法律、财经政策和管理规范，因此也常被称为依法审计。我国审计机关在执行财政财务审计任务时，一旦察觉被审计单位或个人存在严重违反国家财经法规、侵占国家财产、损害国家利益的行为，通常会启动专项审计程序，设立专门案件审计组进行深入细致的审查。这一举措旨在揭示违法违纪的真相，并据此做出相应惩处。这种专项审计，我们通常称为财经法纪审计，其本质是对财政财务审计的一种深化和拓展。

2）经济效益审计

经济效益审计是一种针对企业或项目经济活动的效率和效益进行的审计活动，其核心目的是通过系统的、独立的审查和评价，判断企业或项目是否经济、高效地使用了资源，并达到了预定的经济目标。

在进行经济效益审计时，审计人员会关注企业或项目的收入、成本、利润等财务指标，同时也会考虑其对社会、环境等方面的影响。他们会运用专业的审计技术和方法，收集和分析相关的财务数据和非财务数据，从而对企业或项目的经济效益进行全面、客观的评价。

经济效益审计不仅有助于揭示企业或项目在经济运营中存在的问题和风险，还能为管理层提供决策支持，帮助其优化资源配置，提高经济效益。同时，它也有助于增强企业或项目的透明度，提升公众对其的信任度。

3. 按技术方法分类

审计在技术层面的分类主要涵盖账项基础审计、制度基础审计和风险导向审计三种形式。这三种形式不仅反映了审计技术的演进历程，而且在审计技术高度发达的国家通常是并行不悖的。无论采用哪一种审计技术模式，会计报表审计的核心工作都离不开一系列共通的方法。这些方法用于验证报表项目金额的真实性和公允性，从而确保审计结果的准确性和可靠性。

1）账项基础审计

账项基础审计作为财务报表审计的雏形，亦称为详细审计，是审计历史上最早的方法。在审计的初始阶段，审计人员的主要工作是对会计凭证和会计账簿进行深入细致的核查。审计的对象主要聚焦于会计账簿，其目标在于发现并纠正错误，以保障企业资产的安全与完整。这一方法的预期使用者多为公司的股东。

然而，从 19 世纪中叶到 20 世纪 40 年代，尽管账表导向审计在英国得到了迅速发展，但随着企业规模的不断扩大和审计范围的日益广泛，对被审计单位账目记录进行详细审查所需的成本逐渐上升，账表导向审计的局限性开始显现。

2）制度基础审计

随着内部控制理论与实务的不断深化和统计抽样方法的日益精进，制度基础审计作为一种新兴的审计方法应运而生。在这一阶段，审计人员逐渐认识到企业内部控制制度与会计信息质量之间的紧密联系。他们发现，当企业的内部控制制度越加健全和有效时，财务报表中出现错误或舞弊的可能性就越低，进而缩减了需要进行审计测试的范围。因此，审计人员可以依据对内部控制有效性的评估和测试结果，更有针对性地执行对账表的审计工作。与传统的账表导向审计相比，内部控制导向审计在降低审计成本、提升审计效率的同时，能够确保审计质量，更加适应被审计单位业务和账表日益增长的复杂性。

3）风险导向审计

尽管内部控制有其重要性，但由于一系列固有的局限性（诸如成本效益的权衡考量、管理层可能超越内部控制的制约、内部人员的串通与合谋，以及判断或决策中的潜在失误等），它只能为被审计单位的财务报告提供合理的可靠性保证。因此，审计人员需要采取更为全面和细致的视角来识别和评估被审计单位可能存在的重大错报风险。风险导向审计应运而生。正是基于这一现实的需求，在运用这种审计技术时，审计人员会全面考虑被审单位的审计动机、经营环境、财务状况等因素并进行深入的风险评估。他们借助审计风险模型来规划审计工作，积极运用分析性复核程序，力求将审计风险控制在可接受的范围内。风险导向审计不仅是高风险社会的产物，更是现代审计方法的一次重要发展和提升。

4. 按实施时间分类

审计根据其实施时间相对于被审计单位经济业务发生的先后顺序，可划分为事前审计、事中审计和事后审计三种类型。

1）事前审计

事前审计，即审计机构的专职人员在被审计单位各类经济活动实际发生前，先行介入进行的审计活动。这本质上是一种针对计划、预算、预测和决策的深度审计，旨在确保这些关键经济活动的合理性、可行性及科学性。例如，国家审计机关会仔细审查财政预算编制的合理性，以及重大投资项目的可行性；会计师事务所会对企业的盈利预测文件进行细致审核；内部审计组织则会对企业内部的生产经营决策、计划的科学性与经济性，以及经济合同的完备性进行深入评价。

开展事前审计对于被审计单位来说至关重要。它有助于单位做出更为科学的决策，确保未来经济活动的有效性，从而避免由于决策失误而带来的重大损失。在众多的审计组织中，内部审计组织通常被认为最适合承担事前审计的任务。这是因为内部审计的核心在于其建设性和预防性，它能够通过审计活动为单位的领导层提供决策和控制的有力支持。而且，内部审计的结论主要影响本单位，不涉及对已审计划或预算的执行结果的直接责任,这使审计人员在执行事前审计时能够更加放心和从容。

此外,内部审计组织通常对本单位的各项活动有深入的了解,掌握的资料也相对更为全面。这使他们能够更为容易地联系到各种专业技术人员,从而有能力对各种决策、计划等方案进行事前的深入分析比较,并据此做出评价结论,提出改进意见。

2)事中审计

事中审计,即在被审计单位的经济业务进行中对关键环节所实施的审计活动。它主要聚焦在费用预算的实际执行状况以及经济合同的履行情况上,进行深入细致的审查。这种审计方式的重要性在于,它能在经济活动进行过程中,及时发现可能存在的问题或偏差,并迅速做出反馈。通过事中审计,单位可以及时调整和优化经济活动的执行路径,确保它们能够按照预定的合法、合理且有效的目标顺利推进。这样,不仅能提升经济活动的效率和效益,还能在很大程度上降低潜在的风险和损失。

3)事后审计

事后审计,是在经济业务完成后对被审计单位进行的一种审计活动。它占据了审计活动的大部分,其核心目标是确保经济活动的合法性和合规性,验证企业会计报表的真实性与公正性,并评估经济活动的实际成效与效益。

若从实施周期的角度进行分类,审计又可分为定期审计和不定期审计。定期审计,即按照预先设定的时间间隔进行的审计活动,比如注册会计师每年对上市公司进行的年度会计报表审计,或是国家审计机关每隔固定年份对行政事业单位进行的财务收支审计等。不定期审计,则是基于特定需求而临时安排的审计活动,例如,国家审计机关对严重违反财经法规行为的单位进行的突击财经法纪专案审计、会计师事务所接受企业委托对拟收购公司进行会计报表审计,或内部审计机构接受总经理指派对某分支机构经理人员可能存在的舞弊行为进行审查等。

5. 按执行地点分类

按执行地点不同,我们可以将审计分为报送审计和就地审计。

1)报送审计

报送审计又称送达审计,是指被审计单位按照审计机关的要求,将需要审查的全部资料送到审计机关所在地进行的审计。报送审计是政府审计机关进行审计的重要方式,其优点是省时、省力;缺点是不易发现被审计单位的实际问题,不便于用观察或盘点的方法进一步审查取证,从而使审计的质量受到一定的影响。

2)就地审计

就地审计又称现场审计,是审计机构派出审计小组和专职人员到被审计单位现场进行的审计,是国家审计机关、民间审计组织和内部审计部门进行审计的主要类型。

(二)其他分类方法

除了上述分类方法,审计还可以从其他角度进行划分。

按审计范围不同,我们可以将审计分为全部审计、局部审计和专项审计。全部审计又称全面审计,是对被审计单位一定期间的财政收支及有关经济活动的各个方面及其资料进行全面的审计；局部审计又称部分审计，是对被审计单位一定期间的财政收支或经营管理活动的某些方面及其资料进行部分的、有目的、有重点的审计，对企业的固定资产审计、存货审计、银行存款审计都属于局部审计；专项审计又称专题审计，是对某一特定项目所进行的审计，其业务范围确定，专业性比较强，如三峡工程专项资金审计、灾后重建资金审计。对于注册会计师来说，审计范围不同，所遵循的职业规范和标准就会有所差异。

按审计动机不同，我们可以将审计分为强制审计和任意审计。强制审计是指审计机构根据相关法律、法规的要求对被审计单位行使审计监督权而进行的审计，这种方式是按照审计机关的计划进行的，无论被审计单位是否愿意，都要无条件接受；任意审计是根据被审计单位自身的需要，自己要求审计组织对其进行的审计。

按审计组织方式不同，我们可以将审计划分为授权审计、委托审计、联合审计。授权审计是指上级审计机关将其职责范围内的一些审计事项，授权下级审计机关进行的审计；委托审计是指审计机关将其审计范围内的审计事项委托给另一审计机构办理的行为；联合审计是指由两个以上的审计组织共同进行的审计。

按审计是否定期进行，我们可以将审计分为定期审计和不定期审计。定期审计一般是指按照预定的时间所进行的审计；不定期审计是指审计组织根据特定目的需要而临时组织的审计，或称为临时审计。

第四节　审计的目标与职能

一、审计目标

审计目标，简而言之，就是人们在特定社会背景下，希望通过审计活动达成的终极期望。审计的总目标则更为具体，它主要着眼于对被审计单位的财政财务收支活动进行全方位、多角度的评价审查。这包括对其收支活动的正确性、公允性、合理性、真实性、合法性、合规性、有效性、一贯性的深入剖析，以确保其经济活动的透明、合规与高效。

审计目标分为审计总体目标和具体审计目标。审计总体目标是指注册会计师为完成整体审计工作而达到的预期目的。具体审计目标是指注册会计师通过实施审计程序以确定管理层在财务报表中确认的各类交易、账户余额、披露层次认定是否恰当。注册会计师在了解每个项目的认定后，就容易确定每个项目的具体审计目标。

（一）审计总目标演变

审计总目标的设定，始终紧密依托审计环境，并随着审计环境的变迁而不断调整。在注册会计师审计的演进历程中，我们根据审计环境的演变，可以将审计清晰地划分为详细审计、资产负债表审计、财务报表审计三个主要阶段。在不同的阶段，审计总目标的内涵也呈现出明显的差异。

1. 详细审计阶段

在详细审计阶段，注册会计师通过对被审计单位一定时期内会计记录的逐笔审查，判定其有无技术错误和舞弊行为。查错防弊是此阶段主要的审计目标。

2. 资产负债表审计阶段

在资产负债表审计阶段，注册会计师通过仔细审查被审计单位一段时间内资产负债表上所有项目的余额，以确保其真实性和可靠性，并评估其财务状况和偿债能力。在这个阶段，审计的目标是对历史财务信息进行验证，确保准确性和可信度。尽管查错和防范欺诈仍然是审计的重要目标，但已经不再是首要目标，审计的主要职能已经从防护性逐渐发展为公正性。

3. 财务报表审计阶段

在财务报表审计阶段，注册会计师的工作更为复杂和全面。他们不仅判断被审计单位某个时期内的财务报表是否真实反映其财务状况、经营成果和现金流量，还会在出具审计报告时提出改进经营管理的建议。这一阶段的审计从静态走向动态，并增加了"管理审计"的内容，涵盖了经营审计、效益审计和效果审计等多个方面。审计目标也进一步拓展，不再局限于纠错防弊和公正，而是更加深入地涉及管理领域。此时，审计工作已逐渐规范化，形成了一套完整的理论和方法体系。

尽管审计的总目标在不断发展和变化，但注册会计师的核心职责始终未变，那就是对被审计单位的财务报表进行审计，确保财务报表的合法性和公允性。这始终是注册会计师审计工作的主要目标。

（二）我国审计的总目标

根据我国独立审计准则，社会审计的总目标是对被审计单位会计报表的合法性、公允性及会计处理方法的一贯性发表意见。合法性是指被审计单位会计报表的编报是否符合《企业会计准则》及国家其他财务会计法规的规定。公允性是指被审计单位会计报表在所有重大方面是否公允地反映了被审计单位的财务状况、经营成果和现金流量情况。一贯性是指被审计单位的会计处理方法是否前后各期保持一贯。

二、审计职能

审计职能是指审计能够完成任务、发挥作用的内在功能。审计职能并非静止不变，而是随着社会经济的发展、经济关系的演变、审计对象的扩展以及人类认识水平的提升而不断深化和扩展的。

（一）经济监督

经济监督是审计的基本职能。审计通过对财务活动和经济行为的检查和监督，确保机构或组织的财务活动符合法律法规和规章制度，保障财政资金的安全性、合法性和有效性。这种职能使得审计能够及时发现和纠正可能存在的违规、浪费或滥用财务资源的行为，有助于维护经济秩序和国家利益。

（二）经济鉴证

审计通过对财务报表、账目和其他财务信息的审查和核实，提供独立的、专业的财务鉴证服务。这包括确认财务信息的真实性、准确性和可信度，向利益相关者提供可靠的财务报告，为其决策提供依据，保障其权益。比如，注册会计师接受委托并通过财务报表审计出具的审计报告就体现了审计的经济鉴证职能。又如，国家审计机关经授权提交的审计结果报告也体现了审计的经济鉴证职能。

（三）经济评价

经济评价职能是指审计机构通过对机构、组织或项目的财务管理和运作情况进行全面评估与分析，发现存在的问题、潜在的风险以及改进的机会，并提出相应的改进建议。这项职能使审计机构能够为管理层提供独立、客观的意见和建议，帮助其改进内部控制、提高管理效率、降低风险，并促进经济资源的合理配置和利用。审计的经济评价职能对于提高机构或项目的运营效率、加强风险管理、促进经济可持续发展具有重要作用。

通过审计的经济监督、经济鉴证、经济评价职能，我们不难发现审计对经济发展不仅具有监督作用，还具有促进和服务的功能。因此，审计在我国国民经济发展中具有不可替代的作用。

第五节　大数据背景下审计的发展

一、大数据审计概述

（一）大数据审计产生的原因

审计作为一种独立的经济监督活动，是国家现代化事业的重要组成部分，也是国家经济安全运行的重要保障。但是随着信息技术的飞速发展，以查账为主要手段的审计职业受到了前所未有的挑战，计算机审计是伴随着科学技术的不断进步、审计对象的电算化及审计事业的不断发展而成长起来的，它是审计科学、计算机技术和数据处理电算化发展的必然结果。

随着社会经济的发展，审计由原来单纯的以查错防弊为主的财政财务收支审计，发展到经营管理审计、经济责任审计和经济效益审计。从传统环境到信息化环境，审计证据收集手法也有所升级，由传统环境下的检查法、观察法、询问法、外部调查法、重新计算法、分析法、鉴定法等收集法到信息化环境下通过对审计数据的分析，发现可疑数据，并对可疑数据进行确认，最终获取审计证据。审计作为一项具有独立性的监督、评价或鉴证的活动，产生于受托经济责任关系，因此，它总是与查明、考核和评价经济责任有关。随着外部审计向内部审计的发展，以及事后审计到事前审计、事中审计的发展，利用传统的方法进行审计已显得越来越力不从心，所以有必要使用先进的大数据技术及时完成审计任务，产生了大数据审计。会计实现电算化以后，对计算机信息处理系统的安全性、可靠性及效率进行检查、监督与评价显得越发重要。利用计算机舞弊和犯罪的案件不断出现，给审计界带来了巨大压力，从而使审计人员认识到，要对被审单位的经济活动做出客观、公正的评价，必须使用大数据技术对电子数据处理系统进行审计。面对如此广泛的审计对象，利用传统的手工方法进行审计越来越不能及时完成审计任务，达到审计目的。因此，如何对那些已经在不同程度上实现了会计电算化的单位进行审计，以及对如何运用大数据技术审计会计系统，如何发展和创造新的审计方法等问题的研究，促使了大数据审计的产生。

（二）大数据审计的发展

美国学者 Samuel 于 1955 年首次提出"通过计算机审计"的概念，之后这一概念得到越来越多学者及广大实务工作者的关注。20 世纪 60 年代中期，美国的一些大型财务公司为了提高审计工作效率，开发出审计作业和管理软件。1984 年，美国 EDP（Electronic Data Processing，电子数据处理）审计人员协会发布了一套 EDP 控制标准——《EDP 控制目标》，提出了电算化系统一系列总的控制标准。然而，真正的商品化审计软件出现在 1987 年，加拿大的 ACL 服务公司推出第一个商品化审计软件 ACL（Audit Command Language）。经过几十年的发展，审计软件不断优化，有效提高了审计工作效率，在很多国家得到了广泛的应用。我国的计算机审计起步于 20 世纪 80 年代末。计算机审计从无到有、从简单到复杂、从局部探索到逐步走向普及，已取得了显著成绩。1993 年，审计署发布了中华人民共和国审计署令第 9 号《审计署关于计算机审计的暂行规定》，该规定主要针对电算化方面的审计行为和规范。1999 年，中国注册会计师协会颁布《独立审计具体准则第 20 号——计算机信息系统环境下的审计》。2001 年，国务院办公厅发布《国务院办公厅关于利用计算机信息系统开展审计工作有关问题的通知》；2003 年，审计署信息化建设领导小组编制了《审计软件开发指南》。2008 年，审计署在《审计署 2008 至 2012 年信息化发展规划》中提出进一步建设、完善、推广审计管理系统、现场审计实施系统，积极探索联网审计和信息系统建设，有力推动了我国计算机审计的发展。2014 年，国务院颁布《关于加强审计工作的意见》，提出构建国家审计数据系统，在审计实践中探索大数据应用技术，全面提高信息化技术应用能力的要求。同年，审计署成立电子数据审计司，先后出台了审计业务电子数据管理、审计业务电子数据远程联网管理、建设特派办数据分析网和共享审计业务电子数据等规定，明确了数据采集、管理、使用、安全等各环节要求，初步构建了较为完备、规范的大数据审计体系；地方各级审计机关也结合实际构建大数据审计体系，并取得较好成效。2015 年，国务院发布的《促进大数据发展行动纲要》进一步强调全面推进我国大数据的发展与应用，并提出实施国家大数据战略。2016 年，世界审计组织大会批准成立大数据审计工作组，中国担任工作组主席国。2017 年，审计署发布《关于开展大数据审计试点工作的指导意见》，进一步明确了大数据审计的重要意义和发展方向，推动了大数据审计技术的逐步成熟。2020 年，审计署发布《关于推动审计大数据应用的指导意见》，加强了对审计大数据应用的指导和推动，推动了大数据审计系统建设的逐步完善。截至 2023 年，大数据审计已成为中国审计的重要手段之一，应用范围不断扩大，技术手段不断创新，为审计工作提供了更加有效的支持和保障。

中国大数据审计经历了从计算机审计到信息化审计再到大数据审计的发展演进过程，逐步形成了一套完善的技术体系和应用模式，为审计工作的现代化提供了重要支撑。

大数据分析助推医保基金审计提质增效

案例研讨问题：

1. 在医保基金审计中，如何构建有效的大数据分析模型来识别违规收费项目？这些模型在设计和应用过程中需要考虑哪些关键因素？

2. 在大数据分析过程中，如何确保数据的准确性和完整性？针对可能存在的数据质量问题，审计组采取了哪些措施进行核实、修正和调整？

3. 面对审计中发现的争议较大的事项，审计组如何客观地对待分歧？这些方法对于处理类似争议有何借鉴意义？

案例1-3：大数据分析助推医保基金审计提质增效

二、大数据时代对于审计行业的影响

（一）大数据时代对于审计行业发展的影响

1. 大数据时代不依赖抽样分析

在大数据时代，审计人员能够对海量的信息进行全面的收集、整理和分析。因此，审计工作过程中不需要通过抽样进行数据的了解和分析，利用大数据信息技术能够对所有的信息进行全面的整理，全方位地开展审计活动。传统的审计抽样仅仅是受技术条件限制而实施的一种方式。随着大数据信息技术的应用，人们可以对所有信息实时审计，这样能够更好地提升数据审计整体效果，对于保证审计工作职能的发挥具有积极的意义。

2. 大数据时代更加追求数据的利用效率

传统的审计工作主要是追求数据的精确度，只有保证审计数据的精确度，才能提升审计成效，最大限度地提升审计的整体效果。然而，在大数据时代，各方面的数据能够更加精确地获得，通过信息技术全面地保证计算的精确度。因此，在大数据时代，审计工作追求数据的利用效率，通过数据收集并整合最终的数据结果，加强对于数据结果的应用，更好地保障审计工作全面地开展。通过应用大数据技术，审计人员能够在很短的时间内对数据进行全面收集、整理和分析，然后及时发现被审计单位在运营过程中的问题，较好地提升审计人员的工作效率和工作质量，对于提升审计综合效果、保证审计报告质量具有积极的影响。

3. 大数据时代更加关注事物之间的关系

很长时间以来，人们在发展的过程中都是习惯于寻求不同关系之间的因果联系，通过因果联系来发现事物之间的规律。大数据时代，人们更加注重的是利用事物之间的联系开展具体的工作。在大数据环境下，人们需要摆脱传统的认识思维，把主要的精力放在寻找事物之间的联系方面，通过发现事物之间的联系，更好地对事物进行全面的控制，以实现审计工作效率和质量的全面提高。在大数据时代，审计工作过程中需要知道某项事物是什么就可以了，没有必要针对为什么出现进行寻根。通过发现事物之间的联系，人们能够对很多事物未来的发展趋势进行预测，以实现对未来工作的全面管理。因此，在大数据时代，人们更加关注事物之间的关系，而不再注重传统因果联系。

（二）大数据时代审计的发展趋势

1. 审计证据多样化

审计证据需满足适当性和充分性要求，小数据环境下这种要求的满足较为困难，而在大数据时代，大数据技术的运用，不仅能够保证审计证据适当、充分，在扩充其形式方面也能够发挥积极作用。这种扩充主要体现在三个方面：第一，视频与音频信息。在传统审计模式下，口头证据仍较为常见，这类证据能够实现新的审计风险点和审计线索挖掘，辅以其他审计技术，即可更好地开展相关经济事项的调查取证。但由于无法作为直接的有效证据，这类口头证据往往需要其他证据作为佐证。而在大数据时代，口头证据能够得到自然语言处理的支持，基于自然语言的人与计算机通信得以实现，高效、智能的非结构化信息分析可通过音视频的形式对现场询问及访谈进行记录，文本信息能够通过语音识别系统自动转化，辅以自然语言处理技术开展有针对性的提取、对比、分析，智能化、自动化的信息处理可基本实现。第二，非财务文本信息。信息管理系统现阶段在各类企事业单位广泛应用，这类系统能够自动采集、处理、分类信息，非财务数据因此大量产生，而结合系统中的客户信息、销售信息等其他非财务文本信息，审计人员对业务事件全过程可开展非财务视角观察。非财务文本信息存在更为广泛的来源，如行业总体发展趋势、宏观经济政策、公司竞争者信息等。这类信息可作为补充性证据，为职业判断和风险评估提供支持。第三，其他信息。在大数据时代，GPS定位系统提供的数据等新型信息也能够用于审计，在新技术的支持下全面收集不同时间范围、不同区域的数据，辅以精确的坐标定位，审计的效率和精确度将进一步提升。以生物资产为例，这类资产的高效、准确测算难度较大，而通过应用各类地理信息技术，即可更好复核容易出现问题的动态数据。

2. 审计方法智能化

审计方法智能化同样属于大数据时代审计发展趋势之一。该趋势可从三方面进行解读：第一，标准化数据处理。为保证大数据技术应用满足审计全覆盖要求和审计证据使用条件，大数据存在的不准确、不完整、不规范问题必须设法克服，实现行业数据标准的全面完善。以政府审计为例，财政部门提供的数据受信息系统版本、统筹管理缺乏影响难以实现标准化，这使得公共资金审计难度较大，因此审计机关需要基于重点行业、重点领域完成审计数据标准设计，以此更好适应大数据时代要求。此外，对于网络平台外部数据、结构化及非结构化数据中涉及的文本信息，标准化处理也属于重要趋势，审计单位需要积极参与其中。第二，机器学习推广。作为人工智能的核心，机器学习能够实现对人类学习行为的模拟。通过相应模型或算法的建设，计算机可模拟人类思维解决问题。以会计师事务所的业务承接为例，机器学习可通过完成训练的模型，结合客户的历史报表数据、以往聘请事务所出具的意见，对其审计风险进行自动判断并决定是否对该业务进行承接。在机器学习支持下，审计人员能够更好地开展智能化审计，审计质量、效率均能得到大幅提升，相应消耗也能够有效降低。第三，可视化信息分析。对于审计涉及的海量数据，大数据技术与人工操作的结合能够实现数据关联处理，完整分析图表并且顺利获取，形式多样、来源广泛的海量数据图形化处理可由此完成。可视化信息分析在数据信息关系揭示、隐藏信息发现、数据动态及实时分析等方面均具备显著优势，能够较好用于新的风险点和审计线索寻找。此外，可视化信息分析还能够对各小组工作现有问题、完成进度进行直观展示，使用的技术方法也能够依托内部网络平台公开，寻求其他团队帮助，资源共享也能够顺利实现。通过立体图和动态图展示重大舞弊行为、关键风险点，审计报告模式创新也能够同时实现。

3. 审计组织平台化

对于传统"垂直式"结构的审计组织来说，不同的职能部门负责承担不同审计项目，这使得大型审计项目的开展往往存在较大局限。在大数据时代，"平台化"结构将逐步取代"垂直式"结构。这种变化存在以下几方面优势：第一，特色业务优势。通过建立专业小组，特色业务优势能够在工作中最大限度地发挥，有机结合的众多专业化小组将取代以往的单个割裂部门集合。第二，信息横向流动。信息横向流动能够获得"平台化"结构支持，统一数据处理中心可实现内部信息广泛传输，各业务团队能够高效提取信息，做到精准、迅速反应。第三，人才配比优化。为适应大数据时代和"平台化"结构，会计师事务所需要优化人力资源配置，更好满足自身发展需要。通过建设大数据审计技术支持团队，它们可深化审计学科与大数据的交叉沟通。如为审计人员提供计算机相关培训，审计工作者的数据收集、分析、处理能力将大幅提升。这一过程需做好大数据审计思维、大数据环境中解决问题能力的培养，以此推进审计工作与信息技术的结合，优化的审计队伍将更好迎接大数据时代的挑战。

思考题

1. 审计的特征有哪些？
2. 我国审计经历了哪几个发展阶段？
3. 我国审计有哪几种职能？为什么说经济监督是审计的基本职能？
4. 审计有哪几种分类方法？
5. 审计对象是什么？审计对象包括哪些内容？
6. 计算机审计有何特征？
7. 简述我国对大数据审计的重视情况。

伦理与道德专栏

企业因出具虚假报告受罚案

案例研讨问题:

1. 泽达易盛的相关会计人员违反了哪些非执业会员职业道德守则?

2. 在遇到上级授意出具虚假财务报告的情况时,企业会计人员应当怎么做?

3. 可以采取哪些措施防止企业出具虚假报告?

伦理与道德专栏:企业因出具虚假报告受罚案

即测即练

扫描此码 自学自测

第二章

审计职业标准与法律责任

【思想领航】

- 《"十四五"国家审计工作发展规划》指出,要坚持依法审计,审计人员要致力于成为德才兼备、坚守底线的审计人才,为实现中华民族伟大复兴的中国梦而不懈奋斗。
- 以当前注册会计师行业的发展与改革为依托,激发家国情怀和爱国热情,自觉树立推动注册会计师行业持续健康发展的崇高理想,并为此不懈努力。
- 深刻理解执业准则、道德规范和法律规范的要求,培养灵活运用职业规范分析审计案例、参与审计工作的应变能力,以更好地适应复杂多变的审计环境,并且能够在不同情境下做出准确、合适的决策,确保审计工作的有效开展。

当资本市场"看门人"要修炼好内功

随着我国经济的快速发展,尤其是改革开放后,我国审计行业有了显著的进步,实现了从无到有、从小到大的转变,从业人员数量之多、服务范围之广及社会关注度之高的现象亦越来越突出。与此同时,规范化、国际化的发展趋势也对做大做强整个行业提出了要求。随着监管部门加大对上市公司、会计师事务所虚假信息披露案件的查处力度,资本市场中对于会计师事务所等中介机构的行政处罚、民事责任追究也越来越多。

2021年8月23日,国务院办公厅印发《关于进一步规范财务审计秩序 促进注册会计师行业健康发展的意见》,引导会计师事务所强化内部管理。这是改革开放以来第一个经国务院同意、由国务院办公厅直接印发的指导我国注册会计师行业改革与发展的文件,充分体现了党中央、国务院对新阶段注册会计师行业健康发展的关心和重视。

该意见要求,上下联动、依法整治各类违法违规行为,特别是针对当前行业内较为突出的会计师事务所无证经营、注册会计师挂名执业、网络售卖审计报告、超出胜任能力执业、泄露传播涉密敏感信息等问题,应坚决纠正会计师事务所串通舞弊、丧失独立性等违反职业规范和道德规范的行为。

国家规范注册会计师行业发展的决心,在2020年3月开始施行的新《中华人民共和国证券法》中就已有所体现。新《中华人民共和国证券法》对涉及注册会计师的条款做出诸多修改,尤其对其法律责任进行了进一步明确,并对处罚措施进行了较大调整。

包括虚假陈述等实行过错推定，并实行举证责任倒置；明确了与发行人、上市公司承担连带赔偿责任；原法律条文的"弄虚作假"修改为"有虚假记载、误导性陈述或者重大遗漏"，涵盖了虚假陈述的所有类型，更加全面；新条文将违法的处罚最高调整为业务收入的十倍……

另外，新《中华人民共和国证券法》将会计师事务所从事证券服务业务的行政许可调整为事后备案管理，更加市场化的准入让证券审计市场逐步形成优胜劣汰、有进有出的良性生态，会计师事务所的增多也让审计费用呈现逐年降低的趋势，行业竞争更加激烈，市场主体选聘审计机构决策趋于科学理性，更加看重审计机构质量和声誉。

资料来源：改编自证券日报电子报，epaper.zqrb.cn。

在行业竞争越发激烈的市场环境中，注册会计师要慎用手中笔，遵循审计准则，恪守职业道德，保持合理职业怀疑，保持业务独立性，严格执行风险评估、内控测试、实质性测试等审计程序，获取的审计证据要足够有力地支持审计意见；会计师事务所要明确责任边界，强化风险意识、市场意识、人才意识和品牌意识，改善管理模式，大力提高审计质量，增强自律性，积极履行核查把关职责。唯有如此，才能在市场中获得一席之地。那些为了抢夺市场、留住客户，甚至对上市公司的财务风险视而不见，从"看门人"沦为"放风者"的会计师事务所，将会逐步从证券审计市场"出清"。

注册会计师在执行审计业务时，必须遵守职业标准。审计职业标准是由注册会计师团体制定的一套在执业过程中必须遵循的行为标准，用于规范注册会计师的执业行为，衡量和评价注册会计师审计服务的质量。发展至今，审计职业标准已形成一套较为全面、完善的行业约束体系，包括注册会计师执业准则体系和职业道德规范两方面的内容。

第一节　我国注册会计师执业准则体系

一、审计准则的含义和作用

（一）审计准则的含义

审计准则，又称审计标准或执业准则，是审计人员在实施审计工作的过程中必须遵循的行为规范，也是衡量审计工作质量的重要判断依据。

审计准则的概念包括如下几方面内容。

（1）审计准则是制约审计人员的行为准则。审计人员在工作过程中，需围绕审计任务，在选择和确定审计程序时，应明确哪些是可以做的，哪些是不能做的，哪些是应该加强和深入去做的，哪些是可以只做了解的。审计准则起到了衡量标准的作用。

（2）审计准则既对审计人员的素质提出要求，同时也为社会提供审计工作质量保证。审计准则对审计人员的业务技能和职业道德提出了一个较高的标准，而且把独立性视为审计工作的灵魂。这对树立审计人员在社会上的公正、正直、客观形象具有重要作用，有利于提高审计工作的质量。

（3）审计准则是通过审计人员执行审计程序体现出来的。所以，审计准则一般会对审计人员的专业知识、业务能力、工作行为和应该实施的审计程序提出严格的要求。

（4）审计准则是审计人员签署最终审计意见时的客观保证。一般来说，审计人员在形成审计意见之后，会主动与被审计单位交换意见，然后才签发自己的审计报告，其目的是希望较快地完成审计任务。但是，如果双方发生意见分歧，审计准则就为审计人员坚持自己的意见提供了客观的保证。

审计准则是在审计实践的过程中，由于审计自身的需要和社会公众的要求而产生并逐渐完善的，是被审计工作者共同承认并参照执行的一种审计工作规范。审计准则是审计经验的总结，随着审计实践的发展逐步得到完善，审计准则既是控制和评价审计工作质量的依据，也是控制审计风险的必然要求。总之，审计准则的实质就是社会对审计工作所给予的期望。一个国家的审计准则无疑反映出这个职业在该国的地位，在根本上规定着审计作用的发挥和这一职业的发展。

（二）审计准则的作用

审计准则是把审计实务中一般认为公正妥善的惯例加以概括归纳而形成的原则，是审计人员在实施审计工作的过程中必须遵循的行为规范和指南，推动了审计事业的发展。其作用体现在以下几个方面。

（1）审计准则为审计人员提供了审计工作规范，为评价审计工作质量提供了衡量尺度。审计准则使得审计人员在审计过程中有章可循，知道如何开展审计工作。在审计计划的编制、审计方案的制订、审计证据的收集与评价、审计报告的编写、审计意见的表示等方面，审计准则都为审计人员提供了工作规范，从一定程度上减少了审计人员在审计过程中的主观性失误和重复劳动，有利于保证审计工作质量和提高审计工作效率。同时，审计组织的管理部门也可以通过检查审计人员对审计准则的遵守情况来评价审计工作质量。

（2）审计准则有利于取信公众和维护社会公众及审计人员的正当权益。注册会计师按照审计准则进行审计，一方面有利于维护审计委托方、投资方、债权人、银行等有关社会公众方的利益；另一方面，审计准则规定了审计人员的工作范围，审计人员只要遵守了审计准则就算尽到了职责。有了审计准则，当审计委托人与审计人员发生意见分歧时，就有了裁决判别的公认标准，审计人员可以运用审计准则来维护自身的合法权益。

（3）实施审计准则可以促进国际审计经验交流。审计准则是审计实践经验的总结和升华，是审计理论的一个重要部分。随着我国改革开放的深化，国际合作的领域和范围也在不断扩大，客观上要求各国对审计准则进行协调，开展国际审计经验交流。国际审计准则的制定和协调工作的开展，有力地推动了世界审计经验和学术交流。

二、我国注册会计师执业准则

（一）注册会计师执业准则

注册会计师执业准则，又称注册会计师执业标准，是用来规范注册会计师执行审计业务、获取审计证据、形成审计结论、出具审计报告的专业标准,是注册会计师职业规范体系的重要组成部分,是注册会计师在执行审计业务过程中应该遵循的行为准则,也是衡量注册会计师审计工作质量的权威性标准。

(二)注册会计师执业准则体系构成

我国的注册会计师执业准则体系作为规范我国注册会计师执业的权威性标准,对提高注册会计师的执业质量、降低执业风险、维护社会公众的利益起到了重要作用。2006年,财政部颁布了注册会计师执业准则体系;2010年,财政部对原有准则体系进行了更新;2016年发布了一项新的1504号审计准则,对其中的6项审计准则做了实质性修订,5项准则做了文字调整。至此,我国注册会计师执业准则体系共计52条准则。相应地,注册会计师协会于2017年拟订和发布了16项应用指南;2019年发布了18项审计准则和24项应用指南;2020年,财政部发布了一项新的5102号质量控制准则,修订了与质量控制相关的两项准则;2021年,中国注册会计师协会修订了《中国注册会计师审计准则第1601号——审计特殊目的财务报表的特殊考虑》《中国注册会计师审计准则第1603号——审计单一财务报表和财务报表特定要素的特殊考虑》《中国注册会计师审计准则第1604号——对简要财务报表出具报告的业务》3项准则;2022年,中国注册会计师协会修订了《中国注册会计师审计准则第1211号——重大错报风险的识别和评估》《中国注册会计师审计准则第1321号——会计估计和相关披露的审计》两项审计准则,并对《中国注册会计师审计准则第1101号——注册会计师的总体目标和审计工作的基本要求》等23项准则进行了一致性修订。

(三)注册会计师执业准则体系内容

中国注册会计师执业准则体系包括中国注册会计师鉴证业务准则、中国注册会计师相关服务准则、会计师事务所质量控制准则。其中鉴证业务准则包括鉴证业务基本准则、审计准则、审阅准则、其他鉴证业务准则(图2-1)。

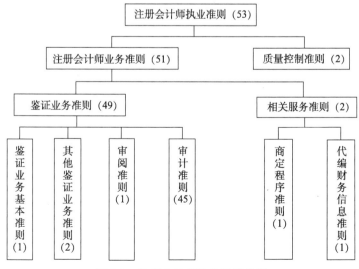

图 2-1 注册会计师执业准则体系

1. 鉴证业务准则

鉴证业务是指注册会计师对鉴证对象信息提出结论,以增强除责任方之外的预期使用者对鉴证对象信息信任程度的业务。鉴证业务旨在增强某一鉴证对象信息的可信性,包括历史财务信息审计业务、历史财务信息审阅业务和其他鉴证业务。鉴证业务准则是整个执业准则体系中最主要的部分,分为两个层次:第一个层次是具有统领作用的鉴证业务基本准则,是依据《中华人民共和国注册会计师法》制定的,其目标是规范注册会计师执行鉴证业务,明确鉴证业务的目标和要素,界定审计准则、审阅准则和其他鉴证业务准则适用的鉴证业务类型的准则。第二个层次是按照鉴证业务提供的保证程度和鉴证对象的不同,分为审计准则、审阅准则和其他鉴证业务准则。其中,审计准则是整个业务准则体系的核心。

1)审计业务

审计业务是指注册会计师综合使用审计方法,对所审计的历史财务信息是否存在重大错报提供合理保证,并以积极方式提出结论。审计准则的作用是规范注册会计师执行历史财务信息的审计业务。其中,"合理保证"是指注册会计师将鉴证业务风险降至该业务环境下可接受的最低水平,并对鉴证后的信息提供高水平保证。"以积极方式提出结论"是指审计结论应从正面发表意见。例如,"我们认为某公司财务报表已经按照企业会计准则和企业会计制度的规定编制,在所有重大方面公允反映了该公司的年度财务状况、经营成果和现金流量"。审计业务范围包括审查企业财务报表,出具审计报告;验证企业资本,出具验资报告;办理企业合并、分立、清算等事项中的审计业务,出具相关报告;执行法律法规规定的其他审计业务,出具相应的审计报告。审计准则是整个注册会计师执业准则体系中的核心部分,共45项,包括一般准则、工作准则和报告准则。

2)审阅业务

审阅业务是指注册会计师在实施审阅程序的基础上,说明是否注意到某些事项,使其相信财务报表没有按照适用的会计准则和相关会计制度的规定编制,未能在所有重大方面公允反映被审阅单位的财务状况、经营成果和现金流量。审阅准则是用来规范注册会计师执行历史财务信息(主要是财务报表)审阅业务。相对审计而言,审阅业务程序简单,保证程度有限,审计成本也较低。

3)其他鉴证业务

其他鉴证业务是指注册会计师执行的除审计业务和审阅业务以外的鉴证业务,如内部控制鉴证、预测性财务信息的审核等。这类鉴证业务可以增强信息使用者的信任程度。

2. 相关服务准则

相关服务是指非鉴证业务,包括对财务信息执行商定程序、代编财务信息、税务服务、会计服务和管理咨询等。与鉴证业务不同的是,相关服务对独立性没有强制性要求,不需要提供鉴证报告,并且相关服务通常只是涉及两方关系人,即客户和提供服务的注册会计师,而鉴证业务通常涉及三方关系人,即责任方、预期使用者和注册会计师。

3. 质量控制准则

业务质量控制准则是指会计师事务所执行财务报表审计业务、审阅业务、其他鉴证业务以及相关服务业务时应该遵循的质量控制政策和程序，是明确会计师事务所及其审计人员的质量控制责任的准则。会计师事务所在使用本准则时需要结合相关职业道德要求，根据该准则来制定质量控制制度，合理保证业务质量。

（四）我国注册会计师执业准则体系的编号

在注册会计师执业准则体系中，准则编号由4位数组成。千位数代表不同的准则类别："1"代表审计准则；"2"代表审阅准则；"3"代表其他鉴证业务准则；"4"代表相关服务准则；"5"代表质量控制准则。百位数代表某一类别准则中的大类。以审计准则为例，审计准则分为6类："1"代表一般原则与责任；"2"代表风险评估与应对；"3"代表审计证据；"4"代表利用其他主体的工作；"5"代表审计结论与报告；"6"代表特殊领域审计。十位数代表大类中的小类，个位数代表小类中的顺序号。

第二节 注册会计师职业道德规范

职业道德是某一职业组织以公约、守则等形式公布的，被其会员自愿接受的职业行为标准。注册会计师的职业性质决定了其对社会公众应承担的责任，为使注册会计师切实履行审计职责，为社会公众提供高质量的、可信赖的专业服务，在社会公众中树立良好的职业形象和职业信誉，必须大力加强对注册会计师的职业道德教育，强化道德意识，提高道德水准。注册会计师职业道德规范是注册会计师在执行审计业务时应当遵循的行为规范，是对注册会计师思想意识、品德修养等方面所规定的基本要求。

我国注册会计师协会一直关注注册会计师的职业道德建设。为了规范会员的职业行为，进一步提高职业道德水平，维护职业形象，注册会计师协会制定了《中国注册会计师职业道德守则》和《中国注册会计师协会非执业会员职业道德守则》。其中，《中国注册会计师职业道德守则》具体包括《中国注册会计师职业道德守则第1号——职业道德基本原则》《中国注册会计师职业道德守则第2号——职业道德概念框架》《中国注册会计师职业道德守则第3号——提供专业服务的具体要求》《中国注册会计师职业道德守则第4号——审计和审阅业务对独立性的要求》和《中国注册会计师职业道德守则第5号——其他鉴证业务对独立性的要求》。《中国注册会计师职业道德守则》和《中国注册会计师协会非执业会员职业道德守则》于2009年制定发布，自2010年7月1日起施行。2020年12月17日，中国注册会计师协会发布了《中国注册会计师职业道德守则（2020）》和《中国注册会计师协会非执业会员职业道德守则（2020）》，对之前的版本进行了全面修订。

中国注册会计师职业道德守则

基本原则（2009）：诚信、独立性、客观和公正、专业胜任能力和应有的关注、保密、良好职业行为。

基本原则（2020）：诚信、独立性、客观和公正、专业胜任能力和勤勉尽责、保密、良好职业行为。

注册会计师的勤勉尽责，指的是即使注册会计师在审计过程中出现失败，但注册会计师已经尽其所能负责应有职业关注以及遵守相应的职业操守，就应当予以职业上的免责，判断会计师是否已经尽其所能负责应有职业关注的标准是独立审计准则。在审计过程中，注册会计师应当保持职业怀疑态度，运用专业知识、技能和经验，获取和评价审计证据。

中国注册会计师协会非执业会员职业道德守则

基本内容（2009）：职业道德基本原则、职业道德概念框架、潜在冲突、信息的编制和报告、专业知识和技能、经济利益、礼品和款待。

基本内容（2020）：职业道德基本原则、职业道德概念框架、利益冲突、信息的编制和列报、专业知识和技能、利益诱惑（包括礼品和款待）、应对违反法律法规行为、违反职业道德基本原则的压力。

知识链接：中国注册会计师协会发布新修订的职业道德守则

本次修改细化了非执业会员职业道德守则，新设应对违反法律法规行为、违反职业道德基本原则的压力两项内容，增加了帮助非执业会员应对压力的指引。

一、中国注册会计师职业道德基本原则

（一）诚信

注册会计师应当在所有职业活动中保持正直、诚实和守信。具体而言，注册会计师如果认为业务报告、申报资料、沟通函件或其他方面的信息存在下列问题时，则不得与这些有问题的信息发生关联：①含有虚假记载、误导性的陈述；②含有缺乏充分根据的陈述或信息；③存在遗漏或含糊其辞的信息，而这种遗漏或含糊其辞可能会产生误导。注册会计师如果注意到已与有问题的信息发生关联时，应当采取措施消除。

（二）独立性

注册会计师执行审计和审阅以及其他鉴证业务时，应当从实质上和形式上保持独立性，不得因任何利害关系影响其客观性。会计师事务所在承办审计和审阅以及其他鉴证业务时，应当从整体层面和具体业务层面采取措施，以保持会计师事务所和项目组的独立性。独立性原则通常是对注册会计师而不是对非执业人员提出的要求。

（三）客观和公正

注册会计师应当公正处事、实事求是，不得由于偏见、利益冲突或他人的不当影响而影响自己的职业判断。如果存在导致职业判断出现偏差或对职业判断产生过度不当影响的情形，注册会计师不得提供相关专业服务。

（四）专业胜任能力和勤勉尽责

注册会计师应当通过教育、培训和执业实践获取和保持胜任能力。注册会计师应当持续了解并掌握当前法律、技术和实务的发展变化，将专业知识和技能始终保持在应有的水平，确保为客户提供具有专业水准的服务。在应用专业知识和技能时，注册会计师应当合理运用职业判断。勤勉尽责要求注册会计师遵守法律法规、相关职业准则并保持应有的职业怀疑，认真、全面、及时地完成工作任务。注册会计师应当采取适当措施，确保在其领导下的工作人员得到应有的培训和督导。注册会计师在适当时应当使客户以及业务报告的其他使用者了解专业服务的固有局限。

（五）保密

注册会计师应当对职业活动中获知的涉密信息保密，不得未经客户授权或法律法规允许，向会计师事务所以外的第三方披露其所获知的涉密信息，不得利用所获知的涉密信息为自己或第三方谋取利益。注册会计师应当对拟接受的客户或拟受雇的工作单位向其披露的涉密信息保密，对所在的会计师事务所的涉密信息保密。注册会计师在社会交往中应当履行保密义务，警惕无意中泄密的可能性，特别是警惕无意中向近亲属或关系密切的人员泄密的可能性。此外，注册会计师应当采取措施，确保下级员工以及提供建议和帮助的人员履行保密义务。在终止与客户的关系后，注册会计师应当对以前职业活动中获知的涉密信息保密。

注册会计师在下列情况下可以披露涉密信息：①法律法规允许披露，并且取得客户或工作单位的授权；②根据法律法规的要求，为法律诉讼、仲裁准备文件或提供证据，以及向有关监管机构报告发现的违法行为；③法律法规允许的情况下，在法律诉讼、仲裁中维护自己的合法权益；④接受注册会计师协会或监管机构的执业质量检查，答复其询问和调查；⑤法律法规、执业准则和职业道德规范规定的其他情形。

（六）良好职业行为

注册会计师应当遵守相关法律法规，避免发生任何可能损害职业声誉的行为。在向公众传递信息以及推介自己和工作时，应当客观、真实、得体，不得损害职业形象。注册会计师应当诚实，实事求是，不得夸大宣传其提供的服务、拥有的资质或获得的经验，不得贬低或无根据地比较其他注册会计师的工作。

事务所因违反职业道德基本原则受罚事件

案例研讨问题：

1. 瑞华会计师事务所未能亲自前往银行调取对账单，也未能充分检查重要银行账户的大额资金收付记录，这违反了哪些审计准则？如何避免类似情况的发生？

2. 瑞华会计师事务所在应收票据审计过程中存在哪些缺陷？如何改进应收票据的审计程序？

3. 在执行函证程序时，如何确保函证的独立性、充分性、适当性和可靠性？

二、职业道德概念框架的应用

案例 2-1：事务所因违反职业道德基本原则受罚事件

职业道德概念框架可以被理解为解决职业道德问题的思路和方法，用来指导注册会计师识别对职业道德基本原则产生不利影响的情形，评价不利影响的严重程度，并且必要时采取一些防范措施消除不利影响或者将其降低至可接受水平。其决策过程如图 2-2 所示。

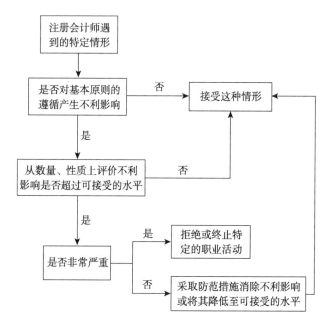

图 2-2　职业道德概念框架应用的决策过程

（一）识别具体情形对职业道德基本原则的不利影响

可能对职业道德基本原则产生不利影响的因素包括自身利益、自我评价、过度推介、密切关系、外在压力，如表 2-1 所示。

（1）因自身利益产生的不利影响，是指由于某项经济利益或其他利益可能不当影响注册会计师的判断或行为，而对职业道德基本原则产生的不利影响。

（2）因自我评价产生的不利影响，是指注册会计师在执行当前业务的过程中，其判断需要依赖本人或所在会计事务所以往执行业务时做出的判断或得出的结论，而该注册会计师可能不恰当地评价这些以往的判断或结论，从而对职业道德基本原则产生的不利影响。

（3）因过度推介产生的不利影响，是指注册会计师倾向客户的立场，导致客观公正原则受到损害而产生的不利影响。

（4）因密切关系产生的不利影响，是指注册会计师由于与客户存在长期或密切的关系，过于偏向客户的利益或过于认可客户的工作，从而对职业道德基本原则产生的不利影响。

（5）因外在压力产生的不利影响，是指注册会计师迫于实际存在的或可感知到的压力，无法客观行事而对职业道德基本原则产生的不利影响。

表 2-1 对职业道德产生不利影响的因素

因素类型	具体情形（举例）
自身利益	注册会计师在客户中拥有直接经济利益
	会计师事务所的收入过分依赖某一客户
	会计师事务所以较低的报价获得新业务，而该报价过低，可能导致注册会计师难以按照适用的执业准则要求执行业务
自我评价	注册会计师在对客户提供财务系统的设计或实施服务后，又对系统的运行有效性出具鉴证报告
	注册会计师为客户编制用于生成有关记录的原始数据，而这些记录是鉴证业务的对象
过度推介	注册会计师推介客户的产品、股份或其他利益
	当客户与第三方发生诉讼或纠纷时，注册会计师为该客户辩护
	注册会计师站在客户的立场上导致客观公正原则受到损害
密切关系	审计项目组成员的主要近亲属或其他近亲属担任审计客户的董事或高级管理人员
	鉴证客户的董事、高级管理人员，或所处职位能够对业务对象施加重大影响的员工，最近曾担任注册会计师所在会计师事务所的项目合伙人
	审计项目组成员与审计客户之间存在长期业务关系
外在压力	注册会计师因对专业事项持有不同意见而受到客户解除业务关系或被会计师事务所解雇的威胁
	注册会计师接受了客户赠予的重要礼品，并被威胁将公开其收受礼品的事情
	由于客户员工对所讨论的事项更具有专长，注册会计师面临服从其判断的压力

（二）评价不利影响的严重程度

如果识别出对职业道德基本原则的不利影响，注册会计师应当评价该不利影响的严重程度是否处于可接受的水平。可接受的水平，是指注册会计师针对识别出的不利影响实施理性且掌握充分信息的第三方测试之后，很可能得出其行为并未违反职业道德基本原则的结论时，该不利影响的严重程度所处的水平。在评价不利影响的严重程度时，注册会计师应当从性质和数量两个方面予以考虑。如果存在多项不利影响，应当将多项不利影响组合起来一并考虑。注册会计师对不利影响严重程度的评价还受到专业服务性质和范围的影响。

（三）应对不利影响

如果注册会计师确定识别出的不利影响超出可接受的水平，应当通过消除该不利影响或将其降低至可接受的水平来予以应对。注册会计师应当通过采取下列措施应对不利影响。

（1）消除产生不利影响的情形，包括利益或关系。

（2）采取可行并有能力采取的防范措施将不利影响降低至可接受的水平。

（3）拒绝或终止特定的职业活动。

防范措施是指注册会计师为了将对职业道德基本原则的不利影响有效降低至可接受的水平而采取的行动。该行动可能是单项行动，也可能是一系列行动。防范措施随事实和情况的不同而有所不同。根据具体事实和情况，某些不利影响能够通过消除产生该不利影响的情形予以应对。然而，在某些情况下，产生不利影响的情形无法被消除，并且注册会计师也无法通过采取防范措施将不利影响降低至可接受的水平。此时，不利影响仅能够通过拒绝、终止特定的职业活动或向工作单位提出辞职予以应对。

第三节　注册会计师的法律责任

随着我国社会主义市场经济的建立和民主法治建设的不断加强，我国经济法规也逐渐得以建立和完善，经济生活中各种专业人员的法律责任也相继明确。注册会计师实施的审计业务涉及多方面的利益，当发生利益冲突时，便需要明确相关人员的责任。注册会计师的法律责任是指注册会计师或会计师事务所在执业过程中因违约、过失或欺诈而对审计委托人、被审计单位或其他有利益关系的第三方造成损害，按照相关法律规定应承担的法律后果。近年来，随着国内外诸多财务造假、审计舞弊案件带来的社会影响越发恶劣，经济问题日益增多，注册会计师的法律责任问题也引起了社会的极大关注。

一、注册会计师法律责任的成因

（一）司法方面对审计的责任逐渐增加

近年来，由于企业财务造假、管理当局舞弊造成企业经营失败、破产倒闭的诉讼案件大量增加，债权人和投资者蒙受大量损失，由此指控注册会计师在执行审计业务过程中未能及时发现并披露相关问题，并要求会计师事务所或注册会计师赔偿他们有关的损失。迫于社会公众的压力，许多国家的法院判决逐渐倾向于增加注册会计师在这些方面的责任，主要体现在以下几个方面。

（1）逐步扩大了注册会计师对第三方利益集团或个人的责任。

（2）扩充了注册会计师法律责任的内涵。传统的注册会计师的法律责任主要是对财务报表符合公认会计原则的公允性发表意见，而如今的审计准则还要求注册会计师在实施财务报表审计时，必须设计和实施必要的审计程序，为查明和揭露财务造假、管理舞弊、经营破产可能性及违反法律法规的行为提供合理的保证，在实质上扩充了注册会计师法律责任的内涵。

（3）有关法律允许采用"集体诉讼"方式，其中牵涉的利益受害人往往很多，会计师事务所赔偿的金额也往往很高。

（4）法院可能在某个阶段出现明显倾向于保护财务报表使用者利益的趋势，从而增加了注册会计师面临的法律责任。

（二）审计人员方面的原因

1. 审计失败

审计失败是指注册会计师由于没有遵守审计准则的相关要求而发表了错误的审计意见。例如，注册会计师可能指派了不合格的助理人员去执行审计任务，未能发现应该发现的财务报表中存在的重大错报，导致注册会计师发表了不恰当的审计意见。注册会计师在执行审计业务时，应该按照职业准则的要求审慎执业，保证执业质量，控制审计风险，否则一旦出现审计失败，便可能承担相应的法律责任。

2. 违约

违约是指注册会计师未能按照合同的要求履行义务。当违约行为给他人造成损失时，注册会计师就应承担违约责任。注册会计师的违约行为有：未能按时完成审计业务和出具审计报告，未能查出公司职员的重大侵吞资产行为，未能遵守客户事先声明的保密要求等。

3. 过失

过失是指在一定条件下，审计人员在执业过程中因缺少应有的合理的职业谨慎而导致审计失败。评价注册会计师的过失，是以其他合格注册会计师在相同条件下可做到的职业谨慎为标准的。当过失给他人造成利益损害时，注册会计师应承担过失责任。过失按其程度不同分为普通过失、重大过失和共同过失。

（1）普通过失，也称一般过失，通常是指没有保持职业上应有的合理谨慎，对注册会计师则是指没有完全遵循专业准则的要求。例如，没有按特定审计项目取得必要和充分的审计证据就出具报告的情况可视为一般过失。

（2）重大过失，是指没有保持最基本的职业谨慎，对业务或事项不加考虑，满不在乎。对注册会计师而言，则是完全没有按照执业准则的要求执业。

（3）共同过失，即对他人过失，受害方因自己未能保持合理的职业谨慎而蒙受损失。例如，委托单位委托注册会计师编制纳税申报表却没有提供编制所需要的信息，而后委托单位却控告注册会计师未能合理编制纳税申报表时，法院可能会判定委托单位有共同过失。

4. 欺诈

欺诈又称舞弊，是以欺骗或坑害他人为目的的一种故意的错误行为。作案具有不良动机是欺诈的重要特征，也是欺诈与过失的主要区别之一。具体而言，欺诈就是注册会计师为了达到欺骗他人的目的，明知客户的财务报表有重大错误，却加以虚假的陈述，出具无保留意见的审计报告。

（三）客户方面的原因

客户方面的原因是指由于客户自身存在的错误、舞弊和违法行为以及经营失败，给他人造成了利益损失，而注册会计师又未能查出时，造成注册会计师可能遭到客户或第三方的控告而承担相关的法律责任。

1. 经营失败

经营失败是指企业由于行业不景气、管理决策失误或出现预料之外的竞争因素，无法满足投资者的期望或无力偿还债务的情况。企业经营失败的极端情况是破产。许多法院案例表明，企业经营失败很有可能会连累注册会计师。理解经营失败和审计失败的区别是界定注册会计师责任和管理层责任的主要标准。

2. 错误、舞弊和违法行为

错误是指客户财务报表无意错报或漏报，舞弊则是指客户财务报表有意错报或漏报。错误可能涉及下列行为：编制财务报表所用的会计数据收集或处理出错，由于疏忽或误解事实造成会计估计不正确，有关金额、分类或揭露的会计原则应用错误等。舞弊可分为编制虚假财务报告和侵占资产，涉及的舞弊方式包括篡改、伪造或变造编制财务报表依据的会计记录，故意伪造或遗漏事项、交易或其他主要信息，故意误用会计原则来处理金额、分类或揭露等。

二、注册会计师法律责任的分类

注册会计师在执业过程中，因违约、过失或欺诈对被审计单位或其他利害关系人造成损失的，按照相关法律规定，可能承担的法律责任有行政责任、民事责任及刑事责任。这三种责任可以单处，也可以并处。

（一）行政责任

行政责任是指注册会计师或会计师事务所在执业过程中违反有关行政管理的法律法规，但尚未构成犯罪的行为，受到行政主管机关依法处罚的一种法律责任。行政责任对注册会计师来说，包括警告、暂停执业、吊销注册会计师证书等；对会计师事务所来说，包括警告、没收违法所得、罚款、暂停执业、吊销执业资格等。

（二）民事责任

民事责任是指会计师事务所、注册会计师对自身违反合同义务或民事侵权行为所引起的法律后果依法应该承担的法律责任。民事责任的法律特性是补偿性，即对受害人承担相应的赔偿责任。它与行政责任、刑事责任的强制程度不同，一般允许当事人自由处分、庭外和解。

（三）刑事责任

刑事责任是指注册会计师对社会经济造成严重危害而给予刑事制裁所承担的法律责任。根据《中华人民共和国刑法》的规定，注册会计师因其违法行为对社会经济造成严重影响，必须承担刑事责任。刑事责任主要是按照相关法律规定判处一定的徒刑。

通常而言，注册会计师的违约和过失行为可能承担行政责任和民事责任，欺诈行为则可能使其承担民事责任和刑事责任。

我国注册会计师法律责任的法律规定

注册会计师的法律责任主要涉及他们在执业过程中未能履行合同条款、未能保持应有的职业谨慎或故意未按专业标准出具合格报告,导致审计报告使用者遭受损失时应承担的法律后果。这些法律责任主要包括行政责任、民事责任和刑事责任。

行政责任方面,根据《中华人民共和国注册会计师法》的相关规定,会计师事务所或注册会计师如果违反了某些条款,可能会被省级以上人民政府财政部门给予警告、没收违法所得,甚至暂停经营业务或吊销执业资格等处罚。

民事责任方面,注册会计师在执业过程中如果给他人造成损失,可能需要承担无过错责任或过错责任,具体取决于损害的原因和当事人的行为。

刑事责任方面,如果会计师事务所或注册会计师的行为构成了犯罪,比如故意出具虚假的审计报告,他们可能会被依法追究刑事责任。

需要注意的是,具体的法律规定可能因不同的国家或地区而有所不同。我国法律体系中,对注册会计师的法律责任做出规定的主要有《中华人民共和国注册会计师法》《违反注册会计师法处罚暂行办法》《中华人民共和国公司法》《中华人民共和国证券法》及《中华人民共和国刑法》等。因此,对于注册会计师来说,了解和遵守这些法律规定,保持高度的职业谨慎和诚信,是避免法律责任的关键。

知识链接:我国注册会计师法律责任的法律规定

审计中的法律责任

案例研讨问题:

1. 在审计过程中,如何定义和识别"必要的审计程序"以及"有效的审计程序"?如果审计机构未能执行这些程序,应如何界定其法律责任?

2. 在审计过程中,审计机构如何权衡审计成本与审计程序的全面性?当审计机构因成本考虑而未能执行某些审计程序时,如何判断其是否构成"未勤勉尽责"?

3. 在涉及审计机构不实报告的民事诉讼中,如何界定会计师事务所的"重大过失"?

案例2-2:审计中的法律责任

为贯彻落实《国务院办公厅关于进一步规范财务审计秩序 促进注册会计师行业健康发展的意见》(国办发〔2021〕30号)有关要求,加强注册会计师行业监管,提升审计质量,促进行业健康发展,财政部对《中华人民共和国注册会计师法》进行修订,于

2021年10月15日形成了《中华人民共和国注册会计师法修订草案（征求意见稿）》，向社会公开征求意见。此前，中介机构未勤勉尽责追究不到位等问题客观存在。如上述案例中的会计师事务所就存在重大过失，此次征求意见稿完善责任追究机制，大幅提高违法成本，既是对此前监管以及执法的优化，同时也能够警醒会计师事务所关注自己是否存在重大过失行为，有效震慑不法分子，切实防范资本市场违法犯罪行为。

三、注册会计师法律责任的防范措施

注册会计师的职业性质决定了注册会计师是一个容易遭受法律诉讼的职业，那些蒙受利益损失的受害人总想通过起诉会计师事务所或注册会计师来使自己的损失得到一定程度的赔偿。因此，一直以来，对会计师事务所及注册会计师的法律诉讼案件层出不穷，而注册会计师行业每年也不得不为此付出巨大的精力、支付巨额的赔偿金额、购买高额的保险。这也成为多年来困扰整个行业的热点问题。如何减少注册会计师面临的法律诉讼、减轻法律责任，具体措施有如下几个方面。

（一）严格遵循职业道德要求和执业准则

现代审计所面临的特定环境和自身特点，决定了不能苛求注册会计师对财务报表中未查出的所有错报、漏报事项都要负责，注册会计师是否承担法律责任很大程度上取决于注册会计师在实施审计业务的过程中是否有过失或欺诈行为。判断注册会计师是否有过失行为主要取决于注册会计师在执业过程中是否遵守执业准则的相关规定，而欺诈行为是注册会计师严重违背职业道德的行为。只要注册会计师严格遵守执业准则和职业道德的相关要求，一般是不会发生重大过失的。

（二）保持执业独立性和职业谨慎

独立性是审计的核心，它实质上是要求注册会计师采取一种脱离客户利益的负责态度，审计人员只有保持这样一种独立的态度才能在实施审计业务的过程中做出合理的职业判断。职业谨慎是注册会计师应具备的职业素养，只有保持应有的职业谨慎和怀疑态度，注册会计师才能在执行审计业务的过程中更容易发现问题，执行必要的审计程序，从而保证执业质量。

（三）建立健全会计师事务所的质量控制制度

一套科学、严谨的质量控制制度是会计师事务所提高执业质量的必要保证，质量控制也是会计师事务所管理工作的核心。科学合理的质量控制制度从整体上保证了业务质量目标的实现，也为注册会计师开展审计业务提供了业务指导和衡量标准，督促全体执业人员遵守执业准则，规范工作流程，提高业务能力，从而保证业务质量，降低审计风险，减少法律诉讼。

（四）谨慎选择客户

为减少法律诉讼和经济赔偿，会计师事务所除对内做好质量控制工作以外，在选择

客户时也需有所取舍。

（1）选择诚信的客户。如果选择了毫无诚信的客户，注册会计师在对该单位实施审计的过程中便很可能受到客户的误导甚至蒙骗，从而很容易导致注册会计师发生过失行为，出具不合理的审计报告。因此，会计师事务所在选择客户时应事先了解被审计单位的历史情况及单位主要管理人员的品行作风，再决定是否接受客户的委托。

（2）对于陷入财务危机和经营困境的客户要谨慎考虑是否接受委托。陷入财务危机和经营困境的被审计单位很容易发生经营失败、破产倒闭的情况。一旦出现这种情况，注册会计师及会计师事务所便很容易卷入法律纠纷，被审计单位的股东和债权人会更倾向于通过起诉会计师事务所或注册会计师来使自己的损失得到一定程度的补偿。

（五）深入了解被审计单位的情况和业务

在很多案件中，注册会计师未能发现错误，一个很重要的原因就是对被审计单位的行业特点和经营状况缺乏了解，以致在审计过程中未能确定合理的审计重点、审计范围和抽样规模，未能及时发现财务报表中的错报问题，造成审计失败。会计师不了解经济活动的综合情况，不熟悉被审计单位的经济业务和生产经营实务，仅局限于有关的会计资料，很难发现某些错误。因此，注册会计师在制订和实施审计计划时，必须深入了解被审计单位的基本情况和业务，了解被审计单位的内部控制、管理状况、经营状况和重大决策等。

（六）严格签订审计业务约定书

审计业务约定书是会计师事务所与委托单位共同签订的，据以明确审计业务的委托与受托关系，明确审计目的、审计范围以及双方权利与义务等事项的书面合约。该业务约定书具有法律效力，会计师事务所在承接业务时应该严格与对方签订业务约定书，这样才能在发生法律诉讼时有维护自己权益的直接法律依据，避免承担不必要的法律责任。

（七）提取风险基金或购买职业责任保险

由于独立审计是一个高社会责任和高执业风险的行业，会计师事务所即使足够重视对审计风险的管理，也要承受一部分风险。而且，随着与审计相关的法律制度的建立健全，会计师事务所的民事赔偿责任会不断增大，风险事故带来的损失可能是巨大的。通过参加职业责任保险，会计师事务所可以有效抵御审计风险。《中华人民共和国注册会计师法》明确规定，会计师事务所应该按照规定建立职业风险基金、办理职业保险。

（八）聘请熟悉注册会计师法律责任的律师

会计师事务所可以聘请熟悉审计法规和注册会计师法律责任的律师，并让律师协助注册会计师的审计工作，专门应对审计诉讼。注册会计师在执业过程中遇到法律问题时，可以向律师咨询潜在风险、寻求规避建议。在律师的指导下，还可以强化注册会计师在执业过程中的法律意识，在发生法律诉讼时，也能提高胜诉可能性。

第四节　大数据背景下对审计人才的需求变化

大数据背景下，数据对审计业务的支持作用，使得传统审计逐步走向"数据审计"，审计的思维、方法和内容都将发生改变。面对数据技术应用所带来的工作新要求，审计人员如何迅速、准确地掌握数据和处理数据，既涉及审计人员的自身素质问题，也涉及审计人才的培养问题。

一、大数据应用对审计人才培养提出了更高的目标要求

（一）大数据理念改变审计思维

受制于有限的数据采集、分析技术，传统的审计模式往往停留在财务账目上，审计思维局限于会计资料，数据来源单一，数据分析缺乏说服力，没有全面的数据作为支撑，很难达到最佳的审计效果。大数据审计不仅突破抽样局限，而且借助量化与非量化的数据延伸，能够形成复合、整体、连贯性的立体审计。从审计计划阶段介入，对收集到的数据进行全面的对比分析，实现审计的全覆盖，不仅大大拓展了审计范围，而且增强了审计结果的信度和效度。审计材料的采集、分析也不是通过传统账簿和报表来进行的，而是依据高度概括性、关联性强的电子数据，数据来源包含了多层面的交互性影响。在此情况下，审计主旨不再局限于财务审计，而是从绩效审计出发，着重于监督全过程的实时监督和全面监督。基于全覆盖模式，大数据给审计人员带来的是整体性的审计思维，这种思维要求通过大数据技术全面掌握审计数据，进行"全貌"性问题分析。应对大数据带来的挑战，审计人员需要建立以数据为核心的审计思路，以数据价值为出发点思考问题。为此，审计人员必须保持对数据的敏感性，通过积极培育大数据理念树立起大数据审计思维，学会利用大数据发现问题，以便更好提升审计质量和效率。

此外，大数据有助于审计人员建立起关联性的审计理念。大数据的关联性更强，而这种关联也必然反映出事物发展的因果关系。审计人员利用数据分析可以更好地把握这种关联性，发现事物发展趋势和感知风险，而仅以传统手段很难从大量数据中梳理出这种关系。大数据强化了审计的关联思维。为应对这种变化，审计人员应从数据分析出发，进行思维创新，紧紧抓住数据间的关联度，提高审计效率和质量。

（二）大数据审计的技术特征要求复合型素质的人才培养

传统审计技术主要表现为现场的手工审计，审计人员主要审查被审计单位的会计账簿和原始凭证，数据的审阅、计算、处理等环节仅限于当前提供的账簿。但在大数据背景下，数据的形式、数量、结构已打破账簿边界，数据结构化和非结构化的存在，已经远远超过了传统数据的管理范畴，数据来源更加丰富，数据积累更加巨大。围绕数据存储、数据挖掘、数据处理与分析，需要高素质的复合型人才，他们在数据整合、精益化和动态化把握中能够游刃有余地利用大数据技术，高效地完成审计任务。为此，审计技

术必须变革，审计人员的技术水平必须提高，在业务能力上必须具备综合素质而能够处理复杂问题，成为复合型的审计人才。

（三）大数据审计职能的转变改变审计人才培养目标

传统审计依靠局部数据推测结果，采取的大多是人工抽样方式，审计人员完全凭借个人的工作经验得出审计结论。然而，当前面对错综复杂的社会利益关系，仅凭经验是难以适应审计要求的。大数据背景下，审计工作中遇到的审计数据越来越庞大，利用传统手工分析不仅耗费大量的人力和时间，而且这种分析方法也难以厘清数据间的关系。运用大数据技术，人们不仅能够优化审计技术，而且改变了审计职能。审计职能的转变，也迫使人才培养导向和使用标准的转变。随着大数据技术的应用，审计职能的转化将更强调效率和精准度，跨越管理边界。审计人员可以充分利用采集来的各方面数据建立统一的审计平台，而不需要孤立地分别获取各个部门的相关数据；也可以通过联网做到实时审计，快速发现问题，锁定审计疑点，从而大大提高审计效率。在审计的全面性上，由于大数据分析建立在全样本数据基础上，审计人员可以打破会计核算的局限，在更高层次和更深领域发挥审计建设性的职能，达到审计准确性与完整性的统一。在审计的针对性上，利用大数据审计方法，审计人员可以使有效数据精准对接查找问题，锁定审计目标。具有针对性的审计将更有利于抓住审计的重点，让审计有的放矢，提升审计效率。

二、大数据审计对审计人员自身素质的要求

（一）大数据思维

大数据思维已渗透到审计工作的各个方面，在大数据应用上，价值思维体现了审计的服务功能，即时思维体现了审计预防与控制的效率，创新思维体现了审计质量和整体结构布局的优化，尤其强调人才队伍的建设问题。在审计实践中，审计人员应培养自身的创新思维，将数据分析与核查方法、方法创新结合，提高驾驭数据的能力。

（二）职业能力

一是综合知识的掌握能力。数据交互性特征使得审计工作不再是单一的财务数据分析，还包括其他诸如法律、金融、经营、销售等相关联的信息。审计人员既要拥有扎实的财务专业知识，还要掌握数据清洗、数据挖掘、数据分析等应用技术，同时也要掌握相关领域的其他知识。只有具备了这些综合知识素养，才能够应对现代审计工作的要求。

二是数据的采集和清理能力。数据采集和清理是审计工作的第一步，审计效率和质量取决于第一步的效果。借助大数据技术和大数据平台，将各行业、各部门的数据整合起来，可以从更广泛的领域采集到全面性的数据，转换成为审计工作需要的数据，而数据清理也更具有代表性和客观性。审计人员所要做的是运用大数据平台采集数据和清理

数据的功能,收集数据资源,厘清各种数据对自身审计工作的支持度,剔除那些不完整的、错误的或重复的数据。

三是数据分析能力。依托网络化管理及数据平台将相关数据资源进行整合分析,是审计工作的关键一环,最终决定审计效能。因此,它对人才的数据分析与判断的能力要求较高,如果不会分析,那么再丰富的数据资源也会变得毫无意义。在这种情况下,提炼和分析数据直接对应的是审计人员的分析能力。这已不是简单的统计方法,需要灵活使用各类数据存储与分析软件,结合定性分析及云数据库等技术来完成。这也成为审计人员的核心技能。

(三)团队协调能力

大数据审计旨在将业务封闭向数据一体化、业务一体化的方向推进,审计模式也不再局限于某个单位、行业或地区,数据获取为多层面的交互。这不仅需要自上而下的顶层设计,而且还需要团队间良好的协作、协调、沟通和组织。包括审计人员与大数据专业技术人员、审计团队成员以及与被审计单位之间都要做好沟通协作的工作,审计人员要有一定的语言表达能力,具有过硬的审计专业知识,还要具备沟通协作能力。

思考题

1. 注册会计师执业准则体系由哪些内容组成?其中的鉴证业务准则包括哪些方面?
2. 我国注册会计师职业道德的组成部分有哪些?
3. 使得注册会计师在执业过程中可能承担法律责任的成因有哪些?注册会计师如何防范或减少承担的法律责任?
4. 会计师事务所可以承接哪些类型的业务?
5. 计算机信息技术会对注册会计师职业道德有哪些影响?

伦理与道德专栏

事务所因违反职业道德基本原则受罚事件

案例研讨问题:

1. 中天运会计师事务所的上述行为违反了哪些审计准则?
2. 与本案相关的注册会计师违反了哪些注册会计师职业道德基本原则?
3. 与本案相关的注册会计师可能需要承担什么样的法律责任?

伦理与道德专栏:事务所因违反职业道德基本原则受罚事件

即测即练

自学自测　扫描此码

第三章

审计程序与审计技术方法

【思想领航】

- 党的二十大强调必须坚持系统观念，只有用普遍联系的、全面系统的、发展变化的观点观察事物，才能把握事物发展的规律。
- 审计人员应当将"不忘初心、牢记使命"的信念深深嵌入对审计目标的理解之中，牢记承担的使命与责任。
- 掌握审计方法的基本逻辑和核心规律，将之灵活运用于纪检、监督、巡视等各类审查与监督工作之中，助力推动国家治理体系和治理能力现代化。
- 党的二十大报告提出，必须坚持科技是第一生产力、人才是第一资源、创新是第一动力，深入实施科教兴国战略、人才强国战略、创新驱动发展战略，开辟发展新领域新赛道，不断塑造发展新动能新优势。

审计程序实施不到位导致的审计处罚

2023年11月24日，中国证券监督管理委员会贵州监督局做出对立信会计师事务所（特殊普通合伙）采取出具警示函措施的决定。经调查，证监会认定立信会计师事务所为保利联合提供审计服务过程中未勤勉尽责。具体表现如下。

一、应收账款客户信用风险评估程序执行不到位

在保利联合2019—2021年年报审计过程中，将应收款项减值准备列为重点审计领域，审计计划中也明确表示需要执行"获取管理层对大额应收款可回收性评估的文件，对账龄一年以上的余额，了解客户背景、合同签订及履约情况，查阅工程项目进度和回款情况等"程序。审计底稿中仅见部分客户工商登记信息，同时对1年以上应收款项合同签订及履约情况了解的审计程序执行不到位，未及时发现公司对存在逾期债务的客户应收账款坏账准备计提不充分问题。

二、应收账款保理业务审计程序执行不到位

2019年应收账款审计底稿中未见可回收性分析底稿和部分应收账款开展保理业务审计记录。在保利联合2019年终止确认的应收账款2020年重新确认的情况下，未保持应有的职业怀疑和职业谨慎，对新增保理业务仅获取合同，未实施进一步审计程序获取充分适当的审计证据，未关注到保利联合终止确认附追索权应收账款、少计提坏账准备问题。

三、低风险资产组合认定审计程序执行不到位

2020年,保利联合以与存在逾期债务的客户签订还款协议或资金支付协议为由,将该部分应收账款认定为低风险组合,不计提坏账准备,对此,仅收集了资金支付协议或还款协议,未实施进一步审计程序,获取认定低风险组合充分适当的审计证据。对保利联合将BT项目款认定为低风险组合事项,以沿用上年度会计处理为由,未执行其他审计程序,未关注到保利联合资产组合划分不符合会计政策的问题。

四、未合理运用职业判断

公司以2022年与客户签订资产抵押协议、办理抵押登记手续为由,将2021年部分应收账款划分为低风险组合未计提坏账准备,对此,未合理运用职业判断,未关注到保利联合上述事项会计处理不正确问题。

上述行为不符合《中国注册会计师审计准则第1101号——注册会计师的总体目标和审计工作的基本要求》(2019年修订、2022年1月修订)第二十八条、第二十九条、第三十条规定及《中国注册会计师审计准则第1301号——审计证据》(2016年修订)第十条、第十三条规定。

数据来源:改编自中国证券监督管理委员会贵州监管局行政处罚书。

通过上述案例,我们发现立信会计师事务所本次受到审计处罚的主要原因是,无论是在制定总体审计策略阶段还是在实施具体审计计划阶段,它的审计程序均未实施到位,未尽到勤勉尽责的义务。不规范科学的审计程序不仅不能帮助审计人员发现问题,甚至可能会使审计机构和人员承担相应的法律责任;规范且科学地设计和实施审计程序,既能保证审计工作的质量,又能避免相关机构和人员陷入法律纠纷。本章,我们将学习审计程序和审计技术方法的相关内容。

第一节 审 计 程 序

党的二十大强调必须坚持系统观念,只有用普遍联系的、全面系统的、发展变化的观点观察事物,才能把握事物发展的规律。审计作为一项独立的经济监督活动,是由各种存在着内在逻辑关系的工作所组成的完整的活动过程。在实施审计的过程中,审计人员必须遵循一定的审计程序才能保证审计工作有条不紊地进行,保证审计工作质量和审计效率的提高。

所谓审计程序,是审计人员对审计项目从开始到结束的整个过程所采取的系统性工作步骤。无论是政府审计、内部审计还是民间审计,审计程序一般包括准备、实施和完成三个阶段,每个阶段又分别包括若干具体的工作内容。审计种类不同,审计的程序也有所差异。本节主要说明会计师事务所执行审计业务过程中遵循的审计程序。

一、审计的准备阶段

审计的准备阶段是审计工作的起点,其主要内容包括了解被审计单位的基本情况、

初步评价被审计单位的内部控制系统、分析审计风险、签订审计业务约定书、编制审计计划等。

（一）了解被审计单位的基本情况

会计师事务所在决定接受被审计单位的委托之前，应该先对被审计单位的基本情况进行了解，包括被审计单位的行业状况、法律环境与监管环境及其他外部因素，被审计单位的性质及其对会计政策的选择和运用，被审计单位的目标、战略及相关经营风险等方面。了解被审计单位的基本情况后，再决定是否接受委托。

（二）初步评价被审计单位的内部控制系统

在审计工作开始之前，必须初步了解和评价被审计单位的内部控制系统，包括被审计单位相关的规章制度、业务处理流程和人员职责分工等是否合理，处理每一项经济业务的程序和手续是否合理等，然后才能确定审计工作的重点方向。

（三）分析审计风险

审计风险，是指审计人员通过审计工作未能发现被审计单位财务报表中存在的重大错报而签发无保留意见审计报告的风险，它是在审计准备阶段必须认真分析的一个重要问题。

一般而言，审计风险由重大错报风险和检查风险组成，三者之间的关系是：

$$审计风险 = 重大错报风险 \times 检查风险$$

重大错报风险是指财务报表在审计前存在重大错报的可能性。这里的重大错报风险特指认定层次的重大错报风险。审计人员应该评估认定层次的重大错报风险，并根据评估的认定层次重大错报风险确定可接受的检查风险水平。

（四）签订审计业务约定书

审计业务约定书，是指会计师事务所与客户签订的，用于记录和确认审计业务的委托与受托关系、审计工作的目标和范围、双方的责任以及出具报告的形式等事项的书面合同。审计业务约定书具有合同的性质。如果出现法律诉讼，它是确定双方责任的首要依据之一。

会计师事务所在签约之前，应当先与被审计单位就审计项目的性质、审计目标、审计范围、审计费用以及被审计单位应协助的主要工作等问题进行协商，以便后续的审计工作顺利进行。

（五）编制审计计划

完成上述工作后，审计组织便可着手拟订审计计划。审计计划是审计组织为了完成各项审计业务，达到预期的审计目标，在具体执行审计程序之前编制的工作计划，通常可分为总体审计计划和具体审计计划。其内容一般包括：被审计单位的概况、被审计单位委托审计的目的和出具审计报告的要求、参加审计组的人员、审计重要性考虑、审计风险评价、审计范围、为被审计单位提供其他服务的性质和内容、时间预算等。

（六）审计沟通协调与物资准备

与被审计单位的管理层、财务部门等进行沟通，确认审计计划和审计程序，准备必要的审计工具、软件和硬件设备，确保审计工作的顺利进行。

二、审计的实施阶段

审计的实施阶段是审计全过程的中心环节，主要工作是按照审计计划的要求，对被审计单位内部控制系统的建立及其遵守情况进行检查，对财务报表项目实施重点、详细的检查，收集充分的审计证据。

（一）进驻被审计单位

在审计人员完成前期的准备阶段工作后，审计便开始进入实施阶段，审计组要进驻被审计单位。进驻以后，审计人员应主动与被审计单位管理人员和其他员工接触交流，以进一步了解被审计单位的情况，也使相关员工了解本次审计的目的、内容、起止时间等，争取员工的信任、支持和协助。

（二）测试和评价内部控制系统

对内部控制系统的测试和评价是实施审计的基础。在正式执行审计业务时，首先必须对被审计单位的内部控制进行检查并做出评价。这既有利于被审计单位改善内部控制系统，提高内部控制的有效性，也有利于确定下一步审计工作的范围和重点。内部控制系统的检查和评价包括检查和评价被审计单位的内部控制系统设计是否有效、内部控制系统执行是否有效。

（三）测试财务报表及其所反映的经济活动

审计人员通过测试财务报表，对被审计单位财务收支及其他经济活动的合法性和公允性进行全面和重点的检查，是审计实施阶段的一项重要工作。对财务报表的实质性测试，主要通过审阅观察，复核财务报表内相关数据填列是否符合要求，抽查核对各报表项目金额是否与总账、明细账、会计凭证和实物相一致，分析各报表项目所反映的内容是否真实、准确，揭示财务报表项目中违反会计准则的重大错报等。

（四）收集审计证据

审计证据是指审计机关和审计人员获取的，用于证明审计事实真相，形成审计结论的证明材料。事实上，审计人员执行审计业务的过程就是一系列收集、评价审计证据的活动过程。收集审计证据的途径包括：一是通过审查被审计单位的财务报表，取得必要的证据；二是通过审查其他相关的资料，获取相关证据；三是通过查阅有关文件，获得审计证据。

三、审计的完成阶段

审计的完成阶段是实质性审计工作的结束,其主要工作包括:整理、评价审计证据,复核审计工作底稿,编写审计报告等。

(一)整理、评价审计证据

为使收集到的分散的审计证据具有充分的证明效力,有效地评价被审计单位的经济活动,从而得出正确的审计意见和结论,达到预定的审计目标,审计人员必须对所收集的证据按一定的方法进行加工整理,使之条理化、系统化,使其有利于审计证据的评价和审计结论的形成。整理和评价审计证据的过程,事实上也是审计人员依据政策水平、专业知识和个人实践经验对证据进行分析研究的过程。通过整理和评价,审计人员选出若干最适宜、最具有说服力的证据,作为编制审计报告的依据。

(二)复核审计工作底稿

审计工作底稿是审计人员在审计工作中汇总、综合分析、整理与审计问题有关的资料所形成的书面文件。在审计程序进入审计完成工作阶段时,审计工作底稿也编写完成,但尚不能形成最后的审计结论。由于审计工作底稿是审计人员根据自己的取证记录独立编写的,存在较大的主观性和片面性,其编写质量受审计人员业务素质影响较大,因此需要对审计工作底稿进行复核,然后根据审计工作底稿所反映的问题与被审计单位进行商议,听取对方对审计证据真实性和正确性的反馈意见,以确保形成正确的审计结论。

(三)编写审计报告

审计报告是审计工作的最终成果,是审计人员对被审计单位实施必要的审计程序后,就被审计事项做出审计结论、提出审计意见的书面文件。审计报告主要以审计证据和审计工作底稿为依据,通过对各类审计资料加以梳理、分析和整合,经过取舍和增删,选择其中与审计目的和重点有关的素材,按编制要求和规定格式编写。

上市公司财务造假,事务所因审计失败而无奈受罚

案例研讨问题:

1. 与本案相关的注册会计师违反了哪些注册会计师职业道德基本原则?
2. 与本案相关的注册会计师有哪些审计程序执行不到位?
3. 可以采取哪些措施防止此类审计失败案件的发生?

案例 3-1:上市公司财务造假,事务所因审计失败而无奈受罚

第二节 管理层认定

一、管理层认定的含义和内容

（一）管理层认定的含义

管理层认定是指公司的高层管理人员对财务报告中所陈述的财务状况、经营成果和现金流量等关键信息进行确认和认可。这些认定体现了管理层对财务报告准确性和完整性的看法，是审计过程中的一个重要环节。

管理层认定的含义如下。

（1）责任归属：根据财务报告编制责任，管理层对财务报告的准确性、完整性和公正性负有最终责任。这意味着管理层需要确保所有披露的信息都真实反映了公司的财务状况和业务表现。

（2）内部控制：管理层认定还涉及对内部控制有效性的确认。管理层需要评估和确保公司内部控制的设计和执行能够合理保证财务报告的准确性和可靠性。

（3）审计配合：在审计过程中，管理层需要配合审计人员的工作，提供必要的资料、信息和解释，以便审计人员能够有效地执行审计程序。

（4）质量保证：管理层认定有助于确保财务报告的质量，提高信息透明度，从而为投资者和其他利益相关者提供决策信息。

（5）合规性：管理层认定还意味着管理层确认财务报告符合相关法律法规和财务报告标准的要求，包括但不限于中国的企业会计准则和审计准则。

（6）信任建立：准确的财务报告和管理层认定有助于建立投资者和市场对公司的信任，对于公司维护良好的公共形象和市场信誉至关重要。

在实际的审计过程中，审计人员会评估管理层认定的一致性和合理性，并将其作为审计证据的一部分，以支持其对财务报告的审计意见。如果管理层认定存在问题，审计人员可能需要进一步的审计程序来获取足够的审计证据，以确保财务报告的准确性。

（二）管理层认定的内容

管理层认定的内容如下（图3-1）。

1. 与审计期间各类交易、事项及其披露相关的认定

（1）发生：记录或披露的交易、事项已发生且与被审计单位有关。

（2）完整性：所有应当记录或披露的交易和事项均已记录。

（3）准确性：与交易和事项有关的金额及其他数据已恰当记录，相关披露已得到恰当计量和描述。

（4）截止：交易和事项已记录于正确的会计期间。

（5）分类：交易和事项已记录于恰当的账户。

（6）列报：交易和事项已被恰当地汇总或分解且表述清楚，相关披露在适用的财务报告编制基础下是可理解的。

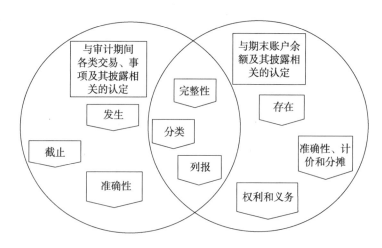

图 3-1　管理层认定的内容

2. 与期末账户余额及其披露相关的认定

（1）存在：记录的资产、负债和所有者权益是存在的。

（2）权利和义务：记录的资产为被审计单位拥有或控制，记录的负债是被审计单位应当履行的偿还义务。

（3）完整性：所有应当记录的资产、负债和所有者权益均已记录。

（4）准确性、计价和分摊：资产、负债和所有者权益以恰当的金额包括在财务报表中，与之相关的计价或分摊调整已恰当记录，相关披露已得到恰当计量和描述。

（5）分类：资产、负债和所有者权益已记录于恰当的账户。

（6）列报：资产、负债和所有者权益已被恰当地汇总或分解且表述清楚，相关披露在适用的财务报告编制基础上是可理解的。

二、管理层认定与审计目标

财务报表审计是对管理层认定的再认定，是对财务报表与既定标准（如会计准则）的比较，确定它们的符合程度，得出审计结果，并将审计结果以财务报表形式传递给报表使用者的过程。财务报表是管理层对财务报表组成要素进行认定的结果，注册会计师的基本职责就是确定被审计单位管理层对其财务报表的认定，设计审计具体目标，实施相应的审计程序，取得证据完成对财务报表各项认定的确定，最后形成审计意见，出具审计报告。因此，管理层认定与审计目标密切相关。审计人员应当将党的二十大报告中关于"不忘初心、牢记使命"的教诲有机嵌入对审计目标的理解之中，牢记承担的使命与责任。

（一）与所审计期间各类交易、事项及其披露相关的审计目标

（1）发生：管理层是否将不曾发生的项目计入财务报表，它主要与对财务报表组成要素的高估有关，审计目标是确保已记录的交易是真实的。例如，甲公司在没有真实发货的情况下，确认营业收入，则违反了该目标。

（2）完整性：针对漏记交易（低估），审计目标是确保已发生的交易确实已经完整记录，所有应包括在财务报表中的相关披露均已包括。例如，未计提资产减值损失、隐瞒成本费用等均违反了该目标。

（3）准确性：审计目标是确保已记录的交易是按正确金额反映的，相关披露已得到恰当计量和描述。例如，被审计单位使用高于或低于市价的错误单价乘以销售数量计算并确认收入，就违反了该目标。

（4）截止：审计目标是确保接近资产负债表日的交易记录于恰当的期间。例如，对于已发货但截至年末客户尚未验收的商品，甲公司将其确认在本期，则违反了截止目标。

（5）分类：审计目标是确保被审计单位记录的交易经过适当的分类。例如，如果将现销记录为赊销，将固定资产的处置利得计入营业收入，将与日常经营活动有关的政府补助计入营业外收入，则导致交易分类的错误，违反了分类的目标。

（6）列报：审计目标是确认被审计单位的交易和事项已被恰当地汇总或分解且表述清楚，相关披露在适用的财务报告编制基础上是相关的、可理解的。

（二）与期末账户余额及其披露相关的审计目标

（1）存在：审计目标是记录的金额确实存在。例如，如果不存在某顾客的应收账款，在应收账款试算平衡表中却列入了对该顾客的应收账款，则违反了存在性目标。

（2）权利和义务：审计目标是资产归属于被审计单位，负债属于被审计单位的义务。例如，将关联方的欠款计入负债，违反了权利的目标，将不属于被审计单位的债务计入账内，违反了义务目标。

（3）完整性：审计目标是已存在的金额均已记录，所有应包括在财务报表中的相关披露均已包括。例如，如果存在某顾客的应收账款，在应收账款试算平衡表中却没有列入对该顾客的应收账款，则违反了完整性目标。

（4）准确性、计价和分摊：审计目标是资产、负债和所有者权益以恰当的金额包括在财务报表中，与之相关的计价或分摊调整已恰当记录，相关披露已得到恰当计量和描述。

（5）分类：资产、负债和所有者权益已记录于恰当的账户。

（6）列报：资产、负债和所有者权益已被恰当地汇总或分解且表述清楚，相关披露在适用的财务报告编制基础上是相关的、可理解的。

三、管理层认定与审计程序

管理层认定与审计程序密切相关，审计的基本职责是确定被审计单位管理层对财务报表认定的合法性和公允性。审计人员了解管理层认定，有利于确定合理的审计程序。审计程序一般分为风险评估程序、控制测试和实质性测试程序。风险评估程序是为了了解被审计单位及其环境而实施的程序，控制测试是为了确定被审计单位控制政策和程序的设计是否合理与执行是否有效而实施的审计程序，实质性测试程序是指审计人员针对评估的重大错报风险实施的直接用于发现认定层次重大错报的审计程序。

审计人员为获取充分、适当的审计证据,应当实施风险评估程序,以此作为评估财务报表和认定层次重大错报风险的基础。审计人员应该在了解被审计单位及其环境的整个过程中识别风险,并考虑识别的风险是与特定的某类交易、账户余额、列报的认定相关,还是与财务报表整体广泛相关,进而影响多项认定。如果是后者,则属于财务报表层次的重大错报风险。对财务报表层次的重大错报风险,审计人员应采取总体应对措施,而且要考虑报表层次重大错报风险对认定层次重大错报风险的影响。对认定层次的重大错报风险,采取进一步的审计程序,包括实施控制测试以确定被审计单位内部控制在防止或发现并纠正认定层次重大错报方面的有效性,以及实施实质性审计程序直接用于发现认定层次重大错报。可见,风险评估程序主要是识别和评估可能出错的认定,而控制测试和实质性测试程序是验证认定是否出错。控制测试与实质性测试之间也有着密切的关系,如果审计人员认为被审计单位内部控制可靠性高,则实质性测试程序的工作量就可以大大减少,反之,实质性测试程序的工作量就会增加。

不同的审计程序,应对特定认定错报风险的效力不同。因此,针对不同的交易和事项、期末账户余额及列报所产生的认定层次的重大错报风险,适用的审计程序也有所差异。例如,对于收入发生认定相关的重大错报风险,实质性测试程序往往更有效;对于与收入完整性认定相关的重大错报风险,控制测试通常更有效。审计人员应对不同类别的认定层次重大错报风险采取有针对性的审计程序。

第三节 审 计 方 法

审计方法是指审计人员检查和分析审计对象、收集审计证据,并对照审计依据,形成审计结论和意见的各种专门手段的总称。审计方法贯穿整个审计工作过程,不只存在于某个审计阶段或其中的几个环节。审计方法是审计人员从长期实践中总结和积累的工作方法。在审计过程中,选用合理的审计方法,能提高审计的工作效率,达到事半功倍的效果。掌握审计方法的基本逻辑和核心规律,将之灵活运用于纪检、监督、巡视等各类审查与监督工作之中,助力推动国家治理体系和治理能力现代化。

一、审查书面资料的方法

审查书面资料的方法是审计基本的方法,审查的对象主要是会计凭证、会计账簿和财务报表,因此审查书面资料的方法也叫查账法。

(一)按审查书面资料的技术可分为审阅法、核对法、比较法、分析法和询证法

1. 审阅法

审阅法是通过对与审计对象相关的文件和资料内容进行详细阅读和审查,以检查财务资料和经济业务的公允性、合法性、合规性,从中发现错误或疑点,收集书面证据的

一种方法。审阅的对象主要是会计凭证、会计账簿和财务报表。

1）凭证审阅

对原始凭证的审阅，主要是审阅原始凭证上反映的经济业务是否符合规定，填写是否规范，凭证记载的抬头、日期、数量、单价、金额等方面字迹是否清晰，数字是否准确，还要审阅单位名称、地址、图章及各项手续是否完备。

对于记账凭证，要审阅其是否存在对应的合法的原始凭证，凭证的记载是否符合会计准则的规定，是否符合会计原理，所记账户名称和会计分录是否正确等。

2）账簿审阅

主要审查会计账簿记录是否符合相关会计原理和原则，科目使用是否正确，账户对应关系是否正常合理，账簿中是否有涂改、刮擦、挖补、伪造变造及其他不符合规定的书写和更改。

3）财务报表审阅

审阅报表项目是否按制度的规定编制，报表项目对应关系是否正确，并按报表之间有关项目的勾稽关系核对相关数据是否一致，报表各项目有无异常的增减变化现象。

除此之外，也应对与被审计对象相关的资料（如计划资料、合同等）进行审阅，以便核实相关事实、发现问题、获取证据。

2. 核对法

核对法是对会计凭证、会计账簿和财务报表等资料之间的有关数据进行相互对照检查，借以检查证、账、表之间的数据是否相符，从而证实被审计单位财务状况和经营成果的真实性、准确性和合法性。核对的内容包括以下几个方面。

（1）证证核对。包括原始凭证与记账凭证核对、原始凭证与汇总原始凭证核对、记账凭证与汇总记账凭证（或科目汇总表）核对，主要根据其所列要素，核对其内容、数量、日期、单价、金额、借贷方向等是否相符。

（2）证账核对。根据记账凭证或汇总记账凭证，核对总分类账、明细分类账，查明账证是否相符，核对其内容、日期、金额、科目名称、借贷方向等是否相符。

（3）账账核对。主要核对总分类账期末余额与所属明细分类账期末余额之和是否相符，总分类账本期发生额、期初余额与其所属明细分类账本期发生额之和、期初余额之和是否分别相符，以及核对总分类账、明细分类账与日记账有关记录。

（4）账实核对。包括明细账同实物盘点数的核对、日记账同现金盘点数及银行对账单的核对。

（5）账表核对。核对总分类账、明细分类账与各报表的相关项目数据是否一致，查明账表是否相符。

（6）表表核对。包括不同报表中具有勾稽关系项目的核对，如本期报表期初余额与上期报表期末余额核对，也包括同一报表中有关项目的核对，如核对资产负债资产总额与负债、所有者权益数额之和是否一致等。表表核对的重点是核对本期报表与上期报表之间有关项目是否相符，静态报表与动态报表之间有关项目是否相符，主表与附表之间有关项目是否相符。

3. 比较法

比较法是指对被审计单位的被审计项目的书面资料与相关标准进行比较，确定它们之间的差异，通过分析发现问题并取得审计证据的一种方法。

比较法分为绝对数比较法和相对数比较法。绝对数比较法是对绝对数进行比较以寻找差异的一种方法。相对数比较法是对不能直接比较的指标，将对比的指标数值换算为相对数，然后比较各种比率。

4. 分析法

分析法是通过对会计资料有关指标的逻辑推理、分析综合，以揭示其本质和了解其构成要素的相互关系的一种方法。按其分析的技术，可分为比较分析、比率分析、账户分析、账龄分析、平衡分析和因素分析等。

5. 询证法

询证法是指审计人员对审计过程中发现的疑点或问题，通过向有关人员调查和询问，求证事实真相并取得审计证据的一种方法。

询证法分为函询和面询。函询是通过向有关单位发函来了解情况取证的一种方法，一般用于往来款项的查证。面询是审计人员当面向有关人员了解查证情况。采用询证法时，审计人员要讲究方式方法，以尽量争取询证对象的配合。

（二）按审计检查范围分为详查法和抽查法

1. 详查法

详查法是指对被审计单位一定时期内的所有会计凭证、会计账簿和财务报表或某一项目的全部会计资料进行详细检查的方法。其优点是检查内容全面、完整，审计结果准确、可靠，缺点是耗费人力和时间过多、成本高，适用于一般小型企事业单位或单一的业务。

2. 抽查法

抽查法是指从被审计单位审查期的全部会计资料中抽取部分进行审查，据此推断被审计单位总体有无错弊情况的一种方法。其优点是能明确审查重点，效率高、成本低，但如果样本选择不当或缺乏代表性，往往不能发现问题，甚至做出错误的审计结论。

（三）按审查资料的顺序分为顺查法和逆查法

1. 顺查法

顺查法是按照会计核算的处理顺序，依次对证、账、表各个环节进行检查的一种方法。

具体做法如下：一是审查原始凭证，着重审查经济业务是否真实合法、记载是否准确合规；二是审查记账凭证，查明会计科目处理、金额计算是否正确，核对证证是否相符；三是审查会计账簿，检查记账、过账是否正确，核对账证、账账是否相符；四是审查和分析财务报表，检查报表各项目是否正确完整，核对账表、表表是否相符。其优点是系统全面,可以避免疏漏,缺点是面面俱到、重点不突出、工作量大、效率不高,适用于规模较小、业务不多的单位。

2. 逆查法

逆查法是按照与会计核算项目相反的顺序,依次对表、账、证各环节进行检查核对的一种方法。

具体做法如下:一是审查财务报表,从中找出异常或有错弊的项目,据此确定下一步审查的重点和方向;二是根据所确定的可疑账项和重要项目,追溯审查会计账簿,进行账表、账账核对;三是进一步追查原始凭证和记账凭证,进行账证核对、证证核对,以查明问题的原因和真相。其优点是重点突出,易于抓住问题的关键,节省时间和成本,缺点是可能遗漏或疏忽,不能全面审查问题,适用于规模较大、业务较多的大中型企事业单位。

二、证实客观事物的方法

证实客观事物的方法是证明落实客观事物的形态、性质、存放地点、数量、价值等信息,以核实账实是否相符,有无弄虚作假的方法,包括盘点法、调节法、观察法和鉴定法。

(一)盘点法

盘点法又称实物清查法,是对被审计单位的各项财产物资进行实地盘点,检查实物的数量、品种、规格、金额等实际情况,以证实相关实物资产账户的记载是否真实、准确的方法。

盘点法分为直接盘点法和监督盘点法。直接盘点法是审计人员亲自到现场进行盘点,以证实账实是否相符。审计人员一般不采用该种方式。监督盘点法是由被审计单位自行组织盘点,审计人员亲临现场进行监督,必要时审计人员可进行抽查、复点,以保证盘存的质量。监督盘点法又分为突击性盘点和抽查性盘点。突击性盘点能防止经管人员在盘点前对财产保管工作中的挪用、盗窃及其他舞弊行为进行掩饰。抽查性盘点是只对总体财产物资进行抽查核实,检验盘点记录是否真实、准确,财产物资是否完整无损,有无挪用、盗窃和贪污等情况。对大宗原材料、产成品等,应采用抽查性盘点。

(二)调节法

调节法是在现成数据与需要证实的数据不一致时,通过调整有关数据,求得需要证实的数据的方法。例如,运用调节法编制银行存款调节表,对企事业单位与开户银行发生的"未达账项"进行增减调节,以验证被审计单位的银行存款余额是否正确。

调节法还可用来证实账实是否相符,根据公式可以验证结存日财产物资的应结存数量,即:

$$结存日数量 = 盘点日盘点数量 + 结存日至盘点日发出数量 -$$
$$结存日至盘点日收入数量$$

（三）观察法

观察法是审计人员进驻被审计单位后，深入车间、科室、仓库、工地等，对生产经营管理工作的进行、财产物资的保管利用、内部控制的执行、员工的状态等进行观察，从中发现薄弱环节和存在的问题，确定是否符合审计标准和书面资料的记载，以取得审计证据的方法。

（四）鉴定法

鉴定法是邀请专业人士运用专门技术对书面资料、实物和经济活动进行分析、鉴别的方法。例如，对实物性能、质量、价值的鉴定，对书面资料真伪的鉴定，对经济活动的合理性、有效性的鉴定等。鉴定法的鉴定结论应作为一种独立的审计证据，详细地记入审计工作底稿。

三、获取审计证据的具体程序

（一）检查记录或文件

检查是指审计人员对被审计单位内部或外部生成的，以纸质、电子或其他介质形式存在的记录和文件进行审查。检查记录或文件可以提供可靠程度不同的审计证据，审计证据的可靠性取决于记录或文件的性质和来源。例如，在检查内部记录或文件时，其可靠性取决于生成该记录或文件的内部控制的有效性。

（二）检查有形资产

检查有形资产是指审计人员对被审计单位的实物等有形资产进行审查。该程序主要适用于存货和现金，也适用于有价证券、应收票据和固定资产等。检查有形资产可为其"存在"提供可靠的审计证据。对于存货项目而言，审计人员在检查前，可先对客户实施的存货盘点进行观察。

（三）观察

观察是指审计人员查看相关人员正在从事的活动或实施的程序。例如，审计人员对被审计单位人员执行的存货盘点或控制活动进行观察。观察可以提供执行有关过程或程序的审计证据，但观察所提供的审计证据仅限于观察发生的时点，而且被观察人员的行为可能因被观察而受到影响。

存货监盘（即监督盘点并进行适当的抽查）是其中一种代表性的观察程序，也是实务中使用最广泛、出错最频繁的审计程序之一。如果存货对财务报表是重要的，审计人员应当实施下列审计程序，对存货的存在和状况获取充分、适当的审计证据：①在存货盘点现场实施监盘（除非不可行）；②对期末存货记录实施审计程序，以确定其是否准确反映实际的存货盘点结果。

（四）询问

询问是指审计人员以书面或口头方式，向被审计单位内部或外部的知情人员获取财务信息和非财务信息，并对答复进行评价的过程。知情人员对询问的答复，一方面可能为审计人员提供尚未获悉的信息或佐证证据，另一方面可能提供与审计人员已获取的其他信息存在重大差异的信息。在某些情况下，对询问的答复为审计人员修改审计程序或实施追加的审计程序提供了基础。但是，应当注意：询问本身不足以发现认定层次存在的重大错报，也不足以测试内部控制运行的有效性，审计人员还应当实施其他审计程序，以获取充分、适当的审计证据。

（五）函证

函证程序是实务中使用最广泛、出错最频繁的审计程序之一。函证，是指审计人员直接从第三方（被询证者）获取书面答复以作为审计证据的过程。书面答复可以采用纸质、电子或其他介质等形式。函证程序通常用于确认或填列有关账户余额及其要素的信息，还可以用于确认被审计单位与其他机构或人员签订的协议、合同或从事交易的条款，或用于确认不存在某些交易，如"背后协议"。函证可以为某些认定提供审计证据，但是对不同的认定，函证的证明力是不同的。在函证应收账款时，函证可能为"存在""权利和义务"认定提供相关、可靠的审计证据，但是不一定能为"准确性、计价和分摊"认定提供证据。

（六）重新计算

重新计算是指审计人员对记录或文件中数据计算的准确性进行核对。可通过手工方式或电子方式进行重新计算。

（七）重新执行

重新执行是指审计人员独立执行原本作为被审计单位内部控制组成部分的程序或控制。例如，检查从签订销售合同到最终确认销售收入的全过程是否有相关的控制措施，以及这些措施是否得到有效执行。

（八）分析程序

分析程序是指审计人员通过分析不同财务数据之间以及财务数据与非财务数据之间的内在关系，对财务信息做出评价。分析程序还包括在必要时对识别出的与其他相关信息不一致或与预期值差异较大的波动或关系进行调查。通过分析程序获取的证据通常不能作为直接证据，但它是识别风险、发现线索的关键程序。因此，分析程序具有非常广泛的应用性，贯穿审计工作的全过程：用于风险评估程序，以识别和评估被审计单位的重大错报风险；用于实质性程序，为细节测试提供线索和佐证；用于审计结束或临近结束时的总体复核，对财务报表整体的合理性做最终把关，以便为发表审计意见提供合理依据。

在实施分析程序时，审计人员需要考虑将被审计单位的财务信息与下列信息进行比较：①以前期间的可比信息，即纵向的比较信息。②可比的行业信息，即横向的比较信息。例如，将被审计单位的应收账款周转率与行业平均水平或与同行业中规模相近的其他单位的可比信息进行比较。③被审计单位的预期结果，如预算或预测等，或审计人员的预期数据，如折旧的估计值。

第四节 审计抽样技术

一、审计抽样的概念和分类

（一）审计抽样的概念

审计抽样（audit sampling）是指审计人员对具有审计相关性的总体中低于百分之百的项目实施审计程序，使得所有的抽样单元都有被选取的机会，为审计人员对整体做出判断提供合理的基础。审计抽样是审计人员获取和评价与被选取项目的某些特征有关的审计证据的过程，以形成或帮助形成对总体的结论。总体是指审计人员从中选取样本并据此得出结论的整个数据集合，抽样单元是指构成总体的个体项目。审计抽样具备以下基本特征。

（1）对具有审计相关性的总体中低于百分之百的项目实施审计程序。

（2）所有抽样单元都有被选取的机会。

（3）审计抽样的目标是为得出关于抽样总体的结论奠定基础。

（二）审计抽样的分类

1. 统计抽样和非统计抽样

（1）统计抽样是指同时具备以下两个特征的抽样方法：①随机选取样本；②运用概率论来评价样本结果，包括度量抽样风险。统计抽样的优点是能够科学地确定样本规模，客观地选取样本，科学地度量和控制抽样风险，定量地评价样本结果。

（2）不同时具备上述两个特征的抽样方法属于非统计抽样，非统计抽样又可分为随意抽样和判断抽样。

①随意抽样是指抽取样本时带有很大的随意性，抽取多少、如何抽取，没有客观的标准和依据。这种方式虽然简单易行，提高了工作效率，但缺乏科学性，容易形成片面甚至错误的结论。

②判断抽样是指审计人员根据审计工作目标，结合自己的经验，有目的、有重点地选取相关样本进行审查，并以样本的测试结果来推断总体特征的审计方法。该种方法的优点是重点突出、针对性强、工作效率高、简单灵活、易于操作，缺点是过于依赖审计人员的个人经验和素质，带有主观性，不能定量表示抽样风险。

2. 属性抽样和变量抽样

在审计抽样中，根据样本测试结果对总体进行推断有两种方法：一是根据样本的差错率来推断总体的差错率；二是根据样本的差错额来推断总体的差错额。前者就是属性抽样，后者就是变量抽样。具体而言，属性抽样是指在精确度和可靠度一定的条件下，为测试总体特征的发生频率而采用的一种方法。变量抽样是指用来估计总体错误金额的一种方法。在对内部控制进行控制测试时，采用的抽样方法通常是属性抽样，对账、证、表等会计资料进行的实质性程序采用的通常是变量抽样。在审计实务中会出现同时进行控制测试和实质性程序的情况，这时采用的审计抽样称为双重目的抽样。

（三）抽样风险和非抽样风险

审计人员在运用抽样方法进行审计时，会遇到许多不确定因素，其中与抽样直接相关的可能会引起抽样风险，与抽样无关的则可能会引起非抽样风险（表 3-1）。

表 3-1　审计测试中抽样风险的分类与影响

审计测试	抽样风险的种类	对审计工作的影响
控制测试	信赖过度风险	影响审计效果
	信赖不足风险	影响审计效率
细节测试	误受风险	影响审计效果
	误拒风险	影响审计效率

1. 抽样风险

抽样风险是指审计人员根据样本得出的结论，与对总体全部项目实施与样本同样的审计程序得出的结论存在差异的可能性，也就是审计人员依据抽样结果得出的结论，与审计对象总体特征不相符合的可能性。可见，抽样风险与选取的样本不能代表总体的可能性有关。抽样风险与样本量成反比，样本量越大，抽样风险越低。

抽样风险可分为以下两种类型。

1）影响审计效果的抽样风险

影响审计效果的抽样风险即在实施控制测试时，审计人员推断的控制有效性高于其实际有效性的风险，也就是抽样结果使审计人员对内部控制过度信赖的可能性；或在实施细节测试时，审计人员推断某一重大错报不存在而实际上存在的风险，也就是误受风险。审计人员主要关注这类错误结论，其通常会影响审计效果，极有可能导致发表不恰当的审计意见。

2）影响审计效率的抽样风险

影响审计效率的抽样风险即在实施控制测试时，审计人员推断的控制有效性低于其实际有效性的风险，也就是抽样结果使审计人员对内部控制信赖不足的可能性；或在实施细节测试时，审计人员推断某一重大错报存在而实际上不存在的风险，也就是误拒风险。这类错误结论影响审计效率，其通常导致审计人员实施额外的工作，以证实初始结论是错误的，但一般不会导致审计人员发表不恰当的审计意见。

2. 非抽样风险

非抽样风险是指某些与样本规模无关的因素导致审计人员得出错误结论的可能性。审计人员采用不适当的审计程序，或者误解了审计证据而未能发现重大误差等，都有可能导致非抽样风险。显然，这种风险无法量化，也不是抽样所引起的。产生非抽样风险的因素可能包括审计人员实施了不适合审计目标的审计程序、错误的解释样本审查的结果等。

3. 抽样风险与非抽样风险的控制

为了将审计风险降至可接受的水平，审计人员必须对抽样风险和非抽样风险进行控制。抽样风险是客观存在的，但无论是执行控制测试还是细节测试，审计人员都可以通过扩大样本规模降低抽样风险。抽样风险与样本规模呈反方向变动，样本规模越小，抽样风险越大；反之，抽样风险越小。在使用统计抽样时，审计人员可以准确地计量和控制抽样风险。非抽样风险是人为因素造成的，虽然不能量化，但通过采取适当的质量控制政策和程序，加强对业务的指导、监督和复核，提高审计人员素质，也可以防范、降低甚至消除非抽样风险。

（四）审计抽样的适用性

审计抽样并非在所有审计程序中都可使用风险评估程序，适用与不适用的具体情形分析如下。

（1）风险评估程序：审计抽样通常不适用。但如果审计人员在了解控制的设计和确定控制是否得到执行的同时计划和实施控制测试，则可能涉及审计抽样，此时审计抽样仅适用于控制测试。

（2）控制测试：当控制的运行留下轨迹时，适用于审计抽样。但对于未留下运行轨迹的控制，审计人员通常实施询问、观察等审计程序，获取有关控制运行有效性的证据，此时不宜使用审计抽样。

（3）实质性程序：审计抽样常用于细节测试。但在实施实质性分析程序时，审计人员的目的不是根据项目的测试结果推断有关总体的结论，因而不宜使用审计抽样。

（五）审计抽样流程

如前所述，在控制测试和细节测试中都会用到审计抽样。无论何种情形下的审计抽样，大致都需经过下面的基本流程。

1. 定义审计目标

在开始抽样之前，审计人员需要明确审计目标，包括了解被审计单位的业务流程、内部控制和财务报告过程，以及确定需要获取的审计证据。

2. 风险评估

审计人员需要进行风险评估，以确定潜在的风险领域。这有助于审计人员确定抽样的重点领域和方法。

3. 选择抽样方法

审计人员要选择适当的抽样方法。常见的抽样方法包括随机抽样、系统抽样和分层抽样等。审计人员需要根据审计目标和风险评估的结果，选择适合的抽样方法。

4. 设计抽样计划

审计人员需要设计抽样计划，包括确定抽样的规模、样本的选择标准和测试方法等。抽样计划有助于审计人员系统地落实抽样工作，并确保抽样的可靠性和代表性。

5. 执行抽样程序

根据抽样计划，审计人员开始执行抽样程序，包括从指定的样本中获取审计证据，并记录抽样结果。

6. 分析抽样结果

审计人员需要对抽样结果进行分析，以评估被审计单位财务报表的真实性、合规性和公正性。如果抽样结果表明存在问题或潜在的错报，审计人员可能需要扩大抽样范围或执行额外的审计程序。

7. 形成审计意见

基于抽样结果和整体的审计工作，审计人员会形成审计意见。审计意见反映了审计人员对被审计单位财务报表真实性、合规性和公正性的评价。

总之，审计抽样流程是审计人员在执行审计工作时，从定义审计目标、风险评估到抽样方法的选取、抽样计划的设计，再到抽样程序的执行和抽样结果的分析，最后形成审计意见的一系列过程。这一流程有助于审计人员在有限的时间和资源内，有效地评估被审计单位财务报表的真实性、合规性和公正性。

二、控制测试中的审计抽样

（一）相关概念

1. 偏差

在属性抽样中，偏差是指审计人员认定的使得控制程序失去效能的所有控制无效事件。审计人员应该根据实际情况，恰当地定义偏差。例如，可将会计记录中的虚假账户、经济业务的记录未进行复核、审批手续不齐全等各类差错定义为偏差。

2. 可接受的信赖过度风险

在属性抽样中，信赖过度风险与样本规模成反比，即审计人员愿意接受的信赖过度风险越低，样本规模通常越大，反之则越小。在控制测试中，一般将信赖过度风险确定为 10%，如果其属性对于其他项目是重要的，则采取 5% 的信赖过度风险。

3. 可容忍偏差率

在进行控制测试时，可容忍偏差率的确定应当能保证当总体偏差率超过可容忍偏差率时，将降低审计人员对内部控制有效性的可信赖程度。可容忍偏差率越小，所需的样本规模就越大，即可容忍偏差率与样本规模呈反向变动的关系。

（二）属性抽样的具体方法

属性抽样的方法主要包括固定样本规模抽样、停–走抽样和发现抽样三种。

1. 固定样本规模抽样

固定样本规模抽样是应用较为广泛的属性抽样，常用于估计审计对象总体中某种偏差发生的比例。其主要步骤如下。

1）确定样本规模

样本规模可通过使用样本量表来确定。样本规模的确定与预计总体偏差率和可容忍偏差率相关，相应的样本规模可直接通过查表获得。表3-2列出了可接受的信赖过度风险为10%时所使用的样本量。

表3-2 控制测试统计样本规模（信赖过度风险为10%）

预计总体偏差率/%	可容忍偏差率/%										
	2	3	4	5	6	7	8	9	10	15	20
0.00	114(0)	76(0)	57(0)	45(0)	38(0)	32(0)	28(0)	25(0)	22(0)	15(0)	11(0)
0.25	194(1)	129(1)	96(1)	77(1)	64(1)	55(1)	48(1)	42(1)	38(1)	25(1)	18(1)
0.75	265(2)	129(1)	96(1)	77(1)	64(1)	55(1)	48(1)	42(1)	38(1)	25(1)	18(1)
1.00	*	176(2)	96(1)	77(1)	64(1)	55(1)	48(1)	42(1)	38(1)	25(1)	18(1)
1.25	*	221(3)	132(2)	77(1)	64(1)	55(1)	48(1)	42(1)	38(1)	25(1)	18(1)
1.50	*	*	132(2)	105(2)	64(1)	55(1)	48(1)	42(1)	38(1)	25(1)	18(1)
1.75	*	*	166(3)	105(2)	88(2)	55(1)	48(1)	42(1)	38(1)	25(1)	18(1)
2.00	*	*	198(4)	132(3)	88(2)	75(2)	48(1)	42(1)	38(1)	25(1)	18(1)
2.25	*	*	*	132(3)	88(2)	75(2)	65(2)	42(1)	38(2)	25(1)	18(1)
2.50	*	*	*	158(4)	110(3)	75(2)	65(2)	58(2)	38(2)	25(1)	18(1)
2.75	*	*	*	209(6)	132(4)	94(3)	65(2)	58(2)	52(2)	25(1)	18(1)
3.00	*	*	*	*	132(4)	94(3)	65(2)	58(2)	52(2)	25(1)	18(1)
3.25	*	*	*	*	153(5)	113(4)	82(3)	58(2)	52(2)	25(1)	18(1)
3.50	*	*	*	*	194(7)	113(4)	82(3)	73(3)	52(2)	25(1)	18(1)
3.75	*	*	*	*	*	131(5)	98(4)	73(3)	52(2)	25(1)	18(1)
4.00	*	*	*	*	*	149(6)	98(4)	73(3)	65(3)	25(1)	18(1)
5.00	*	*	*	*	*	*	160(8)	115(6)	78(4)	34(2)	18(1)
6.00	*	*	*	*	*	*	*	182(11)	116(7)	43(3)	25(2)
7.00	*	*	*	*	*	*	*	*	199(14)	52(4)	25(2)

注：①*表示样本规模过大，在多数情况下不符合成本效益原则。
②本表假设总体足够大。

例如，审计人员可接受的信赖过度风险为10%，可容忍偏差率为7%，预计总体偏差率为1.75%，查表3-2可得样本规模为55。

2）评价抽样结果

（1）计算样本偏差率。将样本中发现的偏差数除以样本规模，即可得到样本偏差率。样本偏差率是对总体偏差率的最佳估计值。

（2）确定偏差上限。偏差上限是指根据样本所发现的实际偏差数计算得到的总体最大偏差率，可通过统计抽样评价表来确定。表 3-3 列示了可接受的信赖过度风险为 10% 时的总体偏差率上限。

表 3-3　控制测试中统计抽样结果评价（信赖过度风险为 10%）

样本规模	实际发现的偏差数										
	0	1	2	3	4	5	6	7	8	9	10
20	10.9	18.1	*	*	*	*	*	*	*	*	*
25	8.8	14.7	19.9	*	*	*	*	*	*	*	*
30	7.4	12.4	16.8	*	*	*	*	*	*	*	*
35	6.4	10.7	14.5	18.1	*	*	*	*	*	*	*
40	5.6	9.4	12.8	16.0	19.0	*	*	*	*	*	*
45	5.0	8.4	11.4	14.3	17.0	19.7	*	*	*	*	*
50	4.6	7.6	10.3	12.9	15.4	17.8	*	*	*	*	*
55	4.1	6.9	9.4	11.8	14.1	16.3	18.4	*	*	*	*
60	3.8	6.4	8.7	10.8	12.9	15.0	16.9	18.9	*	*	*
70	3.3	5.5	7.5	9.3	11.1	12.9	14.6	16.3	17.9	19.6	*
80	2.9	4.8	6.6	8.2	9.8	11.3	12.8	14.3	15.8	17.2	18.6
90	2.6	4.3	5.9	7.3	8.7	10.1	11.5	12.8	14.1	15.4	16.6
100	2.3	3.9	5.3	6.6	7.9	9.1	10.3	11.5	12.7	13.9	15.0
120	2.0	3.3	4.4	5.5	6.6	7.6	8.7	9.7	10.7	11.6	12.6
160	1.5	2.5	3.3	4.2	5.0	5.8	6.5	7.3	8.0	8.8	9.5
200	1.2	2.0	2.7	3.4	4.0	4.6	5.3	5.9	6.5	7.1	7.6

注：①*表示超过 20%。
②本表以百分比表示偏差率上限，假设总体足够大。

前例中，审计人员可接受的信赖过度风险为 10%，样本规模为 55，若对样本进行检查时未发现偏差，则查表 3-3 可得对应的偏差率上限为 4.1%。总体偏差率上限低于可容忍偏差率 7%，总体的实际偏差率超过可容忍偏差率的风险很小，总体可以接受。换言之，样本结果证实审计人员对控制运行有效性的估计和评估的重大错报风险水平是适当的。

当样本中发现两例偏差，查表 3-3 可得对应偏差率上限为 9.4%，超过可容忍偏差率，因此总体不可接受，即抽样结果不支持审计人员对控制运行有效性的估计和评估的重大错报风险水平。审计人员应该扩大控制测试范围，以证实初步评估结果，或提高重大错报风险评估水平，增加实质性程序的数量，或对影响重大错报风险评估水平的其他控制进行测试，以支持计划的重大错报风险评估水平。

（3）分析偏差性质和原因。评价样本结果时，除了评价样本发生的频率，还应该对偏差进行定性分析，即分析偏差的性质以及出现的原因。此外，审计人员还应该考虑偏差对财务报表是否有直接影响。

（4）形成总体结论。审计人员利用抽样结果以及了解到的关于控制系统的信息，结合自己的专业判断，对整个控制系统存在的控制风险进行评估，进而评价受此类交易影响的有关财务报表认定的控制风险。

2. 停-走抽样

停-走抽样是固定样本量抽样的一种特殊形式,它是从预计总体偏差率为零开始,通过边抽样边评价,来完成抽样工作的一种方法。具体而言,审计人员先抽取一定量的样本进行审查,如果结果可以接受,就停止抽样得出结论,如果结果不能接受,就扩大样本量继续审查直至得出结论,故称为停-走抽样。其基本步骤如下。

1) 确定初始样本规模

通常根据可容忍偏差率和信赖过度风险水平来确定初始样本规模,见表 3-4。

表 3-4 停-走抽样初始样本规模(预计总体偏差率为零)

可容忍偏差率/%	信赖过度风险/%		
	10	5	2.5
10	24	30	37
9	27	34	42
8	30	38	47
7	35	43	53
6	40	50	62
5	48	60	74
4	60	75	93
3	80	100	124
2	120	150	185
1	240	300	370

2) 进行停-走抽样决策

(1) 确定风险系数,根据信赖过度风险和误差数量确定停-走抽样的风险系数,见表 3-5。

表 3-5 停-走抽样可接受的信赖过度风险系数

误差数量/个	信赖过度风险/%		
	10	5	2.5
0	2.4	3.0	3.7
1	3.9	4.8	5.6
2	5.4	6.3	7.3
3	6.7	7.8	8.8
4	8.0	9.2	10.3
5	9.3	10.6	11.7
6	10.6	11.9	13.1
7	11.8	13.2	14.5
8	13.0	14.5	15.8
9	14.3	16.0	17.1
10	15.5	17.0	18.4

续表

误差数量/个	信赖过度风险/%		
	10	5	2.5
11	16.7	18.3	19.7
12	18.0	19.5	21.0
13	19.0	21.0	22.3
14	20.2	22.0	23.5
15	21.4	23.4	24.7
16	22.6	24.3	26.0
17	23.8	26.0	27.3
18	25.0	27.0	28.5
19	26.0	28.0	29.6
20	27.1	29.0	31.0

（2）计算总体误差率的计算公式如下。

$$总体误差率 = \frac{可接受的信赖过度风险系数}{样本量} \times 100\%$$

（3）若总体误差率大于可容忍误差率，则增加样本，继续抽样；反之，则停止抽样。继续抽样的样本量计算公式如下。

$$样本量 = \frac{可接受的信赖过度风险系数}{可容忍偏差率}$$

例如，审计人员确定的可容忍误差率为 4%，信赖过度风险为 10%，第一次抽样发现 1 个误差，第二次抽样未发现误差。根据表 3-3，得到初始样本规模为 60 个，第一次在 60 个样本中发现 1 个误差，则累计误差为 1，查表 3-5 得到对应的风险系数为 3.9，由此得到总体误差率为 3.9/60×100% = 6.5%，大于可容忍误差率 4%，故应增加样本，继续抽样。继续抽样的样本量为 3.9/4% ≈ 98，故第二次应增加样本量 98 - 60 = 38 个。第二次抽样未发现误差，则累计误差数量仍为 1，查表 3-5 得到信赖过度风险系数仍为 3.9，由此得到总体误差率为 3.9/98×100% ≈ 3.98%，小于可容忍误差率 4%，可停止抽样。因而，注册会计师可得出结论：有 90% 的保证程度表明总体误差率不超过 4%。

3. 发现抽样

发现抽样是固定样本规模抽样的另一种特殊形式，根据可接受信赖过度风险和可容忍偏差率一起确定样本规模。不同于固定样本规模抽样，发现抽样将预计总体偏差率直接定为零。在抽样检查中，一旦发现偏差就停止抽样。如果未发现偏差，则可得出总体可以接受的结论。发现抽样适用于检查重大舞弊或错误事项。

三、实质性测试中的审计抽样

实质性程序包括细节测试和实质性分析程序。审计人员在实施细节测试时，可以使用审计抽样，但在实施实质性分析程序时，通常不宜使用审计抽样和其他选取测试项目的方法。

（一）传统变量抽样

1. 均值估计抽样

均值估计抽样是一种通过求得样本均值来推断总体平均值和总值的变量抽样方法。审计人员先计算样本中所有项目审定金额的平均值，然后用该值乘以总体规模，从而得出总体金额的估计值。总体估计金额和总体账面金额之间的差额就是推断的总体错报。例如，审计人员从总体规模为 1 000、账面金额为 1 000 000 元的存货项目中抽取 200 个项目作为样本。在确定正确的采购价格并计算出价格和数量的乘积之后，将 200 个样本的审定金额加总后除以 200，得到样本的平均审定金额为 970 元，估计的存货余额为 970 000 元（970×1 000）。推断的总体错报便为 30 000 元（1 000 000 - 970 000）。

2. 差额估计抽样

差额估计抽样是以样本实际金额与账面金额的平均差额来估计总体实际金额与账面金额的平均差额，再用平均差额乘以总体规模得到总体的实际金额与账面金额之间的差额（即总体错报）的一种方法。计算公式如下。

$$推断的总体错报 = 平均错报 \times 总体规模$$

例如，审计人员从总体规模为 1 000、账面金额为 1 060 000 元的存货项目中抽取 200 个样本进行检查。得到 200 个样本的审定金额为 196 000 元与账面金额 212 000 元之间的差额为 16 000 元。样本差额再除以样本规模 200，得到样本的平均错报为 80 元，平均错报再乘以总体规模，得到总体错报为 80 000 元（80×1 000）。

3. 比率估计抽样

比率估计抽样是以样本的实际金额与账面金额的比率作为总体实际金额与账面金额的比率的估计值，再用该值乘以总体账面金额得到估计的实际总体金额，进而推断总体错报的一种抽样方法。计算公式如下。

$$估计的总体实际金额 = 总体账面金额 \times 比率$$
$$推断的总体错报 = 估计的总体实际金额 - 总体账面金额$$

上例中，样本审定金额与账面金额的比率为 0.92（196 000/212 000），估计的总体存货实际金额为 975 200 元（1 060 000×0.92），推断的总体错报为 84 800 元（1 060 000 - 975 200）。

在以上三种变量抽样方法中，没有对总体进行分层的情况下，一般不适宜采用均值估计抽样，因为此时所需要的样本规模可能太大，不符合成本效益原则。差额估计抽样和比率估计抽样所需的样本量较小，但采用的前提是样本项目存在错报。在实施抽样时，如果审计人员预计只发现少量差异，则不宜采用差额估计抽样和比率估计抽样，可考虑其他方法，如均值估计抽样或概率比例规模抽样（PPS）。

（二）概率比例规模抽样

概率比例规模抽样（probability proportional to size sampling，PPS 抽样），是以货币单位作为抽样单元进行选样的一种方法。在该方法下，总体中的每个货币单元被选中的概率相同，所以总体中某一项目被选取的概率等于该项目的金额与总体金额的比率。项目金额越大，被选中的概率就越大。但实际上并不是对总体中的货币单位进行检查，而是检查包含被选取货币单位的余额或交易。

采用 PPS 抽样有助于审计人员将审计重点放在较大的余额或交易上。这种抽样方法得名于总体中每一余额或交易被选取的概率与其账面金额成比例。此外，PPS 抽样的使用需满足两个条件：一是总体的错报率很低，且总体规模在 2 000 以上，从而满足泊松分布的要求；二是总体中任一项目的错报不能超过该项目的账面金额。

1. PPS 抽样的优点

（1）PPS 抽样通常比传统变量抽样更易于操作。由于 PPS 抽样以属性抽样原理为基础，方便计算样本规模，并通过手工或使用量表来评价样本结果，而样本的选取可以在计算机程序或计算器的协助下进行。

（2）PPS 抽样的样本规模不需要考虑被审计金额的预计变异性。传统变量抽样的样本规模是在总体项目共有特征的变异性或标准差的基础上计算的，PPS 抽样在确定所需的样本规模时不需要直接考虑货币金额的标准差。

（3）PPS 抽样中项目被选取的概率与其货币金额成比例，因而生成的样本自动分层。若使用传统变量抽样，则需要对总体进行分层，以减小样本规模。

（4）PPS 抽样中，如果项目金额超过选样间距，PPS 系统将自动识别所有单个重大项目。

（5）如果审计人员预计错报不存在，PPS 抽样的样本规模一般比传统变量抽样方法更小。

（6）PPS 抽样的样本更容易设计，且可在能够获得完整的总体之前开始选取样本。

2. PPS 抽样的缺点

（1）使用 PPS 抽样要求抽样单元的错报金额不能超出其账面价值。

（2）在 PPS 抽样中，被低估的实物单元被选取的概率更低，因而 PPS 抽样不适用于测试低估项目。如果审计人员在 PPS 抽样的样本中发现低估，评价样本时需要特别注意。

（3）在设计时需要特别考虑对零余额或负余额的选取。例如，如果对应收账款进行抽样，审计人员可能需要先将贷方余额分离出去，作为一个单独的总体。如果检查零余额的项目对审计目标非常重要，审计人员则需要单独对其进行测试，因为零余额的项目在 PPS 抽样中不会被选取。

（4）当预计总体错报数量增加时，PPS 抽样所需的样本规模也会增加，甚至可能超过传统变量抽样。

（5）当发现错报时，若风险水平一定，PPS 抽样在评价样本时可能会高估抽样风险的影响，从而导致审计人员拒绝一个可接受的总体账目金额。

（6）在 PPS 抽样中，审计人员一般需要逐个累计总体金额。但如果相关的会计数据以电子形式储存，则不会额外增加大量的审计成本。

3. PPS 抽样的过程

PPS 抽样作为属性抽样的变种，首先需要确定样本规模，可使用公式法和查表法来确定对应的样本规模。确定样本规模后，运用计算机软件、随机数表等随机数法或系统选样法来选取样本。对样本进行测试后开始样本评价，推断总体错报，并计算抽样风险允许限度。如果样本中没有发现错报，推断的总体错报为零，则抽样风险允许限度小于或等于设计样本时使用的可容忍错报。此时，审计人员通常不需要进行额外的计算便可得出结论，在既定的误受风险下，总体账面金额高估不超过可容忍错报。如果样本中发现了错报，审计人员则需要计算推断的错报和抽样风险允许限度。

第五节 大数据背景下审计技术方法的变化

一、大数据背景下审计方法的变化

党的二十大提出，必须坚持科技是第一生产力、人才是第一资源、创新是第一动力，深入实施科教兴国战略、人才强国战略、创新驱动发展战略，开辟发展新领域新赛道，不断塑造发展新动能新优势。大数据背景下，被审计单位的数据不断增加，财务数据电子化程度加深，审计人员的工作量也随之增加，传统审计方法难以高效应对现有的数据洪流。这也促使大数据技术被运用于审计之中，审计方法也随之发生变化。大数据背景下审计方法的变化包括以下三个方面。

（一）由抽样审计向全面审计转变

随着云计算、数据挖掘等新技术的广泛应用，审计人员获取并处理被审计单位相关数据所消耗的人力、物力都有所降低，可以对审计过程中的任一对象在任一时间进行审计。审计人员可以通过使用大数据技术来采集、分析和整理被审计单位的各类数据资料，尽可能规避传统抽样审计所存在的风险与不足。在新技术诞生并广泛应用之前，传统审计工作量大，人力、物力不足，难以在规定时间内高质量完成审计工作，而大数据技术的蓬勃发展给全面审计带来了更多的可能。

（二）由间断审计向全程跟踪审计转变

由于会计工作的事后性特点，传统审计也以事后审计为主，在审计全覆盖的要求下，依托大数据模式，现在的审计方式逐渐向事前、事中、事后三者相结合转变。事前审计可以起到预防被审计单位因决策失误而造成重大损失的作用，有助于减少被审计单位的决策失误，防患于未然，帮助被审计单位进行科学决策。事中审计时效性较强，审计人员可以通过研究被审计单位的经济目标和预算的实现程度，及时发现问题并通知被审计单位进行整改，帮助被审计单位及时纠错防弊，保证被审计单位最终目标和预算的实现。事后审计是指在被审计单位经济业务发生之后进行的审计，能够监督被审计单位的财务收支和经济业务是否合法合规，对其真实性和效益性做出全面评价，但是只能查错纠错，不能预防。事前、事中、事后三者结合的全程跟踪审计，有助于减少被审计单位的决策失误,及时发现问题并对问题进行整改落实,大大提高了审计质效。

(三)由精确审计向大数据审计转变

传统审计采取的抽样审计方法因为抽取的样本较少,所得数据较少,因此更要求审计结果的精确性。但大数据时代的海量数据让精确审计变得尤为困难,也更注重审计结果的时效性。现在审计人员可以通过审计软件收集被审计单位的相关数据,并使用分析软件进行数据挖掘,这大大提高了审计质效。由此可见,非现场审计、远程监控、实时分析有可能成为未来审计工作的主要工作方式。

二、大数据背景下审计方法的特征

大数据技术是对海量数据进行采集、存储、挖掘和分析,构建规律性的模型。大数据审计方法在传统审计方法的基础上,重点运用大数据分析的技术方法,以计算机信息系统、数据分析和风险管理理论为指导,从整体上把握审计风险,遵循非现场取证与现场审计相结合的思路,将大数据分析方法融入传统的审计过程中,从而降低审计风险,提高审计效率和质量。作为一种新的审计方法,大数据审计方法具有以下四个特征。

(一)实现实时化和动态化

采取大数据审计方法建立大数据审计信息平台机制,定期进行数据采集报送,可使审计部门随时对事业单位和行政部门进行审查,被审计单位的最新财会及相关经济业务数据信息被及时采集,大大提高了审计的时效性。大数据审计使得审计从静态走向动态,从传统的事后审计转变为灵活的实时审计。

(二)拓展审计的广度和深度

传统的预算执行审计只能审计常规事项,而利用大数据审计平台可以深度挖掘和横向整合所获得的各种数据。如审计机关的审计人员可以横向比较分析和纵向比较分析各行政部门提供的数据指标,不仅能够验证被审计单位上报数据的真实性,发现审计疑点,而且能充分了解相关行业的整体情况,有利于得出更客观、详尽的审计结论,拓展审计的广度和深度。

(三)面临高信息风险

大数据审计方法随着物联网的建设而发展,但是由于网络本身的虚拟性和隐蔽性,网上交易不容易被追踪,大数据审计线索和证据存在一定的获取难度。此外,大数据审计的主要证据来自系统网络,其可靠性主要受内部控制是否健全的影响。从传统审计的观点来看,审计风险一般由固有风险、控制风险和检查风险构成。其中,固有风险和检查风险是被审计单位固有存在的,需通过审计人员检查发现,审计人员可以通过评审被审单位的内部控制制度来降低风险。在大数据审计的网络环境下,审计的固有风险和控制风险可以依据计算机辅助技术加以检查发现,因为会计信息的共享性和开放性,会计资料存在被非法篡改的风险。此外,外部环境如黑客和电脑病毒,对计算机系统也会造成威胁，影响了信息的可靠性和真实性。

（四）结合现场与非现场审计

由于目前行政事业单位会计信息化程度不断提高，在审计过程中运用大数据审计方法成为可能。大数据审计通常采用非现场审计与现场审计相结合的审计模式。由于大数据审计具有极强的数据处理分析能力，非现场审计部分可以依靠计算机集中采集、管理、分析和处理相关数据，并得出初步的审计疑点。得出审计疑点之后，将疑点进行汇总并出具审计疑点汇总表，交由负责现场审计的人员深入现场进行取证，对疑点逐步进行核查。非现场审计与现场审计的结合，使得审计的分工更为明确，既发挥了大数据审计数据处理的效率优势，又在一定程度上减少了工作量，使审计效率得到明显提高。

三、大数据审计的方法

大数据审计方法是指审计人员运用大数据技术审查、分析和评价被审计单位的财政财务收支情况，收集审计证据，借以实现审计目标、提出审计结论和意见的各种手段的总称。传统审计方法效用有限，审计结论的可靠性较差；而利用大数据技术对被审程序进行审查，使全面审计成为可能，将大大提高审计的效率和效果。利用大数据技术的审计方法主要有以下几种。

（一）检测数据法

检测数据法是指审计人员把一批预先设计好的检测数据，利用被审程序加以处理，并把处理的结果与预期的结果进行比较，以确定被审程序的控制与处理功能是否恰当有效的一种方法。

检测数据法可用来审查系统的全部程序，也可用来审查个别程序，还可以用来审查某程序中的某个或某几个控制措施，以确定这些控制是否能够发挥有效功能。检测数据法一般适用于下列三种情况：一是被审系统的关键控制建立在计算机程序中；二是被审系统的可见审计线索存在缺陷，难以由输入直接跟踪到输出；三是被审系统的程序较多，采用检测数据法比直接用手工方法进行审查更经济、更高效。

应用检测数据法对被审程序的处理和控制功能进行审查，选择或设计合适的检测数据十分关键。检测数据的来源一般有被审单位以往设计的检测数据和审计人员自行设计的检测数据两种，不管检测数据的来源如何，检测数据中应包括正常、有效的业务和不正常、无效的业务两种情况。

检测数据法属于一种抽样审计的方法，但它对审计人员的计算机知识和技能要求不高，适用范围较广，比较适用于较复杂的系统审计。

（二）程序编码比较法

程序编码比较法是指对两个独立保管的被审程序版本进行比较，以确定被审程序是否被篡改。审计人员要对由审计部门自己保管的、经过审查其处理和控制功能恰当的被审程序副本与被审单位当前使用的应用程序进行比较,可发现任何程序的篡改,并评估这些改动带来的后果。这种方法不仅适用于源程序编码之间的比较,也可用于目标程序码之间的比较。

(三)受控处理法

受控处理法是指审计人员通过被审程序对实际业务的处理进行监控,查明被审程序的处理和控制功能是否恰当有效的方法。采用这种方法,审计人员首先对输入的数据进行查验,并建立审计控制,然后亲自处理或监督处理这些数据,将处理的结果与预期结果加以比较分析,据此判断被审程序的处理与控制功能能否按设计要求发挥作用。例如,审计人员可通过检查输入错误的更正与重新提交的过程,判断被审程序输入控制的有效性,通过检查错误清单和处理打印结果来判断被审程序处理控制和功能的可靠性,通过核对输出与输入来判断输出控制的可靠性。

受控处理法审计技术简单、省时省力,不需要较高的计算机水平,只要采取突出审计的方式,就可以保证被审程序与实际使用程序的一致性,从而保证审计结论的可靠性。

(四)受控再处理法

受控再处理法是指在被审单位正常业务处理以外的时间里,由审计人员亲自进行或在审计人员的监督下,把某一批处理过的业务进行再处理,比较两次处理的结果,以确定被审程序有无被非法篡改,以及被审程序的处理和控制功能是否恰当有效。运用这种方法的前提是以前对此程序进行过审查,并证实其原来的处理和控制功能是恰当有效的。因此,这种方法不能用于对被审程序的首次审计。

(五)平行模拟法

平行模拟法是指审计人员自己或请计算机专业人员编写的、具有和被审程序相同处理和控制功能的模拟程序,用这种程序处理当期的实际数据,把处理的结果与被审程序的处理结果进行比较,以评价被审程序的处理和控制功能是否可靠的一种方法。

运用这种方法,审计人员不一定要模拟被审程序的全部功能,可以只模拟被审程序的某一处理功能或控制功能。

采用平行模拟法的优点在于,它能独立地处理实际数据,不依赖被审单位的人力和设备,审计结果较为准确。其缺点,一是开发模拟系统难度较大且成本较高,二是审计人员首先要证明模拟程序的正确性。

(六)嵌入审计程序法

嵌入审计程序法是指在被审系统的设计和开发阶段,在被审的应用程序中嵌入为执行特定的审计功能而审计的程序段。这些程序段可以用来收集审计人员感兴趣的资料,并建立一个审计控制文件,用来存储这些资料。审计人员通过这些资料的审核来确定被审程序的处理和控制功能的可靠性。

在实际操作中，审计程序段主要有两种：一种是不经常起作用的，只有在审计人员执行特定的审计任务才激活的审计程序；另一种是在被审程序中连续监控某些特定点上处理的程序。当实际业务数据输入被审系统，由被审程序对其进行处理时，审计程序也对数据进行检查。如果符合某些条件，则将其记录在审计控制文件中，审计人员可以定期或不定期地输出审计控制文件，以便对被审程序的处理和控制功能进行评价，对系统处理的业务进行监控。

（七）程序追踪法

程序追踪法是一种对给定的业务，跟踪被审程序处理步骤的审查技术。一般利用追踪软件来完成，也可利用某些高级语言或指令跟踪被审程序的处理。

采用这种方法，可以列示被审程序中的指令执行情况以及执行顺序，还可以查出被审程序中的非法指令，但它对审计人员的计算机水平要求较高，在实际审计工作中应用并不普遍。

（八）大数据多数据源综合分析技术

大数据多数据源综合分析技术是通过对采集的各行业、各类型大数据，采用数据查询等常用方法或其他大数据技术方法进行相关数据的综合比对和关联分析，从而发现更多隐藏的审计线索。

在大数据环境下，审计人员可以通过大数据多数据源综合分析技术发现相关线索。例如，通过常用的 SQL 数据查询方法比较业务连续性管理相关数据和人力资源数据，或通过数值分析（重号分析）方法查找被审计系统中业务连续性管理数据是否重复，从而确认业务连续性管理相关制度的有效性。

（九）大数据可视化分析技术

大数据可视化分析技术是从人作为分析主体和需求主体的视角出发，强调基于人机交互的、符合人的认知规律的分析方法，目的在于将人所具备的、机器并不擅长的认知能力融入数据分析过程中。大数据可视化分析技术也是目前大数据审计应用比较成熟和主流的内容。

以上只是简单地介绍了大数据审计的几种常见方法。当然，这些方法并不是孤立存在的，它们相互补充，在实务工作中通常需要将几种方法结合起来使用。

思考题

1. 审计工作需要经过哪几个阶段？各个阶段有哪些具体的工作内容？
2. 管理层认定包括哪些内容？管理层认定与审计目标有什么关系？
3. 审计工作中有哪些常用的审计方法？各种方法分别在什么情况下使用？它们各自有何优缺点？
4. 审计抽样有哪些方式？在控制测试和实质性测试中，通常使用哪种抽样方式？

伦理与道德专栏

事务所因违反职业道德基本原则受罚事件

案例研讨问题：

1. 和信会计师事务所的行为违反了哪些审计准则？

2. 与本案相关的注册会计师违反了哪些职业道德基本原则？

3. 与本案相关的注册会计师可能需要承担什么样的法律责任？

4. 可以采取哪些措施来防止此类审计失败案件的发生？

伦理与道德专栏：事务所因违反职业道德基本原则受罚事件

即测即练

第四章

审计风险与审计证据

【思想领航】

- 党的二十大强调,必须坚持守正创新,紧跟时代步伐,顺应实践发展,不断拓展认识的广度和深度,以新的理论指导新的实践。
- 积极探索构建全面整改、专项整改、重点督办三种方式相结合的审计整改总体格局,既把握总体、努力做到全覆盖,又突出重点、以重点问题深入整改引领全面整改推进。
- 围绕持续有效防范化解重点领域风险开展审计。贯彻高质量发展和高水平安全良性互动的要求,深入揭示重大经济贪腐、重大财务舞弊、重大财政造假等突出风险,及时反映影响经济安全的苗头性、倾向性问题,牢牢守住不发生系统性风险的底线。

卧龙地产违规

2023年12月,卧龙资源集团股份有限公司(以下简称卧龙地产)收到中国证券监督管理委员会浙江监管局下达的行政监管措施决定书《关于对卧龙资源集团股份有限公司及相关人员采取出具警示函措施的决定》。现场检查中发现卧龙地产存在以下问题:一是公司全资子公司卧龙矿业(上海)有限公司与公司间接控股股东卧龙控股集团有限公司控股子公司浙江卧龙矿业有限公司构成同业竞争;二是上海矿业个别人员、业务未独立于间接控股股东;三是公司2022年度部分稀土贸易业务总额法确认收入依据不充分;四是公司2022年度存货余额披露不准确;五是公司2022年度个别关联交易未披露;六是公司2021年度长期股权投资减值准备计提不充分。立信会计师事务所作为卧龙资源集团股份有限公司2022年度审计机构,存在以下审计职责履行不到位的情形。

一、控制测试程序不到位

对重要组成部分子公司已执行相关控制测试,但未关注内部控制缺陷及异常。

二、贸易业务收入审计程序不到位

未关注重要子公司新增品种贸易业务整体毛利异常,未关注多笔贸易业务审批流程中存在"此笔贸易为背对背流量业务"等异常,未采取进一步审计程序并获取收入确认的充分证据。

三、存货主要品种审计程序不到位

对重要子公司存货主要品种未实施现场盘点，仅执行相关替代程序，未关注个别期末存货采购端货权转移时间为资产负债表日后。

四、房产项目存货跌价测试审计程序不到位

个别房产项目跌价测试预计售价显著高于预售许可证单价，审计底稿未说明原因及合理性。个别房产项目跌价测算过程使用的项目成本不完整。

五、未发现关联方交易往来披露不完整

未发现公司未披露个别关联方应付账款余额。

六、审计底稿编制多处缺陷

存货跌价测试底稿销售费用和营业收入记录错误，预计销售费用率等数据未获取相关支撑性文件，未说明数据来源。土地增值税测算底稿有误。

资料来源：改编自上海证券交易所监管措施决定书〔2024〕15号。

通过上述案例可以看到，立信会计师事务所在审计过程中主要存在相应的审计程序未履行到位、未能正确识别和评估被审计单位财务报表重大错报风险，以及未收集充分适当的审计证据等问题。由此提醒审计机构在坚持审计独立性和谨慎性的原则下应该实施足够的审计程序，正确识别重大错报风险，获取充分适当的审计证据，确保审计质量。

第一节 审 计 风 险

一、审计风险的含义与特征

（一）审计风险的含义

审计风险是指当财务报表存在重大错报时，注册会计师发表不恰当审计意见的可能性。其主要包括两层含义：一是被审计单位财务报表原本公允，但注册会计师认为其不公允；二是被审计单位财务报表原本存在重大错误，但未被察觉，注册会计师认为其财务报表公允。一般来说，由于审计过程中固有风险的存在，审计风险不可能降至为零，注册会计师应运用自身职业判断，实施必要的审计程序，将审计风险降至可接受的较低水平，为财务报表使用者提供合理保证，而非绝对保证。

（二）审计风险的特征

1. 审计风险贯穿审计全过程

审计风险往往通过最终审计结论与预期的偏差体现出来。审计人员在执行审计的过程中一般很难察觉，但这并不意味着审计风险只存在于审计的最终环节。实际上，审计过程中每一个环节微小的因素，都可能导致产生审计风险。因此，审计风险存在于审计全过程。

2. 审计风险是客观存在的

由于审计的固有限制，即使注册会计师按照审计准则的规定恰当计划和实施了审计工作，也不可避免地存在财务报表中某些重大错报未被发现的风险。此外，个人能力等因素所导致的非故意性审计工作失误或不当，也会导致审计风险。因此，审计风险是客观存在的，无法完全消除。

3. 审计风险是可控的

审计风险无法完全消除，并不意味着无法将审计风险控制在可接受的较低水平。以下措施通常能够降低注册会计师最终将承受的审计风险：在执行具体审计工作之前，制订科学合理的审计计划，并根据在审计执行过程中所获取的情况进行适时、适当的动态调整；在审计执行过程中，通过风险评估程序有效地识别和评估被审计单位的重大错报风险，并据此采取有针对性的风险应对措施（比如，考虑审计程序执行的范围、详细程度等）。

二、审计风险构成要素

在现行的审计理论与实践中，审计风险主要由重大错报风险和检查风险构成。

（一）重大错报风险

重大错报风险是指财务报表在审计前存在重大错报的可能性，与被审计单位的风险相关，并且独立于财务报表审计而存在。注册会计师在设计审计程序以确定财务报表整体是否存在重大错报时，应该从财务报表层次和认定层次两方面考虑重大错报风险。

财务报表层次的重大错报与财务报表整体存在广泛联系，可能影响多项认定。此类风险主要受到控制环境的影响，如管理层自身是否诚信、治理层能否对管理层进行有效监督等。此外，它也可能受到其他因素的影响，比如整体经济环境、企业所处行业的整体情况等。此种类型的风险很难被界定于某类交易、账户余额、披露的具体认定，但是，此类风险增加了数目不同认定发生重大错报的可能性。此类风险与注册会计师考虑由于舞弊引起的风险相关性较高。

认定层次的重大错报风险是指与某类交易、事项期末账户余额或财务报表披露相关的重大错报风险，由固有风险和控制风险构成。其中，固有风险是指假设不考虑企业相关内部控制，被审计单位某一账户或交易类别单独或者连同其他账户、交易类别产生重大错报的可能性。固有风险受到诸多因素影响，例如，认定及相关类别的交易、账户余额披露的复杂程度和自身性质。一般来说，账户金额计算较为复杂或者具有高度不确定性的会计估计，固有风险相对较高。此外，固有风险也受到被审计单位的外部环境影响，比如行业内其他企业的技术进步可能导致本企业某项产品陈旧，进而导致存货容易被高估，加大了固有风险。控制风险是指某一账户或交易类别单独或者连同其他账户、交易类别产生重大错报，但是没有被内部控制及时阻止或发现并纠正的可能性。控制风险主要受到被审计单位内部控制制度或程序的有效性影响。被审计单位建立内部控制的目标之一是防止错误和舞弊。但是无论内部控制设计和运行多么完善，本身固有的限制（比如人为差错的可能性等）使其不能完全保证防止或发现所有的重大错报，因此有效的内部控制只能降低控制风险，并不能消除财务报表的重大错报风险，控制风险必然会影响最终的审计风险。总体来说，固有风险和控制风险交织在一起，不可分割，所以将它们统称为"重大错报风险"。三者之间的关系可以用下列公式表示。

$$审计风险 = 重大错报风险 \times 检查风险$$

注册会计师在审计中应该考虑各交易、账户余额和披露认定层次的重大错报风险，有助于他们确定认定层次上实施的进一步审计程序的性质、时间和范围。注册会计师评估认定层次的重大错报风险并在此基础上获取证据，便于在审计工作完成时以可接受的较低水平的审计风险对财务报表整体发表意见。

（二）检查风险

检查风险是指如果存在某一错报，该错报单独或连同其他错报可能是重大的，但注册会计师没有发现这种错报的可能性。检查风险降低取决于审计程序设计的合理和执行的有效，所以注册会计师应该合理确定审计程序的性质、时间和范围，并有效实施审计程序，比如制订合适的审计计划、保持一定的职业怀疑态度、监督和复核已经执行的审计工作等，以此来控制检查风险，将审计风险降至可接受的较低水平。

农业类企业审计风险——以獐子岛事件为例

案例研讨问题：
1. 结合案例内容并查阅相关资料，思考被审计公司的造假手段有哪些。
2. 农业上市公司存在哪些审计风险？
3. 可以采取哪些措施来防止此类审计失败案件的发生？

案例4-1：农业类企业审计风险——以獐子岛事件为例

（三）重大错报风险与检查风险的关系

重大错报风险与检查风险的关系可以用现代审计风险模型来概括，具体见以下公式。

$$审计风险 = 重大错报风险 \times 检查风险$$

在审计风险水平一定的情况下，认定层次重大错报风险的评估结果与检查风险水平呈反向关系，即评估的重大错报风险越高，财务报表出现重大错报的可能性就越大，那么确定的可接受的检查风险就越低；反之，评估的重大错报风险越低，财务报表出现重大错报的可能性越小，确定的可接受的检查风险也就越高。例如，审计人员将可接受的审计风险定为5%，通过实施风险评估程序将重大错报风险确定为10%，根据审计风险模型计算得到，可接受的检查风险为50%。但是，在实务中，审计人员不一定用绝对数量表达这些风险水平，而是选用高、中、低等文字进行定性描述。

三、审计风险模型的作用

审计风险模型为开展审计工作提供了思路和流程指导,是执行审计工作的理论依据。具体体现在以下几个方面。

1. 重大错报风险虽然无法降低,但审计人员必须进行识别与评估

重大错报风险、检查风险都是审计风险的构成要素,但它们与审计人员的关系存在差异。重大错报风险与被审计单位有关,直接受被审计单位的经营活动及其内部控制等情况的影响,并不由审计人员决定,因而是无法降低的;检查风险与审计人员相关,直接受审计人员所采取的重大错报风险应对措施的影响,因而是由审计人员决定的,可以降低。重大错报风险虽然无法降低,但审计人员可以根据识别与评估的重大错报风险的情况确定可接受的检查风险,并据此确定拟执行审计程序的性质、时间安排和范围。因此,识别与评估重大错报风险是审计工作的起点。

2. 根据重大错报风险的评估结果决定可接受的检查风险

利用审计风险模型可以推导出,审计人员可接受的检查风险等于审计人员可接受的审计风险除以评估的被审计单位重大错报风险。其中,可接受的审计风险是经过审计人员的职业判断后认为可以承受的风险水平。通常,可接受的审计风险是在决定承接该业务时就已确定的,取决于会计师事务所和(或)审计人员的风险偏好和质量控制状况。换言之,审计人员可接受的审计风险水平以及审计人员评估的重大错报风险水平共同决定了可接受的检查风险水平。在可接受的审计风险水平一定的情况下,检查风险是审计人员的可控变量,可接受的检查风险水平与重大错报风险的评估结果呈反向关系——评估的重大错报风险越高,可接受的检查风险应越低;反之,可接受的检查风险应越高。

3. 检查风险取决于重大错报风险的应对情况

检查风险是由审计人员的工作所决定的,取决于识别与评估的重大错报风险的应对情况。换言之,要将检查风险降至可接受的低水平,加强对重大错报风险的应对。针对财务报表层次的重大错报风险,审计人员应采取总体应对措施。比如,提高审计的不可预见性、强调职业怀疑态度的必要性、优化审计资源配置、强化对审计工作的督导等;针对认定层次的重大错报风险,审计人员应实施进一步审计程序(即针对所审计期间的交易或事项、期末账户余额以及相关披露的具体审计工作),包括控制测试(若适用)和实质性程序,进一步审计程序的性质、时间安排和范围直接影响审计证据获取的质量和数量。

第二节 审计重要性

一、审计重要性的含义

审计重要性是指被审计单位财务报表中错报或漏报的严重程度,在特定环境下可能影响财务报表使用者的判断或决策。一般来说,如果一项错报单独或者连同其他错报可能对财务报表使用者依据财务报表做出的经济决策产生影响,那么该项错报则是重大的。

审计重要性是一个非常重要的概念,其贯穿审计过程的始终,可以从以下四个方面来理解。

(1)审计重要性中的错报包含漏报。财务报表错报包括报表金额和披露的错报。

(2)审计重要性包括对数量和性质两方面的考虑。数量是指错报的金额大小,性质是指错报的性质。通常情况下,金额大的错报比金额小的错报更加重要;但是,从性质上判断,如果该项错报的性质较为严重,如由财务舞弊引起的错报,即使错报的金额很小,也认为该项错报十分重要。

(3)审计重要性的判断是在考虑财务报表使用者整体共同财务信息需求的基础上做出的。因为不同财务报表使用者对财务信息的需求可能存在较大差异,所以不需要考虑错报对个别财务报表使用者可能产生的影响。

(4)审计重要性的确定离不开具体环境。被审计单位不同,其面临的环境也有所不同;而且,不同的财务报表使用者,其信息需求也有所不同;某一金额的错报对某被审计单位的财务报表来说是重要的,而对另一家被审计单位的财务报表来说可能不重要,因此审计人员应该根据不同的审计环境确定审计重要性水平。

二、影响审计重要性水平的因素

(一)以往的审计经验

审计人员如果认为以往审计中所运用的重要性水平较为恰当,可以将其作为本次重要性水平的直接依据,并且考虑被审计单位经营环境和业务范围发生的变化,做出相应调整。

(二)相关法律法规的要求

一般来说,如果被审计单位有权自由处理会计事项,审计人员必须降低重要性水平。

(三)被审计单位的性质、经营规模

被审计单位的性质、经营规模以及不同行业的企业重要性水平都存在差异。例如,上市公司,由于其报表使用范围较广,并且报表使用者主要依据报表所提供的信息做出判断,所以通常确定较低的重要性水平。

(四)内部控制的有效性

如果企业内部控制设计合理并且有效执行,审计人员可以将被审计单位的重要性水平定得高一些,以此来节约审计成本,提高审计效率。

(五)财务报表的性质及勾稽关系

财务报表项目的重要性水平存在差别,财务报表使用者对某些报表项目要比另外一

些报表项目更为关心。比如，报表使用者通常更加关注流动性高的项目，所以注册会计师对流动性高的会计报表项目应该从严确定重要性水平。

（六）财务报表金额的波动

财务报表的金额及其波动幅度可能成为财务报表使用者做出反应的信号。因此，审计人员在确定重要性水平时，应当深入研究这些金额及其波动幅度。

三、实施审计计划对重要性水平的确定影响

确定重要性水平是制订审计计划必不可少的环节，一般包括财务报表层次的重要性，特定类别的交易、账户余额或披露的重要性，实际执行的重要性和明显微小错报的临界值。审计人员应该考虑对被审计单位及环境的了解、审计的目标、财务报表各项目的性质及相互关系，以及财务报表项目的金额和波动幅度，以此确定一个合理的重要性水平。

（一）财务报表层次的重要性

财务报表审计的目的是审计人员通过执行审计工作对财务报表的合法性、公允性发表意见。所以，审计人员应当考虑财务报表整体层次的重要性水平。只有这样，才能得出财务报表是否公允的整体性结论。

1. 确定判断基础

审计人员需要根据所在会计师事务所的惯例及自己的经验，充分运用自身的职业判断来合理确定财务报表层次的重要性水平。审计人员应当合理选用重要性水平的判断基础，该判断基础可以从以下几个方面考虑。

（1）财务报表要素（如资产、负债、所有者权益、收入和费用、利润等）。

（2）是否存在特定会计主体的财务报表使用者特别关注的项目（比如为了评价财务业绩，使用者可能更关注利润、收入及净资产）。

（3）被审计单位的性质、所处的生命周期阶段以及所处行业和经济环境。

（4）被审计单位的所有权结构和融资方式（比如，被审计单位仅通过债务而非权益进行融资，财务报表使用者可能更加关注资产及资产的索偿权，而非被审计单位的收益）。

（5）基准的相对波动性。

适当的基准取决于被审计单位的具体情况，主要包括各类报告收益（如税前利润、营业收入、毛利和费用总额），以及所有者权益和净资产，表4-1列举了一些实务中较为常用的基准。需要注意的是，如果被审计单位的经营规模较上年度没有重大变化，通常使用替代性基准确定的重要性不宜超过上年度的重要性。此外，审计人员为被审计单位选择的基准在各年度中通常保持稳定，但是并非必须保持一贯不变，审计人员可以根据经济形势、行业状况和被审计单位具体情况的变换对采用的基准做出调整。

表 4-1　常用的基准

被审计单位的情况	可能选择的基准
1. 企业的盈利水平保持稳定	经常性业务的税前利润
2. 企业近几年经营状况大幅波动，盈利和亏损交替发生，或者由正常盈利变为微利或微亏，或者本年度税前利润因情况变化而出现意外增加或减少	过去3~5年经常性业务的平均税前利润或亏损（取绝对值），或其他基准，例如营业收入
3. 企业为新设企业，处于开办期，尚未开始经营，目前正在建造厂房及购买机器设备	总资产
4. 企业处于新兴行业，目前侧重于抢占市场份额、扩大企业知名度和影响力	营业收入
5. 开放式基金，致力于优化投资组合，提高基金净值，为基金持有人创造投资价值	净资产
6. 国际企业集团设立的研发中心，主要为集团下属各企业提供研发服务，并以成本加成的方式向相关企业收取费用	成本与营业费用总额
7. 公益性质的基金会	捐赠收入或捐赠支出总额

2. 重要性水平的计算方法

审计人员在选定恰当的判断基准的基础上，通常需要采用固定比率法和变动比率法确定财务报表层次的重要性水平。

固定比率法，即在选定判断基础后，乘以一个固定百分比，求出财务报表层次的重要性水平。在实务中，百分比的选用有一些参考数值，具体如下。

（1）税前净利润的 5%~10%（净利润较小时取 10%，较大时取 5%）。

（2）资产总额的 0.5%~1%。

（3）净资产的 1%。

（4）营业收入的 0.5%~1%。

例 4-1： 大华会计师事务所对酉阳土家族苗族自治县人民医院 2020 年度财务报表进行审计。酉阳土家族苗族自治县人民医院未经审计的有关财务报表项目金额分别为：总资产 480 818 613.16 元，净资产 330 338 416.28 元，主营业务收入 405 201 522.65 元。

案例分析：

根据对该医院的具体情况分析，由于被审计单位主要业务为医疗收入，期末资产金额大于营业收入，故注册会计师选择以资产总额为基准计算初步重要性水平。

由表 4-2 可知，如果以总资产为评估基准，确定的财务报表总体的重要性水平为 1 923 274.00 元，表示当财务报表总体错报金额为 1 923 274.00 元以上时属于重大错报，会影响会计信息使用者的决策。其他评估标准的含义则类似。

表 4-2　医院 2020 年初步确定重要性

选择基准	选择比例	重要性计算	初步确定重要性（取整数）
资产总额	可选范围：0.25%~0.5%	1 923 274.45	1 923 274.00
480 818 613.16	0.40%		

变动比率法的基本原理是，企业规模越大，允许的错报金额比率就越小。一般是根据资产总额或营业收入两者中较大的一项确定一个变动百分比。例如，某国际会计师事务所判断重要性的方法是以总资产和总收入的较大者为基础确定重要性水平，规模越大的企业，比率（系数）就越小。具体步骤是：确定总资产或总收入中较大者的范围，然后参考表4-3，并按下列公式计算。

重要性水平 = 基数 + 系数 × 超过下限的部分

表 4-3 重要性水平计算

总资产或总收入中较大者的范围（美元）（下限不包括在内，上限包括在内）	重要性水平	
	基数	系数
0～30 000	0	0.059 00
30 000～100 000	1 780	0.031 00
100 000～300 000	3 970	0.021 00
300 000～1 000 000	8 300	0.014 50
1 000 000～3 000 000	18 400	0.010 00
3 000 000～10 000 000	38 300	0.006 70
10 000 000～30 000 000	85 500	0.004 60
30 000 000～100 000 000	178 000	0.003 13
100 000 000～300 000 000	397 000	0.002 14
300 000 000～1 000 000 000	826 000	0.001 45
1 000 000 000～3 000 000 000	1 840 000	0.001 00
3 000 000 000～10 000 000 000	3 830 000	0.000 67
10 000 000 000～30 000 000 000	8 550 000	0.000 46
30 000 000 000～100 000 000 000	17 800 000	0.000 31
100 000 000 000～300 000 000 000	39 700 000	0.00021
300 000 000 000 以上	82 600 000	0.000 15

例 4-2：被审计单位的总资产为 15 000 000 美元，收入总额为 8 000 000 美元。请分析确定被审计单位的重要性水平。

案例分析：

较大者为总资产 15 000 000 美元，所以以总资产为计算基础。依据表 4-3 可知，总资产在 10 000 000 美元和 30 000 000 美元之间，查表得计算基数为 85 500，系数为 0.004 60，重要性水平为：

重要性水平 = 85 500 + 0.004 60 ×（15 000 000 − 10 000 000）= 108 500（美元）

（二）特定类别的交易、账户余额或披露的重要性

特定类别的交易、账户余额或披露的重要性水平被称为可容忍错报。可容忍错报的确定以审计人员对财务报表层次重要性水平的初步评估为基础。它是在不导致财务报表存在重大错报的情况下，审计人员对各类交易、账户余额、列报确定的可接受的最大错

报。

审计人员在确定账户或交易层次重要性水平时，应该考虑以下主要因素。

（1）各类交易、账户余额、列报的性质及错报的可能性。

（2）各类交易、账户余额、列报的重要性水平与财务报表层次重要性水平的关系。

（3）各类交易、账户余额、列报的审计成本。

审计人员在确定账户或交易层次重要性水平时，主要有以下两种方法：

（1）分配法：采用分配法，各类交易、账户余额、列报的重要性水平之和，应当等于财务报表层次的重要性水平。

（2）不分配法：不分配法主要有两种：一种是某国际会计师事务所采用的方法。假如财务报表层次的重要性水平为200万，则根据各类交易、账户余额、列报的性质及错报的可能性，将各类交易、账户余额、列报的重要性水平确定为财务报表层次重要性水平的20%～50%。在审计过程中，一旦发现错报超过这一水平，就建议被审计单位进行调整。最后，编制未调整事项汇总表，如果调整的错报超过200万，就应该建议被审计单位进行调整。另一种是境外某会计师事务所采用的方法。该会计师事务所规定，各类交易、账户余额、列报的重要性水平为财务报表层次重要性水平的1/6～1/3。例如，财务报表层次的重要性水平为100万元，根据各交易账户的性质，将应收账款的重要性水平定为这一金额的1/4，存货为这一金额的1/5，应付账款为这一金额的1/5，则其重要性水平的金额分别为25万元、20万元、20万元。

但是，在实际工作中，通常很难预测哪些账户可能发生错报，而且对于审计成本的大小也无法事先确定，所以确定重要性水平是一个比较困难的专业判断过程。

例4-3：某注册会计师受委托对A公司财务报表进行审计时，初步判断的会计报表层次的重要性水平按资产总额的1%计算为140万元，即资产账户可容忍的错误或漏报为140万元，并采用两种分配方案将这一重要性水平分给了各资产账户。某公司资产构成及重要性水平分配方案见表4-4，请说明哪种方案更加合理。

表4-4 重要性水平分配方案　　　　　　　　　　　　单位：万元

项目	金额	甲方案	乙方案
现金	700	7	2.8
应收账款	2 100	21	25.2
存货	4 200	42	70
固定资产	7 000	70	42
总计	14 000	140	140

案例分析：

乙方案较为合理。因为现金账户属于重要的资产账户，其重要性水平应当从严制定；应收账款和存货项目出现错报或漏报的可能性较大，为节约审计成本，其重要性水平可确定得高些；固定资产项目出现错报或漏报的可能性较小，可将其重要性水平确定得低些。因此，乙方案较为合理。

（三）实际执行的重要性

财务报表层次实际执行的重要性旨在将未更正和未发现错报的汇总数超过财务报表整体重要性的可能性降至适当的低水平，其往往低于财务报表整体的重要性。审计人员在确定实际执行的重要性时并非简单机械地计算，需要运用自身职业判断。通常要考虑以下因素：对被审计单位的了解；前期审计工作中识别出的错报的性质和范围；根据前期识别出的错报对本期错报做出的预期。在实际工作中，财务报表层次实际执行的重要性通常为财务报表整体重要性的50%~75%。

（四）明显微小错报的临界值

明显微小错报的临界值是指如果审计人员将低于某一金额的错报界定为明显微小的错报，意味着这些错报无论从规模、性质还是从其发生的环境，无论单独还是汇总起来，都是微不足道的。采用经验百分比的方法来确定，通常为财务报表整体重要性的3%~5%，一般不超过10%。在审计工作中，审计人员应当在审计工作底稿中记录设定的明显微小错报的临界值，低于该金额的错报可以不累积。

四、审计过程中对重要性水平的考虑

在实施审计计划阶段确定的重要性水平不是一成不变的。如果存在以下原因，审计人员应该考虑修改重要性水平：①审计过程中情况发生重大变化（如决定处置被审计单位的一个重要组成部分）；②获取新信息；③通过实施进一步审计程序，审计人员对被审计单位及其经营所了解的情况发生变化。比如，审计人员在审计过程中发现实际财务成果与最初确定财务报表整体的重要性时使用的预期本期财务成果相比存在很大差异，则需要修改重要性水平。

五、评价审计结果对重要性水平的考虑

（一）评价审计结果时所运用的重要性水平的确定

在评价审计结果时，所运用的重要性水平包括已经识别的具体错报以及推断错漏报。

1. 已经识别的具体错报

已经识别的具体错报是指在审计过程中能够准确计量的错报，主要包括两大类：第一类是指对事实的错报。这类错报主要是由于被审计单位收集和处理数据的错误、对事实的忽略或误解，或故意舞弊行为。比如，审计人员在实施细节测试时发现最近购入存货的实际价值为20 000元，但是账面记录的金额却为15 000元，因此存货和应付账款分别被低估了5 000元，这里被低估的5 000元就是已经识别的具体错报。另一类是指涉及主观决策的错报。该类错报主要由管理层和审计人员对会计估计以及选择和运用会计政策的判断差异。

2. 推断错漏报

推断错漏报又称可能误差，是审计人员对不能明确或具体识别的其他错报的最佳估计。推断错漏报通常包括两大类：第一类是指通过测试样本估计出的总体错报减去测试中发现的已经识别的具体错报。比如，应付账款年末余额为 1 000 万元，审计人员抽查样本时发现有 50 万元被低估，低估部分占所抽查样本账面价值的 20%，据此审计人员推断总体的错报金额为 200 万元，其中 50 万元为已经识别的具体错报，另外 150 万元就是推断误差。第二类是指通过实质性分析程序推断出的估计错报。比如，审计人员根据客户的预算资料及行业趋势等要素，对客户年度销售额费用独立地做出估计并与客户账面金额进行比较后发现：两者间有 40% 的差异。考虑估计的精确度有限，审计人员根据自身经验认为 10% 的差异通常是可接受的，而剩余 30% 的差异需要有合理解释并取得佐证。如果审计人员对其中 15% 的差异无法做出合理解释或者拿出佐证，则称该部分差异金额为推断误差。

（二）汇总错报或漏报

审计人员在评价审计结果时，应当对已经发现但尚未调整的错报或漏报进行汇总（其中小于明显微小错报临界值的错报可以不汇总），考虑其金额与性质是否对财务报表的反映产生重大影响。

如果汇总数超过确定的重要性水平，审计人员应当考虑扩大实质性测试范围或者让被审计单位调整财务报表，以此来降低审计风险。但是如果被审计单位拒绝或者通过进一步扩大实质性测试范围后，未调整的错报或漏报的汇总数仍然超过重要性水平，审计人员应当发表保留意见或否定意见，或者在法律法规允许的前提下解除业务约定书。

如果汇总数没有超过只是接近重要性水平，但是考虑到如果加上尚未发现的错报或漏报可能超过重要性水平，审计风险就会增加。审计人员应当实施进一步审计程序，或者请被审计单位进一步调整已发现的错报或漏报，以降低审计风险。

六、形成审计工作底稿

（一）对重要性水平的记录

审计人员应当在审计工作底稿中记录下列金额以及在确定这些金额时所考虑的因素。

（1）财务报表层次的重要性水平。
（2）特定类别的交易、账户余额或列报认定层次的一个或多个重要性水平（如适用）。
（3）实际执行的重要性。
（4）随着审计过程的推进，需考虑对第（1）～（3）项内容做出的任何修改。

（二）对错报的记录

审计人员应当就下列事项形成审计工作底稿。
（1）设定的某一金额，低于该金额的错报视为明显微小。

（2）审计过程中累计的所有错报，以及这些错报是否已得到更正。

（3）审计人员就未更正错报单独或汇总起来是否重大得出的结论，以及得出结论的基础。

第三节 审计证据

一、审计证据的含义及基本特点

（一）审计证据的概念

关于审计证据的概念

旧版本：审计证据是指注册会计师为了得出审计结论、支持审计意见而使用的所有信息。包括会计记录中的信息和其他信息。

新版本：审计证据，是指注册会计师为了得出审计结论和形成审计意见而使用的信息。包括会计记录中的信息和其他的信息。

知识链接：审计证据的概念修改后有何意义？

审计证据是指注册会计师为了得出审计结论和形成审计意见而使用的信息，包括会计记录中的信息和其他的信息。审计证据是审计理论的一个核心概念，注册会计师的主要审计工作就是收集充分、适当的审计证据，以得出合理的审计结论，将其作为形成审计意见的基础。

1. 构成财务报表基础的会计记录中含有的信息

依据会计记录编制财务报表是被审计单位管理层的职责，审计人员应当针对会计记录实施审计程序以获取审计证据。该类信息一般包括初始会计分录形成的记录和支持性记录。它既包括被审计单位内部生产的手工或电子形式的凭证，也包括从与被审计单位进行交易的其他企业收到的凭证（表4-5）。其中内部生成的凭证主要包括：销售发运单和发票、对账单；考勤卡和其他工时记录、工薪单、个别支付记录和人事档案；支票存根、电子转移支付记录；相关的记账凭证等。通过从被审计单位进行交易的其他企业收

表4-5 会计信息的分类与举例

会计信息	举 例
内部信息	销售发运单和发票、对账单；考勤卡和其他工时记录、工薪单、个别支付记录和人事档案；支票存根、电子转移支付记录；相关的记账凭证等
外部信息	购货发票和顾客的对账单；顾客的汇款通知单；租赁合同和分期付款销售协议；银行存款单和银行对账单等

到的凭证主要包括购货发票和顾客的对账单、顾客的汇款通知单、租赁合同和分期付款销售协议、银行存款单和银行对账单等。

在将这些凭证作为审计证据时,其来源和被审计单位内部控制的强弱会直接影响审计人员对这些原始凭证的信赖程度大小。

2. 其他信息

为了收集充分、适当的审计证据,形成合理的审计意见,审计人员除了获取会计记录中含有的信息,还应该获取其他的信息作为审计证据。其他的信息是指审计人员从被审计单位内部或外部获取的会计记录以外的信息,主要包括以下几个层次。

(1)与被审计单位整体相关但是属于非会计记录,可以直接获取的信息,比如被审计单位的会议记录、内部控制手册、分析师的报告、询证函的回函、与竞争者的比较数据等。

(2)通过询问、观察和检查等审计程序获取的信息,如通过检查存货,获取存货存在的证据等。

(3)自身编制或获取的可以通过合理推断得出结论的信息,如审计人员编制的各种计算表、分析表等。

构成财务报表基础的会计记录中含有的信息和其他的信息共同构成了审计证据,两者缺一不可。如果没有前者,审计工作将无法进行;如果没有后者,可能无法识别重大错报风险。只有将两者结合,才能将审计风险降至可接受的低水平,为审计人员发表审计意见提供合理基础。

(二)审计证据的基本特征

审计证据的基本特征是充分性和适当性。审计人员应当保持怀疑态度,运用职业判断,评价审计证据的充分性和适当性。

1. 审计证据的充分性

审计证据的充分性是对审计证据数量的衡量,主要与审计人员确定的样本量有关。审计人员获取的审计证据的数量受其对重大错报风险评估和审计质量的影响。一般来说,重大错报风险越高,需要的审计证据可能越多;审计证据质量越高,需要的审计证据可能就越少。但是,审计证据的数量并非越多越好,在保证客观、公正地表达审计意见的基础上,为了提高审计效率,降低审计成本,审计人员需要控制审计证据的范围。

2. 审计证据的适当性

审计证据的适当性是对审计证据质量的衡量,即审计证据在支持审计意见所依据的结论方面具有的相关性和可靠性。相关性和可靠性是审计证据的核心内容,只有相关且可靠的审计证据才是高质量的。

1)审计证据的相关性

相关性是指用作审计证据的信息与审计程序的目的和所考虑的相关认定之间的逻辑关系。用作审计证据的信息的相关性可能受到测试方向的影响。例如,某审计程序的目的是测试固定资产的余额是否被高估,则可以从固定资产的账簿记录核证到相关的凭证记录;如果某审计程序的目的是测试固定资产的余额是否被低估,就不能执行上面的审计程序,而是从相关的凭证记录追查到固定资产的账簿记录。所以,只有把审计事项存在内在联系的证据作为审计证据,才能反映审计事项的真实情况,做出正确的审计结论。

2)审计证据的可靠性

审计证据的可靠性是指审计证据应如实地反映客观事实。审计证据的可靠性受其来源和性质的影响,取决于获取审计证据的可信程度。审计人员在判断审计证据的可靠性时,通常会考虑下列原则。

(1)从外部独立来源获取的审计证据比从其他来源获取的审计证据更加可靠。例如,用函证方式从第三方获取的审计证据比被审计单位内部生成的审计证据更加可靠。

(2)内部控制有效时生成的审计证据比内部控制薄弱时生成的审计证据更可靠。例如,如果与销售业务相关的内部控制有效,审计人员就能从销售发票和发货单中取得比内部控制不健全时更加可靠的审计证据。

(3)直接获取的审计证据比间接获取或推论得出的审计证据更可靠。例如,审计人员观察某项内部控制的运行得到的证据比询问被审计单位某项内部控制的运行情况得到的证据更可靠。间接获取的证据有被涂改及伪造的可能性,降低了信息可信赖程度。推论得出的审计证据,其主观性较强,人为因素较多,可信赖程度也受到影响。

(4)以文件、记录形式(无论是纸质、电子或其他介质)存在的审计证据比口头形式的审计证据更可靠。一般而言,口头证据本身并不足以证明事情的真相,但审计人员往往可以通过口头证据发掘出一些重要的线索,从而有利于对某些需审核的情况做进一步的调查,以收集更为可靠的证据。例如,审计人员在对应收账款进行账龄分析后,可以询问应收账款负责人对收回逾期应收账款的可能性的意见。如果其意见与审计人员自行估计的坏账损失基本一致,则这一口头证据可作为证实注册会计师有关坏账损失判断的重要证据。口头证据一般需要得到其他相应证据的支持。

(5)从原件获取的审计证据比从传真件或复印件获取的审计证据更可靠。审计人员可查验原件是否有被涂改或伪造的迹象,排除伪证,提高证据的可信赖程度。传真或复印件容易被篡改或伪造,可靠性较低。

审计人员在按照上述原则评价审计证据的可靠性时,还应当注意可能出现的重要例外情况。如果从不同来源获取的审计证据或获取的不同性质的审计证据不一致,可能表明某项审计证据不可靠,审计人员应当追加必要的审计程序。反之,如果针对某项认定从不同来源获取的审计证据或获取的不同性质的审计证据能够相互印证,与该项认定相关的审计证据则具有更强的说服力。如果审计人员怀疑相关信息的可靠性,审计人员应当修改或追加审计程序。例如,审计证据虽是从独立的外部来源获得,但如果该证据是由不知情者或不具备资格者提供,审计证据也可能是不可靠的。如果审计人员不具备评价证据的专业能力,那么即使是直接获取的证据,也可能不可靠。例如,如果审计人员无法区分人造玉石与天然玉石,那么他对天然玉石存货的检查就不可能提供有关天然玉石是否实际存在的可靠证据。如果在审计过程中识别出的情况使其认为文件记录可能是伪造的或文件记录中的某些条款已发生变动，审计人员应当进一步调查，包括直接向第三方询证，或通过专家判断文件记录的真伪。

3. 充分性和适当性的关系

充分性和适当性是审计证据的两个重要特征，两者缺一不可。只有充分且适当的审计证据，才是有证明力的。

审计人员获取审计证据的数量受审计证据质量的影响。审计证据质量越高，需要的审计证据数量可能越少，即审计证据的适当性会影响审计证据的充分性。需要注意的是，尽管审计证据的充分性和适当性相关，但如果审计证据的质量存在缺陷，那么审计人员仅仅依靠获取更多审计证据并不能弥补其质量上的缺陷。如果审计证据与要证实的审计目标不相关，即使获取的证据再多，也难以实现审计目标。同样地，如果审计人员获取的证据不可靠，那么证据数量再多也难以起到证明作用。

二、证据分类

为了使审计证据收集、整理和评价工作更加有效，以保障审计目标顺利实现，同时使人们加深对审计证据的了解，本章结合审计的具体目标主要介绍审计证据按其外表形态实物证据、书面证据、口头证据和环境证据。

（一）实物证据

实物证据是指通过实际观察或盘点所获取的、用于证明实物资产的真实性和完整性的证据。实物证据主要用来查明实物存在的实在性、数量和计价的正确性。比如，审计人员可以通过监盘的方式，验证各种存货和固定资产是否真实存在。实物证据的存在本身具有很高的可靠性，所以，实物证据具有较强的证明力。但是，实物证据并不能完全证实被审计单位对实物资产的所有权及其价值情况。

（二）书面证据

书面证据是指审计人员获取的以书面形式存在的证实经济活动的一类证据。它主要包括与审计有关的各种会计凭证、账簿、报表、经济合同、总结报告等。书面证据来源广泛，主要有以下三大类：第一，由被审计单位以外的单位所提供，且直接送交审计人员的书面证据，如询证函；第二，由被审计单位以外的单位提供，但未被审计单位所持有的审计证据，如银行对账单；第三，由被审计单位自行编制并持有的书面证据，如工资发放表、会计记录等。对于纷繁复杂的审计证据，审计人员需要进行整理归档，其效用也需要进一步证实。

（三）口头证据

口头证据是指被审计单位的负责人、职工、法律顾问、鉴定人等对审计人员的提问所做的口头答复形成的一类证据。一般情况下，口头证据本身不足以证明事物的真相，但审计人员可以通过口头证据发掘出一些重要线索，从而有利于对某些稽核的情况做出进一步调查，以收集到其他更为可靠的证据。

（四）环境证据

环境证据是指对审计事项产生影响的各种环境事实，主要包括被审计单位内部控制情况、管理人员自身素质、各种管理条件金额、管理水平等对被审计单位产生的影响。环境证据一般不属于主要的审计证据，但是它有利于审计人员了解被审计单位、被审计事项所处的环境，这些是进行判断必须掌握的资料。

三、审计证据的收集、鉴定与整理分析

审计证据的收集是指根据审计目的需要获取审计证据的过程，是审计过程的中心环节。审计证据数量多、来源广，因此，审计人员应该综合运用各种方法，收集客观、充分、可靠、有效的审计证据，并结合自身专业知识运用科学的方法对审计证据进行鉴定和整理分析，最终用于证明被审计事项，形成合理的审计意见。

（一）审计证据的收集

收集审计证据的主要方法有检查、监盘、观察、询问、函证、重新计算、重新执行和分析程序。对不同类型的证据，人们需要使用不同的方法才能获取。例如，通过观察、盘点等方法，人们可以获取实物证据；通过审阅、核对、函证及分析性计算方法，人们可以取得各种文件资料证据。

林州重机审计案例介绍（节选）

案例研讨问题：
1. 兴华会计师事务所的行为违反了哪些审计准则？
2. 与本案相关的注册会计师违反了哪些注册会计师职业道德基本原则？
3. 可以采取哪些措施防止此类审计失败案件的发生？

案例 4-2：林州重机审计案例介绍（节选）

（二）审计证据的鉴定

在实施审计程序获取一定审计证据后，审计人员需要依据审计目标对审计证据进行适当筛选，以保证所收集的审计证据足以支持发表的审计意见。审计人员对审计证据的鉴定主要包括对审计证据可靠性、相关性和重要性的鉴定：鉴定可靠性即判断审计证据是否真实、可靠，鉴定相关性即判断审计证据与被审计事项是否相关，鉴定重要性即判断审计证据是否重要。

（三）审计证据的整理分析

为了将分散的审计证据整合在一起形成具有充分证明力的审计证据，审计人员通常需要对收集并经过鉴定的审计证据加以综合分析，以此为基础对被审计单位的经济活动做出评价，得出审计意见和结论。整理分析方法主要包括分类、计算、比较、小结、综合等。

第四节　审计工作底稿

一、审计工作底稿概述

（一）审计工作底稿的概念

审计工作底稿是指审计人员对制订的审计计划、实施的审计程序、获取的相关审计证据，以及得出的审计结论所做的记录。审计工作底稿是审计证据的载体，是审计人员在审计过程中形成的审计工作记录和获取的资料。它形成于审计过程，也反映整个审计过程。

（二）审计工作底稿的编制目的

关于审计工作底稿

旧版本：注册会计师的目标是，编制审计工作底稿以便：（1）提供审计记录，作为出具审计报告的基础；（2）提供证据，证明注册会计师已按照审计准则和相关法律法规的规定计划和执行了审计工作；（3）有助于项目组计划和执行审计工作；（4）有助于负责督导的项目组成员按照《中国注册会计师审计准则第1121号——对财务报表审计实施的质量控制》的规定，履行指导、监督与复核审计工作的责任；（5）便于项目组说明其执行审计工作的情况；（6）保留对未来审计工作持续产生重大影响的事项的记录；（7）便于注册会计师按照《质量控制准则第5101号——会计师事务所对执行财务报表审计和审阅、其他鉴证和相关服务业务实施的质量控制》的规定，实施质量控制复核与检查；（8）便于监管机构和注册会计师根据相关法律法规或其他相关要求，对会计师事务所实施执业质量检查。

知识链接：审计准则修改后有何意义？

新版本：注册会计师的目标是，编制审计工作底稿以便：（1）提供充分、适当的记录，作为出具审计报告的基础；（2）提供证据，证明注册会计师已按照审计准则和相关法律法规的规定计划和执行了审计工作；（3）有助于项目组计划和执行审计工作；（4）有助于负责督导的项目组成员按照《中国注册会计师审计准则第1121号——对财务报表审计实施的质量管理》的规定，履行指导、监督与复核审计工作的责任；（5）便于项目组说明其执行审计工作的情况；（6）保留对未来审计工作持续产生重大影响的事项的记录；（7）便于会计师事务所实施项目质量复核、其他类型的项目复核以及质量管理体系中的监控活动；（8）便于监管机构和注册会计师协会根据相关法律法规或其他相关要求，对会计师事务所实施执业质量检查。

审计工作底稿在计划和执行审计工作中发挥着关键作用，它提供了审计工作实际执行情况的记录，奠定形成审计报告的基础。审计工作底稿也可以用于审计质量控制和检查。因此，审计人员应当及时编制审计工作底稿，以实现以下目的。

（1）提供充分、适当的记录，作为出具审计报告的基础。

（2）提供证据，证明审计人员已按照审计准则和相关法律法规的规定计划和执行了审计工作。

（3）有助于项目组计划和执行审计工作。

（4）有助于负责督导的项目组成员按照《中国注册会计师审计准则第1121号——对财务报表审计实施的质量管理》的规定，履行指导、监督与复核审计工作的责任。

（5）便于项目组说明其执行审计工作的情况。

（6）保留对未来审计工作持续产生重大影响的事项的记录。

（7）便于会计师事务所实施项目质量复核、其他类型的项目复核以及质量管理体系中的监控活动。

（8）便于监管机构和注册会计师根据相关法律法规或其他相关要求，对会计师事务所实施执业质量检查。

（三）审计工作底稿的编制要求

审计人员在编制审计工作底稿时，应当使未曾接触该项审计工作的有经验的专业人士清楚了解以下内容：按照审计准则和相关法律法规的规定实施的审计程序的性质、时间安排和范围；实施审计程序的结果和获取的审计证据；审计过程中遇到的重大事项和得出的结论，以及在得出结论时做出的重大职业判断。其中，有经验的专业人士是指会计师事务所内部或外部具有审计实务经验，并且对审计过程、审计准则和相关法律法规的规定、被审计单位所处的经营环境、与被审计单位所处行业的会计和审计问题等有合理了解的人士。

审计工作底稿是审计人员在执行审计过程中记录审计程序、获取证据以及得出结论的重要文件。审计工作底稿的编制要求通常包括以下几个方面。

（1）完整性：审计工作底稿应当记录所有重要的审计程序、审计证据和审计结论。这包括对财务报表的所有重大方面进行的审计工作。

（2）准确性：审计工作底稿中的信息应当准确无误，反映审计人员实际执行的审计工作和得出的结论。

（3）清晰性：审计工作底稿应当清晰易懂，便于其他审计人员或监管机构理解和审查。这包括适当的标题、日期、标识和索引。

（4）客观性和公正性：审计工作底稿应当保持客观和公正，不应受到被审计单位或其他利益相关方的不当影响。

（5）保密性：审计工作底稿含有敏感信息，应当保密，仅限于审计团队成员和被审计单位内部使用，遵守相关的法律法规和职业道德准则。

（6）索引和归档：审计工作底稿应当妥善索引和归档，便于检索和维护。应当有明确的记录来证明审计工作底稿的保管情况。

（7）更新和修改：审计工作底稿应当随着审计工作的进展及时更新和修改，以反映最新的审计证据和结论。

（8）遵守专业标准：审计工作底稿的编制和保留应当遵守适用的专业标准和规定，如国际审计准则（ISA）、美国审计准则（GAAS）或其他相关的国家或地区审计准则。

（9）电子工作底稿：随着技术的发展，电子工作底稿的使用越来越普遍。审计人员应当确保电子工作底稿的可靠性、安全性、可恢复性和可审查性。

审计工作底稿是确定审计质量和审计人员职业责任的重要证据，因此，审计人员应当认真对待审计工作底稿的编制和保管工作。

（四）审计工作底稿的性质

1. 审计工作底稿的存在形式

审计工作底稿可以以纸质、电子或其他介质形式存在。随着信息技术的广泛运用，电子或其他介质形式存在的审计工作底稿逐渐代替了传统纸质形式。在实务中，为了便于复核，审计人员可以将用电子或其他介质形式存在的审计工作底稿通过打印等方式，转换成纸质形式的审计工作底稿，并且与其他纸质形式的审计工作底稿一并归档。

2. 审计工作底稿的内容

审计工作底稿通常包括总体审计策略、具体审计计划、分析表、问题备忘录、重大事项概要、询证函回函和声明、核对表、有关重大事项的往来函件（包括电子邮件），以及被审计单位文件记录的摘要或复印件（如重大的或特定的合同和协议）。

审计工作底稿还包括业务约定书、管理建议书、项目组内部或项目组与被审计单位举行的会议记录、与其他人士（如注册会计师、律师、专家等）的沟通文件以及错报汇总表等。对于具体的审计事项，由于审计性质、目的、要求以及采取方法的差异，与之相应的审计工作底稿也不尽相同，每一份审计工作底稿的内容也因审计工作底稿种类的不同有所差异。

审计工作底稿通常不包括已被取代的审计工作底稿的草稿或财务报表的草稿、反映不全面或初步思考的记录、存在印刷错误或其他错误而作废的文本，以及重复的文件记录等。因为这些草稿、错误的文本或重复的文件记录不直接构成审计结论和审计意见的支持性证据，因此，审计人员通常无须保留这些记录。

二、审计工作底稿编制基本要素和常用格式

（一）编制审计工作底稿考虑的因素

（1）被审计单位的规模和复杂程度。通常情况下，被审计单位规模越大，业务复杂

程度越高，审计人员编制的审计工作底稿越多。

（2）拟实施审计程序的性质。审计程序不同，审计人员编制的审计工作底稿可能存在差异。例如，审计人员编制的有关函证程序的审计工作底稿和存货监盘程序的审计工作底稿在内容、格式以及范围方面都有所差异。

（3）识别出的重大错报风险。例如，如果审计人员识别出应收账款存在较高的重大错报风险，而其他应收款的重大错报风险较低，那么审计人员对应收账款会实施更多的审计程序并获取较多的审计证据，因此与其相关的内容会比其他应收账款广泛。

（4）已获取的审计证据的重要程度。审计人员执行的多项审计程序可能使获取审计证据的质量参差不齐，审计人员可能区分不同的审计证据进行有选择性的记录，因此审计证据的重要性程度会对审计工作底稿产生影响。

（5）识别出的例外事项的性质和范围。有时审计人员在执行审计程序时会发现例外事项，由此可能导致审计工作底稿存在不同。

（6）当从已执行审计工作或获取审计证据的记录中不易确定结论或结论的基础时，记录结论或结论基础的必要性。

（7）审计方法和使用工具。例如，如果使用计算机辅助技术对应收账款的账龄进行重新计算，通常可以对总体进行测试，而采用人工方式重新计算时，可能会对样本进行测试，由此形成的审计工作底稿会有所差异。

（二）审计工作底稿的要素

1. 审计工作底稿的标题

每张底稿应当包括被审计单位的名称、审计项目的名称以及资产负债表日或底稿覆盖的会计期间（如果与交易相关）。

2. 审计过程记录

审计过程记录是指审计人员对审计程序实施的全过程详细记录，它体现了审计人员的工作轨迹与专业判断。在对审计过程进行记录时，应该注意以下几个重点方面：记录具体项目或事项的识别特征、记录重大事项及相关重大职业判断、记录针对重大事项如何处理不一致的情况。

3. 审计结论

审计结论是指审计人员通过实施必要的审计程序后，对某一审计事项所做出的专业判断。审计人员需要根据实施的审计程序及获取的审计证据得出结论，并以此作为对财务报表发表审计意见的基础。记录审计结论时需注意，明确在审计工作底稿中记录的审计程序和审计证据是否足以支持所得出的审计结论。

4. 审计标识及其说明

审计标识及其说明是指审计工作底稿中使用的标示符号以及对各种标示符号所代表含义的说明，目的是便于其他人理解。下列为常见标示：^：纵加核对；<：横加核对；B：与上年度结转数核对一致；T：与原始凭证核对一致；G：与总分类账核对

一致；S：与明细账核对一致；T/B：与试算平衡表核对一致；C：已发询证函；C\：已收回询证函。

5. 索引号及页次

索引号是指审计人员为整理利用审计工作底稿，将具有同一性质或反映同一具体审计事项的审计工作底稿分别归类，又使之相互联系、相互控制所做的特定编号。页次是同一索引号下不同的审计工作底稿的顺序编号。例如，固定资产汇总表的编号为 C1，按类别列示的固定资产明细表的编号为 C1-1，房屋建筑物的编号为 C1-1-1，机器设备的编号为 C1-1-2，运输工具的编号为 C1-1-3，其他设备的编号为 C1-1-4。

6. 编制者姓名及编制日期

编制者姓名及编制日期是指审计人员应在其编制的审计工作底稿上签名和签署日期。

7. 复核者姓名及复核日期

复核者姓名及复核日期是指审计人员应在其复核过的审计工作底稿上签名和签署日期。

8. 其他应说明事项

其他应说明事项是指审计人员根据其专业判断，认为应在审计工作底稿上说明的事项。

应收账款审计工作底稿如表 4-6 所示。

表 4-6 应收账款审计工作底稿

索引号
被审计单位名称：W 公司　　复核人　王××　2016.4.24
审计项目名称：应收账款　　编制人　陈××　2016.4.19

单位名称	未审计数	审计调整	重分类	审定数	索引号	备注
A 公司	52 000 S	0	0	520 000 < C\	D-1	
B 公司	630 000 S			650 000 < C\	D-2	
C 公司	80 000 S			80 000 <		
……	……	……	0	……		
合计	2 866 000G^	40 000^	0^	2 906 000 < T/B^		
审计标识及说明	S：与明细账核对一致；G：与总分类账核对一致；T/B：与试算平衡表核对一致；C\：已收回询证函，且与审定数一致；^：纵加核对；<：横加核对；D-1、D-2：应收账款询证函					
审计结论	调整后的应收账款余额可以确认					

（三）审计工作底稿基本格式

审计工作底稿形式多样，总体工作计划表、审计程序表、业务类工作底稿基本格式和测试审计工作底稿基本格式分别见表 4-7～表 4-10。

表 4-7　总体工作计划表

被审计单位：	编制人：	日期：	索引号：
会计期间或截止日：	复核人：	日期：	页码：

一、委托审计的目的、范围：

二、审计策略（是否实施预审，是否进行控制测试，实质性测试按业务循环还是按报表项目等）：

三、评价内部控制和审计风险：

四、重要会计问题和重点审计领域：

五、重要性标准初步估计：

六、计划审计日期：

七、审计小组组成及人员分工：

八、修订计划记录：

表 4-8　审计程序表

阶段	时间	工作序号	工作内容	执行人
准备阶段			1	
			2	
			……	
实施阶段			1	
			2	
			……	
报告阶段			1	
			2	
			……	

表 4-9　业务类审计工作底稿基本格式

签名：	日期：	索引号：	被审计单位名称：	
编制人：	复核人：	页次：	审计项目名称：	会计期间或截止日：

索引号	审计内容及说明	金额
	审计程序实施记录：	
		……
		……（交叉索引号）
	审计标识说明：	
	资料来源说明：	

审计结论：

表 4-10　测试审计工作底稿基本格式

签名：	日期：	索引号：	被审计单位名称：	
编制人：	复核人：	页次：	审计项目名称：	会计期间或截止日：

序号	样本	样本内容	测试内容	备注

结论：

三、审计工作底稿的复核与管理

（一）审计工作底稿的复核

一张审计工作底稿往往由一名专业人员独立完成，编制者在编制过程中可能出现误差。因此，在审计工作底稿编制完成后，必须采取一定程序，经过多层次复核，确保审计工作底稿的正确性。通常情况下，会计师事务所对工作底稿采取三级复核制度，即以项目经理（或项目负责人）、部门经理（或签字注册会计师）和主任会计师（或合伙人）为复核人，对审计工作底稿进行逐级复核。

（1）项目经理（或项目负责人）复核是第一级复核，称为详细复核。它要求项目经理对下属审计助理人员形成的审计工作底稿逐张复核，发现问题，及时指出，并督促其及时修改完善。

（2）部门经理（或签字注册会计师）是第二级复核，称为一般复核。它是在项目经理完成详细复核之后，再对审计工作底稿中重要会计账项的审计、重要审计程序的执行，以及审计调整事项等进行复核。部门经理复核就是对项目经理复核的一种再监督，也是对重要审计事项的重点把关。

（3）主任会计师（或合伙人）复核是最后一级复核，又称重点复核。它是对审计过程中的重大会计审计问题、重大审计调整事项及重要的审计工作底稿所进行的复核。主任会计师复核既是对前面两级的再监督，也是对整个审计工作的计划、进度和质量的重点把握。

如果部门经理作为某一审计项目的项目负责人，该项目又没有项目经理参加，则该部门经理的复核应视为项目经理复核，主任会计师应另行指定人员代为执行部门经理复核工作，以保证三级复核制度的执行。

（二）审计工作底稿的归档

1. 审计工作底稿的归档与保存期限

审计工作底稿形成后，审计人员应该对其进行分类、整理和归档，并最终形成审计档案。审计工作底稿的归档期限为审计报告日后 60 天内。如果审计人员未能完成审计业务，审计工作底稿的归档期限为审计业务中止后的 60 天内。

审计档案是审计工作的重要历史材料，会计师事务所应当制定审计档案保管制度，妥善管理审计档案。对于永久性档案，应当长期保存。对于一般审计档案，应当自审计报告日起至少保存 10 年。如果审计人员未能完成审计业务，会计师事务所应当自审计业务中止日起，对审计工作底稿至少保存 10 年。

2. 审计工作底稿归档后的变动

在完成最终审计档案的归档工作后，审计人员不应在规定的保存期限届满前删除或废弃任何性质的审计工作底稿。但是下列两种情况除外。

（1）审计人员已实施必要的审计程序，取得了充分、适当的审计证据，并得出了恰当的审计结论，但审计工作底稿的记录不够充分。

（2）审计报告日后，发现例外情况要求审计人员实施新的或追加审计程序，或导致审计人员得出新的结论。其中，例外情况主要是指出具审计报告后发现与审计财务信息相关，且在审计报告日已经存在的事实，该事实如果被审计人员在审计报告日后获知，可能影响审计报告。例如，审计人员在审计报告日后才获知法院在审计报告日前已对被审计单位的诉讼、索赔事项做出最终判决结果。例外情况可能在审计报告日后发现，也可能在财务报表报出日后发现，审计人员应按照《中国注册会计师审计准则第1332号——期后事项》有关"财务报表报出后发现的事实"的相关规定，对例外事项实施新的或追加审计程序。

在完成最终审计档案的归整工作后，如果发现有必要修改审计现有工作底稿或增加新的审计工作底稿，无论修改或增加的性质如何，审计人员均应当记录下列事项：①修改或增加审计工作底稿的理由；②修改或增加审计工作底稿的时间和人员，以及复核的时间和人员。

3. 审计档案的保密与调阅

审计档案包含许多被审计单位的商业秘密，会计事务所应当建立严格的审计工作底稿保密制度，并落实专人管理。除下列情况外，会计师事务所不得对外泄露审计档案中涉及的商业秘密等有关内容。

（1）法院、检察院及其他部门因工作需要。

（2）注册会计师协会对执业情况的检查。

（3）被审计单位更换会计师事务所，后任审计人员可以调阅前任审计人员的审计档案。

（4）基于合并财务报表的审计业务的需要，母公司所聘的审计人员可以调阅所聘审计人员的审计档案。

（5）联合审计。

（6）会计事务所认为其他合理的情况。

值得注意的是，上述人员查阅审计工作底稿时，必须按规定办理相关手续或经过相关人员同意。

第五节　大数据时代的审计风险

一、大数据时代对审计的影响

党的二十大报告强调，必须坚持守正创新，紧跟时代步伐，顺应实践发展，不断拓展认识的广度和深度，以新的理论指导新的实践。在传统会计中，纸质会计凭证、账簿是审计人员查询的重点对象之一。随着会计信息系统的出现，会计凭证以电子档案的形式呈现，更便于审计人员开展审计工作。海量的会计信息通过可视化展现，利于审计人员收集、整理、分析数据。审计信息化改变了审计模式，由最初的线下审计开始向线上线下相结合的审计模式转变。审计人员可以提前通过信息技术掌握场外信息，在现场审计时，重点关注疑点。审计报告也由单一财务报表向信息多样化报告转变，审计模式的信息化增强了审计的科学性和合理性，由规模导向的粗放审计向价值导向的精细审计转变。

审计证据作为审计理论的核心概念之一，审计人员的主要工作是收集充分、适当的审计证据，而在传统的审计环境下，较难满足这一要求。随着大数据时代的到来，审计环境也随之改变，审计证据的存在形式有了新的突破。第一，在传统的审计模式下，口头证据常常能给审计人员带来新的审计思路并发现新的审计风险，但是口头证据往往无法作为直接的审计证据，只能作为其他审计证据的辅佐工具。而在大数据时代，音频和视频的出现，将语言通过语音识别系统转化为文本信息的形式传输给第三方，智能化处理信息已能基本实现。第二，在大数据背景下，各类企事业单位广泛应用信息管理系统，非财务数据由此大量产生，如行业总体发展趋势、国家政策改革等外部环境。这类信息作为补充性证据，为审计人员了解被审计单位及其职业判断提供依据。

大数据时代对审计领域产生了深远的影响，主要体现在以下几个方面：

（1）数据量激增：随着大数据技术的发展，企业和组织的数据量呈爆炸性增长。审计人员需要处理的数据量大大增加，这对审计软件和硬件的性能提出了更高要求。

（2）数据来源多样化：大数据时代，数据来源更加多样化，包括社交媒体、物联网设备、在线交易等。这要求审计人员能够理解和分析不同来源和格式的数据。

（3）数据分析的深度和广度：大数据技术使得审计人员能够进行更深入的数据分析，比如通过数据挖掘技术发现潜在的违规行为或风险点。同时，审计范围也更广，不仅限于财务数据，还包括运营数据、客户行为等。

（4）审计效率的提高：大数据分析工具可以帮助审计人员快速处理和分析大量数据，提高审计效率，减少人工错误。

（5）风险管理的强化：通过大数据分析技术，审计人员可以更准确地评估和识别风险，为企业提供更有针对性的风险管理建议。

（6）审计证据的获取和验证：在大数据环境下，审计证据的获取和验证方式发生了变化。审计人员可以利用大数据技术验证证据的真实性、完整性和准确性。

（7）审计技术的发展：大数据技术推动了审计技术的进步，如自动化审计工具、云审计服务等，这些新技术可以帮助审计人员更好地应对大数据带来的挑战。

（8）信息安全的重要性提升：大数据时代，信息安全成为审计的重要内容。审计人员需要关注数据的安全性，确保审计过程中数据不被泄露或篡改。

综上所述，大数据技术给审计带来了新的机遇和挑战。审计人员需要适应这些变化，提高自己的数据分析能力和技术水平，以更好地服务于企业和组织的审计工作。

二、大数据时代的审计风险类型

（一）重大错报风险

1. 财务报表层次重大错报风险

财务报表层次审计风险是指与财务报表整体存在广泛联系、可能影响多项认定、主要受到控制环境影响的风险。受大数据环境的影响，除了以往常见的审计风险，还有数据库风险，也需要审计人员在审计时重点关注。比如，数据库更新换代频繁，安全性不高。在大数据时代，数据系统的更新换代十分频繁，而审计过程是一个完整链条，系统更新升级后，会产生一些未知的系统风险（如数据丢失、系统漏洞等）。目前，我国数据库信息无法统一，数据库的建立、完善与不同地区的信息技术相关联，有的地区已经建立了完善的数据系统，有的地区却相对落后，因此数据依然是分散化的。另外，审计人员执行审计工作严守审计准则，但在大数据审计方面，我国尚未出台相关的法律法规，无法明确大数据审计失败和信息泄露的责任。

2. 认定层次重大错报风险

认定层次重大错报风险是指与某类交易、事项、期末账户余额或财务报表披露相关的重大错报风险，由固有风险和控制风险构成。在大数据时代，审计人员除了要应对数据系统安全性的挑战，还需要考虑大数据环境对被审计单位内部控制的影响。被审计单位内部控制的有效性直接影响了风险水平，虽然大部分企业设置了内部控制机制，但是实际执行情况却不尽如人意。比如某些依赖数据系统的企业，数据由线上平台提供，权限分配由数据系统直接进行，但是无法明确实际操作人是否被授权，大数据审计中岗位职责界限模糊、不相容职务未分离等现象仍普遍存在。

（二）检查风险

检查风险是指如果存在某一错报，该错报单独或连同其他错报可能是重大的，但审计人员没有发现这种错报的可能性。检查风险的降低取决于审计程序设计的合理和执行的有效，所以在互联网时代，大数据审计发展要求审计人员提高专业技能。审计人员除了要具备财务知识，还需要掌握计算机技术，在执行大数据审计时保持适当的职业怀疑，使检查风险降至可接受的低水平。

三、实现大数据审计发展的实施路径

（一）完善大数据审计法规

大数据环境的快速建立，对审计行业而言，无论是审计环境、审计方式还是审计内容都发生重大变化。目前，我国的法律法规仍较难适应现阶段的审计工作，相应的审计风险也随之产生。因此，完善大数据审计的法律法规，可以令审计工作在大数据环境下有法可依，从而使审计工作更严谨，审计结果更可靠，审计风险降至可接受的低水平，令信息使用者接收更有效的信息。由此可见，我国须重视大数据审计法律法规的完善，审计工作须在法律法规的约束下进行。促进大数据审计法规完善的建议如下。

（1）制定大数据审计标准：建立统一的大数据审计标准和流程，确保审计工作的规范性和一致性。这包括数据采集、处理、分析和报告的各个阶段。

（2）更新审计技术和方法：鼓励审计行业采用先进的大数据技术和分析工具，提高审计效率和质量。同时，对审计人员进行相关技术培训，确保他们能够有效使用这些工具。

（3）数据隐私和安全规范：在大数据审计中，保护个人隐私和数据安全至关重要。

应制定严格的数据保护法规,明确数据使用的范围、条件和责任。

(4)完善法律法规框架:根据大数据审计的特点,对现有审计法规进行修订和完善,确保审计工作有法可依。这可能包括对数据共享、数据存储、数据处理等方面的规定。

(5)建立跨部门协作机制:大数据审计往往需要多个部门和领域的数据支持。应建立有效的跨部门协作机制,确保数据共享和协同工作。

(6)伦理和职业责任:随着大数据在审计工作中的应用,审计人员需要面对更多的伦理和职业责任问题。应加强对审计人员的职业道德教育,确保他们在使用大数据时能够遵守职业操守。

(二)健全大数据内部控制制度

首先,审计单位可以通过询问、观察、检查等审计手段预先了解被审计单位信息系统硬件设备、软件安装等情况。其次,加强系统流程的穿行测试,验证系统的内部控制逻辑,可以从信息系统的控制环境、风险评估、控制活动、信息与沟通、对控制的监督五个方面进行评估。再次,审计人员在工作过程中应当重点关注电子审计证据的增加、修改、删减等不相容职权授权是否交叉重叠,信息系统在处理电子审计证据时应当避免"一人多职"的情况,保证电子审计证据的真实性和完整性。最后,大数据审计应当发挥大数据技术的优势,有效串联被审计单位内部信息系统,揭露企业管理的弊端。健全的内部控制制度可以提高审计数据的精确性,从而提高审计证据质量。

(三)培养大数据审计人员

审计人员的专业水平直接影响审计工作的效率和效果。在日渐复杂的审计环境下,审计人员须不断提高自身能力,顺应大数据审计的发展趋势。例如,审计前预警、审计时控制延伸,运用数据分析技术准确把握企业发展动态,在维度体系的基础上分析审计疑点,找出审计风险。审计人员应当在实践中不断积累经验,提高业务能力,完善专业技能。在大数据背景下,审计人员还应掌握信息技术,同时保持职业操守,增强责任心和忠诚度。促进大数据审计人员培养的建议如下。

(1)更新课程设置:高等院校和职业培训机构应更新审计和相关课程设置,加入大数据、数据分析、人工智能等新兴技术的内容,以培养学生的数据处理和分析能力。

(2)实践教学:通过模拟审计、案例分析、实习实训等方式,让学生能够将理论知识与实际工作相结合,提高他们解决实际问题的能力。

(3)专业认证:鼓励审计人员获取专业认证,如注册信息系统审计师(CISA)、注册内部审计师(CIA)等,这些认证课程通常会涵盖大数据审计的相关内容。

(4)继续教育:为在岗审计人员提供持续教育机会,如短期课程、研讨会、在线培训等,帮助他们掌握新的大数据技术和审计方法。

(5)跨学科合作:鼓励审计专业的学生和人员在必要时与其他学科(如计算机科学、统计学、信息技术等)的专业人员合作,以提高综合素质。

思考题

1. 审计风险由哪些要素构成？请分别阐述其概念。
2. 审计风险各组成要素之间有什么关系？
3. 简述审计风险与审计重要性的关系。
4. 举例说明在审计过程中如何运用重要性。
5. 审计证据的充分性和适当性的含义是什么？如何确定？
6. 简述审计证据、审计风险和审计重要性的关系。
7. 怎样从形式到质量来把握审计工作底稿的质量？
8. 大数据/新经济对审计风险有哪些影响？

伦理与道德专栏

忽悠式重组——上市失败

案例研讨问题：
1. 简要分析九好集团财务舞弊的动机。
2. 利安达会计师事务所审计失败的原因有哪些？
3. 归纳总结互联网平台企业审计风险及应对措施。

伦理与道德专栏：忽悠式重组——上市失败

即测即练

第五章

现代风险导向审计

【思想领航】

- 党的二十大报告指出"我国发展进入战略机遇和风险挑战并存、不确定难预料因素增多的时期,各种'黑天鹅'、'灰犀牛'事件随时可能发生。我们必须增强忧患意识,坚持底线思维,做到居安思危、未雨绸缪,准备经受风高浪急甚至惊涛骇浪的重大考验。"当前国际环境不稳定性增加,我国也面临一系列的经济风险,这些都对审计工作提出了新挑战。
- 习近平总书记在二十届中央审计委员会第一次会议上指出"做好新时代新征程审计工作,总的要求是在构建集中统一、全面覆盖、权威高效的审计监督体系,更好发挥审计监督作用上聚焦发力……"审计要坚持问题导向,精准施策,推动审计工作高质量发展。
- 二十届三中全会提出"高质量发展是全面建设社会主义现代化国家的首要任务。"这需要在审计工作中更好地识别和应对风险,以确保经济活动的健康和可持续发展。现代风险导向审计作为一种有效的风险评估和控制手段,可以在实现经济高质量发展的过程中发挥重要作用。

跌落"神坛"的瑞幸

瑞幸咖啡(Luckin Coffee)是目前我国最大的连锁咖啡品牌,2017年6月于英国开曼群岛注册,通过充分运用移动互联网、大数据技术等现代信息技术,创造了一种新的咖啡零售模式,成功打入我国咖啡市场,并于2019年5月17日在美国纳斯达克正式挂牌上市。瑞幸咖啡从创立到上市仅仅历时18个月,创造了全球最快IPO公司的纪录,总市值达42亿美元。

虽然瑞幸发展"神话"备受关注,但是其疯狂补贴的商业模式一直饱受质疑。做空机构浑水公司对瑞幸展开了长期的暗访,最终在2020年初发布了长达89页的报告。该报告指出瑞幸财务造假,夸大门店每日订单数量、每笔订单中包含的商品数量以及每件商品的售价,营造门店盈利的假象;同时夸大广告费用支出,虚假披露咖啡以外的其他商品占比,以掩盖门店亏损。当时瑞幸否认了其指控。但是同年4月瑞幸出于财报披露和审计的压力,自曝首席运营官及其团队财务舞弊,虚增商品权业务,虚增交易额高达22.46亿元,虚增费用12.11亿元,虚增利润9.08亿元。这引发了美股市场的轩然大波和股价大跌。2020年4月2日,瑞幸盘前暴跌85%。2020年4月4日,股价再次大跌15.94%。美国美奇金投资公司将瑞幸的财务欺诈丑闻称为"重大道德事件"。

瑞幸造假事件持续发酵,其为造假付出了应有的代价。2020年6月,瑞幸宣布退市备案并面临多起集体诉讼。2020年9月22日,国家市场监管总局宣布,对瑞幸和帮助瑞幸虚假宣传的43家第三方公司做出高达6 100万元的高额处罚。以上仅仅只是处罚的开端,瑞幸付出的更大代价是来自海外的处罚,包括美国证监会(SEC)和美国上市公司会计监督委员会(PCAOB)的罚款以及美国股东发起的众多集体诉讼。

资料来源:改编自中国证监会关于瑞幸咖啡财务造假调查处置工作情况的通报,http://www.csrc.gov.cn。

审计模式经过账项基础审计、内控导向审计、传统风险导向审计,形成了目前的现代风险导向审计。与其他三种审计模式相比,现代风险导向审计站在战略系统的广阔视角,更加注重对被审计单位的战略、经营以及风险的分析,侧重于对被审计单位所处的宏观环境和非财务信息的检查,而不是仅仅局限于对被审计单位内部环境和财务信息的审计。现代风险导向审计更多地运用分析程序,以识别可能存在的重大错报风险。

现代风险导向审计模式要求审计人员在审计过程中,将对重大错报风险的识别、评估和应对作为工作主线。相应地,审计过程大致可以分为接受业务委托、计划审计工作、评估重大错报风险、应对重大错报风险和编制审计报告五个阶段。本章将对风险导向审计的整个过程进行详细介绍。

第一节 接受业务委托和计划审计工作

一、接受业务委托

按照执业准则规定,会计师事务所应当谨慎决策是否接受审计业务,或保持与某客户的审计关系。在接受新客户业务、决定保持现有业务或考虑接受现有客户的新业务之前,会计师事务所应当执行有关客户接受与保持的程序,对以下问题作出判断。

(1)是否了解业务和其所处环境的相关特征,以及可能对审计该业务产生重大影响的事项。

(2)客户是否诚信,有无信息表明该客户缺乏诚信。

(3)是否具备执行业务的必要素质、专业胜任能力、时间和资源。

(4)是否能够遵守相关职业道德要求。

同时,在决定是否承接业务前还应该与前任审计师取得联系,进行必要的沟通,关注客户以前年度审计结果以及发现的重大事项。

执行客户接受与保持程序的目的在于有效识别和评估会计师事务所面临的风险。如果事务所发现潜在客户以前有过不诚信的行为,或是目前正处于财务困境中,则可以确定接受或保持该潜在客户的风险很高,甚至是不能接受的。除此之外,会计师事务所还应当在此过程中,衡量自身执行业务的能力,是否有合适的具有相关专业知识的员工,是否能够在关键时刻获得专业人士的帮助,是否能够对客户保持独立性,是否存在任何的利益冲突等。

接受和保持客户关系是审计人员做出的最重要的决策之一。一项不恰当的决策可能会导致不能准确地分配时间、计算报酬，徒增项目合伙人和员工的工作压力，导致会计师事务所声誉受损，或者遭受不必要的损失。

一旦审计人员决定接受业务委托，则应当与客户就审计预定条款达成一致，签订审计业务约定书。对于连续审计，审计人员应当针对当前的具体情况，考虑是否对以前的业务条款进行更改。如需要修改，则应当与客户就修改的审计预定条款达成一致意见。

二、计划审计工作

"十四五"规划提出所有审计项目必须把研究工作作为谋事之基、成事之道，把行业规划、项目等了解清楚，把涉及的重大政策等研究透彻。唯有如此，审计时才能有的放矢。因此，对于任何一项审计业务，在执行具体的审计程序之前，审计人员都应当分析该项目有关的情况，并根据具体的情况制订科学合理的计划。合理的审计计划可以帮助审计人员恰当地安排审计时间，合理利用审计资源，并及时发现和解决潜在问题，提高审计效率。如果执行业务前，审计人员没有一份合理、详细的审计计划，就无法获取充分、适当的审计证据，影响最终的审计结果，并且还会浪费有限的审计资源，降低审计效率。所以，为了使审计工作能够高效地开展，制订一份合适的审计工作计划是十分重要的。

一般来说，计划审计工作的内容包括：在本期审计业务开始时开展的初步业务活动、制定总体审计策略、制订具体审计计划等。计划审计工作并不是一个独立的阶段，它贯穿整个审计业务的执行过程。审计人员通常在前一期审计工作结束后立即开展本期的审计计划工作，直到本期审计工作结束为止，并根据审计业务的实际执行情况进行调整，以保证审计业务高效率、高质量地完成。

（一）初步业务活动

开展初步业务活动，主要目的是确保会计师事务所具备执行此业务所需的能力和独立性，保证不存在因为被审计单位管理层的诚信问题影响审计人员执行审计业务的事项，与被审计单位就业务约定条款内容达成一致意见，签订审计业务约定书。初步业务活动解决的是审计人员能否保持客户关系和承接具体审计业务的问题，做好它是审计人员控制及降低审计风险的第一道同时也是非常重要的屏障。

1. 审计的前提条件

审计的前提条件包括管理层在编制财务报表时采用可接受的财务报告编制基础，并且管理层认可审计人员执行审计工作的必要条件。如果不能确定审计前提条件的存在，或是审计人员和管理层无法就审计业务约定条款达成一致意见，则审计业务无法执行。

（1）审计人员有责任评估被审计单位管理层编制财务报表时所采用的财务报告编制基础的合理性和适用性。如果发现采用了不恰当的财务报告编制基础，那么被审计单位的管理层就无法提供财务报表的合适基础，导致审计人员无法按照适当的标准对财务报表进行审计。

在评估财务报表编制基础的可接受性时，审计人员还应考虑被审计单位的性质、财务报表的目的、财务报表的性质，以及是否有法律法规规定了适用的财务报告编制基础。

（2）审计人员应当与被审计单位的管理层就管理层责任达成一致意见。执行审计工作的一大前提就是管理层已经认可并理解其承担的责任，允许审计人员能够获得审计所需的有关信息。所以，在进行独立审计之前，审计人员应确保以下几点：被审计单位的管理层是否按照适用的财务报告编制基础编制了财务报表，以确保其公允反映；是否建立、执行和维护了必要的内部控制，以确保财务报表没有由欺诈或错误导致的重大错误；是否提供了审计工作所需的工作条件，包括允许审计人员接触与财务报表编制相关的所有信息，并且不受限制地接触和访问相关内部人员和其他人员，以及提供所有必要的信息。

如果管理层对审计工作的范围进行了限制，导致审计人员无法发表审计意见，审计人员不应接受该项业务，法律法规另有规定的除外。

（3）根据审计准则规定，审计人员应要求被审计单位管理层提供书面声明，以确认其责任的履行情况。此外，审计人员还需获取其他审计准则要求的书面声明，并在必要时取得支持其他审计证据的书面声明。如果管理层不承认其责任或不同意提供书面声明，则可视为审计人员无法获取充分且适当的审计证据，因此不应接受该审计业务。

2. 审计业务约定书

审计业务约定书是指会计师事务所与客户签订的，用于记录和确认审计业务的委托与受托关系、审计工作的目标和范围、双方的责任以及出具报告的形式等事项的书面协议。审计业务约定书应当由会计师事务所和被审计单位的法定代表人或其授权代表共同签署，并盖有委托方和会计师事务所的印章。一旦签署，审计业务约定书即具有法律约束力。在完成全部审计工作后，审计人员应妥善保管审计业务约定书，并将其作为重要的审计工作底稿资料之一纳入审计档案。

1）审计业务约定书的基本内容

审计业务约定书的具体内容因被审计单位的不同而不同，但应当包括以下主要内容：①财务报表审计的目标和范围；②审计人员的责任；③管理层的责任；④指出用于编制财务报表所适用的财务报告编制基础；⑤提及审计人员拟出具的审计报告的预期形式和内容，以及对在特定情况下出具的审计报告可能不同于预期形式和内容的说明。

若存在相关的法律法规对审计业务约定书的内容做出了具体的规定，审计人员除了记录适用的法律法规和管理层认可并理解其责任的事实外，不必将上述内容记录在审计业务约定书中。

关于关键审计事项

《中国注册会计师审计准则第1504号——在审计报告中沟通关键审计事项》由财政

部于 2016 年 12 月 23 日颁布。沟通关键审计事项，旨在通过提高已执行审计工作的透明度增加审计报告的沟通价值。沟通关键审计事项能够为财务报表预期使用者提供额外的信息，以帮助其了解注册会计师根据职业判断认为对本期财务报表审计最为重要的事项。沟通关键审计事项还能够帮助财务报表预期使用者了解被审计单位，以及已审计财务报表中涉及重大管理层判断的领域。

知识链接：关键审计事项出现的目标

2）审计业务约定书的特殊考虑

（1）考虑特殊需求。如有必要，审计人员应考虑在审计业务约定书中详细说明以下内容：审计工作的范围，包括适用的法律法规、审计准则，以及注册会计师协会发布的职业道德规范和其他通告；对审计结果的其他沟通方式；关于注册会计师按照《中国注册会计师审计准则第 1504 号——在审计报告中沟通关键审计事项》规定的要求；说明由于审计和内部控制的固有限制可能存在的情况；计划和执行审计工作的安排；预期管理层将提供书面声明；预期管理层允许审计人员接触与财务报表编制相关的所有信息；等等。

（2）集团审计。如果负责审计集团财务报表的审计人员同时负责审计组成部分财务报表，那么他们应该考虑以下因素，以确定是否需要与各个组成部分单独签订审计委托书：确定组成部分的审计人员的委托方；是否需要就组成部分单独发表审计报告；法律法规的规定；组成部分的管理层与母公司、总公司或总部之间的独立程度。

（3）连续审计。对于连续审计，审计人员应当考虑是否需要根据具体情况修改业务约定的条款，并提醒被审计单位关注现有的业务约定条款是否需要调整。

（4）审计业务的变更。在完成审计前，若被审计单位要求审计人员将审计业务改为保证程度较低的鉴证业务或相关服务，审计人员应考虑业务变更的适当性。被要求变更业务的原因可能包括环境变化对审计服务需求的影响、对原审计要求的性质存在误解以及审计范围的限制。通常情况下，前两个原因被认为是合理的变更请求。然而，如果有迹象表明变更请求与错误、不完整或不令人满意的信息有关，审计人员不应视其为合理。若审计业务约定书发生变更，审计人员应与管理层就新的约定书条款达成一致，并将其记录在书面协议中。

在缺乏合理理由的情况下，审计人员不应同意变更业务。若不同意变更业务，而被审计单位又不允许继续执行原审计业务，审计人员应解除业务约定，并考虑是否有义务向被审计单位的董事会或股东会等方面解释解除业务约定的理由。

（二）总体审计策略和具体审计计划

1. 总体审计策略

总体审计策略旨在确定审计的范围、时间和方向，并指导具体审计计划的制订。在拟定总体审计策略时，审计人员应考虑以下主要事项，如表 5-1 所示。这些事项也会对具体审计计划产生影响。

表 5-1　总体审计策略需考虑的因素

总体审计策略	需考虑的因素
确定审计范围	①编制财务报表适用的会计准则和相关会计制度 ②特定行业的报告要求，如某些行业的监管部门要求提交的报告 ③预期的审计工作涵盖范围，包括需审计的集团内组成部分的数量及所在地点 ④母公司和集团内其他组成部分之间存在的控制关系的性质，以确定如何编制合并财务报表 ⑤其他审计人员参与组成部分审计的范围 ⑥需审计的业务分部性质，包括是否需要具备专门知识 ⑦外币业务的核算方法及外币财务报表折算和合并方法 ⑧除对合并财务报表审计之外，是否需要对组成部分的财务报表单独进行审计 ⑨内部审计工作的可利用性及对内部审计工作的拟依赖程度 ⑩被审计单位使用服务机构的情况，以及审计人员如何取得有关服务机构内部控制设计、执行和运行有效性的证据 ⑪拟利用在以前期间审计工作中获取的审计证据的程度，如与风险评估程序和控制测试相关的审计证据 ⑫信息技术对审计程序的影响，包括数据的可获得性和预期使用计算机辅助审计技术的情况 ⑬根据中期财务信息审阅及在审阅中所获信息对审计的影响，相应调整审计涵盖范围和时间安排 ⑭与为被审计单位提供其他服务的会计师事务所人员讨论可能影响审计的事项 ⑮被审计单位的人员和相关数据可利用性
确定审计时间与沟通事项	①被审计单位的财务报告时间表 ②与管理层和治理层就审计工作的性质、范围和时间进行讨论所举行的会议的组织工作 ③与管理层和治理层讨论预期签发报告和其他沟通文件的类型及提交时间，如审计报告、管理建议书与与治理层的沟通函等 ④就组成部分的报告和其他沟通文件的类型及提交时间与负责组成部分审计的审计人员沟通 ⑤项目组成员之间预期沟通的性质和时间安排，包括项目组会议的性质、时间安排及复核工作的时间安排 ⑥是否需要与第三方沟通，包括与审计相关的法律法规规定事项和业务约定书约定的报告责任 ⑦与管理层讨论预期在整个审计过程中通报审计工作进展及审计结果的方式
确定整体审计方向以及执行业务所需资源	①重要性方面。具体包括：在制订审计计划时确定重要性水平；为组成部分确定重要性且与组成部分的审计人员沟通；在审计过程中重新考虑重要性；识别重要的组成部分和交易、账户余额等 ②识别重大错报风险较高的审计领域 ③评估的财务报表层次的重大错报风险对指导、监督及复核的影响 ④项目组成员的选择（在必要时包括项目质量复核人员）和工作分工，包括向重大错报风险较高的审计领域分派具备适当经验的人员 ⑤项目预算，包括考虑为重大错报风险可能较高的审计领域分配适当的工作时间 ⑥向项目组成员强调在收集和评价审计证据过程中保持职业怀疑必要性的方式 ⑦以往审计中对内部控制运行有效性评价的结果，包括所识别的控制缺陷的性质及应对措施 ⑧管理层重视设计和实施健全的内部控制的相关证据，包括这些内部控制得以适当记录的证据 ⑨业务交易量规模，以基于审计效率的考虑确定是否信赖内部控制 ⑩管理层对内部控制重要性的重视程度 ⑪影响被审计单位经营的重大发展变化，包括信息技术和业务流程的变化、关键管理人员变化，以及收购、兼并和分立 ⑫重大的行业发展情况，如行业法规变化和新的报告规定 ⑬会计准则及会计制度的变化 ⑭其他重大变化，如影响被审计单位的法律环境的变化

总体审计策略应准确地反映审计人员对审计范围、时间和方向的考虑结果。审计人员应在总体审计策略中明确说明以下内容：分配给特定审计领域的资源，包括分派具有适当经验的团队成员处理高风险领域的问题，以及通过专家来解决复杂问题等；分配给特定审计领域的资源数量，包括分派多少项目组成员进行重要存货存放地的观察、对其他审计人员工作的复核范围，以及针对高风险领域的审计时间预算等；资源调配的时间，包括是在审计期间还是关键截止日期之前调配资源等；如何管理、指导和监督这些资源的使用，包括预计何时召开项目组的准备会议和总结会议，项目负责人和经理如何进行复核，以及是否需要进行项目质量控制复核等。

2. 具体审计计划

总体审计策略一经制定，审计人员应当针对总体审计策略中所识别的不同事项制订具体审计计划，并考虑通过有效利用审计资源以实现审计目标。值得注意的是，虽然在制订具体审计计划之前通常编制总体审计策略，但是两项计划活动并不是独立的、不连续的，而是内在紧密联系的，对其中一项计划活动的决定可能会影响甚至改变对另一项的决定。

审计人员应当为审计工作制订具体审计计划。具体审计计划比总体审计策略更加详细，其内容包括项目组成员拟实施的审计程序的性质、时间和范围，旨在获取充分、适当的审计证据，将审计风险降至可接受的低水平。因此，确定审计程序的性质、时间和范围是具体审计计划的核心决策。具体审计计划应当包括对项目组成员的指导和监督，以及对其工作的复核、风险评估程序、计划实施的进一步审计程序、其他审计程序。如果是首次审计，还应考虑首次审计业务的注意事项。

（1）审计人员应根据被审计单位的规模和复杂程度、所涉及的审计领域、评估的重大错报风险、项目组成员的专业素养和能力来确定对项目组成员的指导、监督以及对其工作复核的性质、时间和范围。

（2）风险评估程序。为了充分识别和评估财务报表中的重大错报风险，具体审计计划应涵盖审计人员计划实施的风险评估程序的性质、时间和范围。

（3）计划实施的进一步审计程序。针对评估认定层次的重大错报风险，具体审计计划应当包括审计人员计划实施的进一步审计程序的性质、时间和范围。

需要强调的是，随着审计工作的进行，审计程序的计划会逐步深入，并贯穿整个审计过程。举例来说，风险评估程序通常在审计开始阶段进行，后续的审计程序计划则会根据风险评估程序的结果进行调整。因此，为了制订具体的审计计划，审计人员需要完成风险评估程序，识别和评估财务报表中的重大错报风险，并根据评估结果，规划进一步审计程序的性质、时间和范围。

一般情况下，审计人员计划的进一步审计程序可分为两个层次：进一步审计程序的总体方案和拟实施的具体审计程序。进一步审计程序的总体方案指的是审计人员针对各类交易、账户余额和报表列的决定所采用的总体方案，包括实质性方案和综合性方案。具体审计程序则是对进一步审计程序的总体方案的延伸和详细化，通常包括控制测试和实质性程序的性质、时间及范围。在实践中，审计人员通常会单独制作一份包含这些具体程序的"进一步审计程序表",以记录实际实施的审计程序及其结果,并最终形成与进一步审计程序相关的审计工作底稿。

此外,详尽完备的进一步审计程序计划应包含对各类交易、账户余额和报表列所实施的具体审计程序的性质、时间和范围,以及所抽取的样本量等细节。在实践中,审计人员可以策划进一步审计程序的执行顺序,若已经计划了某类交易、账户余额或报表列的审计工作,便可先进行该项工作,同时再制定其他交易、账户余额和报表列的进一步审计程序。

(4)计划其他审计程序。具体审计计划应涵盖根据《中华人民共和国国家审计准则》的规定,审计人员为满足审计业务要求而执行的其他审计程序。这些计划的其他审计程序可能包括未在上述进一步程序计划中涵盖的、根据其他审计准则的要求审计人员必须执行的既定程序。除此之外,还应当兼顾其他审计准则所要求的审计程序。

(5)首次进行审计业务需考虑的情况。当审计人员首次对客户进行审计时,由于缺乏经验,可能导致总体审计策略和具体审计计划的效率和准确性不够高。因此,在确定总体审计策略和具体审计计划时,需要考虑一些额外的事项。例如,与此前负责审计该客户的审计人员进行沟通,并查阅其工作底稿;与管理层讨论首次接受审计任务的重要问题等。

第二节　风险评估审计

《中国注册会计师审计准则第1211号——重大错报风险的识别和评估》

关于《中国注册会计师审计准则第1211号——重大错报风险的识别和评估》:

1. 新增了准则第二条,关于重大错报风险的识别、评估和应对。

2. 修改了准则第二条,改为第四条,修改了控制的定义。

3. 新增了准则第五条,关于内部控制体系的定义。

4. 修改了准则第三条,改为第六条,修改了认定的定义。

5. 修改了准则第四条,改为第九条,修改了风险评估的定义。

6. 修改了准则第五条,改为第十一条,修改了经营风险的定义。

7. 修改了准则第六条,改为第十二条,修改了特别风险的定义。

8. 修改了准则第八条,改为第十八条,修改了风险评估程序。

9. 修改了准则第九条,改为第十九条,修改了风险评估程序包含的程序。

10. 修改了准则第十四条,改为第二十四条,审计人员如何了解被审计单位及其环境、适用的财务报告编制基础。

知识链接:审计准则修改后有何意义?

一、风险评估程序概述

风险评估程序是指审计人员通过审计程序,以了解被审计单位及其环境(包括内部控制),以便识别和评估财务报表层次和认定层次的重大错报风险(无论其是否由舞弊或错误导致)。虽然风险评估程序无法为审计意见提供充分、适当的审计证据,但是它为识别和评估财务报表层次和认定层次的重大错报风险打下了坚实基础,同时也为设计和实施针对评估的重大错报风险采取的应对措施提供参考。因此,审计人员应当实施风险评估程序。

风险评估程序包括:①询问管理层、适当的内部审计人员(如有),以及审计人员判断认为可能掌握有助于识别由舞弊或错误导致的重大错报风险的信息的被审计单位内部其他人员;②分析程序;③观察和检查程序。

(一)询问管理层以及被审计单位内部其他人员

询问是审计过程中最简单也是最必要的步骤,是了解企业及其环境重要信息基本的方式,可能贯穿整个审计过程。需要询问的人员是审计人员认为其可能拥有利于识别重大风险错报信息的人员。在审计过程中,审计人员可以向管理层和财务负责人询问下列事项。

(1)管理层关注的主要事项,例如,新竞争对手的出现、主要客户和供应商的变动、新的税收法规的实施,以及经营目标或战略的调整等。

(2)被审计单位近期的财务状况、经营成果和现金流情况。

(3)可能对财务报告产生影响的交易和事件,以及目前存在的重大会计处理问题,例如重大的并购交易等。

(4)被审计单位发生的其他重大变化,如所有权结构、组织结构的调整,以及内部控制的变更等。除了与管理层和被审计单位财务人员的沟通,审计人员还应该考虑向内部审计人员、采购人员、生产人员、销售人员等其他相关人员询问,并且需要考虑询问不同层次的员工,以获取对于识别重大错报风险具有不同视角的信息。举例来说,向治理层询问有助于审计人员理解财务报表编制的环境;向参与生成、处理或记录复杂或异常交易的企业员工询问有助于审计人员评估被审计单位所采用的某项会计政策的适当性;向营销或销售人员询问有助于审计人员了解被审计单位的营销策略、销售趋势以及客户合同安排的变化情况;向采购人员和生产人员询问有助于审计人员了解被审计单位的原材料采购和产品生产情况;向仓库人员询问有助于审计人员了解原材料、产成品等存货的进出、保管和盘点情况;向内部审计人员询问有助于审计人员了解他们对被审计单位内部控制设计和运行有效性所进行的工作,以及管理层是否采取适当的措施处理内部审计发现的问题;向内部法律顾问询问有助于审计人员了解企业遵守相关法律法规、产品保证和售后责任、与业务合作伙伴的安排(如合营企业)、合同条款的意义以及诉讼情况等方面的情况。

（二）分析程序

分析程序是指审计人员通过研究财务数据之间以及财务数据与非财务数据之间的内在关系，对财务信息进行评估的过程。这些程序还包括调查识别出的、与其他相关信息不一致或与预期数据严重偏离的波动和关系。分析程序既可用于风险评估程序和实质性程序，也可用于对财务报表的总体复核。财务报表中的数据以及与财务相关的比率之间存在着特定的关联。为了识别异常的交易或事项以及对财务报表和审计产生影响的金额、比率和趋势，审计人员执行分析程序。在执行这些程序时，审计人员应了解可能存在的合理关系，并将之与被审计单位记录的金额、按记录金额计算的比率或趋势进行比较。如果发现异常或未预期到的关系，审计人员在识别重大错报风险时应考虑这些比较结果。

使用高度汇总的数据进行分析可能仅初步显示财务报表存在重大错报风险。在这种情况下，审计人员应将分析结果与识别重大错报风险时获取的其他信息一起考虑。举例来说，假设被审计单位有多个产品系列，各个产品系列的毛利率存在一定差异。对总体毛利率的分析结果可能初步显示销售成本存在重大错报风险。在这种情况下，审计人员需要进行更为详细的分析。例如，可以对每个产品系列进行毛利率分析，或者将总体毛利率的分析结果与其他信息一起考虑。

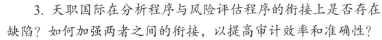

案例 5-1：中国证监会对天职国际会计师事务所的行政处罚决定

案例研讨问题：

1. 简述天职国际在审计奇信股份时的不足之处。
2. 分析并阐述天职国际在分析程序的设计和执行上存在的问题。
3. 天职国际在分析程序与风险评估程序的衔接上是否存在缺陷？如何加强两者之间的衔接，以提高审计效率和准确性？
4. 如何利用现代风险导向审计履行审计师的职责？

（三）观察和检查程序

观察和检查程序是审计过程中的重要步骤，可以验证对管理层和其他相关人员的询问结果，并提供有关被审计单位及其环境的信息。审计人员应当执行以下观察和检查程序。

（1）观察生产经营活动：审计人员应观察被审计单位的生产活动和内部控制活动，以了解员工如何进行生产经营活动和实施内部控制。

（2）检查文件、记录和内部控制手册：审计人员应检查被审计单位的章程、合同、协议、业务流程操作指引和内部控制手册等文件，以了解组织结构和内部控制制度的健全程度。

（3）阅读管理层和治理层的报告：审计人员应阅读被审计单位的财务报告、会议记录、管理层讨论和分析资料、经营计划、战略、内部管理报告以及其他特殊目的报告，以了解自上一期审计结束至本期审计期间发生的重大事项。

（4）实地察看生产经营场所和设备：审计人员应实地察看被审计单位的生产经营场所和设备，与管理层和员工交流，以增进对被审计单位的了解。

（5）追踪交易处理过程（穿行测试）：审计人员应追踪交易在财务报告信息系统中的处理过程，以确定业务流程和相关控制是否与之前获得的信息一致，并确定相关控制是否得到执行。

（四）其他审计程序

除了利用内部程序获取信息外，如果审计人员根据专业判断认为从外部获取的信息有助于识别重大错报风险，应当采取其他审计程序获取这些信息。例如，可以询问被审计单位聘请的外部法律顾问、专业评估师、投资顾问和财务顾问等相关外部人员。在决定是否接受审计业务或维持审计业务关系之前，审计人员应该对企业及其环境进行初步了解。在执行风险评估程序时，审计人员应评估所获取的被审计单位相关信息和企业环境信息是否有助于识别重大错报。对于连续审计业务，审计人员在考虑运用审计中获得的信息之前，应重新了解被审计单位的信息和环境，以确定是否发生变化。如果存在变化，审计人员需要评估该变化是否会影响先前年度的审计信息。需要指出的是，审计人员在了解被审计单位及其环境时，通常会从多个方面进行考虑，但并不是在了解每个方面时都要执行所有的风险评估程序。例如，在了解内部控制时，通常不需要执行分析程序。然而，在了解整个被审计单位及其环境的过程中，审计人员通常会执行上述所有的风险评估程序。

二、了解被审计单位及其环境

了解被审计单位及其环境是审计过程中必不可少的步骤，它对确定重要性水平、考虑会计政策选择运用和财务报表列报是否恰当、识别需要特别考虑的领域、确定分析程序的预期值、设计和执行进一步审计程序，以及评估审计证据的充分性和适当性至关重要。这是一个持续的、动态的信息收集、更新和分析的过程，在整个审计过程中都持续存在。审计人员应根据职业判断确定他们需要了解的被审计单位及其环境的深度和广度。

（一）了解被审计单位及其环境的内容

了解被审计单位及其环境是审计过程中至关重要的一部分，它涵盖了对被审计单位内外部环境的全面理解。了解被审计单位及其环境的内容包括：行业状况、法律与监管环境以及其他外部因素，包括适用的财务报告编制基础；被审计单位的性质；被审计单位对会计政策的选择和应用，包括会计政策变更的原因；被审计单位的目标、战略以及可能导致重大错报风险的相关经营风险；被审计单位的财务绩效评价和衡量；被审计单位的内部控制。

在确定风险评估程序的性质、时间和范围时,审计人员应该考虑具体的审计业务情况和相关的审计经验。此外,审计人员还应该识别上述各项因素与之前期间相比发生的重大变化。

(二)行业状况、法律与监管环境以及其他外部因素

1. 行业状况

审计人员需要深入了解被审计单位所处行业的整体情况,包括行业的竞争格局、市场份额、增长趋势、行业标准和发展预期等。对于不同的行业,其特点和影响因素可能有所不同,因此了解行业状况对于审计人员识别可能存在的风险至关重要。

2. 法律与监管环境

审计人员需要了解被审计单位所处的法律与监管环境,以及适用的会计准则、财务报告要求、税务法规以及行业监管政策等。了解这些法律与监管要求有助于审计人员评估财务报表的合规性,并识别潜在的法律风险。

3. 其他外部因素

审计人员还应该考虑其他可能影响被审计单位经营的外部因素,如宏观经济状况、货币政策、市场供求情况、通货膨胀率、利率水平等。这些外部因素可能对被审计单位的财务状况和经营业绩产生重要影响,因此审计人员需要充分了解并予以考虑。审计人员还应当考虑被审计单位所在行业的业务性质或监管程度是否可能导致特定的重大错报风险,考虑项目组是否配备了具有相关知识和经验的成员。

4. 应实施的风险评估程序

除了前面介绍的基本风险评估程序,审计人员还可以实施以下程序进一步了解被审计单位及其环境。

(1)查阅以前年度审计工作底稿:审计人员可以审查之前年度的审计工作底稿,了解过去的审计结果和问题,并确定是否存在需要重点关注的领域或重大变化。这有助于审计人员合理规划当前审计工作。

(2)分析行业和市场数据:审计人员可以收集和分析与被审计单位所处行业和市场相关的数据,包括行业增长率、市场份额、竞争格局等。这些数据可以帮助审计人员评估被审计单位在行业中的地位,以及行业整体的发展趋势和风险。

(3)审查竞争对手情况:审计人员可以审查竞争对手的财务报表和经营情况,以了解行业内其他企业的表现和策略。这有助于审计人员更好地评估被审计单位的相对优势和竞争环境。

(4)分析宏观经济指标:审计人员可以分析宏观经济指标,如国内生产总值(GDP)、通货膨胀率、利率水平等,以了解整体经济环境对被审计单位的影响。这有助于审计人员评估被审计单位在宏观经济环境下的财务表现和风险。

(5)项目组内部的讨论:风险识别准则规定,审计人员应当组织项目组成员对财务

报表存在重大错报的可能性进行讨论,研究和分析可疑迹象,并运用职业判断确定讨论的目标、内容、人员、时间和方式。

项目组内部的讨论是审计过程中至关重要的一部分。它提供了审计人员之间交流和共享信息的平台,有助于确保审计工作的高效执行和质量保障。关于项目组内部讨论的详细阐述如下。

(1) 目的与重要性:项目组内部的讨论旨在促进团队成员之间的沟通和合作,以确保对审计任务的全面理解和一致执行。通过讨论,团队成员可以分享各自的观点、经验和专业知识,共同制订合理的审计计划,确定科学的审计方法,从而提高审计工作的效率和准确性。

(2) 讨论内容:讨论的内容涵盖了审计项目的各个方面,包括风险评估、审计程序的设计与执行、审计发现的解释和分析等。团队成员可以就被审计单位的特定问题或潜在风险展开讨论,共同探讨解决方案,并就审计程序的优化提出建议。

(3) 信息共享与协作:项目组内部的讨论促进了团队成员之间的信息共享和协作。通过分享各自的发现和观察,团队成员可以互相补充和完善,从而增强对被审计单位及其环境的全面了解,并有效应对审计风险。

(4) 问题解决与决策:在讨论过程中,团队成员可以共同讨论面临的问题和挑战,提出解决方案,并就重要事项做出决策。通过充分讨论和协商,团队可以找到最佳解决方案,确保审计工作的顺利进行。

(5) 记录与跟进:讨论过程中产生的重要观点、决策和行动计划应当及时记录并跟进,确保团队成员之间的沟通和协作得到有效管理和控制、审计工作持续进展和成果实现。

综上所述,项目组内部的讨论是审计工作中不可或缺的一部分,它为团队成员提供了共同成长和学习的机会,增强了团队的凝聚力和协作效率,从而确保审计任务的顺利完成和审计质量的提高。

(三) 被审计单位的性质

被审计单位的性质是审计过程中必须深入了解和评估的重要方面。了解被审计单位的性质有助于审计人员理解预期在财务报表中反映的各类交易、账户余额、列报与披露。审计人员应当主要从所有权结构、治理结构、组织结构、经营活动、投资活动、筹资活动等方面了解被审计单位的性质。

1. 所有权结构

审计人员应该对被审计单位的所有权结构和管理层与其他实体以及个人之间的关系进行全面了解。这样能够帮助审计人员识别所有关联方,并且审查这些关联方之间的交易是否被正确核算。

2. 治理结构

被审计单位的治理结构描述了其管理和监督机制,包括董事会、监事会、管理层等组织机构。审计人员需要了解被审计单位的治理结构,以评估其治理风险、内部控制的有效性和财务报告的可靠性。

3. 组织结构

审计人员应当了解被审计单位的组织结构,考虑可能产生的财务报表合并、商誉摊销和减值、权益法运用以及特殊目的实体核算等问题。比如,在了解被审计单位的组织结构后,审计人员需要考虑是否存在需要合并的子公司,以及如何正确地进行财务报表合并。审计人员需要检查被审计单位是否按照适用的会计准则要求合并其子公司的财务报表,以确保财务报表的真实性和公允性。如果被审计单位存在商誉,则审计人员需要审查商誉的摊销政策和减值测试,以确保其符合适用的会计准则要求等。

4. 经营活动

通过深入了解被审计单位的经营活动,审计人员可以更好地理解其业务模式、收入来源、成本结构,以及与供应商、客户和其他相关方的关系,从而有助于评估财务报表的真实性和可靠性,及时识别潜在的财务风险。它涉及被审计单位的业务运作、收入来源、成本结构,以及与供应商、客户和其他相关方的关系。

5. 投资活动

审计人员了解被审计单位的投资活动是审计过程中的一个重要步骤,它涉及被审计单位在资本市场和其他投资领域的行为和决策。审计人员应当了解的被审计单位的投资活动,包括但不限于资本支出、证券投资、并购和收购、投资项目以及投资管理等方面,以评估其财务报表的真实性和可靠性,及时发现潜在的风险和问题。

6. 筹资活动

通过了解被审计单位的筹资活动,审计人员可以评估其资金结构、融资成本、偿债能力以及对股东权益的影响,从而更好地了解公司的财务状况和未来发展前景。审计人员应当了解的被审计单位的筹资活动,包括但不限于债务融资、股权融资、内部筹资、特殊融资活动、资金运用等方面。

(四)对会计政策的选择和运用

审计人员在了解被审计单位对会计政策的选择和运用时,需要特别关注以下重要事项。

(1)符合会计准则和法规要求:审计人员需要确认被审计单位选择的会计政策是否符合适用的会计准则和法规要求。他们会检查被审计单位是否遵循了相关的会计准则,以确保其会计政策的合法性和合规性。

(2)会计政策的一致性:审计人员需要确保被审计单位在编制财务报表期间是否保持了会计政策的一致性。如果会计政策发生变化,审计人员需要核实这些变化是否得到了充分的披露,并评估其对财务报表的影响。

(3)合理性和恰当性:审计人员需要评估被审计单位所选择的会计政策是否合理和恰当。他们会关注会计政策的选择是否反映了被审计单位的真实财务状况,并确定会计政策的应用是否符合会计准则的要求。

（4）影响财务报表的重大估计：审计人员需要特别关注被审计单位涉及的重大会计估计，如减值准备、长期合同损益确认、无形资产摊销等。他们会核实这些估计的基础和假设是否合理，并采取相应的审计程序来验证其准确性。

（5）会计政策的披露：审计人员需要确认被审计单位是否充分披露了其会计政策的选择和运用。他们会检查财务报表附注中是否包含了会计政策的具体内容、变更和影响的充分披露。

（6）潜在的财务风险和问题：审计人员需要识别并评估与会计政策选择和运用相关的潜在财务风险和问题。他们会关注会计政策是否存在操纵财务报表的风险，并确保财务报表能够真实、全面地反映被审计单位的财务状况和业绩。

通过关注以上重要事项，审计人员可以更好地评估财务报表的质量和可靠性，发现潜在的财务风险和问题，并确保财务报表符合适用的会计准则和法规要求。

（五）被审计单位的目标、战略和经营风险

企业目标是企业在特定时期内组织经营活动的总体方向，它是根据企业所处的环境和社会需求制定的。企业战略则是为实现这些目标而设计的长期计划和策略，它是针对企业整体性、长期性、基本性问题的谋略。企业战略通常会随着企业目标的调整而做出相应的变化。经营风险是指公司决策人员和管理人员在经营管理中可能出现失误，从而导致公司盈利水平发生变化，进而影响投资者的预期收益。这些风险可能源于一系列重大情况、事件、环境和行动，或者源于企业目标和战略的不当制定。经营风险的大小受到企业所处的行业环境、企业自身的战略目标、企业规模等多种因素影响。因此，不同的企业面临的经营风险不同。审计人员了解被审计单位的目标和战略，以及可能导致财务报表重大错报的相关经营风险是审计过程中的关键步骤，有助于评估财务报表的真实性和可靠性。审计人员应关注的重要事项如下。

（1）目标和战略：审计人员需要了解被审计单位的长期目标和战略规划，包括公司的业务发展方向、市场定位、产品和服务组合以及未来发展计划。通过了解目标和战略，审计人员可以评估被审计单位未来的盈利能力和财务表现。

（2）相关经营风险：审计人员应当识别并评估可能对被审计单位财务报表造成重大影响的经营风险。这些风险包括市场竞争压力、技术变革、供应链中断、法律和法规变化、汇率波动等。审计人员需要评估这些风险对被审计单位财务状况和业绩的潜在影响，并确定是否存在财务报表重大错报的风险。

（3）财务报表重大错报的可能性：审计人员需要评估被审计单位的目标和战略是否存在导致财务报表重大错报的潜在因素。这可能包括管理层的盈利压力、激励计划的设计、会计政策的选择和应用、内部控制的有效性等。审计人员需要识别这些因素是否可能导致管理层有意或无意地操纵财务报表，以达成其目标，符合战略规划。

（4）内部控制的有效性：审计人员还应当评估被审计单位的内部控制是否能够有效应对相关的经营风险。良好的内部控制体系可以帮助减轻潜在的财务报表重大错报风险，并提高财务报表的可靠性。审计人员需要评估内部控制的设计和运行是否符合相关的法规要求，并确定是否存在内部控制不足的情况。

（5）新颁布的会计法规及处理要求，及其导致的被审计单位执行法规不当或不完整，或会计处理成本增加的风险。

（6）本期及未来的融资条件，及其导致的被审计单位由于无法满足融资条件而失去融资机会的风险。

（7）信息技术的运用，及其导致的被审计单位信息系统与业务流程难以融合的风险。

通过了解被审计单位的目标和战略，以及可能导致财务报表重大错报的相关经营风险，审计人员可以更好地评估财务报表的真实性和可靠性，发现潜在的财务风险和问题，并确保财务报表符合适用的会计准则和法规要求。一般来说，管理层会制定正式的策略来识别和应对经营风险。审计人员应当获取相关文件，以了解被审计单位的风险评估过程。

（六）被审计单位业绩的衡量和评价

审计人员需要对被审计单位的业绩进行全面的评估，以确保财务报表的真实性和可靠性。审计人员在评价被审计单位业绩时需要考虑以下几个方面。

（1）财务指标分析：审计人员会对被审计单位的财务指标进行分析，包括利润水平、营业收入增长率、净资产收益率等。他们会比较不同期间的财务指标，并与行业平均水平进行对比，以评估被审计单位的财务表现。

（2）业务增长和市场份额：审计人员会关注被审计单位的业务增长情况和市场份额变化。他们会分析销售额、市场占有率等指标，以评估被审计单位在行业中的竞争地位和发展趋势。

（3）现金流量和资金状况：审计人员会审查被审计单位的现金流量表，评估其现金流量状况和资金运作能力。他们会关注现金流量的稳定性、流动性和足额性，以确保被审计单位具备足够的现金流量来支持其经营活动和发展计划。

（4）业务运营效率：审计人员会评估被审计单位的业务运营效率，包括生产效率、成本控制能力、资源利用率等。他们会关注生产过程中的效率和资源利用情况，以确保被审计单位能够有效地利用资源实现盈利。

（5）关键业绩指标：审计人员会关注被审计单位的关键业绩指标，如客户满意度、产品质量、市场口碑等。他们会评估这些指标对企业长期发展和财务表现的影响，以确定被审计单位的整体业绩状况。

审计人员应当留意被审计单位内部财务业绩衡量的异常结果或趋势、管理层的调查结果和纠正措施，以及相关信息是否提示可能存在财务报表的重大错报。若计划使用被审计单位内部信息系统生成的财务业绩衡量指标，审计人员应当评估相关信息的可靠性，并确定是否能够满足审计目标的要求。

三、了解被审计单位的内部控制

（一）内部控制

习近平总书记指出：审计不仅要查病，更要治已病、防未病。这强调要发挥审计的监督作用。内部控制正好具有监督作用。内部控制是组织内部设置的一系列程序、政策和措施，旨在确保达到企业目标、保护企业资产、维护财务报告的准确性和可靠性，以及确保遵守法律法规和内部政策。审计人员应当了解与审计相关的内部控制，以识别潜在的错误报告类型，并考虑导致重大错误报告风险的因素。他们需要设计和实施进一步的审计程序，考虑其性质、时间和范围，特别关注被审计单位的特定控制措施是否足以防止、发现并纠正各种类型的重大错误报告，包括交易、账户余额、报告和披露。内部控制包括控制环境、风险评估过程、与财务报告相关的信息系统和沟通、控制活动、对控制的监督等要素。

1. 与审计相关的控制

与审计相关的控制包括被审计单位为实现财务报告可靠性目标设计和实施的一系列措施。审计人员在评估这些内部控制时，需要综合考虑多个因素，并通过专业判断确定是否需要进一步的审计程序。

首先，审计人员应考虑单个控制及其与其他控制相互作用的影响。他们需要判断每项控制是否足以减轻特定的重大错报风险，并评估其对财务报告可靠性的贡献。其次，审计人员需要考虑多个因素，包括他们对重要性的评估，即财务报告中可能存在的重大错报的影响程度。再次，被审计单位的规模、性质、经营多样性和复杂性也会影响控制的设计和实施情况。法律法规和监管要求也是审计人员考虑的重要因素。他们需要确保被审计单位的控制符合适用的法规和标准，并且对违规行为进行适当的识别和处理。最后，审计人员还需要考虑内部控制系统的性质和复杂性。不同类型和规模的企业可能采取不同的控制措施，并且控制系统的复杂性可能会影响审计人员设计和实施审计程序的方式。

因此，审计人员在评估与审计相关的控制时，需要综合考虑多个因素，以确保审计程序的有效性和适当性，并最终确保财务报告的可靠性和准确性。

2. 了解内部控制的内容及方式

在了解内部控制时，审计人员需要对控制的设计和执行进行评价。控制的设计评价指的是审计人员考虑一项控制是否能够独立或与其他控制有效地防止、发现并纠正重大错报。控制的执行评价则涉及确认某项控制是否确实存在并且被审计单位在实际运作中使用。

设计不当的控制可能意味着内部控制存在重大缺陷，可能导致错报的发生。因此，在确定是否考虑控制的执行时，审计人员首先应该关注控制的设计是否合理有效。如果控制的设计存在缺陷或不足以有效防范错报，即使这些控制被执行，也可能无法防止或发现重大错报的发生。

审计人员应该首先对控制的设计进行评价，然后再确定控制是否得到执行。只有在确认控制的设计合理有效后，才能进一步考虑控制的执行情况。因此，审计人员在审计过程中应该首先关注控制的设计质量，以确保内部控制的有效性和可靠性。对内部控制的了解是审计过程中的重要一环，它涉及审计人员对被审计单位的财务报告编制过程中所采取的控制措施的全面理解。下面将详细展开对内部控制需了解的内容及方式。了解内容主要有以下几个方面。

（1）控制环境：审计人员需要了解被审计单位的管理层态度、价值观和风险意识，以及公司内部的道德、道德行为标准和公司文化。这些因素将直接影响到内部控制的有效性。

（2）风险评估：了解被审计单位如何识别、评估和应对内部和外部的重大风险，包括与财务报告相关的风险和其他业务风险。

（3）控制活动：审计人员需要了解被审计单位已经建立的控制措施，包括制度性控制和操作性控制，以及它们是如何被设计和实施的。

（4）信息与沟通：了解被审计单位如何获取、记录和传递信息，并确保信息的准确性、时效性和完整性。

（5）监督：审计人员需要了解被审计单位对内部控制的监督和评价机制，包括内部审计、管理层监督和外部监督等。

了解方式主要包括以下内容。

（1）文件审查：审计人员可以通过审阅被审计单位的文件和记录，如内部控制手册、政策文件、流程图、内部审计报告等，来了解内部控制的制度性安排和实施情况。

（2）员工询问：审计人员可以与被审计单位的管理层、内部审计人员、财务人员等进行沟通和交流，了解内部控制的实际操作情况、存在的问题和改进措施。

（3）观察和检查：审计人员可以直接观察被审计单位的业务活动和内部控制的执行情况，例如实地察看办公场所、观察员工的工作流程等。

（4）系统测试：审计人员可以通过对内部控制系统进行测试，例如穿行测试、抽样测试等，来评估内部控制的有效性和执行情况。

（5）外部来源：审计人员可以参考外部信息来源，如行业标准、监管机构的要求和其他公司的实践，来了解内部控制的最佳实践和行业标准。

通过以上方式，审计人员可以全面了解被审计单位的内部控制情况，从而评估其有效性并为审计程序的设计提供依据。需要强调的是，单独进行询问并不足以全面评价控制的设计和执行情况，因此审计人员必须结合其他风险评估程序来获取更准确的审计证据。虽然询问是获取信息的一种途径，但它可能受到被询问者主观性、知识水平和意图的影响，因此不能单凭询问就对控制的设计和执行做出全面的判断。

为了确保对内部控制的全面了解，审计人员应结合其他风险评估程序，如文件审查、观察和检查、系统测试等，以获取多方面的审计证据。文件审查可以帮助审计人员了解内部控制的制度性安排和政策文件，观察和检查可以直接观察控制的执行情况，系统测试则可以验证控制是否按照设计执行。

综合利用这些风险评估程序可以提高对控制设计和执行的准确性和全面性，从而为审计人员提供更可靠的审计结论和建议。因此，在评价控制时，审计人员应该采取综合的方法，充分结合各种审计程序获取的信息，而不是仅依赖于单一的询问过程。

3. 内部控制的人工和自动化成分

内部控制通常包含人工成分和自动化成分两个方面，它们共同构成了企业的内部控制体系，用于管理和监督企业的运作。人工成分是指依赖人员来执行和监督的内部控制措施，包括人员的制度、政策、程序、岗位职责、培训和沟通等方面。在人工成分中，包括对财务报告流程的审计和监督，例如财务核算人员的审计、财务主管的审查和审计委员会的监督等。人工成分还包括对员工行为和行动的监督，例如内部审计和审计委员会对员工行为的检查和审计。人工成分的优势在于人们能够灵活地应对不同情况，并进行实时的调整和处理。但它也容易受到人为因素、错误和欺诈的影响，需要严密的监督和管理。

自动化成分是指通过计算机系统和软件实现的内部控制措施，包括自动化的业务流程、控制检测、数据处理和监控系统等。在自动化成分中，包括使用 ERP 系统（企业资源计划系统）、内部控制软件、审计分析工具等技术手段实现内部控制的自动化和数字化。自动化成分的优势在于提高了效率和准确性，减少了人为错误的发生，并且可以实现实时的监控和反馈。然而，自动化也存在着系统漏洞、技术故障和数据安全等风险，需要严密的监督和管理。

无论是依赖人工系统还是自动化系统，它都对交易的生成、记录、处理和报告方式产生了影响。因此，在审计过程中，审计人员需要深入了解被审计单位的人工和自动化成分。这些成分相互配合，共同发挥作用，以确保内部控制的有效性、完整性和可靠性。审计人员应该全面考虑两者之间的关系，以充分评价和审计内部控制的有效性。

审计人员应当从以下方面了解信息技术对内部控制产生的特定风险。

（1）信息系统安全风险：包括未经授权的访问、数据泄露、网络攻击、病毒和恶意软件等，可能导致数据的损坏、丢失或泄露。

（2）完整性风险：信息技术系统可能被控制或篡改，导致数据的完整性遭到破坏，从而影响财务报告的准确性。

（3）可用性风险：系统中断、网络故障或硬件故障等问题可能导致信息技术系统的不可用，从而影响业务的正常进行和内部控制的有效性。

（4）数据准确性风险：错误的数据输入、处理或报告可能导致信息技术系统中存在不准确的数据，从而影响财务报告的准确性和可靠性。

（5）权限与访问控制风险：不适当的权限设置和访问控制可能导致未经授权的用户访问敏感数据，或者授权用户误操作数据，从而影响内部控制的有效性。

（6）系统开发和变更管理风险：不完善的系统开发和变更管理过程可能导致系统错误、功能缺失或数据不一致，从而影响内部控制的可靠性。

（7）业务连续性风险：信息技术系统中断或灾难可能导致业务中断，从而影响内部控制的持续性和可靠性。

（8）技术陈旧和过时性风险：使用陈旧的技术或过时的软件可能导致系统漏洞和安全问题，从而影响内部控制的有效性和安全性。

审计人员需要对这些特定风险进行深入了解，并评估其对被审计单位内部控制的影响，以便采取相应的审计程序和措施来减轻风险并保护财务报告的准确性和可靠性。自动化是无法完全代替人工系统的，在财务处理过程中，仍需要财务人员运用其职业判断能力。人工控制的适用范围涵盖了许多复杂和特殊的情况，但也伴随着一些内部控制风险，如主观判断出现偏差、处理效率低下以及信息不准确等问题。因此，在设计和实施内部控制时，企业需要综合考虑以下因素，并采取相应的措施来降低内部控制风险的发生和影响。

（1）复杂交易处理：人工控制适用于处理复杂交易，如涉及多个变量、利益相关方或复杂的合同条款的交易。相关的内部控制风险包括处理过程中的主观判断可能导致错误或偏差，以及处理时间延长导致的效率问题。

（2）异常情况处理：在面对异常情况或不寻常的交易时，人工控制可用于快速响应和适应，以便及时进行审查和处理。然而，这也带来了内部控制风险，如因主观判断错误导致处理不当或信息不准确。

（3）风险管理和决策：人工控制在风险管理和决策方面发挥着重要作用，尤其是在需要高度主观判断和专业知识的情况下。然而，这也带来了内部控制风险，如因主观判断出现偏差或错误导致决策失误或不当行为。

（4）监督和审查：人工控制通常用于监督和审查自动化控制的有效性，以及处理自动化系统无法识别的异常情况。内部控制风险可能包括监督不到位导致的信息漏洞或审查不充分导致的错报风险。

（5）特殊情况应对：在特殊情况下，如紧急事件或突发状况，人工控制可以提供更灵活的应对方式，以确保业务的持续性和稳定性。然而，这也可能导致内部控制风险，如因处理过程中的主观判断偏差而产生的错误或失误。

人工系统是由财务及相关人员来判断和执行，存在因判断失误、未按要求执行等情况。在了解内部控制时，审计人员应当考虑被审计单位是否通过建立有效的控制，以恰当应对由于使用信息技术系统或人工系统而产生的风险。注册会计师应当认识到以下特定风险，并采取相应的措施来减轻这些风险的影响，以确保内部控制的有效性和可靠性。

（1）主观判断偏差：人工控制涉及员工的主观判断和决策，可能存在因主观判断的偏差或偏见而导致的错误行为或决策。

（2）人为疏忽或欺诈：人工控制可能受到员工疏忽、忽视或欺诈行为的影响，导致控制失效或不起作用。

（3）员工离职或变更：人工控制可能受到员工离职、调动或变更的影响，导致控制执行的不连续或不一致性。

（4）工作负载和疲劳：长时间的工作负载和疲劳可能会影响员工的注意力和判断力，从而影响人工控制的有效性。

（5）人为错误和遗漏：由于人为错误或遗漏，人工控制可能无法及时发现或防止错误或不当行为的发生。

（6）管理层压力和激励：管理层可能会对员工施加压力，要求他们绕过或违反人工控制，以实现某些目标或利益。

（7）信息不对称：由于信息不对称或信息不足，员工可能无法正确理解或执行人工控制，从而降低了其有效性。

（8）人为干扰和操作：员工可能会故意干扰或操作人工控制，以逃避监督或规避责任。

4. 内部控制的局限性

内部控制虽然对企业管理和财务报告的准确性起到至关重要的作用，但也存在一些固有局限性，只能对财务报告的可靠性提供合理的保证。固有局限性包括但不限于：

（1）人为因素影响：内部控制的有效性受到人为因素的影响，例如，员工的诚信度、能力和动机，以及管理层的行为。员工可能因为疏忽、错误或恶意行为而绕过内部控制，导致控制失效。

（2）技术和系统限制：内部控制系统受到技术和系统的限制，包括信息技术基础设施的可靠性、安全性和自动化程度。系统故障、数据安全性问题或技术缺陷可能影响内部控制的有效性。

（3）成本效益考虑：建立和维护强大的内部控制系统需要投入大量的资源和成本。企业可能出于成本效益考虑，导致控制的范围和力度不足以有效应对潜在的风险。

（4）管理层压力：管理层可能因为追求业绩目标、降低成本或其他利益而对内部控制施加不适当的压力。这种压力可能导致管理层绕过或削弱内部控制，从而增加了控制失效的风险。

（二）控制环境

控制环境是内部控制体系的核心要素，它为其他控制要素的有效实施提供了基础和支撑。控制环境是组织内部文化和氛围的反映，它涵盖了组织对内部控制的整体态度、价值观、道德风险、员工素质和背景等方面。以下是对控制环境的详细阐述：控制环境的一个重要方面是管理层的道德水平和诚信度。管理层的行为和价值观会对整个组织的内部控制产生深远影响。高度诚信和道德的管理层能够树立榜样，促进员工积极参与内部控制的实施。

控制环境还涉及管理层对内部控制的承诺和意愿。管理层应该明确表达对内部控制的重视，并采取行动来支持和促进内部控制的有效实施，包括提供必要的资源和支持。

有效的控制环境需要清晰的组织结构和明确的责任分配。组织结构应当合理、透明，并且能够有效地支持内部控制的实施和监督。责任应当明确分配给相关的部门和个人，以确保内部控制的有效性和连续性。

控制环境还受到员工素质和背景的影响。组织应当招聘、培训和留用具有适当素质和背景的员工，以确保他们能够有效地执行内部控制要求，并且具备适当的技能和知识。

有效的控制环境需要组织内部建立起风险管理的意识。管理层和员工应当了解组织所面临的各种风险，并采取适当的措施来应对和管理这些风险。这种风险意识有助于组织及时识别潜在的控制缺陷和问题，并加以解决。

控制环境对于评估重大错报风险具有广泛的影响，因为它为内部控制的其他要素提供了基础。审计人员需要考虑控制环境的整体优势是否有助于增强内部控制的有效性，并确保其不受控制环境中潜在缺陷的影响。然而,控制环境本身并不能单独预防或发现并纠正各种可能导致重大错报的交易、账户余额、列报与披露。因此,在评估重大错报风险时,审计人员应综合考虑控制环境与其他内部控制要素的影响。

(三)被审计单位的风险评估过程

所有的企业在日常经营过程中都会遇到形形色色的风险,这些风险都会对其生存和竞争能力产生一定的影响。企业的管理层应当有效地识别面临的风险,并采取相关的措施进行防范。被审计单位的风险评估过程是指被审计单位为了识别、评估和应对可能影响其目标达成的各种内部和外部风险而进行的系统性程序。这一过程有助于管理层了解并管理可能对企业运营和财务状况产生负面影响的潜在风险。被审计单位的风险评估过程的主要内容如下。

被审计单位首先需要识别潜在的内部和外部风险因素,这可能涉及对行业、市场、经营环境和内外部控制环境的全面分析。这一阶段通常包括对历史数据、行业趋势、竞争对手、法规变化等的调研和分析。

一旦风险被识别出来,被审计单位需要对其进行评估,以确定其潜在影响的严重程度和可能性。评估风险通常包括对风险的概率、影响程度、紧迫性以及可控性的分析和评估。被审计单位需要制定相应的风险管理策略和计划,以应对识别出的风险。这可能包括风险转移、减轻、避免或接受等措施,以最大限度地降低风险对企业的负面影响。被审计单位还需要建立有效的监测机制,定期跟踪和评估风险的变化及实施风险管理策略的效果。同时,还需要及时向管理层和其他利益相关者提供有关风险状况的反馈和报告。被审计单位应该不断地审查和完善其风险评估和管理过程,以确保其适应不断变化的商业环境和风险因素。这可能包括对策略的调整、流程的优化和员工的培训等措施。

审计单位的风险评估过程是一个持续不断的循环,需要不断地识别、评估、应对和监测各种内部和外部风险,以保障企业的长期发展和稳健运营。审计人员应当了解和评估被审计单位风险评估过程的有效性和全面性,以确保其能够充分识别和管理可能对企业造成重大影响的风险。

(四)信息系统与沟通

企业的各个层次都需要利用信息来确认、评估和应对风险。企业的大量信息涉及各种目标。从内部或外部来源获得的经营性信息,包括财务和非财务的,都与企业的经营目标相关。与财务报告相关的信息系统和沟通在企业内部控制和提高财务报告的准确性、及时性、完整性等方面扮演着关键的角色。与财务报告相关的信息系统和沟通的主要内容如下。

财务信息系统包含会计软件,即企业通常会使用专门的会计软件来记录、处理和生成财务数据,包括会计凭证、总账、明细账、财务报表等。财务信息系统还包含财务管理系统,这些系统不仅包括会计软件,还可能涵盖预算编制、成本控制、资金管理、风险管理等功能,用于管理企业的财务活动和资源。在财务信息系统中,企业可能使用各种报告生成工具来自动生成财务报表,确保报表的准确性和一致性,并提高报表的生成效率。

相关业务流程包括财务报告编制流程(即会计凭证录入、账务处理、账务调整、财务报表汇总等环节,涉及多个部门和人员的协同工作)和审计准备流程(即企业为应对审计的准备工作,需要进行资料整理、报表调整、内部控制测试等活动,以确保审计的顺利进行)。

内部控制与沟通则包括内部控制系统和沟通渠道。内部控制系统包括财务报告的编制流程、审计准备流程、访问控制、数据验证等措施,旨在确保财务报告的准确性和可靠性。内部控制的有效性依赖良好的内部沟通渠道,包括会议、电子邮件、内部社交平台等,以确保各个部门之间的信息共享和协作。

审计准备与外部沟通包括审计准备和外部沟通两方面。审计准备要求企业为审计做好准备工作,包括整理财务数据、提供必要的文件和记录、配合审计人员进行内部控制测试等。同时,企业与外部审计师、税务机关、监管机构等的沟通也是十分重要的,因而外部沟通包括提供相关信息、回答问题、解释财务报表等。

审计人员在评估企业的财务报告时,需要关注信息系统的设计和使用情况,以及内部沟通渠道的畅通程度,以确保财务报告的可靠性和合规性。

(五)控制活动

控制活动是内部控制的一个重要组成部分,旨在确保企业达成其业务目标、保护资产、促进财务报告的可靠性和合规性。控制活动涉及各种措施和程序,以管理和监督企业的各项活动。控制活动的主要内容如下。

(1)授权和批准程序:确保只有被授权的人员才能执行特定的业务活动或决策,并且在适当的层级上获得批准。例如,财务交易必须经过适当的审批程序才能进行。在审计过程中,审计人员需要了解与授权相关的控制活动,其中包括一般授权和特别授权。一般授权是指管理层制定的普遍适用于某类交易或活动的政策,要求组织内部遵循。特别授权则是针对特定类别的交易或活动由管理层逐一设置的授权。

(2)分离职责:将相关的职责分配给不同的个人或部门,以防止任何单一的个人或实体控制一个业务过程的所有方面。例如,财务部门的会计人员不能负责审批财务交易工作。

(3)物理控制:包括采取物理措施来保护企业的资产免受盗窃、损坏或误用。例如,安装监控摄像头、使用锁定设备、将贵重物品存储在安全的地方等。

(4)记录和文档程序:确保所有关键业务活动都有适当的记录和文档,以便监督、审计和追溯。这些记录包括交易日志、凭证、报告和其他相关文档。

(5)人员培训和监督:为员工提供必要的培训和指导,使其能够理解和履行自己的职责。同时,需要对员工进行监督,以确保他们的行为符合公司政策和程序。

(6)审计跟踪:包括定期审查和监督业务活动,以识别潜在的问题或异常情况,并及时采取纠正措施。例如,内部审计部门可以对业务活动进行定期审计,以确保其合规性和有效性。审计人员应了解与业绩评价相关的控制活动，其中包括被审计单位对实际业绩与预算（或预测、前期业绩）之间的差异进行分析评价，综合分析财务数据与经营数据之间的内在关系，比较内部数据与外部信息来源，对职能部门、分支机构或项目活动的业绩进行评价，以及针对发现的异常差异或关系采取必要的调查和纠正措施。

（7）技术控制：包括使用各种技术手段来保护企业的信息系统免受未经授权的访问或恶意攻击。这可能涉及密码、访问控制列表、防火墙等技术措施的使用。审计人员需要了解与信息处理相关的控制活动，主要包括两个方面：信息技术一般控制和应用控制。

信息技术一般控制是指一系列政策和程序，涉及整个信息系统的运行和管理，旨在确保信息系统持续、稳定地运行，并保证数据的完整性和安全性。信息技术一般控制通常包括数据中心和网络的运行控制、系统软件的采购、修改和维护控制、接入权限的管理，以及应用系统的采购、开发和维护控制。信息技术应用控制主要针对特定的业务流程或应用程序，是在数据处理过程中实施的控制措施。这些控制措施旨在确保特定业务活动的准确性、完整性和合规性。应用控制通常包括验证数据输入的准确性、审核账户和试算平衡表、自动检查输入数据和数字编号的准确性，以及对异常情况进行人工干预的例外处理。

这些控制活动共同构成了企业内部控制体系的重要组成部分，通过合理设计和有效实施这些控制活动，有效地管理和监督企业的各项活动，降低出现欺诈、错误和风险的可能性，确保企业的持续运营和稳健发展。

（六）对控制的监督

对控制的监督是指企业管理层和内部审计部门对内部控制的有效性和运行情况进行持续的监督和评估，包括及时评估控制的设计和运行情况，以及根据情况变化采取必要的纠正措施。企业应该制订监督计划，明确监督的目标、范围和频率。该计划通常由内部审计部门制订，根据风险评估和控制的重要性确定监督重点。

监督活动包括内部审计、管理层自我评估、独立评价等。内部审计是主要的监督实体，他们负责对控制系统进行全面的审计和评估，确保控制的有效性。此外，管理层也应该定期评估控制的运行情况，并采取必要的纠正措施。应该对监督活动的结果及时评估和总结，以确定控制存在的缺陷或不足，并提出改进建议。评估的重点通常是控制的有效性、适用性和符合性。一旦发现控制存在缺陷或不足，管理层应该及时采取纠正措施，包括修订控制政策和程序、加强培训和沟通、调整组织结构等，以确保控制的有效性和适用性。

监督的结果通常需要向管理层和监督机构报告，以便他们了解控制的运行情况和存在的问题。这些报告应该清晰明了地概述监督活动的范围、方法和结果，提出改进建议，并确定纠正措施的实施计划和责任人。通过持续监督，企业可以及时发现并纠正控制存在的问题，保障内部控制体系的有效性和健康运行，从而提高企业的运营效率和风险管理水平。

内部控制是企业的一道"防火墙"

案例研讨问题：
1. 生物谷内控缺陷的具体表现有哪些？
2. 如何采取措施解决生物谷内控方面的问题？
3. 如何利用现代风险导向审计识别评估内控风险？

案例 5-2：内部控制是企业的一道"防火墙"

四、评估重大错报风险

了解被审计单位及其环境的目的之一是评估财务报表的重大错报风险。审计人员通过了解被审计单位的各个方面，可以识别和评估财务报表可能存在的重大错报风险，从而确定进一步审计计划的性质、时间和范围。

（一）识别和评估财务报表层次和认定层次的重大错报风险

识别和评估财务报表层次和认定层次的重大错报风险是审计过程中的关键步骤，需要审计人员综合考虑多个因素，确保财务报表的准确性和可靠性。审计人员首先需要深入了解被审计单位所处的业务和行业环境，包括了解行业的特点、竞争情况、法律法规、市场趋势等，以便识别可能影响财务报表的重大错报风险。其次，审计人员应仔细审查被审计单位采用的会计政策和重大会计估计，特别是涉及重大账务和交易的会计政策。他们需要评估这些政策是否合理，并考虑是否存在可能导致重大错报的不确定性。

同时，审计人员应当重点关注财务报表中的重大账户余额和交易，如现金、应收账款、存货、长期借款、收入等。他们需要评估这些账户和交易的重大错报风险，包括可能存在的错误、误解、欺诈等。审计人员还需要评估被审计单位的内部控制体系对财务报表的影响。有效的内部控制可以减轻重大错报风险，而弱效或不足的内部控制可能增加财务报表出现重大错报的风险。审计人员应仔细审查被审计单位与相关方的交易和关联方的关系，包括与关联公司、主要客户和供应商的交易，以及其他可能影响财务报表准确性的关系。

审计人员需要综合考虑以上因素，评估财务报表层次和认定层次的重大错报风险。他们应当权衡各种风险因素，并确定哪些风险是最为重要和值得关注的，以便在审计计划中做出相应安排。

（二）需要特别关注的重大风险

作为风险评估的一部分，审计人员需要运用职业判断，以确定需要特别关注的重大风险。在确定需要特别关注的重大风险时，审计人员应综合考虑控制对相关风险的抵消效果。他们会根据风险的性质、可能导致的重要错报程度以及发生的可能性，来评估剩余风险是否仍然属于特别风险。这种判断过程需要审计人员综合运用其专业知识和经验，以确保对潜在的重大风险有全面的理解，并能够有效地应对可能的风险。特别风险是指在审计过程中具有特殊重要性和高度关注度的风险因素，可能对财务报表的准确性和完整性产生显著影响。在确定风险的性质时，审计人员应当考虑以下事项。

（1）关联方交易风险：关联方交易可能导致利益输送、不当关联交易等问题，从而影响财务报表的准确性。审计人员需要审查被审计单位与关联方之间的交易和关系，评估可能存在的风险并采取相应措施。

（2）会计政策和估计风险：被审计单位所选择的会计政策和估计方法可能对财务报表产生重大影响。审计人员需要审查这些政策和估计的合理性，并评估其中的不确定性和潜在影响，以确定可能的风险。

（3）内部控制不足风险：弱效或不足的内部控制可能增加财务报表出现错误或欺诈的风险。审计人员需要评估被审计单位的内部控制体系，特别关注可能存在的缺陷和不足之处，并确定这些缺陷是否可能导致重大风险。

（4）业务环境和行业风险：被审计单位所处的业务环境和行业特点也可能对财务报表的准确性和完整性产生重大影响。审计人员需要了解被审计单位所处行业的市场竞争、法律法规、经营风险等因素，并评估这些因素是否可能导致重大错报的风险。

（5）重大账户和交易风险：审计人员应当重点关注财务报表中的重大账户余额和交易，如现金、应收账款、存货、长期借款、收入等。这些账户和交易往往对财务报表的准确性和完整性具有重要影响，因此需要特别关注可能导致错报的风险。

特别风险通常与重大的非常规交易和判断事项有关。非常规交易是指由于金额或性质异常而不经常发生的交易，包括大额交易、与公司平时业务不符的交易或其他异常情况。判断事项通常包括做出的会计估计，包括对资产价值、收入确认、减值准备等方面的估计，而这些估计可能受到不确定性影响，导致财务报表的重大错报风险增加。审计人员在识别和评估特别风险时，需要特别关注这些非常规交易和判断事项，确保审计程序能够充分覆盖并应对这些风险。

审计人员应当深入了解特别风险的性质、原因和潜在影响，可能涉及对相关业务流程、交易性质以及会计政策和做法进行详尽的调查和分析。审计人员需要评估特别风险对财务报表的潜在影响程度，包括可能导致的重大错报的程度和范围。这涉及对风险的财务影响和业务影响进行综合评估。同时，审计人员应当制定应对策略，以减轻或消除特别风险带来的潜在影响，包括加强内部控制、增加审计程序的深度和广度、提供额外的审计证据等。审计人员还需要及时向相关方沟通特别风险的存在、影响和应对策略，并在审计报告中清晰地表达对特别风险的评估和建议。这有助于相关方了解风险状况，及时采取必要的行动。审计人员也需要对特别风险进行持续监督和跟踪，确保相关控制措施的有效性和适时调整应对策略。这有助于降低特别风险对财务报表的影响，保证审计的准确性和可靠性。

（三）仅通过实质性程序无法应对的重大错报风险

审计人员应当实施进一步的审计程序来应对仅通过实质性程序无法覆盖的重大错报风险。这些进一步的审计程序可能包括加大抽样范围、增加测试频率、进行更深入的数据分析、采用更为全面的审计程序等。审计人员还可以选择使用特定的审计技术和工具，例如数据分析软件、模拟测试、复核程序等，以加强对重大错报风险的识别和评估力度。此外，审计人员还应当与管理层和内部审计部门进行沟通，了解其对可能存在的风险的看法和观点，以便更好地应对重大错报风险。

在被审计单位对日常交易采用高度自动化处理的情况下，审计证据可能主要以电子形式存在。审计人员在评估这些电子审计证据的充分性和适当性时，通常需要考虑自动化信息系统相关控制的有效性。如果自动化信息系统的相关控制有效，并且能够保证数据的完整性、准确性和可靠性，那么这些电子审计证据通常被认为是充分和适当的。

如果审计人员认为仅通过实施实质性程序无法获取充分、适当的审计证据，就需要考虑依赖相关控制的有效性。这意味着审计人员可能需要对自动化信息系统的控制进行更为深入的测试和评估，以确保这些控制能够有效地保护数据的完整性和准确性。这可能涉及对系统访问权限的审查、数据验证的程序和控制的测试、系统生成报告的复核等。通过对相关控制的有效性进行评估，审计人员可以更好地确定并获取充分、适当的审计证据，以支持审计意见的形成。

（四）对风险评估的修正

对风险评估的修正是指在审计过程中发现新的信息或情况，导致原先进行的风险评估需要进行调整或修正的过程。这种修正通常发生在审计进行的不同阶段，包括初步风险评估阶段、中间审计阶段和最终审计阶段。在进行初步风险评估时，审计人员根据当前掌握的信息对可能存在的重大错报风险进行初步识别和评估。然而，在后续的审计程序中，可能会发现新的信息或情况，这些信息可能会对初步风险评估产生影响。例如，审计人员可能在对内部控制的测试中发现了控制缺陷，或者在对特定交易的详细审查中发现了不一致之处。

在发现这些新信息后，审计人员需要对原先的风险评估进行修正。这可能包括增加或减少对某些风险的关注程度，调整审计程序的性质、时间和范围，以及重新评估整体的审计风险。修正风险评估通常需要审计人员重新评估可能存在的错报风险的重要性和概率，并根据新的情况调整审计计划。

在进行风险评估修正时，审计人员应该保持审慎和谨慎的态度，确保修正是基于充分的证据和合理的判断。这样可以确保审计工作的有效性和可靠性，并最大限度地降低可能的审计风险。

第三节　风险应对程序

在了解被审计单位及其环境、充分识别和评估财务报表的重大风险错报之后，审计人员应当针对评估的财务报表层次重大错报风险确定总体应对措施，并针对评估的认定层次重大错报风险设计和实施进一步审计程序，从而将审计风险降至可接受的低水平。进一步审计程序包括控制测试和实质性程序，实质性程序则包括细节测试和实质性分析程序。在确定总体应对措施以及设计和实施进一步审计程序的性质、时间和范围时,审计人员应当运用职业判断。

一、针对重大错报风险的应对措施

在评估重大错报风险时,审计人员需要确定是否存在与财务报表整体相关或某一特定交易、账户余额或报表项目相关的重大错报风险。如果发现与财务报表整体相关的重大错报风险,那么就属于财务报表层次的重大错报风险。在应对财务报表重大错报风险时,应考虑以下措施。

(1)强调维持职业怀疑心态的必要性,提醒项目组员在审计过程中保持警惕。

(2)考虑聘请相关专家提供指导,或者指派经验更丰富的审计人员参与项目,以增强审计团队的专业能力。

(3)提供更多督导,确保审计工作得到适当的指导和监督。

(4)在设计进一步审计程序时,考虑更多的不可预见因素,以确保审计工作的全面性和准确性。

(5)针对拟实施的审计程序,调整其性质、时间和安排,以获取更充分、更具说服力的审计证据。

在评估被审计单位的内部控制时,若确定内部控制的运行有效,审计人员会增加对被审计单位内部产生的财务信息的信任程度。然而,如果确定内部控制的运行无效,审计人员应考虑以下措施。

(1)增加期末的审计证据收集,以确保对财务信息的准确性和完整性进行更全面的评估。

(2)通过实施实质性程序来获取更多的审计证据,包括对关键账户和交易的详细审计程序,以弥补内部控制不足可能导致的潜在错误。

(3)扩大经营地点的审计范围,以更全面地了解被审计单位的经营情况,尤其是对于多地点经营的企业,有助于发现可能存在的问题和风险。

(4)加强对关键风险领域的审计关注。针对已识别的关键风险领域,优化审计程序,加大测试力度,确保对可能存在的问题进行全面的审计。

(5)考虑增加审计资源。如果必要,增加审计团队的人员或资源,以应对内部控制运行无效可能带来的额外审计工作量。

(6)寻求专业意见。在需要时,咨询内部控制专家或其他外部专业人士,以获取对内部控制问题的专业意见和建议。

(7)重新评估审计计划。根据对内部控制无效的评估,重新评估审计计划和策略,调整审计程序和时间表,以确保审计工作的有效性和准确性。

由于财务数据的高度相关性,财务报表层次的重大风险可能会对多个账户产生广泛的影响。因此,制定针对这些重大风险的总体应对措施将直接影响到进一步的审计程序的确定。针对认定层次实施的进一步审计程序方案包括实质性方案和综合性方案。实质性方案是指审计人员主要采用实质性程序执行进一步的审计程序,综合性方案则是将控制测试与实质性程序相结合。在评估的财务报表的重大错报风险被确定为高风险水平时,应优先采用实质性方案。

这意味着在执行进一步的审计程序时,审计人员将主要侧重于实施实质性程序,以便更深入地审查财务报表的相关项目和交易。这样做的目的是更有效地识别可能存在的错报或其他审计问题,以便及时采取适当的应对措施,并最终确保审计目标的实现。

(一)进一步审计程序的内涵和要求

审计人员应针对评估的认定层次重大错报风险设计和实施进一步审计程序,这些程序包括控制测试和实质性程序。进一步审计程序是指针对评估的各类交易、账户余额、列报与披露认定层次重大错报风险而实施的审计程序。在设计和实施进一步审计程序的性质、时间和范围时,应与评估的认定层次重大错报风险具有明确的对应关系。在应对评估的风险时,合理确定审计程序的性质是至关重要的。

这意味着审计人员需要根据评估的认定层次重大错报风险的特点和程度,确定采取何种审计程序以及在何时和何地执行这些程序。例如,针对某一特定账户余额可能存在的错报风险较高,审计人员可能会设计更深入的实质性程序,以确保对这一账户的审计覆盖面和深度。另外,如果评估表明某一列报与披露项目的错报风险较大,审计人员可能会调整审计程序的时间安排,以在关键时点进行更详尽的检查和验证。

因此,在应对评估的风险时,审计人员需要根据风险的性质和程度,合理选择审计程序的性质、时间和范围,以确保审计工作的有效性和全面性。

在设计进一步审计程序时,审计人员应考虑以下因素。

(1)评估的风险水平:审计人员应考虑评估的认定层次重大错报风险水平,针对高风险领域可能需要更加严格和深入的审计程序。

(2)内部控制的有效性:审计人员需要评估被审计单位的内部控制体系,以确定是否可以依赖内部控制来减少审计风险。如果内部控制不足,可能需要增强实质性审计程序。

(3)审计目标和范围:审计人员应清楚确定审计的目标和范围,以便设计合适的审计程序来实现审计目标。这包括确定需要审计的交易、账户余额或列报项目。

(4)审计程序的性质和范围:审计人员需要考虑采取何种性质的审计程序以及这些程序的范围。例如,是执行控制测试还是实质性程序,以及这些程序的具体内容和深度。

(5)资源和时间限制:考虑到审计的资源和时间限制,审计人员需要权衡审计程序的可行性和效率性,根据资源和时间的限制做出调整和优先级安排。

(6)外部环境因素:审计人员应考虑外部环境因素,如行业特点、经济环境、法规变化等,这些因素可能对审计程序的设计和实施产生影响。

(7)先前的审计经验:审计人员应总结先前的审计经验和教训,结合对被审计单位及其行业的了解,来指导设计进一步审计程序。

形成某类交易、账户余额和披露的认定层次重大错报风险评估结果的依据包括：根据相关类别的交易、账户余额或披露的具体特征，评估其可能导致重大错报的固有风险。这包括对交易性质、复杂性、金额、相关方的可靠性等因素进行考虑，以确定存在潜在错报风险的程度，以及风险评估是否考虑了相关控制，即控制风险。审计人员需要评估被审计单位的内部控制，以确定控制能否有效地减少或防止重大错报风险。这可能需要审计人员获取审计证据以确定控制是否有效运行。在确定实质性程序的性质、时间安排和范围时，审计人员可能拟信赖控制运行的有效性。这意味着审计人员需要获取审计证据以确定内部控制是否有效，以便缩小实质性程序的范围。

（二）进一步审计程序的性质

进一步审计程序的性质是指进一步审计程序的目的和类型。进一步审计程序的目的包括：

（1）评估内部控制有效性：通过实施控制测试，审计人员可以评估被审计单位的内部控制体系是否设计合理并有效运行，以确定其能否有效地防止或检测错误或不当行为的发生。

（2）发现重大错报：通过实施实质性程序，审计人员旨在揭示财务报表中认定层次的重大错报。这些程序包括对账户余额、交易或披露项目的详细审计，以确认其准确性和完整性，从而发现任何可能存在的重大错报。

进一步审计程序的类型包括检查、观察、询问、函证、重新计算、重新执行和分析程序。不同的审计程序在应对特定认定层次错报风险时具有不同的效力和适用性。因此，在应对评估风险时，审计人员需要谨慎选择合理的审计程序性质。这涉及根据具体情况和审计目标，选择合适的审计程序来获取足够的审计证据，以评估财务报表的真实性、准确性和完整性。

例如，如果认定层次错报风险主要来自内部控制的不足或失效，那么应该优先选择进行控制测试来评估内部控制的有效性。相反，如果认定层次错报风险主要来自财务报表中的特定项目或交易的潜在错误或欺诈，那么应该优先选择实施实质性程序来详细审计这些项目或交易。

在选择审计程序性质时，审计人员还应考虑资源限制、时间限制、相关法律法规要求以及行业实践等因素。因此，谨慎选择合理的审计程序性质对于有效应对评估风险至关重要，有助于确保审计工作的高效性、准确性和可靠性。

审计人员应当根据认定层次重大错报风险的评估结果选择审计程序。评估的认定层次重大错报风险越高，对通过实质性程序获取的审计证据的相关性和可靠性的要求越高，从而可能影响进一步审计程序的类型及其综合运用。在确定拟实施的审计程序时，审计人员应当考虑评估的认定层次重大错报风险产生的原因，包括各类交易、账户余额、列报与披露的具体特征，以及被审计单位的内部控制。如果在实施进一步审计程序时拟利用被审计单位信息系统生成的信息，审计人员应当就信息的准确性和完整性获取审计证据。

(三)进一步审计程序的时间

进一步审计程序的时间是指审计人员何时实施进一步审计程序,或审计证据适用的期间或时点。审计人员在确定何时实施控制测试或实质性程序时,应考虑以下因素。

(1)审计计划和时间表。审计团队需要遵循审计计划和时间表,在预定的时间内完成审计工作。因此,他们应根据计划和时间表安排控制测试或实质性程序的执行时间。

(2)被审计单位的内部控制状况。审计人员需要评估被审计单位的内部控制状况,以确定何时进行控制测试。如果他们相信内部控制有效运行,可能会在期中进行控制测试;如果存在疑虑,可能会在期末进行。

(3)财务报表周期性和重大性。审计人员需要考虑财务报表的周期性和重要性,以确定何时实施实质性程序。通常,实质性程序在财务报表周期末或重大交易发生后执行,以确保审计人员能够获取最新的、最全面的审计证据。

(4)风险评估。审计人员需要对风险进行评估,包括内部控制风险和实质性错误风险。基于这些风险评估,他们可以确定最佳的时间点来执行审计程序,以便有效地识别和应对潜在的风险。

(5)审计证据的可获得性。审计人员需要考虑审计证据的可获得性。如果特定信息或文件在期中更容易获取,那么可能会选择在这个时间点执行相关的审计程序。

(6)业务周期和工作量分配。审计人员需要考虑被审计单位的业务周期和工作量分配情况。他们可能会避免在被审计单位繁忙的时期实施审计程序,以避免影响业务运作和增加工作压力。

(7)审计证据适用的期间或时点。当重大错报风险较高时,审计人员应考虑在期末或接近期末实施实质性程序,或采用不通知的方式,或在管理层不能预见的时间实施审计程序。这样做的原因有以下两点。

①及时发现问题。期末或接近期末实施实质性程序有助于审计人员及时发现潜在的重大错报。这些程序能够深入审计财务报表中的重要项目和交易,以确认其准确性和完整性。

②避免干扰。采用不通知的方式或在管理层不能预见的时间实施审计程序,能够避免被审计单位有意或无意地干扰审计工作的进行。采用这种方式可以更客观地获取审计证据,减少潜在的偏差。

在期中实施进一步审计程序,有助于审计人员在审计工作初期识别重大事项,并在管理层的协助下及时解决,或针对这些事项制定有效的审计策略。这样可以提前发现问题,避免问题进一步扩大或影响到财务报表的准确性。如果在期中实施了进一步审计程序,审计人员还应针对剩余期间获取审计证据。这样可以确保审计工作的全面性和有效性,进一步减少重大错报风险。

某些审计程序需要在期末或期末以后实施,因为它们涉及审计财务报表的最终阶段和最后确认,以确保财务报表的准确性和完整性。这些程序包括:

（1）财务报表与会计记录核对：审计人员将会计记录与最终编制的财务报表进行比对，以确保财务报表反映了准确的会计记录，并且保证数据的一致性。

（2）会计调整的审查：审计人员审查财务报表编制过程中所做的会计调整，包括会计政策的变更、会计估计的调整以及错误的更正等，以确认这些调整的合理性和准确性。

（3）审计报告的准备：审计人员在审计过程结束后，准备审计报告并发表审计意见，这需要对财务报表和相关的审计工作进行最终的确认和总结。

（4）事件发生后事项的处理：如果在期末或期末以后发生了重大事件或交易，审计人员可能需要考虑这些事项对财务报表的影响，并相应调整审计程序和审计报告。

（四）进一步审计程序的范围

进一步审计程序的范围是指实施某项审计程序的数量，包括抽取的样本量、对某项控制活动的观察次数等。此外，随着电子化交易和账户文档的增加，审计人员还可以利用计算机辅助审计技术进行更广泛的测试，例如，从主要电子文档中选取交易样本、按照某一特征对交易进行分类，或对总体而非样本进行测试。

当重大错报风险增加时，审计人员应考虑扩大审计程序的范围。这意味着审计人员可能需要增加抽取的样本量、增加对控制活动的观察次数，或增加其他审计程序的数量。这样做有助于更全面地审计财务报表，以确保审计程序的准确性和完整性。

需要注意的是，扩大审计程序的范围并不总是有效的。只有当审计程序本身与特定风险相关时，扩大审计范围才是合理的和有效的。审计人员应基于对重大错报风险的评估，有针对性地确定需要扩大范围的审计程序，并采取适当的措施来应对风险。

在确定审计程序的范围时，审计人员应当考虑下列因素。

（1）确定重要性水平。审计人员根据审计的特定情况和被审计单位的重要性水平来设定审计的重要性水平。重要性水平越高，审计人员对审计证据的要求越高，因此可能需要实施更广泛的进一步审计程序，以确保审计工作的充分性和准确性。

（2）评估的重大错报风险。审计人员需要对被审计单位的重大错报风险进行评估。如果评估发现重大错报风险较高，审计人员可能需要更多的审计证据来确认财务报表的准确性和完整性，因此可能需要扩大进一步审计程序的范围。

（3）计划获取的保证程度。审计人员在制订审计计划时需要考虑所需的保证程度。如果审计人员计划获取高度保证的审计证据，他们可能需要实施更广泛的进一步审计程序，以确保测试结果的可靠性和准确性。

（4）历史审计经验。审计人员可以参考历史审计经验，了解以往审计中存在的问题和挑战，并据此调整审计程序的范围。历史审计经验可以帮助审计人员更好地预测可能存在的风险，并采取适当的措施加以应对。

审计人员在综合运用不同的审计程序时，不仅应当考虑各类审计程序的性质，还应当考虑测试的范围是否适当。综合考虑将有助于确保审计程序的设计和实施符合审计要求，并有效地应对可能存在的风险。

二、控制测试

关于控制测试

旧版本：在测试控制运行的有效性时，审计人员应当获取下列关于控制是否有效运行的审计证据：（1）控制在所审计期间的不同时点是如何运行的；（2）控制是否得到一贯执行；（3）控制由谁执行。

新版本：审计人员获取的有关控制运行有效性的审计证据应当包括：（1）控制在所审计期间的相关时点是如何运行的；（2）控制是否得到一贯执行；（3）控制由谁或以何种方式执行。

知识链接：审计准则修改后有何意义？

（一）控制测试的内涵和要求

控制测试即测试被审计单位内部控制在防止和发现并纠正认定层次重大错报风险的控制运行有效性的审计程序。当存在下列情形之一时，审计人员应当实施控制测试。

（1）在评估认定层次重大错报风险时，预期控制的运行是有效的。当审计人员在评估认定层次的重大错报风险，认为被审计单位的内部控制制度能够有效地防止和发现并纠正重大错报风险时，就应当实施控制测试。在这种情况下，控制测试能够帮助审计人员确认内部控制的有效性，从而提高审计的可靠性和准确性。

（2）仅实施实质性程序不足以提供认定层次充分、适当的审计证据。在某些情况下，仅仅依靠实质性程序可能无法提供足够的审计证据来支持对财务报表的认定。如果审计人员认为实质性程序的范围或效力不足以满足审计要求，那么就应当考虑实施控制测试，以确保审计的充分性和准确性。

如果在评估认定层次的重大错报风险时预期控制的运行是有效的，审计人员应当实施控制测试，以获取充分、适当的审计证据，确保控制在相关期间或时点运行的有效性。只有在审计人员认为控制设计合理，并且能够防止或发现并纠正认定层次的重大错报时，才有必要对控制运行的有效性实施测试。此外，如果审计人员认为仅仅通过实施实质性程序无法将认定层次的重大错报风险降至可接受的低水平，那么就应当实施相关的控制测试，以获取控制运行有效性的审计证据。综上所述，控制测试的实施取决于对控制设计合理性和内部控制运行有效性的预期，其实施效果优劣受实质性程序是否能够提供足够的审计证据将认定层次的重大错报风险降低至可接受的水平的影响。

测试控制运行的有效性和确定控制是否得到执行所需获取的审计证据是两个不同的概念。在进行风险评估程序以获取控制是否得到执行的审计证据时，审计人员审计的重点是确定某项控制是否存在，以及被审计单位是否在实际操作中使用这些控制措施。

具体来说，在风险评估过程中，审计人员主要关注的是对被审计单位的内部控制环境进行评估，以确定控制措施的设计和存在情况，以及是否被有效地实施和执行。这包括检查内部控制政策、程序文件，以及通过访谈员工等方式获取关于控制是否得到执行的证据。

与之相反，测试控制运行的有效性侧重于验证控制实际的操作和有效性。在这一步骤中，审计人员需要评估控制是否按照设定的标准和要求来运行，以及控制是否在审计期间的不同时点和情境下得到一致的执行。这需要收集关于控制运行情况的具体数据和证据，以便确定控制的有效性和效果。

因此，虽然两者都涉及控制的执行情况，但风险评估程序主要关注控制的设计和存在，测试控制运行的有效性则侧重于验证控制的实际操作和效果。在测试控制运行的有效性时，审计人员应当获取下列关于控制是否有效运行的审计证据。

（1）控制在所审计期间的相关时点是如何运行的。审计人员需要了解控制在审计期间的具体运行情况，包括控制是否按照设计要求在相关时点得以执行。

（2）控制是否得到一贯执行。审计人员需要确定控制是否在审计期间得到一贯执行，即控制是否在不同时间点和不同情况下都得到了有效执行。

（3）控制由谁或以何种方式执行。审计人员需要了解控制是由哪些人员或部门执行的，以及控制执行的具体方式和程序。这有助于确定控制的有效性和执行过程中的任何潜在问题。

（4）控制以何种方式运行。审计人员需要了解控制是如何实际操作的，包括控制的具体步骤、程序、工具或系统，以及与控制相关的任何文档或记录。

如果被审计单位在所审计期间内的不同时期使用了不同的控制，审计人员应当考虑不同时期控制运行的有效性。

某些风险评估程序并非专为控制测试而设计，但可能提供有关控制运行有效性的审计证据。在这种情况下，审计人员应当评估这些审计证据是否能够满足控制测试的要求。审计人员可以在评价控制设计和确定控制是否得到执行的过程中，同时测试控制运行的有效性，以提高审计效率。这样做可以充分利用现有的审计程序和证据，确保对控制的全面评估，同时有效地利用审计资源。

举例来说，某些审计程序可能涉及对内部控制政策文件的审阅、员工访谈或者观察操作流程等。虽然这些程序并非专门设计用于测试控制运行的有效性，但它们可能提供关于控制的执行情况的重要信息。在这种情况下，审计人员可以结合这些审计程序所获得的信息，来评估控制的实际操作情况，以确定控制是否得到了有效的执行。

（二）控制测试的性质

审计人员应当选择适当类型的审计程序以获取与控制运行有效性相关的保证。如果审计策略主要依赖控制测试，尤其是在实施实质性程序无法充分降低认定层次的重大错报风险至可接受水平的情况下，审计人员需要对控制运行有效性的审计证据提出更高的要求。

换句话说，审计人员应该在控制测试中寻求更多的保证，这意味着他们需要采取更为严格和可靠的审计程序来评估控制的实际运行情况。在这种情况下，对控制运行有效性相关审计证据的可靠性要求更高，以确保审计人员能够充分了解和评估被审计单位内部控制的有效性，进而准确地评估财务报表的可靠性和准确性。

尽管控制测试的目的是评估内部控制的有效性，而了解内部控制的目的是获取关于内部控制的相关信息，但它们所采用的审计程序类型通常是相似的。审计人员在进行控制测试时，除进行询问外，还会结合观察、检查等审计程序，可能还需要重新执行某些控制步骤，以确保获得足够的审计证据来评估控制的有效性。因此，审计人员需要灵活运用各种审计程序，以全面评估被审计单位的内部控制情况。

审计人员应根据特定控制的性质选择适当的审计程序类型。对于内部控制中存在控制记录文件的情况，审计人员可以通过检查这些文件来获取与审计相关的证据。这些文件可能包括政策、程序、操作手册、授权文件等。通过检查这些文件，审计人员可以评估控制的设计和实施情况，以及控制是否得到适当执行。

然而，对于一些内部控制，可能不存在控制记录文件，或者存在的文件与实际控制运行的有效性不直接相关。在这种情况下，审计人员需要考虑实施其他审计程序来获取相关证据。这些审计程序可能包括员工访谈、观察操作流程、系统测试等，以便评估控制的有效性。

在设计控制测试时，审计人员不仅要关注与直接认定相关的控制，还要考虑这些控制所依赖的间接相关控制。这种做法能够获得更全面的审计证据，以支持控制的有效运行。通过综合考虑直接和间接相关的控制，审计人员能够更准确地评估内部控制的有效性和可靠性。

通过检查系统变动的控制以及信息技术一般控制的执行情况，审计人员可以了解系统的稳定性和安全性，从而对自动化应用控制的有效性进行评估。这些审计证据有助于确定自动化应用控制是否在审计期间有效运行，并为审计报告提供有力支持。

实施实质性程序对于控制测试的影响至关重要。即使实质性程序未发现重大错误，也不能确保被审计单位的内部控制是有效的。然而，如果在实施实质性程序时发现了未被察觉的重大错误，这可能表明被审计单位的内部控制存在严重缺陷。在这种情况下，审计人员应当考虑该错报对控制测试的影响，重新评估内部控制的有效性，并采取相应的行动。这可能包括进一步审计控制的设计和运行，加强对控制的测试，或与被审计单位的管理层和治理层进行沟通，提出改进建议。

（三）控制测试的时间

审计人员应当根据控制测试的目的确定实施控制测试的时间，并确定拟信赖的相关控制的时点或期间。控制测试的时间应根据测试目的来确定。测试目的可能是验证特定时点或一段时间内的控制有效性。例如，如果测试旨在验证特定时点的控制有效性，比如年末存货盘点的控制，那么测试应在盘点时或之后进行。如果测试目的是验证一段时间内的控制有效性，则可能需要在该时间段内进行测试，以确保全面了解控制的有效性。审计人员应当辅以其他控制测试。审计人员可以测试被审计单位对控制的监督机制是否有效。这包括检查监督程序的设计和实施情况，以确保管理层对控制的有效监督。同时，通过对一定数量的交易或数据进行抽样测试，审计人员可以评估控制在整个期间内的有效性。抽样测试可以提供全面的审计证据，以证明控制在各个时间点的有效性。审计人员还可以利用数据分析技术对大量数据进行检查，以发现异常或异常模式。这有助于评估控制在整个期间内的有效性，并提供额外的审计证据。审计人员可以比较不同时间点或周期内的控制执行情况，以验证控制在不同时间点的一致性和持续性。进行其他控制测试旨在确保该项控制在各个时间点都有效运行，并通过监督测试来增强控制运行有效性的审计证据的可靠性。

在期中进行控制测试通常具有积极的作用。如果已经获得了期中控制运行有效性的审计证据，审计人员需要考虑如何合理地将这些证据延伸至期末。如果已经获取了有关控制在期中有效运行的审计证据，审计人员应当考虑以下因素，以确定还需要获取的控制在剩余期间运行有效的审计证据。

（1）获取控制在剩余期间的重大变化审计证据：审计人员需要调查控制在剩余期间是否发生了重大变化。如果控制没有发生变化，那么审计人员可以继续信赖期中获得的审计证据；如果控制发生了变化，审计人员需要评估这些变化对审计证据的影响。

（2）确定补充审计证据的需要：在获取期中证据之外的剩余期间补充证据时，审计人员应该考虑评估的认定层次重大错报风险的严重程度、在期中测试中检查的特定控制、期中获取的审计证据的覆盖程度、剩余期间的长度、是否可以信赖控制的证据来减少进一步实质性程序的范围、控制环境等因素。

被审计单位对控制的监督能够检验相关控制在所有时点是否都运行有效。因此，除之前提到的方式外，审计人员通过以下两种方式可以获取更多的审计证据。

一是审计人员可以在剩余期间对控制的运行有效性进行测试，以确保在整个审计期间内控制都得到了有效执行。这可以通过实施进一步的控制测试来完成，例如，观察控制的实际操作、重新执行控制步骤、检查相关文件和记录等。

二是审计人员可以审查被审计单位对控制的监督情况，以确定其对控制的有效性是否起到了积极的监督作用。这可能涉及审查监督控制的程序和政策、审计被审计单位的内部控制评估和监督报告、与管理层或内部审计部门的讨论等方式，以获取有关被审计单位如何监督控制的审计证据。如果存在以前年度审计时获取的被审计单位内部控制运行有效性的审计证据，审计人员可以考虑是否适当利用以前审计获取的有关审计证据。

如果审计人员计划依赖以前审计获取的有关控制运行有效性的审计证据，那么他们应当通过实施询问，并结合观察或检查程序，来获取这些控制是否已经发生变化的审计证据。如果控制在当前审计期间发生了变化，审计人员应当考虑以前审计获取的有关控制运行有效性的审计证据是否仍然适用于当前审计。如果被依赖的控制自上次测试以来发生了变化，审计人员应当在当前审计期间测试这些控制运行的有效性。

如果被依赖的控制自上次测试以来未发生变化，并且这些控制不属于旨在减轻特别风险的控制，审计人员应当根据专业判断确定是否在当前审计期间测试其运行有效性。审计人员应当考虑自上次测试以来的时间间隔，以及控制是否可能受到外部或内部因素的影响而发生变化。根据职业判断，审计人员应当确保至少每三年对控制进行一次测试，以验证其运行的有效性。

在确定利用以前审计获取的有关控制运行有效性的审计证据是否适当以及再次测试控制的时间间隔时，审计人员应当考虑以下因素。

（1）内部控制其他要素的有效性。审计人员应评估除控制运行有效性外的其他内部控制要素的有效性，如控制环境、对控制的监督以及被审计单位的风险评估过程。

（2）控制特征。审计人员应考虑控制的特征，包括人工控制和自动化控制，以确定其对控制有效性的影响。

（3）信息技术一般控制的有效性。审计人员应评估信息技术一般控制的有效性，这些控制可能会对特定控制的运行产生影响。

（4）控制设计及其运行的有效性。审计人员应考虑控制的设计和运行的有效性，包括以前审计中测试控制运行有效性时发现的控制运行偏差的性质和程度，以及是否发生对控制运行产生重大影响的人员变动。

（5）由于环境发生变化而特定控制缺乏相应变化出现的风险。审计人员应考虑由于环境发生变化而特定控制缺乏相应变化出现的风险，这可能需要重新评估控制的有效性。

（6）重大错报的风险和对控制的拟信赖程度。审计人员应评估重大错报的风险以及对控制的拟信赖程度，这将影响再次测试控制的时间间隔以及利用以前审计获取的审计证据的适当性。

当出现下列情况时，审计人员应当缩短再次测试控制的时间间隔或完全不信赖以前审计获取的审计证据。

（1）控制环境薄弱：如果被审计单位的整体控制环境薄弱，存在较高的风险，那么应当缩短再次测试控制的时间间隔或完全不信赖以前审计获取的审计证据。

（2）对控制的监督薄弱：如果被审计单位对其控制的监督不足，导致控制的有效性无法得到充分保证，那么应当缩短再次测试控制的时间间隔或完全不信赖以前审计获取的审计证据。

（3）相关控制中人工控制的成分较大：如果被审计单位的控制主要依赖人工操作，而且人工控制的执行容易出现问题，那么应当缩短再次测试控制的时间间隔或完全不信赖以前审计获取的审计证据。

（4）信息技术一般控制薄弱：如果被审计单位的信息技术一般控制存在严重缺陷，可能导致对控制的信赖程度降低，那么应当缩短再次测试控制的时间间隔或完全不信赖以前审计获取的审计证据。

（5）对控制运行产生重大影响的人事变动：如果被审计单位发生了对控制运行产生重大影响的人事变动，比如关键控制人员的离职或替换，那么应当缩短再次测试控制的时间间隔或完全不信赖以前审计获取的审计证据。

（6）环境的变化表明需要对控制做出相应的变动：如果被审计单位所处的环境发生了重大变化，需要对控制做出相应调整，那么应当缩短再次测试控制的时间间隔或完全不信赖以前审计获取的审计证据。

如果打算信赖以前审计获取的某些控制运行有效性的审计证据，审计人员应该在每次审计时从中选择足够数量的控制来测试其运行有效性，不应该将所有拟信赖的控制测试集中在某一次审计中，然后在之后的两次审计中不进行任何测试。

如果确定评估的认定层次重大错报风险是特别风险，并且打算信赖旨在减轻特别风险的控制，审计人员不应该依赖以前审计获取的审计证据。相反，应该在本期审计中测试这些控制的运行有效性。

（四）控制测试的范围

控制测试的范围主要是指某项控制活动的测试次数。审计人员应当设计控制测试，以获取控制在整个拟信赖的期间有效运行的充分、适当的审计证据。

在确定某项控制的测试范围时，审计人员应当考虑下列因素。

（1）控制执行频率：被审计单位执行控制的频率对测试范围有重要影响。频率较高的控制通常需要更广泛的测试。

（2）拟信赖期间的时间长度：审计人员需要考虑拟信赖控制运行有效性的时间跨度。信赖期间越长，测试的范围可能越大。

（3）审计证据的相关性和可靠性：确保获取的审计证据能够更好地证明控制的有效性，以防止或发现并纠正认定层次的重大错报。

（4）其他相关控制的审计证据：考虑其他与认定相关的控制所提供的审计证据范围。当其他相关控制提供了充分和适当的审计证据时，可能减少对特定控制的测试范围。

（5）控制的预期偏差率：审计人员需要确定合理水平的预期偏差率，即控制未得到执行的预期次数与控制应当得到执行的次数的比率。较高的预期偏差率可能需要更广泛的控制测试范围。如果预期偏差率过高，则需要重新评估控制的有效性，并可能需要调整测试范围。

在进行控制测试时，单次控制偏差通常不能作为对控制有效性的最终判断。因此，审计人员需要确定一个合理的预期偏差率。预期偏差率是指控制未执行的预期次数与控制应当执行的次数之比。

如果预期偏差率较高，表明控制可能存在较大的不稳定性或不足，因此需要更广泛的控制测试范围。高预期偏差率可能反映了控制无法有效降低重大错报风险的情况。在这种情况下，针对某项认定所实施的控制测试可能会被视为无效，因为即使控制执行良好，也不能将认定层次的重大错报风险降至可接受水平。

考虑到信息技术处理具有内在的一致性，一般情况下，审计人员无须扩大自动化控制的测试范围，除非系统发生变动。然而，为了确保自动化控制的持续有效性，审计人员需要进行以下测试。

（1）测试与该应用控制有关的一般控制的运行有效性：审计人员应验证与自动化控制相关的一般控制是否有效运行，例如安全访问控制、系统开发和维护程序等。

（2）确定系统是否发生变动：审计人员需要确定系统是否发生了变动，如软件升级、配置更改等。如果系统发生了变动，审计人员应评估是否存在适当的系统变动控制，并对这些控制进行测试。

（3）确定对交易处理是否使用授权批准的软件版本：审计人员应核实系统中使用的

软件版本是否经过授权,并与批准的软件版本一致。这可以通过审查系统配置文件、版本控制记录等方式来进行验证。

三、实质性程序

(一)实质性程序的内涵和要求

实质性程序是指用于发现认定层次重大错报的审计程序。审计人员应根据其对重大错报风险的评估,设计和执行实质性程序,以揭示认定层次的重大错报。实质性程序包括对各类交易、账户余额、报表与披露的细节测试,以及实质性分析程序。

审计人员对重大错报风险的评估是基于判断的,可能无法完全识别所有的重大错报风险。同时,由于内部控制存在一定的局限性,无论对重大错报风险做何种评估,审计人员都应针对所有重大的各类交易、账户余额和披露,设计并实施相应的实质性程序。

审计人员在财务报表编制完成阶段所实施的实质性程序应涵盖以下审计内容。

(1)核对或调整财务报表与其所依据的会计记录,以确保其一致性和准确性。

(2)审查财务报表编制过程中进行的重要会计分录和其他会计调整,以验证其合理性和准确性。审计人员对会计分录和其他会计调整检查的性质和范围,取决于被审计单位财务报告过程的性质和复杂程度,以及由此产生的重大错报风险水平。

如果评估的认定层次重大错报风险被视为特别风险,审计人员应当针对该风险采取专门的实质性程序。如果针对这种特别风险的审计策略是仅实施实质性程序,审计人员应当进行细节测试。在这一过程中,可以选择仅进行细节测试,也可以结合细节测试和实质性分析程序,以确保获取到充分且适当的审计证据。

(二)实质性程序的性质

实质性程序的性质主要涉及其类型和组合,包括细节测试和实质性分析程序。细节测试通常用于获取与特定账户余额有关的认定的审计证据,实质性分析程序通常适用于审计某一段时期内存在预期关系的大量交易。

审计人员在选择实质性程序的类型时,需要考虑各类交易、账户余额以及列报与披露的性质。根据具体情况,审计人员可能会采取细节测试来深入核查某些关键账户的特定细节,以获取详尽的审计证据。对于涉及大量交易或具有一定规律性的情况,审计人员可能会选择实质性分析程序,通过统计分析或趋势分析等方法来评估其合理性和一致性。

综合运用细节测试和实质性分析程序,审计人员可以全面审查财务报表中的各项重要信息,确保审计工作的充分覆盖和审计证据的充分获取,从而支持对财务报表真实性和可靠性的评估。

在评估风险时,审计人员需要设计具有针对性的细节测试,获取充分而适当的审计证据,以满足计划的认定层次的保证水平。对于不同认定层次的重大错报风险,审计人员需要采用不同的细节测试方案。

例如，对于存在或发生认定，审计人员可能会关注财务报表中的特定项目，如收入、应收账款或存货。细节测试方案可能包括审计人员选择一定数量的销售交易，验证这些交易是否真实发生并被正确地记录在财务报表中。审计人员可能还会审查一定数量的应收账款余额，确保这些应收账款的确认符合相关会计准则和公司政策。

对于完整性认定，审计人员可能会关注财务报表中存在的遗漏或错误。细节测试方案可能包括审计人员选择一定数量的支出交易，确保所有的支出都被正确地记录在财务报表中。审计人员还可能审查一定数量的存货记录，以确认财务报表中包含了所有的存货，并且存货的价值被正确地核算。

在设计实质性分析程序时，审计人员应当考虑下列因素。

（1）对特定认定使用实质性分析程序的适当性。审计人员应评估特定认定是否适合使用实质性分析程序，并确定该程序对于审计目的的有效性。

（2）对已记录的金额或比率做出预期时，所依据的内部或外部数据的可靠性。审计人员应评估用于做出预期的内部或外部数据的可靠性。这些数据的准确性和完整性对于实质性分析程序的有效性至关重要。

（3）做出预期的准确程度是否足以在计划的保证水平上识别重大错报。审计人员应评估他们做出预期的准确程度是否足以识别可能存在的重大错报。这需要审计人员考虑到潜在的误差来源，并确保他们的预期是充分、合理的。

（4）已记录金额与预期值之间可接受的差异额。审计人员应确定已记录金额与预期值之间的可接受差异范围。这有助于确定何时差异达到了足够的规模，需要进一步的审计调查或说明。

当实施实质性分析程序时，如果使用被审计单位编制的信息，审计人员应当考虑测试与信息编制相关的控制。审计人员应该对与被使用的信息编制相关的控制进行测试，以确保这些控制在整个信息处理过程中有效运行。这包括审计信息的收集、整理、记录和汇总等环节的控制，以及这些信息是否在本期或前期经过审计。审计人员应确定所使用的信息是否在本期或前期经过审计。经过审计的信息更有可能是可靠和可信的。如果信息没有经过审计，审计人员可能需要增加对其可靠性的审计程序，例如进行额外的确认或验证。

（三）实质性程序的时间

在实施实质性程序的时间选择方面，与控制测试类似，同样面临对期中和以前审计证据的考虑的问题。但是，与控制测试不同的是，在期中实施实质性程序时，还需要考虑其成本因素。此外，对于以前审计中通过实质性程序获取的审计证据，应采取更加谨慎的态度和更为严格的限制。

如果在期中实施了实质性程序，审计人员应当针对剩余期间实施进一步的实质性程序，或将实质性程序和控制测试结合使用，以将期中测试得出的结论合理延伸至期末。期中实施实质性程序可能会增加未被发现的错报风险，尤其是随着剩余期间的延长，这种风险可能会进一步增加。在决定是否在期中实施实质性程序时，审计人员应考虑以下因素。

（1）控制环境和其他相关的控制。控制环境和其他相关的控制越薄弱，审计人员越不应当在期中实施实质性程序。

（2）实施审计程序所需信息在期中之后的可获得性。若实施实质性程序所需信息在期末之后难以获得，则应考虑在期中实施；反之，则不应将其作为决策的主要影响因素。

（3）实质性程序的目的。若实施实质性程序的目的包括获取期中审计证据，则应在期中实施。

（4）评估的重大错报风险。高的重大错报风险意味着对审计证据的相关性和可靠性要求更高，可能需要将实质性程序集中于期末或接近期末实施。

（5）各类交易或账户余额以及相关认定的性质。具有特殊性质的交易、账户余额和相关认定，如收入截止，应在期末或接近期末实施。

（6）考虑在剩余期间通过实施实质性程序或将实质性程序与控制测试结合，以降低期末存在未被发现的错报风险。

如果打算将期中的结论延伸至期末，审计人员需要考虑仅在剩余期间实施实质性程序是否足够。如果认为实质性程序本身不够充分，审计人员还应考虑测试剩余期间相关控制的有效性，或在期末实施实质性程序。如果已经确认存在舞弊导致的重大错报风险，那么将期中结论延伸至期末的审计程序通常是无效的。在这种情况下，审计人员应该考虑在期末或接近期末实施实质性程序。

如果已经在期中实施了实质性程序，或者将控制测试与实质性程序结合，并且打算依赖期中测试的结论，审计人员应该对期末信息和期中的可比信息进行比较和调整。他们需要识别并调查出现的任何异常金额，并在剩余期间实施实质性分析程序或细节测试。如果打算在剩余期间实施实质性分析程序，审计人员应该考虑某类交易的期末累计发生额或账户期末余额在金额、相对重要性和构成方面是否可以进行合理预期。

如果在期中检查中发现某类交易或账户余额存在未预期到的错误报告，审计人员应该考虑以下行动。

（1）重新进行风险评估：需要重新评估与该类交易或账户余额相关的风险，考虑到新发现的错误可能对财务报表的影响。这有助于确定后续审计程序的性质、时间和范围。

（2）调整实质性程序：审计人员可能需要修改计划的实质性程序，以确保适当地检查这些交易或账户余额，并获取充分的审计证据。这可能包括增加测试的范围或深入进行细节测试。

（3）重新评估时间和范围：审计人员应该重新评估拟在剩余期间实施的实质性程序的时间和范围，以确保能够充分地审计新发现的错误以及相关的风险。

（4）考虑期末调整：考虑在期末扩大实质性程序的范围或重新实施实质性程序，以确保在期末审计过程中能够全面审计该类交易或账户余额，避免错报的再次发生。

以前审计实施实质性程序获取的审计证据通常对本期只有很弱的证据效力或没有证据效力，不足以应对本期的重大错报风险。只有当以前获取的审计证据及其相关事项不出现重大变动，以前获取的审计证据才可能用作本期的有效审计证据。如果拟利用以前审计实施实质性程序获取的审计证据，审计人员应当在本期实施审计程序，以确定这些审计证据具有持续相关性。

（四）实质性程序的范围

在确定实质性程序的范围时，审计人员应考虑以下因素。

（1）应评估各项认定的重大错报风险水平。高风险意味着可能存在较大的错报风险，风险越高，需要实施实质性程序的范围越广，因此需要更广泛的审计程序来获取充分的审计证据。

（2）审计人员还应考虑实施控制测试的结果。如果对控制测试的结果不满意，即发现控制存在缺陷或未能有效执行，审计人员应考虑扩大实质性程序的范围。这是因为控制测试的结果可能影响审计人员对财务报表的信任程度，需要通过更广泛的实质性程序来弥补控制不足的可能性。

在设计细节测试时，审计人员除考虑测试范围中样本量的大小外，还需评估选样方法的有效性等因素。尽管成本效益原则通常会影响到实质性程序的范围，但不能因为成本效益原则而牺牲获取充分、适当的审计证据。换言之，成本效益原则不应成为审计人员无法获取充分、适当审计证据的借口。

在设计实质性分析程序时，审计人员应确定已记录金额与预期值之间可接受的差异额。在确定这一差异额时，审计人员应主要考虑各类交易、账户余额、列报与披露及相关认定的重要性，以及计划的保证水平。

第四节　大数据在现代风险导向审计中的应用研究

一、大数据审计工作变化

（一）审计程序变化

习近平总书记在党的二十届中央审计委员会第一次会议上强调："审计是党和国家监督体系的重要组成部分，是推动国家治理体系和治理能力现代化的重要力量。"审计作为如此重要的一环，必须顺应潮流，与大数据结合，实现审计发展的新跨越。

大数据对询问、观察、检查、函证、重新计算、重新执行、分析程序七大审计程序的影响侧重点不同。从社会审计、内部审计、国家审计三方面考虑，大数据带来的影响分别体现在以下几个方面：①对于社会审计而言，一是函证由向第三方函证向云端保存数据函证转变；二是审计模式发生变化，重新计算、重新执行、分析程序的审计程序由期中或期末执行向连续审计转变。②对于内部审计而言，最重大的变化体现在函证由向第三方函证向云端保存数据函证转变。③对于国家审计而言，最重大的变化体现在重新计算、重新执行、分析程序的审计程序由期中或期末执行向实时审计转变。

综合来看，大数据环境对审计程序的影响程度有所不同，对于询问等实地审计程序的影响较小，而对于函证、分析程序等审计程序的影响较大，这些程序更容易被信息技术所替代。因此，审计人员需要清楚地了解大数据对审计程序的影响，以创新审计技术，提高审计效率，从而为审计行业的新发展开辟更广阔的前景。

（二）风险评估程序变化

在大数据对社会审计、内部审计、国家审计的风险评估程序中，主要体现在信息整理和数据归纳方面，以便审计人员更便捷地查阅文件，从而节省时间。除此之外，大数据审计还在以下方面对各种审计类型产生影响。

（1）对于社会审计，大数据背景下的信息收集速度不断提升，使得审计人员能够更快速地了解所在行业的市场供求情况、竞争状况以及生产经营的季节性和周期性等因素，同时也更加方便地了解被审计单位所处的法律和监管环境。

（2）在内部审计领域，随着管理层对财务信息透明度的要求不断提高，内部审计部门的地位也逐步提升。大数据在衡量和评价绩效以及内部控制方面发挥了重要作用，审计人员需要结合大数据和人工智能、机器学习等技术，提高风险评估程序的准确性和效率。

（3）对于国家审计，大数据在评估和识别重大错报风险方面发挥着巨大作用。审计人员利用大数据技术可以及时发现潜在的错报问题，并采取相应的措施进行处理和纠正。

总的来说，大数据技术在风险评估程序中的主要影响在于提高效率，具体表现为减少时间成本和人工成本，使得风险识别、评估和分析更加精确。此外，应结合大数据和审计人员的专业判断能力，充分利用审计人员的职业判断力，以进一步提高风险评估程序的效率。

二、大数据时代审计风险识别及应对

（一）风险识别

在大数据审计中，主要目标是获取与审计相关的、真实完整的信息，以寻找审计证据，确定审计重点，深入探究审计疑点，并完成审计任务。因此，在大数据环境下，信息采集成为至关重要的一个环节，通常包括以下三个阶段。

（1）审计信息的采集传输：利用网络爬虫等技术，收集相关数据并将其上传至云端。这一阶段旨在获取广泛的信息资源，以供后续审计分析使用。

（2）审计信息的储存备份：通过数据库等工具，对审计信息进行储存、备份和管理，同时筛选、分类和淘汰不相关或错误的信息。这有助于确保审计数据的完整性和可靠性。

（3）审计信息的分析处理：利用编程语言如 Python 等工具，对审计数据进行分析处理，揭示其中的逻辑关系，从而得出审计结论。这一阶段旨在发现潜在的问题和异常，以支持审计工作的决策和推进措施。

作为公众利益的重要载体，大数据在获取、储存和分析的过程中存在着一系列审计风险，主要包括以下几方面。

（1）数据质量风险：在审计中，数据的质量直接关系到审计证据的真实性和可靠性。在大数据审计中，高质量的数据是保证审计效果的关键。

（2）数据标准风险：目前的审计环境缺乏统一的审计数据平台，各地区信息系统不一致，导致部分数据难以融合，从而引发数据标准不一致的问题。

（3）数据安全风险：数据安全风险主要影响审计信息的完整性，例如数据库可能面临黑客入侵或攻击，系统本身存在安全隐患，以及网络硬件可能受到损坏等。

（4）数据来源风险：数据来源风险通常表现为审计业务流程中固有的风险，可能破坏审计证据的可信度和可用性。

（5）审计组织风险：与大数据审计相关的规章制度、法律法规目前尚不完善，缺乏系统管理，这会带来一系列审计风险。

（6）人员结构风险：审计人员可能缺乏足够的数据安全意识，无法建立有效的审批制度，也未能承担相关的责任，从而导致数据泄露等问题的发生。

（二）风险应对

在执行风险识别程序后，审计人员应运用职业判断，设计和实施应对审计风险的程序。这些程序应针对审计信息的采集传输、储存备份以及处理分析等阶段采取相应的措施，将审计风险降至可接受的低水平。

1. 数据采集传输阶段

在数据传输阶段，主要的审计风险涉及平台建设、传输技术、审计数据的标准和恢复等方面。首先，针对审计数据这一共有的数据库，在执行审计程序时，应利用大数据信息技术获取审计证据，将财务和非财务数据结合，搭建数据安全平台以确保数据的可靠恢复。其次，应充分利用大数据环境下获取审计资源的优势，实现审计全面转型，统一审计管理、监督和预警，建立完整的审计价值链，培养专业的大数据审计人才。最后，需要加强内部控制质量，强化审计管理工作。管理层应将自身与企业信息系统和外部大数据充分结合，以提升企业的价值和竞争力。

2. 数据储存备份阶段

在数据储存备份阶段，主要的风险包括权责关系、数据备份技术以及规章制度的完善等方面。在数据安全与管控方面，可以采取一系列措施，比如设定数据使用权、备份权等，优化审计人员的工作流程和规章制度，注重操作管控和职权分离。根据国资委于2020年发布的《关于深化中央企业内部审计监督工作的实施意见》，相关方可以根据审计人员的责任和权利以及业务相应数据权限的开放，构成审计监督系统，创建一个更健全的审计环境以应对审计风险。此外，标准化审计数据，采用动态模型、静态指标、分析工具，以及加强审计数据恢复与可持续性等措施，都是保证审计质量和数据安全的有效手段。

3. 数据处理分析阶段

在数据处理分析阶段，风险主要涉及数据分析技术、数据管理以及授权审批制度等。

一方面，在大数据审计的背景下，许多信息处理技术已经逐渐渗透到审计行业，如回归分析、机器学习、知识图谱等。然而，数字化审计仍需要进一步完善，例如对文本识别后，利用数字算法进行智能处理，通过将其转化为更直观的影像等方式呈现。通过深入研究人工智能审计，人们可以进一步推动大数据审计的发展。另一方面，需要有效应对大数据带来的风险，包括完善数据管理系统、建立授权审批制度等。可以在审计系统中设置预警功能，自动识别职责不分离的情况，并建立审计与法律等监督数据之间的桥梁。这样可以实现结构化数据与非结构化数据的互相融合，从而大大降低审计风险。

思考题

1. 简述具体审计计划的核心内容和程序。
2. 简述重大错报风险评估程序。
3. 简述内部控制的内涵及其要素。
4. 简述各项风险应对程序的内容。
5. 简述控制测试的内涵及其与内部控制的区别。

伦理与道德专栏

案例——内控失格，企业失誉

案例研讨问题：
1. 浙江富润公司内部控制的特征。
2. 内部控制与财务舞弊以及防范关联方资金占用的关系。
3. 如何利用现代风险导向审计避免财务舞弊以及有效防范关联方资金占用？

伦理与道德专栏:案例——内控失格，企业失誉

即测即练

扫描此码 自学自测

第六章

销售与收款循环审计

> 【思想领航】
>
> - 党的二十大报告指出必须完整、准确、全面贯彻新发展理念,坚持社会主义市场经济改革方向,坚持高水平对外开放,加快构建以国内大循环为主体、国内国际双循环相互促进的新发展格局。审计要创新发展就必须推进审计体制机制深入改革,着力破解深层次体制机制障碍,提高审计独立性、权威性。
> - 在"十四五"规划部署指引下,审计署强调要加强审计结果运用。建立健全各级审计机关之间审计结果和信息共享机制,加强审计结果跨年度、跨地域、跨行业、跨领域的综合分析,提炼普遍性、规律性、倾向性、苗头性问题,提出有针对性的意见建议。
> - 深刻理解审计全覆盖的本质要求,坚持审计无禁区,对所有管理使用公共资金、国有资产、国有资源的地方、部门和单位全面监督。

北京慧辰股份审计案

北京慧辰资道资讯股份有限公司(以下简称慧辰股份或公司)是一家数据分析服务提供商,是科创板数据分析领域首家上市公司。2017年6月,慧辰股份收购信唐普华48%的股权,信唐普华成为慧辰股份参股的公司。2020年12月,慧辰股份进一步收购信唐普华22%的股权,信唐普华成为慧辰股份的控股子公司。然而,信唐普华通过虚构与第三方业务、签订无商业实质的销售合同、提前确认项目收入的方式虚增收入和利润,导致慧辰股份2020年7月13日披露的《北京慧辰资道资讯股份有限公司首次公开发行股票并在科创板上市招股说明书》(以下简称《招股说明书》),以及首发上市后披露的2020—2022年年度报告存在虚假记载。

一、《招股说明书》存在虚假记载

2018年,信唐普华通过签订无商业实质销售合同的方式,在4个项目中虚增收入和利润,综合考虑坏账损失、减值等因素影响,导致慧辰股份2018年虚增利润555.31万元,占当期披露利润总额的7.33%。

2019年,信唐普华等通过签订无商业实质的销售合同、提前确认项目收入的方式,在5个项目中虚增收入和利润,导致慧辰股份2019年虚增营业收入721.70万元,占当期披露营业收入的 1.88%；综合考虑坏账损失、减值等因素影响，虚增利润 1 785.88 万元，占当期披露利润总额的 25.16%。

二、2020 年年度报告存在虚假记载

2020 年，信唐普华等通过虚构与第三方业务、签订无商业实质的销售合同、提前确认项目收入的方式，在 10 个项目中虚增收入和利润，导致慧辰股份 2020 年虚增营业收入 4 396.81 万元，占当期披露营业收入的 11.29%；综合考虑坏账损失、减值等因素影响，虚增利润 6 096.16 万元，占当期披露利润总额的 60.69%。

三、2021 年年度报告存在虚假记载

2021 年，信唐普华等通过虚构与第三方业务、提前确认项目收入的方式，在 6 个项目中虚增收入和利润，导致慧辰股份 2021 年虚增营业收入 2 424.13 万元，占当期披露营业收入的 5.09%；综合考虑坏账损失、减值等因素影响，虚减利润 1 721.19 万元，占当期披露利润总额的 36.45%。

四、2022 年年度报告存在虚假记载

受 2018—2021 年相关项目影响，慧辰股份 2022 年多计坏账损失、商誉减值等，虚减利润 10 496.20 万元，占当期披露利润总额的 49.84%。

慧辰股份的上述行为违反了《中华人民共和国证券法》第七十八条第二款的规定，构成《中华人民共和国证券法》第一百九十七条第二款所述违法行为。证监会对其处以 500 万元的罚款，责令改正，并对涉及人员处以 300 万元和 250 万元不等罚款，予以警告。

资料来源：改编自中国证监会行政处罚决定书〔2023〕9 号，www.csrc.gov.cn。

慧辰股份的控股子公司信唐普华等通过虚构与第三方的业务、签订无商业实质销售合同以及提前确认收入的方式来虚增企业收入，借记应收账款，贷记主营业务收入。同时由于应收账款的增加，在综合考虑坏账损失、减值等因素影响的情况下又大额计提坏账准备虚减利润，其虚增虚减的金额对期末披露来说占比较大。慧辰股份通过披露虚假信息等方式欺骗财务报表使用者，给利益相关者带来巨大损失。通过这个案例可以发现，企业在销售与收款循环中往往会利用一些不正当的手段进行舞弊，因此审计人员应运用恰当的审计程序来实现审计目标，减少审计风险。

第一节　销售与收款循环的主要活动及其关键控制

销售与收款循环主要是指公司接受客户订单，向客户销售货物并收取货款的过程。销售与收款循环的审计往往独立于其他业务环节的审计，但审计的重要性概念要求审计人员在做出最终判断时，需综合考虑审计发现的各个业务循环环节的错报对财务报表的影响。所以，审计人员在执行销售与收款循环审计时应与其他业务循环环节的审计结合考虑。本节主要包括三部分的内容：一是销售与收款循环所涉及的主要业务内容；二是销售与收款循环所涉及的主要凭证和记录；三是销售与收款循环的关键控制。

一、销售与收款循环所涉及的主要业务内容

深入了解被审计单位的典型业务活动，是开展该业务循环审计工作的基石。这不仅有助于我们全面把握审计对象的运营特点，更能确保审计工作的准确性和有效性。接下来，我们将详细阐述销售与收款循环中所涉及的主要业务内容，大致流程如图 6-1 所示。

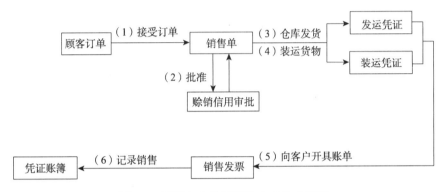

图 6-1 销售与收款循环的主要业务流程

（一）接受客户订单

由图 6-1 可知，客户向企业提出订货需求，企业接受客户的订单，是销售与收款循环的开始。当企业收到客户的订货需求时，销售部门会仔细审查客户的订购单，确保订单中的产品、数量、价格、交货期等关键信息准确无误。然后，销售部门会将客户的订购单提交给管理层进行授权批准。在获得管理层授权批准后，销售部门需要进一步核实拟进行交易的客户是否在已批准销售的客户名单之中。如果没有在相应的名单之内，则需向上级主管汇报，由销售部门主管来决定是否同意销售。在上述批准流程完成后，销售部门才能编制正式的销售单。销售单是企业销售与收款循环的起点之一，也是证明销售交易"发生"认定的凭据之一。

（二）批准赊销信用

在销售过程中，企业难免会遇到赊销业务，此时需要信用管理部门根据赊销政策在每个客户的授权信用额度内进行信用审批。信用审批的过程应由信用管理部门负责，而不是销售部门。这种职责分离确保了决策的公正性，避免了潜在的利益冲突。企业的信用管理部门应当对企业的每一个客户进行信用调查，建立信用档案。当信用管理部门收到销售单时，应将销售单与该客户信用档案中已被授权的赊销信用额度，以及至今尚欠的账款余额加以比较，以决定是否同意销售。无论是否同意赊销，信用管理部门都需要在销售单上给出明确意见，并将签署意见后的销售单返还给销售部门。赊销信用批准控制的目的是降低坏账风险，该控制与应收账款账面余额的"准确性、计价和分摊"认定有关。

关于期末账户余额及相关披露的具体认定

旧版本：关于期末账户余额及相关披露的认定包括存在、权利和义务、完整性、计价和分摊等具体认定。

新版本：关于期末账户余额及相关披露的认定包括存在、权利和义务、完整性、准确性、计价和分摊、分类及列报等具体认定。

知识链接："计价和分摊"和"准确性"有什么区别？

（三）按销售单编制发运凭证并发货

企业的仓库管理部门会接收到已经审核通过的销售单，并根据销售单上的信息编制发运凭证。未经批准的销售单不允许安排发货，该项控制主要是防止仓库部门在未经授权的情况下擅自发货。编制发运凭证后，发货人员会按照凭证上的要求，从仓库中拣选出客户所需的产品，并进行包装。包装完成后，发货人员会将产品交给装运部门。

该环节的关键凭证是发运凭证。客户需要在收到商品时在发运凭证上签字并返还给销售方，用作确认收入的依据。

（四）装运货物

装运部门的职员在装运之前必须检查从仓库提取的商品是否都附有经批准的销售单，提取的商品是否与销售单一致。在确认以上信息无误后，装运部门应编制一式多联、连续编号的装运凭证。装运凭证是证实销售交易"存在或发生"认定的另一证据。定期对每一张装运凭证后附有的销售发票进行检查，有助于对销售交易的"完整性"进行认定。

（五）向客户开具账单

开具账单主要是指编制和向客户寄送事先编好的销售发票。这一环节与以下认定有关。

（1）发生：保证只对实际转运的货物开具发票，避免虚开发票或虚构交易。

（2）完整性：保证对所有转运货物开具发票，避免遗漏。

（3）准确性：保证发票中的商品价格符合已经授权批准的商品价目表中所列的价格。

（六）记录销售

记录销售涉及区分销售类型、凭证编制、账目登记等多个步骤。

首先，根据销售方式的不同，需要区分该销售属于赊销还是现销。对于不同的销售类型，应采取不同的会计处理方式。财务人员根据销售发票的信息，应编制相应的转账凭证或现金、银行存款收款凭证。在编制凭证的过程中，必须确保销售发票的记录是正确的,包括商品或服务的名称、数量、价格等信息都应当准确无误。此外,凭证的编制还需确保将销售收入和收款正确归属至适当的会计期间。完成凭证编制后,再据此登记销售明细账、应收账款明细账或库存现金、银行存款日记账。这些账目的登记需要严格按照会计准则进行,确保数据的准确性和一致性。

为了确保销售记录的正确性,企业需对下列记录销售的过程进行控制。

(1)记录前需检查销售发票是否附有有效的发运凭证和销售单,且这些发运凭证和销售单能够清楚地证明交易的真实性和交易时间。只有两者都具备的销售发票,才允许被记录。

(2)保证所使用的发票是事先连续编号的,并实时跟进发票的使用情况。

(3)独立检查已记录的销售发票上的销售金额与会计记录金额是否一致。

(4)记录销售的职责与处理销售交易的其他功能相分离。

(5)对记录过程有关记录的接触进行限制,以减少未经授权批准的记录发生。

(6)定期独立检查应收账款等各类相关明细账与其总账的一致性。

(7)定期向客户寄送对账单,并要求客户将任何不符的情况直接向所指定的未涉及执行或记录销售交易循环的会计主管报告。

(七)办理和记录现金、银行存款收入

货款的收回涉及现金、银行存款的增加,以及应收账款等项目的减少。在货款收回的过程中,容易出现货币资金的失窃问题。货币资金失窃可能发生在货币资金收入登记入账之前或之后,因此货币资金如实、及时地计入库存现金、银行存款日记账或应收账款明细账是处理货币资金收入的关键。在这一过程中,汇款通知单起着至关重要的作用。

(八)办理和记录销售退回、销售折扣与折让

销售与收款循环中有时会出现销售退回、销售折扣和销售折让的情况,此时必须经过上级的授权批准,并要确保办理此事的有关部门和职员各司其职,分别控制实物流和会计处理,严格按照要求使用贷项通知单。

(九)提取坏账准备

企业应定期对应收账款的可收回性进行评估,并根据评估结果计提坏账准备,且坏账准备的提取数额必须能够抵补企业无法收回的销货款。

(十)核销坏账

无论赊销部门如何运作,客户因经营不善、宣告破产、死亡等而不支付货款的情况仍会发生。销货企业若认为某项货款确实再也无法收回,就必须注销该笔货款。对于这些坏账,正确的处理方法应该是获取货款无法收回的确凿证据,经适当批准后及时做会计处理。

二、销售与收款循环所涉及的主要凭证和记录

（一）客户订购单

客户订购单，也被称为客户订单或采购订单，是客户向供应商发出的、用于购买商品或服务的文件，即客户提出的书面购货请求。客户订购单详细列出了客户希望购买的产品或服务的种类、数量、价格等关键信息。企业可通过多种途径来取得订货单，如销售人员直接沟通、电话交流，以及向现有或潜在客户发送订货单等。

（二）销售单

销售单主要用于记录客户购买的产品或服务的信息，并作为企业与客户之间交易确认的凭证。销售单通常包含客户的名称、购买的产品或服务的名称、数量、价格、交货日期、付款方式等关键信息。

（三）发运凭证

发运凭证是在发运货物时编制的，用于反映发出商品的名称、规格、数量和其他内容的凭据。发运凭证的一联寄给客户，其余联由企业保留。这种凭证可以作为向客户开具收款的依据。

（四）销售发票

销售发票是一种用来表明已销售商品的名称、规格、数量、销售金额、销售税费以及销售日期等有关销售交易事项的凭证。它是会计账簿中登记销售交易的基本凭证。销售发票一式多联，分别由企业和客户保留。

（五）商品价目表

商品价目表是由管理层授权批准的、列示了企业可供销售的各种商品价格的清单。

（六）贷项通知单

贷项通知单是企业在特定情况下使用的一种重要单据，通常用于表示由于销售退回或销售折让而引起的应收账款减少的凭证。这种凭证的格式通常与销售发票的格式一致，不过它代表的是应收账款的减少而不是增加。双方有关人员均需在贷项通知单上签字，用于证明应收账款变更的情况，以便在将来查档时明确账款金额。

（七）应收账款明细账

应收账款明细账是用来记录每个客户各项赊销、销售退回、还款及折让的明细账。应收账款明细账的余额合计数应与应收账款总账的余额相等。

（八）主营业务收入明细账

主营业务收入明细账是一种用来记录销货业务的明细账。它通常用来记录不同类别

商品或服务营业收入的明细发生情况和总额。

（九）折扣与折让明细表

折扣与折让明细表是一种用来核算销售货物时，按照销售合同的规定为了鼓励客户尽早归还欠款而给予客户的销货折扣和因商品品种、质量给予客户销货折让情况的明细表。

（十）汇款通知书

汇款通知书是一种注明客户姓名、销售发票号码、销货单位开户银行以及金额等内容的，随同销售发票一起寄给客户，再由客户在付款时寄回给销售方的凭证。采用汇款通知书能使现金立即存入银行，加强对资产保管的控制。

（十一）库存现金日记账和银行存款日记账

库存现金日记账和银行存款日记账是一种用来记录现销收入、应收账款收回，以及其他各种现金、银行存款收入和支出的日记账。

（十二）坏账审批表

坏账审批表是一种用来批准将某些应收账款项注销为坏账的、仅在企业内部使用的凭证。

（十三）客户月末对账单

客户月末对账单是购销双方用于定期核对账目的凭证。客户月末对账单需按月寄给客户，应注明应收账款的期初余额、本月各项销售交易的金额、本月已收到的货款、各贷项通知单的数额，以及期末余额等内容。

（十四）转账凭证

转账凭证是指记录转账业务的记账凭证。它是根据有关转账业务的原始凭证编制的。

（十五）收款凭证

收款凭证是指用来记录现金和银行存款收入业务的记账凭证。

三、销售与收款循环的关键控制

（一）适当的职责分离

适当的职责分离有利于防止各种有意或无意的错报。销售与收款循环涉及的业务活动中，需要注意适当的职责分离包括以下几方面。

（1）销售人员不得接触现金。

（2）企业签订销售合同时，谈判人员至少要有2人，并与订立合同的人员相分离。

（3）销售单的编制人员与销售发票的开具人员应分离。

（4）应收票据的取得和贴现需经保管票据以外的主管人员批准。

（5）主营业务收入账与应收账款的登记需由不同的人员独立登记，并由另一位不负责账簿记录的人员定期调节总账和明细账。

（6）负责营业收入和应收账款的人员不得经手现金。

（二）恰当的授权审批

审计人员主要关注四个关键点的授权。

（1）赊销必须在销售之前完成正确的审批流程。

（2）货物只有在审批之后才能装运。

（3）基础的付款条件、运费和折扣等价格条件必须经过审批。

（4）审批人员应在审批权限内对授权范围进行审批。

前两项控制主要在于防止企业因向虚构的或无力支付货款的客户发货而蒙受损失。价格审批是为了确保销货业务按照企业定价政策规定的价格来开单。审批应针对每一笔交易进行，或者针对每一类具体的交易进行。控制审批人员的授权范围是为了防止审批人员的重大决策失误而造成严重损失。

（三）充分的凭证与记录

有了充分的凭证与记录，才可能实现各项控制目标。例如：企业在收到客户订单时就编制了预先编号的一式多联的销售单，分别用于批准赊销、授权装运、记录发货数量和向客户开具销售发票。在这样的流程下，只要定期清点销售单和销售发票，就不会出现未向客户开具发票的情况。反之，若企业只在发货后才开具账单，且无其他有效的措施，这种情况下漏开账单的情况就很可能出现。

（四）凭证的预先编号

凭证的预先编号主要是防止漏开发票、漏记销售、重开发票或重复记账。当然，为了有效地利用这一控制，在每次销售开具账单后，开票人员需要把所有的发运凭证按编号顺序归档，再由另一位职员定期清点编号是否完整，如有缺失，需调查凭证丢失的原因。

（五）按月对账

企业需按月寄送对账单，并且必须是由不经手现金的出纳和应收账款记账的人员来负责寄发，以避免有意不寄送对账单。为了使该项控制发挥最大的作用，应指定一位既不掌管现金又不记录应收账款和营业收入等相关科目的主管人员处理发现的核对不符账项。

（六）内部检查程序

企业应安排内部审计人员或其他独立人员检查销售交易的处理和记录，以实现与交易相关的审计目标。这类程序的例子如下。

（1）检查销售发票的连续性及是否附有相关的原始凭证。

（2）了解客户的信用，确定其是否符合企业的赊销政策。

（3）检查发运凭证的连续性并与营业收入明细账核对。

（4）检查并复核会计记录的正确性。

（5）比较核对登记入账的销售交易的原始凭证与会计科目表。

（6）检查开票人员所保管的未开票发运凭证。

第二节　销售与收款循环的控制测试

一、销售循环的控制测试

（一）销售循环的内部控制

根据销售循环的业务流程，销售循环的内部控制主要体现在以下几方面。

（1）销售活动的内部控制从销售计划与目标设定开始。企业应制订明确的销售目标和计划，并对其进行定期评估和调整。同时，内部控制要确保销售目标和计划与公司整体战略一致，以促进企业的长期发展。

（2）严格审批与管理销售合同。在合同审批过程中，需对合同内容进行全面审查，确保合同条款的完整性和准确性。

（3）销售订单的处理与跟踪。企业应建立高效的订单处理流程，确保订单信息的准确录入、及时处理和有效跟踪。同时，对于订单处理过程中可能出现的错误和延误，企业应建立相应的纠错机制和应急预案，确保问题能够得到及时解决。

（4）在销售发货环节，内部控制要求建立严格的发货控制制度，确保产品按照合同要求准时发货。发货前，应对产品进行质量检查，确保产品符合质量标准。此外，发货过程中的物流和信息流应保持畅通，以便及时跟踪订单状态。

（二）销售循环的控制测试程序

销售循环的控制测试，是对销售活动内部控制的有效性和执行情况进行的检查和评估。常见的控制测试程序如下。

（1）任意抽查部分销售发票，并进行以下检查。

①核对销售发票、销售合同及订购单三者所填写的商品名称、规格、数量及价格等信息是否一致。

②检查销售发票上的商品价格是否合理，复核销售发票上列示的数量和单价是否准确。

③核对相应的发运凭证，检查销售发票与运货日期是否一致。

④从销售发票追查至其他销售记账凭证。

（2）任意抽查完整的一个月或多个月的销售发票，检查其编号是否连续，有无作废的发票，若有，应检查作废发票的处理是否正确。

（3）任意抽查部分发运凭证，检查已发出的商品是否开出发票。

（4）检查销售退回、折让是否有相关审批流程，退货商品的冲销处理是否正确。

（5）对企业的内部控制有效性进行评估。

（三）评价销售循环的重大错报风险

评价销售循环的重大错报风险是确保企业财务报告准确性和合规性的重要环节。销售循环本身的复杂性和多样性使得错报风险在销售循环的各个环节都极易发生。例如，虚构销售业务、故意隐瞒销售收入、通过关联方交易转移亏损或确认非法收入等行为，都可能导致销售收入的虚增或虚减，进而影响企业财务报告的准确性。审计人员应当在了解被审计单位销售业务的基础上，充分考虑影响销售循环的重大错报风险，并对被审计单位可能发生的特定风险保持警惕。

二、收款业务的控制测试

（一）收款业务的内部控制

企业对收款业务的内部控制主要集中在收款方式、应收账款管理、客户的信用评估以及现金与银行存款管理几个方面。

（1）企业应制定明确的收款政策。这一政策应明确规定收款的方式、时间、条件以及逾期未收款项的处理方式等关键要素。

（2）企业应建立完善的应收账款管理制度，确保每一笔销售款项都能够准确、完整地记录在账。同时，企业应定期与客户进行应收账款的核对。通过与客户对账，企业可以及时发现并解决可能存在的差异或错误，确保账目的准确性和一致性。

（3）在与客户交易前，企业应对客户的信用状况进行深入评估，以确定其是否具有按时支付款项的能力和意愿。对于信用状况不佳的客户，企业应采取相应的风险控制措施，如要求其提供担保或采取预收款等方式，以降低坏账风险。

（4）企业应建立严格的现金和银行存款管理制度，确保现金和银行存款的收支、保管和记录都符合规范。

（二）收款业务的控制测试程序

收款业务控制测试的主要目的是验证收款环节内部控制的有效性和合规性，确保企业的资金安全，预防财务风险。以下是收款业务控制测试的主要程序。

（1）任意抽查部分现金、银行存款收款凭证，做如下检查。

①将收款凭证与实际存入银行账户的金额和日期进行核对。

②基于收款凭证追查至相关库存现金、银行存款日记账以及应收账款明细账记录的金额是否正确。

③核对收款凭证与银行对账单是否相符。

(2)抽查银行存款余额调节表,检查其是否按月编制并经过复核。

(3)检查库存现金、银行存款、其他货币资金的记账汇率是否符合有关规定,会计政策有无变更。

(4)对企业的内部控制有效性进行评估。

(三)评价收款业务的重大错报风险

不同被审计单位的收入模式可能千差万别,即便是同一被审计单位,也可能因为业务多样而存在多种收入模式。这种多样性导致了收入来源和构成的复杂性,从而导致错报风险的提高。因此,审计人员在审计过程中,需要深入了解和分析被审计单位的性质及其交易的具体情况。

收款业务的重大错报风险主要来源于内部控制的不足。如果企业的内部控制机制不完善或执行不到位,就可能出现收款环节的漏洞和失误,如收款记录不准确、收款方式不规范等,进而增加重大错报的风险。

人为因素也是导致收款业务重大错报风险增加的重要原因。企业员工或管理层可能存在疏忽、故意误导或进行财务舞弊等行为,例如虚构收款、篡改收款记录等,这些行为都会直接导致财务报告中的重大错报。

此外,数据准确性和完整性问题也会影响收款业务的重大错报风险。如果企业不能保证收款数据的准确性和完整性,就可能导致财务报告中的收入、应收账款等科目出现错误,进而引发重大错报。

同时,外部环境的变化也可能对收款业务产生重大影响,从而增加错报风险。例如,经济萧条、政策变化等外部环境因素可能导致企业收款困难、坏账增加等问题。这些问题如果未能得到妥善处理,就可能在财务报告中形成重大错报。

例 6-1:某公司采用赊销方式进行产品销售,并设有专门的销售部门和财务部门。请结合销售与收款循环的内部控制要求,分析以下情境并判断其是否存在控制缺陷。

(1)销售人员小张负责与客户签订销售合同,并直接向客户发送货物。在货物发出后,小张将销售发票和相关单据交给财务部门进行收款。

(2)财务部门在收到客户支付的款项后,仅由一名出纳员进行核对并登记入账,未进行复核。

(3)公司未定期对销售与收款循环进行内部审计,也未与外部审计机构合作进行审计。

案例分析:

(1)存在控制缺陷。销售人员小张既负责签订合同又负责发送货物,这可能导致职责不分离,增加舞弊风险。同时,小张直接将销售发票和相关单据交给财务部门,缺乏内部审核环节,可能导致财务数据的不准确。

(2)存在控制缺陷。财务部门在收款过程中,仅由一名出纳员进行核对并登记入账,缺乏复核环节,可能导致错误或舞弊行为的发生。

(3)存在控制缺陷。公司未定期对销售与收款循环进行内部审计,也未与外部审计机构合作进行审计,这可能导致无法及时发现和纠正内部控制的薄弱环节。

第三节　主营业务收入审计

营业收入项目指的是通过销售商品或提供劳务所取得的收入，主要包括主营业务收入和其他业务收入两部分。它不仅是企业补偿生产经营耗费的资金来源和企业的主要经营成果，也是企业取得利润的重要保障以及企业现金流入量的重要组成部分。同时，营业收入项目也是容易存在重大错报风险的项目之一。所以，对营业收入项目的审计对审计人员来说十分重要。本节将详细阐述主营业务收入的实质性程序，对于其他业务收入的实质性程序，因其与主营业务收入的处理方式类似，不再赘述。

一、主营业务收入的审计目标

主营业务收入的审计目标包括以下几方面。
（1）确定利润表中记录的主营业务收入是否已发生，且与被审计单位有关。
（2）确定所有应当记录的主营业务收入是否均已记录。
（3）确定与主营业务收入有关的金额及其他数据是否已恰当记录，包括对销售退回、销售折扣与销售折让的处理是否适当。
（4）确定主营业务收入是否已记录于正确的会计期间。
（5）确定主营业务收入是否已按照企业会计准则的规定在财务报表中做恰当列报。

二、主营业务收入的实质性程序

（一）检查主营业务收入明细表

（1）复核加计是否正确。
（2）核对总账数和明细账合计数是否相等。
（3）检查以非记账本位币结算的主营业务收入的折算汇率及折算是否正确。

（二）检查主营业务收入的确认方法是否符合《企业会计准则》的规定

按照企业会计准则的要求，企业商品销售收入应在下列条件均能满足时予以确认：①企业已将商品所有权上的主要风险和报酬转移给购货方；②企业既没有保留通常与所有权相联系的继续管理权，也没有对已售出的商品实施有效控制；③收入的金额能够可靠地计量；④相关的经济利益很可能流入企业；⑤相关的已发生或将发生的成本能够可靠地计量。因此，对主营业务收入的实质性程序，应在了解被审计单位确认产品销售收入的会计政策的基础上，重点测试被审计单位是否依据上述五个条件确认产品销售收入。

具体来说，被审计单位采取的销售方式不同，确认销售的时点也是不同的。
（1）采用交款提货的销售方式时，企业需在货款已收到或取得收取货款的权利，同时已将销售发票和提货单等结算凭证交给购货单位时确认收入。对此，审计人员应着重检查被审计单位是否收到货款或取得收取货款的权利，销售发票和提货单等结算凭证是否已交付给购货单位。审计人员还应注意有无扣压结算凭证，将当期收入转入下期入账的现象，或虚计收入、开具假发票、虚列购货单位等情况。

（2）采用预收账款的销售方式时，企业一般在商品已经发出时确认收入。对此，审计人员应重点检查被审计单位的商品是否已经真实发出。同时，审计人员还应注意是否存在对已收货款并将商品发出的交易不入账、转为下期收入，或开具虚假发运凭证、虚增收入等现象。

（3）采用托收承付的结算方式时，企业一般在商品已经发出或劳务提供，并且完成收款的全部手续时确认收入。对此，审计人员应重点检查被审计单位是否真实发货，托收手续是否办妥，货物发运凭证是否真实，是否已经收到托收承付的回单。

（4）采用分期收款的结算方式时，如果该款项已经符合收入确认的条件，则企业应在商品发出时确认收入。对此，审计人员应重点检查该交易是否具有融资性质，如果该交易具有融资性质，企业应按照应收的合同价款的公允价值来确定销售商品的收入金额。如果应收的合同或协议价款与其公允价值之间存在差额，则应当在合同期间内采用实际利率法进行摊销，计入当期损益。除此之外，审计人员还应检查有无违规或未按合同约定收款日确认收入的情况。

（5）当企业签订的是长期工程合同，如果合同的结果能够可靠估计，则应当根据完工百分比法确认合同收入。对此，审计人员应重点检查收入的计算和确认方法是否符合规定，并核对应计收入与实际收入是否一致，注意查明有无随意确认收入、虚增或虚减本期收入的情况。

例 6-2： 某房地产开发企业甲公司是增值税一般纳税人。A 注册会计师接受委托对甲公司 2023 年度的会计报表进行审计，在审查其"主营业务收入"明细账时，发现了如下问题。

（1）甲公司于 2023 年 12 月 30 日预售房地产项目收取的总价款为 1 430 万元，该项目预计 2024 年 9 月交房，当日会计人员根据一张 1 430 万元的信汇收款通知单确认了收入并做如下会计处理：

借：银行存款 14 300 000
　　贷：主营业务收入 14 300 000

（2）2023 年 11 月 12 日，甲公司销售一套房地产项目给异地购货单位乙公司，取得收入 1 200 万元（不含税），适用 9% 的增值税税率。甲公司将相关手续寄出并委托银行向异地购货单位收取货款后，按正常情况确认了收入，并结转成本 800 万元。而到了 2023 年 12 月 31 日，乙公司还尚未进行实地验收和向银行承认付款，甲公司未收到货款。2024 年 1 月 18 日，乙公司支付了相关价款。甲公司 2023 年年底会计处理如下。

借：银行存款 13 080 000
　　贷：主营业务收入 12 000 000
　　　　应交税费——应交增值税（销项税额） 1 080 000
借：主营业务成本 8 000 000
　　贷：库存商品 8 000 000

如果你是该审计人员，请你分析上述业务的会计处理是否恰当？若不正确，该做怎样的调整？

案例分析：

（1）甲公司收到客户预付款时，并不符合《企业会计准则》规定的收入确认条件，甲公司的会计处理虚增了主营业务收入。注册会计师建议做如下调整。

借：主营业务收入　　　　　　　　　　　　　　　　　　　　14 300 000
　　贷：预收账款　　　　　　　　　　　　　　　　　　　　　　14 300 000

（2）根据《企业会计准则应用指南附录——会计科目和主要账务处理》有关规定，甲公司在确认收入的节点时，商品的控制权并没有发生转移，因此在乙公司验收并付款前，该商品房仍属于企业的存货，并按发出商品进行分类，应按其实际成本借记"发出商品"，注册会计师应提请甲公司做如下调整。

借：银行存款　　　　　　　　　　　　　　　　　　　　　　13 080 000
　　贷：预收账款　　　　　　　　　　　　　　　　　　　　　　13 080 000
借：发出商品　　　　　　　　　　　　　　　　　　　　　　 8 000 000
　　贷：库存商品　　　　　　　　　　　　　　　　　　　　　　 8 000 000

审计调整分录为：
借：主营业务收入　　　　　　　　　　　　　　　　　　　　12 000 000
　　应交税费——应交增值税（销项税额）　　　　　　　　　　 1 080 000
　　贷：预收账款　　　　　　　　　　　　　　　　　　　　　　13 080 000
借：发出商品　　　　　　　　　　　　　　　　　　　　　　 8 000 000
　　贷：主营业务成本　　　　　　　　　　　　　　　　　　　　 8 000 000

《企业会计准则应用指南》"附录——会计科目和主要账务处理"
（1406 发出商品）

一、本科目核算企业未满足收入确认条件但已发出商品的实际成本（或进价）或计划成本（或售价）。采用支付手续费方式委托其他单位代销的商品，也可以单独设置"委托代销商品"科目。

知识链接：新旧准则对附有销售退回条款的销售收入确认原则的比较

二、本科目可按购货单位、商品类别和品种进行明细核算。

三、发出商品的主要账务处理。

（一）对于未满足收入确认条件的发出商品，应按发出商品的实际成本（或进价）或计划成本（或售价），借记本科目，贷记"库存商品"科目。发出商品发生退回的，应按退回商品的实际成本（或进价）或计划成本（或售价），借记"库存商品"科目，贷记本科目。

（二）发出商品满足收入确认条件时，应结转销售成本，借记"主营业务成本"科目，贷记本科目。采用计划成本或售价核算的，还应结转应分摊的产品成本差异或商品进销差价。

四、本科目期末借方余额，反映企业发出商品的实际成本（或进价）或计划成本（或售价）。

（三）实施实质性分析程序

审计人员应实施分析程序，通过数据的计算、分析、比较检查主营业务收入是否有异常变动，进而在总体上对主营业务收入的真实性做初步判断。常见的分析程序如下。

（1）主营业务收入构成分析：这是主营业务收入实质性分析的关键程序。通过对企业主营业务收入来源的详细分析，审计人员可以了解企业主营业务的发展情况、市场占有率、产品结构和客户结构等信息，从而判断企业的经营状况和发展趋势。

（2）趋势分析与比率分析：审计人员可以查看企业过去的财务报表，比较不同时间段的主营业务收入数据，分析收入的变动趋势。同时，还可以通过计算与主营业务收入相关的各种比率，如毛利率、净利率等，来评估收入的盈利能力和质量。

（3）与行业标准的比较：审计人员可以将企业的主营业务收入数据与行业标准或同行业其他企业的数据进行比较，以评估企业收入的合理性和竞争力。

（4）审计证据收集：审计人员可以收集相关的审计证据，如销售合同、发票、发运凭证、收款记录等，以验证主营业务收入的真实性和完整性。

（5）审计抽样与测试：审计人员可以根据审计计划对部分交易进行抽样，并进行详细的测试和核查，以确认主营业务收入的准确性。

通过这些实质性分析程序，审计人员能够更全面地了解企业的主营业务收入情况，发现可能存在的问题或风险，并据此提出相应的审计意见或建议。需要注意的是，具体的实质性分析程序可能因企业的具体情况、行业特点以及审计目标的不同而有所差异。

例 6-3：E 公司 2023 年度主营业务收入明细分析如表 6-1 所示。

表 6-1　E 公司 2023 年度主营业务收入明细分析　　　　　　　　　　单位：元

月份	主营业务收入明细项目					
	合计	除气机	过滤袋	石墨杆 $\varphi 75$	石墨轮 $\varphi 150$	石墨轮 $\varphi 180$
1 月	1 018 500.00	720 000.00	66 000.00	135 000.00	61 500.00	36 000.00
2 月	612 600.00	360 000.00	56 100.00	108 000.00	48 000.00	40 500.00
3 月	860 550.00	600 000.00	61 050.00	112 500.00	51 000.00	36 000.00
4 月	730 200.00	480 000.00	50 040.00	111 200.00	43 900.00	45 060.00
5 月	691 200.00	480 000.00	46 200.00	99 000.00	30 000.00	36 000.00
6 月	843 600.00	600 000.00	47 850.00	117 000.00	36 000.00	42 750.00
7 月	832 840.00	600 000.00	48 840.00	108 000.00	40 000.00	36 000.00
8 月	722 750.00	480 000.00	49 500.00	112 500.00	38 000.00	42 750.00
9 月	844 500.00	600 000.00	52 800.00	115 200.00	36 000.00	40 500.00
10 月	721 480.00	480 000.00	51 480.00	99 000.00	38 000.00	53 000.00
11 月	844 340.00	600 000.00	48 840.00	117 000.00	38 000.00	40 500.00
12 月	710 020.00	480 000.00	47 520.00	99 000.00	34 000.00	49 500.00
合计	9 432 580.00	6 480 000.00	626 220.00	1 333 400.00	494 400.00	498 560.00
上期数	8 038 116.67					
变动额	1 394 463.33					
变动比例	17.35%					

请你结合案例，分析审计人员采用了什么样的测试方法？你能从该表中发现什么问题？

案例分析：

审计人员采用了实质性分析程序，通过分析 E 公司 2023 年度主营业务收入明细，发现 E 公司的产品销售结构比较稳定，但各月销售收入略有波动。受春节影响，1月、3 月销售额居全年最高，2 月最低。但 6 月、7 月销量回升后，8 月、10 月、12 月销售额却较低，且这几个月份接近年末，这种现象可能揭示出该公司存在少计或隐瞒销售收入的问题。审计人员应继续追查，实施进一步的审计程序。

（四）审查售价是否符合价格政策

被审计单位的实际售价往往是根据合同条款及过往经验来确定的，其不一定与合同标价相等。对此，审计人员在实施实质性测试时应当获取产品价格目录，抽查售价是否符合价格政策，并注意销售给关联方或关系密切的重要客户的产品价格是否合理，有无以低价或高价结算转移利润的现象，同时还应当询问管理层相关交易价格的确定方法，检查管理层的处理是否恰当。

（五）从主营业务收入明细账到相关凭证来进行"发生"认定

审计人员可以把主营业务收入明细账中的会计分录作为起点，对相关凭证进行检查。审计人员应检查主营业务收入明细账中的交易，确认其是否与企业的日常经营活动相符，并核对相关的凭证。这些凭证应该包括销售合同、销售发票、发运凭证、收款回单等。与此同时，审计人员还应验证这些凭证的真实性和有效性，检查凭证的日期、金额、摘要等信息是否与明细账中的记录一致。此外，审计人员还应关注是否存在虚构交易或篡改凭证的情况。这些行为都可能导致对主营业务收入的高估。

（六）从发运凭证到主营业务收入明细账来进行"完整性"认定

发运凭证是测试收入"完整性"的起点。审计人员可通过"顺查"的方式确定是否存在遗漏事项。此外，审计人员还可以通过检查发运凭证的编号来查明是否已获取完整的发运凭证。

（七）实施应收账款函证程序

在本章"应收账款审计"之"应收账款的实质性程序"中对应收账款函证程序有具体的说明。

（八）实施销售的截止测试

对销售实施截止测试，其目的主要在于确定被审计单位的主营业务收入是否计入恰当的会计期间。审计人员在实施截止销售测试的过程中，应当把握三个与主营业务收入确认有着密切关系的日期：发票开具日期、记账日期和发货日期。销售截止测试的具体程序通常如下：

（1）选取资产负债表日前后若干天一定金额以上的发运凭证，将应收账款和收入明细账进行核对；同时，从应收账款和收入明细账中选取在资产负债表日前后若干天一定金额以上的凭证，与发运凭证核对，以确定销售是否存在跨期现象。

（2）复核资产负债表日前后销售和发货水平，确定业务活动水平是否异常，并考虑是否有必要追加实施截止性测试。

（3）取得资产负债表日后所有的销售退回记录，检查是否存在提前确认收入的情况。

（4）结合对资产负债表日应收账款的函证程序，检查有无未取得对方认可的大额销售；若有，应做好记录并提请被审计单位做相应调整。

（5）调整重大跨期销售。

在审计实务过程中，审计人员可以从三条审计路线实施销售截止测试。

（1）以销售发票为起点，从报表日前后若干天的发票存根查至发运凭证与账簿记录。检查已确认开具发票的货物是否发货，并于同一会计期间确认收入，防止低估收入。它的优点是比较全面、连贯，比较容易发现漏记收入的情形；缺点是比较费时、费力，尤其是难以查找相应的发货及账簿记录，不容易发现多计收入。

（2）以发运凭证为起点，从报表日前后若干天的客户已经签收的发运凭证查至发票的开具情况与账簿记录。确认收入是否已计入恰当的会计期间，防止低估收入。它的优点是比较全面、连贯，容易发现漏记；缺点是比较费时、费力，不容易发现多计收入。

（3）以账簿记录为起点，从报表日前后若干天的账簿记录追查至记账凭证，检查发票存根与发运凭证。证实已入账的收入是否在同一期间已发货并由客户签收和开具发票，有无多计收入，防止高估主营业务收入。它的优点是比较直观，容易追查至相关凭证记录；缺点是缺乏全面性和连贯性，只可查多计，无法查少计。

（九）检查销售退回、折扣与折让

存在销售退回、折扣与折让时，审计人员应检查相关手续是否符合规定，结合相关原始凭证检查其会计处理是否正确，特别应当关注存货项目的情况。

（十）确定主营业务收入在利润表上列报是否恰当

审计人员应审查主营业务收入在利润表上所列的金额与审定数是否一致，主营业务收入确认所采用的会计政策是否已在财务报表附注中披露。

第四节　应收账款审计

应收账款指企业因销售商品、提供劳务而形成的债权，即由于企业销售商品、提供劳务，应向购货客户或接受劳务的客户收取的款项或代垫的运杂费，是企业的债权性资产。企业的应收账款是在销售交易或提供劳务过程中产生的。因此，应收账款的审计应结合销售交易来进行。

一、应收账款的审计目标

（1）确定资产负债表中记录的应收账款是否存在。

（2）确定所有应当记录的应收账款是否均已记录。
（3）确定记录的应收账款是否由被审计单位拥有或控制。
（4）确定应收账款是否可收回，坏账准备的计提方法和比例是否恰当，计提是否充分。
（5）确定应收账款及其坏账准备期末余额是否正确。
（6）确定应收账款及其坏账准备是否已按照企业会计准则的规定在财务报表中做出恰当列报。

二、应收账款的实质性程序

（一）检查应收账款明细表

（1）审计人员应取得应收账款明细表，复核加计是否正确。
（2）核对总账数和明细账合计数是否相等，结合坏账准备科目与报表数核对是否相符。
（3）检查非记账本位币应收账款的折算汇率及折算是否正确。
（4）如果应收账款科目有贷方余额，审计人员应查明原因，必要时做重分类调整。
（5）综合分析其他应收、预收款项等往来项目的明细余额，以深入调查是否存在同一客户在多个账目上挂账，或是出现异常余额的情况。同时，审计人员还应特别关注那些与销售业务不直接相关的其他款项，例如代销账户、关联方账户或员工账户等。
（6）审计人员应在应收账款明细表中标明应收关联方（包括持股5%以上的股东）的款项，并注明编制合并报表时应抵销的金额。

（二）检查涉及应收账款的相关财务指标

（1）验证财务数据的合理性：审计人员应复核应收账款借方累计发生额与主营业务收入之间的关系，确保二者之间的匹配度。此外，审计人员还应将当期应收账款借方发生额占销售收入净额的百分比，与管理层设定的考核指标以及被审计单位实施的赊销政策进行对比分析。若在对比过程中发现任何异常，审计人员应深入调查，明确原因，以确保财务数据的准确性和完整性。
（2）评估应收账款的管理效率：审计人员可以通过计算应收账款周转率、应收账款周转天数等重要指标来验证这些指标是否合理，是否存在异常情况。

（三）对应收账款进行账龄分析

审计人员可以通过编制应收账款账龄分析表对应收账款的账龄进行分析。应收账款的账龄，通常是指公司尚未收回的应收账款的时间长度。编制应收账款账龄分析表时，可以考虑选择重要的客户及其余额列示，而将不重要的或余额较小的汇总列示。应收账款账龄分析表的合计数减去已计提的相应坏账准备后的净额，应该等于资产负债表中的应收账款项目余额。审计人员可以通过编制应收账款账龄分析表来分析应收账款的账龄，以便了解应收账款的可收回性。应收账款账龄分析表参考格式如表6-2所示。

表 6-2 应收账款账龄分析表

年　　月　　日　　　　　　　　　　　　　　　　　　　　　　　单位：元　　币种：人民币

客户名称	期末余额	未到期	已到期天数			
			1～60 天	61～120 天	121～360 天	360 天以上
合计						
百分比						

例 6-4：D 公司 2023 年度应收账款账龄分析表，如表 6-3 所示。

表 6-3　D 公司 2023 年度应收账款账龄分析表

2023 年 12 月 31 日　　　　　　　　　　　　　　　　　　　　　　　　　　　单位：万元

账龄	A 公司		B 公司		C 公司		合计	
	金额	比重/%	金额	比重/%	金额	比重/%	金额	比重/%
折扣期内	3 996.45	55.51	972.70	88.43	450.00	56.25	5 419.16	59.55
过折扣期但未到期	3 137.61	43.58	71.95	6.54	149.93	18.74	3 359.50	36.92
过期 1～30 天	15.60	0.22	55.24	5.02	15.74	1.97	86.58	0.95
过期 31～60 天	50.34	0.70	0.11	0.01	30.00	3.75	80.44	0.88
过期 61～90 天					154.12	19.27	154.12	1.69
过期 91～180 天					0.15	0.02	0.15	0.00
过期 180 天以上					0.55	0.01	0.055	0.00
合计	7 200.00	100	1 100.00	100.00	800.00	100.00	9 100.00	100.00

请结合案例分析审计人员采用了什么样的测试方法？你能从该表中发现什么问题？

案例分析：

审计人员采用了实质性分析程序。通过分析 D 公司 2023 年度应收账款账龄情况，我们可发现 D 公司的大部分应收账款处于折扣期内，未到期的应收账款比重占到了 96.47%，该部分应收账款金额收回的可能性较大。其中，值得关注的是，对 C 公司的应收账款中有一笔过期 61～90 天且金额较大的款项比较异常，审计人员应实施进一步的审计程序，做详细审查。

（四）向债务人函证应收账款

应收账款函证就是直接发函给被审计单位的债务人，要求其核对被审计单位应收账款的记录是否正确的一种方法。应收账款函证是为了证实应收账款账户余额的真实性和正确性，以此发现被审计单位及其有关人员在销售交易中发生的错误或舞弊行为。通过函证应收账款，审计人员可以比较有效地证明债务人的存在和被审计单位记录的可靠性。审计人员应综合考虑被审计单位的经营环境、内部控制的有效性、应收账款账户的性质、被询证者处理询证函的习惯做法及回函的可能性等，以此来确定应收账款函证的范围、对象、方式和时间。

1. 确定函证的范围和对象

除非有充分证据表明应收账款对被审计单位财务报表而言是不重要的，或者函证很可能是无效的,否则,审计人员应当对应收账款进行函证。在抽样审计的情况下,函证数量、范围是由诸多因素决定的,主要有以下几个方面。

(1)应收账款在全部资产中的重要性。若应收账款在全部资产中所占的比重较大,则其审计的范围也应扩大;反之,则审计范围可适当缩小。

(2)被审计单位内部控制的强弱。若内部控制制度较健全,则可以相应减少函证范围;反之,则应扩大函证范围。

(3)以前期间的函证结果。若以前期间函证中发现过重大差异,或欠款纠纷较多,函证范围应扩大。

一般情况下,审计人员应选择以下项目作为函证对象:①大额或账龄较长的项目;②与债务人发生纠纷的项目;③重大关联方项目;④主要客户(包括关系密切的客户)项目;⑤交易频繁但期末余额较小甚至余额为零的项目;⑥可能产生重大错报或舞弊的非正常项目;⑦新增的项目。

2. 选择函证方式

函证分为积极式函证和消极式函证两种。审计人员可以单独使用其中任何一种,也可以把二者结合起来使用。积极式函证和消极式函证的参考格式分别见表6-4和表6-5。

表6-4 积极式询证函

_____(公司)

本公司聘请的ABC会计师事务所正在对本公司××年度财务报表进行审计,按照《中国注册会计师审计准则》的要求,应当询证本公司与贵公司的往来账项等事项。下列信息出自本公司账簿记录,如与贵公司记录相符,请在本函下端"信息证明无误"处签章证明;如有不符,请在"信息不符"处列明不符项目;如存在与本公司有关的未列入本函的其他项目,请在"信息不符"处列出这些项目的金额及详细资料。回函请直接寄ABC会计师事务所业务××部××注册会计师。

通信地址: 传真:
邮编: 电话:
(本函仅为复核账目之用,并非催款结算)

截止日期	贵公司欠	欠贵公司	本公司科目	备注

若款项在上述日期之后已经付款,仍请及时函复为盼。

××公司
××年××月××日

信息证明无误	信息不符及需加证明事项(详细附后)
公司签章:	公司签章:
日期:	日期:
经办人:	经办人:

表 6-5 消极式询证函

_____（公司）

本公司聘请的 ABC 会计师事务所正在对本公司××年度财务报表进行审计，按照《中国注册会计师审计准则》的要求，应当询证本公司与贵公司的往来账项等事项。下列数据出自本公司账簿记录，如与贵公司记录相符，则无须回复；如有不符，请直接通知会计师事务所，并请在空白处列明贵公司认为是正确的信息。回函请直接寄 ABC 会计师事务所业务××部××注册会计师。

通信地址：　　　　　　　　　　传真：
邮编：　　　　　　　　　　　　电话：
（本函仅为复核账目之用，并非催款结算）

截止日期	贵公司欠	欠贵公司	本公司科目	备注

若款项在上述日期之后已经付款，仍请及时函复为盼。

　　　　　　　　　　　　　　　　　　　　　　　　　　　　　公司签章
　　　　　　　　　　　　　　　　　　　　　　　　　　　　　年　月　日

ABC 会计师事务所：
上面信息不正确，差异如下：

　　　　　　　　　　　　　　　　　　　　　　　　　　　　　公司签章
　　　　　　　　　　　　　　　　　　　　　　　　　　　　　年　月　日
　　　　　　　　　　　　　　　　　　　　　　　　　　　　　经办人：

注册会计师具体采用哪种函证方式，可以根据下列情形进行选择。

（1）当债务人符合个别账户的欠款金额较大，有理由相信欠款可能存在争议、差错或问题时宜选用积极式函证。

（2）当债务人符合相关的内部控制是有效的，预计差错率较低，欠款余额小的债务人数量很多，审计人员有理由相信大多数被询证者能认真对待询证函，并对不正确的情况做出反馈时宜选用消极式函证。

3. 选择函证时间

在选择函证时间时，需要注意以下几个关键事项，以确保函证的有效性和准确性。

（1）考虑资产负债表日：通常以资产负债表日为截止日，因为这一天代表了企业某一特定日期的财务状况。选择这一时间点作为函证截止日，有助于确保函证内容与企业当时的财务状态相符。

（2）评估回复时间：在选择函证发送时间时，需要充分考虑对方复函的时间。不同企业和机构处理函证的时间可能有所不同，因此需要预留足够的时间以确保在审计工作结束前获得所需资料。

（3）风险评估：根据审计过程中的风险评估结果，可能需要调整函证时间。如果固有风险和控制风险被评估为低水平，审计人员可以选择在资产负债表日前适当日期为截止日实施函证，这样可以提前获取部分资料，减轻后续审计工作的压力。

（4）考虑业务周期：对于具有明显业务周期的企业，可以根据其业务周期的特点来选择合适的函证时间。例如，在业务高峰期进行函证，可能会影响回复率和回复质量，因此需要谨慎选择。

4. 控制函证过程

审计人员通常利用被审计单位提供的应收账款明细账户名称及通信地址等资料编制询证函。但为保证函证的有效性，审计人员应当对确定需要确认或填列的信息、选择适当的被询证者、设计询证函，以及发出和跟进（包括收回）询证函等过程进行控制。

收到回函后，审计人员可以编制函证结果汇总表，以对询证函的收回情况加以汇总，控制函证结果。函证结果汇总表如表6-6所示。

表6-6　应收账款函证结果汇总表

询证函编号	客户名称	地址及联系方式	账面金额	函证方式	函证日期	回函日期	替代程序	确认余额	差异及金额说明	备注
合计										

5. 对不符事项的处理

对应收账款而言，登记入账的时间不同而产生的不符事项主要表现如下。

（1）询证函发出时，债务人已经付款，而被审计单位尚未收到货款。

（2）询证函发出时，被审计单位的货物已经发出并已做销售记录，但货物仍在途中，债务人尚未收到货物。

（3）债务人由于某种原因将货物退回，而被审计单位尚未收到。

（4）债务人对收到货物的数量、质量及价格等有异议而全部或部分拒付货款等。

如果不符事项构成错报，审计人员应当评价该错报是否表明存在舞弊，并重新考虑所实施审计程序的性质、时间安排和范围。

6. 对函证结果的总结和评价

审计人员对函证结果可进行如下评价。

（1）重新考虑对内部控制的原有评价是否适当，控制测试的结果是否适当，分析性复核的结果是否适当，相关的风险评价是否适当等。

（2）如果函证结果表明没有审计差异，则可以合理推论，全部应收账款总体是正确的。

（3）如果函证结果表明存在审计差异，则应当估算应收账款总额中可能出现的累计差错是多少，估算未被选中进行函证的应收账款的累计差错是多少。为取得对应收账款累计差错更加准确的估计，也可以进一步扩大函证范围。

（五）对未函证应收账款实施替代审计程序

通常，审计人员不可能收到函证的所有回函，也不可能对所有应收账款进行函证，因此，对于函证未回函及未函证的应收账款，审计人员应抽查有关原始凭据，如销售合同、销售订购单、销售发票副本、发运凭证及期后收款的回款单据等，以验证应收账款的真实性。

（六）确定已收回的应收账款金额

审计人员可以请被审计单位协助，在应收账款账龄分析表中标出至审计时已收回的应收账款金额，对已收回金额较大的款项进行常规检查，如核对收款凭证、银行对账单、销售发票等，并注意凭证发生日期的合理性，分析收款时间是否与合同相关要素一致。

（七）检查坏账的确认和处理

首先，审计人员应核查是否存在债务人破产或亡故的情况，并针对这些特殊情况进一步审查相关的应收账款。特别是针对已破产或遗产清偿后依然无法追回的款项，以及债务人长时间拖欠未还的应收账款，应重点关注这些应收账款的坏账提取。其次，审计人员还需核实被审计单位在核销坏账时是否遵循了既定的授权审批流程，并确保相关的会计处理符合企业会计准则的规范要求。

（八）抽查有无不属于结算业务的债权

不属于结算业务的债权，不应在应收账款中进行核算。因此，审计人员应抽查应收账款明细账，并追查有关原始凭证，查证被审计单位有无不属于结算业务的债权；如有，应建议被审计单位做适当调整。

（九）检查应收账款的贴现、质押或出售

检查银行存款和银行借款等询证函的回函、会议纪要、借款协议和其他文件，确定应收账款是否已被贴现、质押或出售，其会计处理是否恰当。

（十）对应收账款实施关联方及其交易审计程序

审计人员应对关联企业以及有密切关系的主要客户的交易事项做专门核查：①了解交易事项目的、价格和条件，做比较分析；②检查销售合同、销售发票、发运凭证等相关文件资料；③检查收款凭证等货款结算单据；④向关联方或有密切关系的主要客户进行函证，以确认交易的真实性与合理性。

（十一）确定应收账款的列报是否恰当

如果被审计单位为上市公司，其财务报表附注通常应披露期初、期末余额的账龄分析，期末欠款金额较大的单位账款，以及持有5%及以上股份的股东单位账款等。

三、坏账准备的实质性程序

企业应当在期末对应收款项进行检查,并合理预计坏账损失。应收款项包括应收票据、应收账款、其他应收款和长期应收款等。下面以应收账款的坏账准备为例,阐述实质性程序。

(1)检查坏账准备明细表,复核加计是否正确,将坏账准备总账数与明细账合计数进行核对,检查两者是否相符。

(2)将应收账款坏账准备本期计提数与信用减值损失相应项目的发生额进行核对,看二者是否相符。

(3)检查应收账款坏账准备计提和核销的批准程序,取得书面报告等证明文件,评价计提坏账准备所依据的资料、假设及方法。

(4)如果坏账准备已经确认发生,审计人员应检查被审计单位的转销依据是否符合有关规定,会计处理是否正确。

(5)如果存在已经确认并转销的坏账重新收回,审计人员应检查其会计处理是否正确。

(6)检查函证结果。对债务人回函中反映的例外事项及存在争议的余额,审计人员应查明原因并做记录。必要时,应建议被审计单位做相应的调整。

(7)实施分析程序。通过比较前期坏账准备计提数和实际发生数,以及检查期后事项,评价应收账款坏账准备计提的合理性。

(8)确定应收账款坏账准备的披露是否恰当,如企业是否按规定在报表附注中披露了计提坏账的标准和方法等。

例 6-5:A 注册会计师对甲公司 2023 年度财务报表进行审计,在审查坏账损失时发现。

(1)乙公司在多年前欠甲公司 800 万元,因财务状况不佳多年未偿还。甲公司已做坏账处理,并报有关部门审核批准。2023 年 8 月 12 日,乙公司在经营状况好转之后偿还欠款中的 483.6 万元,甲公司做会计处理如下。

借:银行存款　　　　　　　　　　　　　　　　　　　　　4 836 000
　　贷:坏账准备　　　　　　　　　　　　　　　　　　　　　4 836 000

(2)甲公司采用"账龄分析法"计提坏账准备,2023 年全额提取坏账准备的账户有 7 笔,其中:未到期的应收账款有 2 笔,共计 1 500 万元;债务重组 1 笔,计 1 200 万元;与子公司产生的交易 1 笔,计 800 万元,其他已逾期但无充分证据证明已无法收回的有 3 笔,计 300 万元。

如果你是该审计人员,请分析上述业务的会计处理是否恰当?若不正确,该做怎样的调整?

案例分析:

(1)根据企业会计制度的规定,对于已做坏账准备会计处理的欠款,在后期收到还款时,应借记"银行存款"科目,贷记"应收账款"科目,并同时借记"应收账款"科目,贷记"坏账准备"科目。由此可知,甲公司的会计处理虽然不影响会计报表的最终数值,但无法反映经济事项发生的全程,属于不规范的会计处理,审计人员应建议甲公司做如下调整。

借:银行存款   4 836 000
  贷:应收账款   4 836 000
借:应收账款   4 836 000
  贷:坏账准备   4 836 000

(2)根据企业会计制度的规定,对于当年未到期的应收账款、债务重组相关应收账款、与关联方发生的应收账款及虽逾期但无确凿证据证明无法收回的应收账款,企业不能全额计提坏账准备。因此,甲公司的7笔坏账准备相关的会计处理都不符合企业会计制度的规定,应进行调整。A审计人员应提请被审计单位整改,并将审计结果与甲公司的调整情况详细记录在审计工作底稿中。若甲公司拒绝调整,A审计人员应根据数额大小及对财务会计报表的影响程度,考虑出具的审计意见类型,并考虑是否在审计报告中做适当的披露。

《企业会计制度》第53条

在确定坏账准备的计提比例时,企业应当根据以往的经验、债务单位的实际财务状况和现金流量等相关信息予以合理估计。除有确凿证据表明该项应收款项不能收回或收回的可能性不大外(如债务单位已撤销、破产、资不抵债、现金流量严重不足、发生严重的自然灾害等导致停产而在短时间内无法偿付债务等,以及3年以上的应收款项),下列各种情况不能全额计提坏账准备:(一)当年发生的应收款项;(二)计划对应收款项进行重组;(三)与关联方发生的应收款项;(四)其他已逾期,但无确凿证据表明不能收回的应收款项。

知识链接:新准则下应收账款坏账准备计提方法概述

其他相关账户审计

在销售与收款循环审计的过程中,除占据核心地位的主营业务收入审计和应收账款审计之外,还有一些占比稍小,但同样举足轻重的科目审计不容忽视。比如应收票据审计、预收账款审计,以及销售费用审计等,它们共同构成了完整的销售与收款循环审计,确保了审计证据的完整性。

知识链接:销售与收款循环中其他相关账户的审计

第五节　大数据背景下销售与收款循环审计方法研究

一、大数据推动销售收入审计方法的发展

（一）销售业务大数据采集

中央审计委员会办公室、审计署印发的《"十四五"国家审计工作发展规划》指出，要全面贯彻落实习近平总书记关于科技强审的要求，加强审计技术方法创新，充分运用现代信息技术开展审计，提高审计质量和效率。在销售与收款循环审计中，运用大数据信息技术进行销售业务的数据采集，成为会计师事务所顺应"十四五"发展趋势的必然选择。

1. 大数据采集基本内容

数据采集是大数据审计的基础。只有采集到与审计项目有关的数据，才能通过数据分析的方法，发现问题线索，并在此基础上收集审计证据，从而精准、高效地完成审计项目。大数据采集应当做好以下几方面工作。

（1）数据梳理。审计人员应当根据项目的内容，梳理出需要采集哪些方面的数据，作为下一步数据采集的基础。

（2）数据采集审前调查。首先，要了解被审计单位的数据来源，主要包括承载数据的平台、应用系统，如财务系统、业务系统、办公系统等。其次，要了解系统的品牌、模块和所使用的数据库，以及连接系统、获取数据的方式和格式。最后，要了解被审计单位对数据的备份管理。

（3）制订数据采集方案。审计人员应根据审前调查的结果提出数据采集方案，明确数据采集的具体方法。

（4）实施数据采集。审计人员应按照事先制订的方案进行数据采集。为了满足审计需要，审计人员还可按照方案要求，采集与审计项目相关的外部数据，包括对标企业的数据、行业相关数据以及政府部门对外分布的数据等。

（5）数据安全。审计人员应当采取必要措施以保证数据的安全。

（6）审计数据库的建立与完善。为了保证审计的质量，提高审计效率与效果，内部审计部门可在历年审计的基础上，逐步建立审计数据库。比如，内部审计部门可根据历年的工程项目竣工决算审计数据，分类建立工程竣工结算数据库，并据此明确各类工程项目的投资控制标准，为大数据分析奠定基础。为了确保数据的安全性和可靠性，汇总数据由专人进行加工、转换，最终加载到相关数据库中。如果审计人员在审计过程中需要查询或分析数据，需要向被审计单位进行申请、登记，严格把控数据的流向，防止泄露。

2. 销售业务大数据采集具体应用

首先，审计人员可通过组建销售业务专项审计组，梳理出与审计项目相关的数据清单，包括客户及其分类、销售产品及数量、销售价格、销售折扣与折让、销售合同、发

货、销售回款、应收账款及坏账损失、销售费用,以及与销售相关的生产、客户投诉、客户满意度调查、合同纠纷与诉讼等。

接着,通过数据采集审前调查,结合企业的实际情况,审计人员可通过三种方式相结合来采集数据。一是对于难以通过 SAP 软件直接导出的数据量大的内容,要求企业信资部门提供 DMP 数据库备份文件;二是对于分类业务数据,要求相关营销部、采购部等部门通过 SAP 软件提供的功能从前端导出 Excel 格式;三是对于重点关注数据,审计组直接从 SAP 软件中将数据提取并导出 Excel 格式。按照数据采集方案,审计组开展数据采集。

此外,在销售与收款环节,可通过 CPAS 的完整审计信息系统解决方案,实现销售业务的大数据采集。CPAS 4.1 审计作业系统内置数据采集工具,可采集市面常见 300 多种财务软件,400 多个版本,包括 SAPR/3、ECC6/Oracle EBS R12、用友 NC/U8/U9、金蝶 EAS、K3 Cloud 等,一键采集,快速转换。该工具采集到的数据可以通过网络传输工具发送给企业 IT 工程师或审计组,便于远程协作。采集完成后,可以生成结果文件,供审计人员导入审计作业系统。所有流程通过互联网远程操作,无须现场作业。数据导入完成的项目,可以通过"项目管理工具"的项目导出功能分发给审计组其他成员,节约审计组其他成员的电子财务数据采集转换时间。

(二)销售业务大数据分析

1. 传统大数据分析技术的分类

大数据分析是大数据审计的关键环节和核心内容。通过大数据分析,审计人员能够发现相关数据的异常或者偏差,并以此为线索进一步分析和查证,进而发现业务和管理中存在的问题。大数据分析技术有多种,传统的分析方法包括以下几种。

(1)对比分析法。纵向对比是将相关指标的实际完成情况与目标、标准、往年数据等进行对比分析,横向对比是将本企业相关数据与标杆企业、行业先进水平等进行对比分析。相对来说,横向对比往往更有说服力,但需要通过购买数据等方式采集其他企业的相关数据。

(2)趋势分析法。将不同时期相关数据或比率进行比较,直接观察其增减变动情况及变动幅度,考察其发展趋势。

(3)比率分析法。通过计算有关指标的比率,观察比率变化,分析经营状况和结果。

(4)结构分析法。对相关指标的构成进行分析,并观察其变化。

(5)因素分析法。对相关指标构成因素及各因素对指标变化的影响方向和程度进行分析。

(6)异常筛查法。运用关键字或者设定标准,对数据进行筛查,发现异常情况,并以此为线索进一步查证。

(7)关联度分析。利用所采集的数据之间的关联关系,对相关数据进行分析,发现异常情况,并以此为线索进一步查证。

2. 销售业务大数据分析具体应用

审计组在销售业务数据采集的基础上,进行大数据分析。

（1）运用对比分析法，分析被审计单位实际发生销售费用与预算的偏差。如果存在明显的偏差，需要进一步分析原因。

（2）运用趋势分析法，分析被审计单位应收账款总额的增长率。如果呈现持续增长态势，且增长率均高于销售收入增长率，且被审计单位应收账款总额规模巨大，则意味着被审计单位可能面临严重风险。

（3）运用结构分析法，分析被审计单位的应收账款结构，总结被审计单位在正常购销期的应收账款占应收账款总额的百分比，逾期在1个月内、1~3个月、3（不包含）~12个月、1~2年、超过2年的应收账款占应收账款总额的百分比。若逾期应收账款占应收账款比例过高，证明企业面临巨大风险。

（4）通过异常筛查，发现并分析被审计单位的异常销售订单及涉及的销售金额，分析被审计单位是否存在订单销售价格严重偏离正常折扣、赊销订单不符合信用政策等情况，筛查被审计单位是否存在坏账准备计提严重不足的情况等。

（5）运用关联度分析发现被审计单位的异常销售订单。比如，某客户注册资本50万元，总资产规模1 000多万元，先后多次向被审计单位下属企业赊购产品的金额及应收账款金额远超被审计单位的总资产规模。

（三）销售业务大数据审计证据获取

1. 大数据审计证据关键问题

大数据审计中，审计人员应针对审计发现的问题，获取相关的审计证据。在获取审计证据时，应对如下几个方面有所了解。

（1）审计证据的类型。大数据审计中，审计证据除传统的审计证据外，还包括电子化数据。电子化数据不仅包括结构化数据，也包括非结构化数据；不仅包括电子数据本身，还包括数据库技术白皮书、数据提供方的承诺，以及审计人员采集、验收、整理数据的过程记录。

（2）审计证据的获取。大数据审计中，审计人员在数据采集阶段，对数据库技术白皮书、数据提供方对于数据真实性的承诺书等作为整体性证据予以保留。在数据分析阶段发现的线索，或直接认定为问题的，审计人员应及时获取相关电子化数据作为审计证据予以保留，并纳入审计工作底稿。同时，审计人员应在审计工作底稿中完整记录分析数据的审计思路、具体程序语句等。在线索查证阶段，审计人员需根据采用的审计技术方法，对形成的审计证据予以保留，并纳入审计工作底稿。

（3）审计证据的复核。审计组长审核审计工作底稿，对收集的审计证据进行复核，以保证审计证据的真实性、合法性和相关性。

2. 销售业务大数据审计证据获取具体应用

针对大数据分析发现的销售订单异常情况，审计人员应在已经获得的审计证据基础上通过"两步走"的方式进一步固化审计证据链条：对内而言，调阅相关销售策略审批资料，重点了解销售价格、赊销期限，并与相关经办人员访谈，了解客户营销背景、客户来源；对外而言，通过网络、企业信息查询公司了解客户基本情况，同时对部分重大异常客户开展现场走访，重点了解客户实力、客户对公司销售策略的理解。

二、大数据推动应收账款审计方法的发展

（一）会计师事务所信息化转型

1. 会计师事务所信息化转型的必要性

新冠疫情的暴发，给会计师事务所执行 2019 年年报审计工作带来严重的影响。按照规定，A 股上市公司 2019 年的年度财务报告均需经会计师事务所审计后在 2020 年 4 月 30 日之前公开披露。但受疫情影响，现场审计工作难以开展。截至 2020 年 2 月 17 日，深沪两市约 162 家上市公司向后变更了 2019 年年报预约披露时间。为此，中国注册会计师协会、中国人民银行、财政部、银保监会、中国证监会、国家外汇管理局、中国香港证监会、中国香港交易所和中国香港会计师公会等相关监管机构纷纷出台应对措施，以促使 2019 年度年报的审计工作顺利完成。在疫情防控的特殊背景下，有计划地开展信息化转型显得尤为重要。为此，国内各大会计师事务所积极探索信息化转型，并采用远程审计的方式，有效推进年报审计工作。会计师事务所信息化转型是会计师事务所为了及时、圆满完成特殊情况和不可抗力情况下年报审计工作的有效对策。

《中国会计报》：推动行业数字化转型发展

案例研讨问题：

1.《注册会计师行业信息化建设规划（2021—2025 年）》对注册会计师行业的未来发展提出了怎样的要求？

2. 数字化转型可能从哪些方面影响事务所的鉴证业务模式？

案例 6-1：《中国会计报》：
推动行业数字化转型发展

2. 会计师事务所信息化转型存在的问题

1）缺乏行业法规指引

对于国内会计师事务所而言，远程审计信息化平台是新生事物，注册会计师审计准则及配套的指南都没有对其做出明确的规定及执业意见，缺少统一的执业标准。注册会计师的具体权限和职责并没有在准则中明确规定，导致注册会计师在执行过程中缺乏操作指引和规则约束，出现"无法可依，无规可循"的情况。

2）会计师事务所信息技术基础薄弱

当前国内会计师事务所信息化程度总体上较低，大多数会计师事务所并不注重信息技术方面的研发投入，导致存在既掌握信息技术又熟悉审计工作的复合型人才十分缺乏、技术开发力量薄弱、系统智能化程度较低等问题，无法为审计信息化转型提供足够

的技术支撑。

3）信息安全和隐私保护存在问题

会计师事务所需要处理大量的敏感数据和信息，如客户的财务数据、交易信息等。如何确保这些信息的安全性和隐私性，防止数据泄露和滥用，是会计师事务所需要认真考虑和解决的问题。

（二）大数据远程审计信息化平台实现全流程线上函证

2016—2017 年，中国注册会计师协会相继颁布了一系列促进会计师事务所信息化转型的政策文件，指出要将信息化建设作为会计师事务所的重要战略，切实加快信息化建设的步伐，开发建设大数据远程审计信息化平台，提升大数据远程审计能力，有力地促进了会计师事务所的信息化建设工作。函证作为年报审计重要的程序，对审计结果十分重要，然而，受疫情影响，函证工作的正常开展受到了阻碍，影响了整个审计进度。为了应对这一挑战，大数据远程审计信息化平台建设中特别强调了函证中心系统及远程视频系统的构建。函证中心的成立，旨在将函证程序规范化、标准化。这不仅能确保审计人员在遵循审计准则的基础上提升工作效率，还能通过持续跟踪询证函，解决项目小组在外勤期间无法进行及时回函统计的问题。此外，电子数据传递的便捷性使得审计人员即便在家也能轻松将需要发送的函证数据传输到函证中心。通过函证模板的线上生成，以及系统集成的扫描仪、扫描枪等设备，审计人员可以实现函证的线上处理。同时，结合通信网络等功能，确保了函证的审核和发送全程线上化，从而实现了全流程的线上函证。这不仅提高了函证工作的效率，也确保了函证信息的准确性和安全性。

思考题

1. 销售与收款循环审计过程中可能存在重大错报风险的情形有哪些？
2. 审计人员在执行应收账款程序时，积极式函证与消极式函证的适用情形分别是什么？
3. 如何对营业收入实施控制测试？
4. 如何利用大数据技术提高销售与收款循环审计的效率和准确性？

伦理与道德专栏

宜华生活"双系统"数据造假案

案例研讨问题：
1. 请梳理宜华生活财务造假的具体内容。
2. 宜华生活财务造假违背了哪些商业伦理道德原则？请做出具体说明。

伦理与道德专栏：宜华生活"双系统"数据造假案

即测即练

扫描此码
自学自测

第七章

采购与付款循环审计

【思想领航】

- 党的二十大报告系统阐述了中国式现代化的中国特色、本质要求和必须牢牢把握的重大原则，形成了中国式现代化理论。从审计实践看，中国式现代化理论为做好审计工作提供了重要指引，提出了新的更高要求。
- 审计署印发的《"十四五"国家审计工作发展规划》要求，"全面加强审计业务管理，加大审计创新力度，在盘活用好审计资源上下功夫、挖潜力，向统筹要效率，靠创新提效能"。审计人员应优化审计流程，厘清各环节质量控制责任，提高复核审理效率。
- 审计署印发的《"十四五"国家审计工作发展规划》指出要"坚持科技强审"。审计人员应积极运用现代信息技术，提升数据分析能力，实现审计工作的智能化和精准化。

金力泰"黄金贸易业务"审计案

金力泰是一家工业涂料公司，业务范围并不包括黄金等贵金属的贸易。依据2005年修订的《中华人民共和国证券法》的有关规定，中国证监会对金力泰信息披露违法违规行为进行了立案调查、审理。经查明，金力泰存在以下违法事实。

2020年5月，金力泰成立全资子公司上海金力泰实业发展有限公司（以下简称金力泰实业），由其参与浙江运发文化发展有限公司（以下简称浙江运发）主导的虚构"黄金贸易业务"。2020年5月至2021年7月，金力泰实业与下游客户累计订立41份黄金销售合同，合同金额总计15.09亿元；相对应，金力泰实业与浙江运发等上游供应商订立41份黄金采购合同，合同金额总计14.85亿元。贸易标的为1 kg/个、Au 9999的定制金条。上述业务以贸易为名，实质为资金融通业务。金力泰实业与上游供应商、下游客户签订购销合同，上下游实际均由浙江运发指定，相关物流、资金形成闭环，金力泰实业实际只履行垫资义务，赚取资金使用费。

金力泰实业系A股上市公司金力泰（300225）全资子公司，2020年5月为从事贵金属贸易业务而设立。金力泰主营涂料的研发、生产和销售，与贵金属贸易业务不具有相关性。公司称是为了提高资金使用效率开展该业务，2021年上半年年化收益率约为8.25%，显著高于银行同期理财利率。

金力泰未披露参与"黄金贸易业务"的真实情况，将上述"黄金贸易业务"涉及的相关黄金制品计入存货,不符合《企业会计准则第1号——存货》中关于存货的定义和确认条件,虚增2021年年末存货25 798.96万元,占2021年年末归属于上市公司股东净资产的28.32%,导致2021年度报告存在虚假记载;金力泰将上述业务形成的购销差额计入收入,不符合《企业会计准则——基本准则(2014)》(财政部令第76号)第十六条关于企业应当按照"实质重于形式"进行会计核算的要求,以及《企业会计准则第14号——收入》(财会〔2017〕22号)第四条第一款关于收入确认的条件,虚增2022年第一季度营业收入1 038.99万元,占2022年第一季度营业收入的6.11%,导致2022年第一季度报告存在虚假记载。

资料来源:改编自中国证监会上海监管局行政处罚决定书沪〔2023〕61号文,www.csrc.gov.cn。

深度挖掘可以发现,上述案例中金力泰和浙江运发存在关联方关系,通过虚构上下游交易伪造销售和采购交易现金流水,虚构采购交易的资金流及采购合同以虚增营业成本,与虚构的营业收入形成销售闭环,隐藏真实的交易金额,形成采购与付款循环中的舞弊。该案例提醒审计人员在审计时应了解被审计单位的业务生产经营流程,获取充分适当的审计证据,保持职业怀疑态度。

第一节 采购与付款循环的主要活动及其关键控制

采购与付款循环涵盖了企业从购买商品或劳务到支付相关款项的完整过程,同时还包括在生产经营过程中为获取收入所产生的各类支出。这一循环对企业的财务状况具有显著影响,主要体现在资产负债表中的应付账款、固定资产、在建工程以及固定资产清理等关键账户上。因此,企业需要加强对采购与付款循环的管理和控制,确保采购活动的合规性、有效性和经济性。审计人员在对本循环进行审计时,应对应付账款和固定资产等科目给予重点关注,通过详细核查和深入分析,确保企业财务报表的准确性与合规性。

本节主要包括三部分内容:一是采购与付款循环所涉及的主要业务内容;二是采购与付款循环所涉及的主要凭证和记录;三是采购与付款循环的关键控制。

一、采购与付款循环所涉及的主要业务内容

深入理解采购与付款循环的业务内容,是把握该循环关键控制点的重要前提,进而为控制测试和实质性程序的实施奠定坚实基础。本节将重点介绍采购与付款循环所涉及的主要业务内容,全面了解该循环的运作机制。该循环的主要流程如图7-1所示。

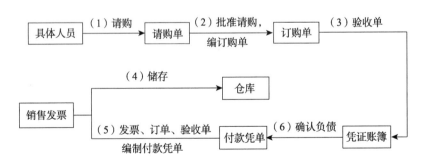

图7-1 采购与付款循环的主要业务流程

（一）制订采购计划

基于企业的生产经营计划，生产部门和仓库等相关部门会定期编制采购计划。这些采购计划在经过部门负责人等相关管理层审批后，提交给采购部门。采购部门将依据这些计划，具体安排商品及服务的采购活动，以确保企业的生产经营活动顺利进行。

（二）填写请购单

生产和仓库等相关部门可根据采购计划将需要购买的原材料等项目填写进请购单，其他部门也可以对需要购买的未列入存货清单的项目填写请购单。企业对于不同物资一般设有不同的审批流程。购买正常经营所需的物资一般只需要直接提交请购单。比如，仓库库存达到再订购要求时就可以直接提出采购申请，其他部门也可以为正常的维修工作或类似工作直接申请相关商品的采购。但对于涉及资本项目的物资，企业通常只允许特定人员申请采购并需做特别授权。请购单既可以手工编制，也可以用计算机编制。由于有权填写请购单的部门比较多，所以请购单的填写不必连续编号，但每张请购单必须经过对这类支出预算负责的主管人员签字批准。请购单是采购与付款循环的起点，也是认定有关采购交易"发生"的证据之一。

（三）编制订购单

采购部门在接收到其他部门提交的请购单后，必须严格审核，仅对经过正式批准的请购单发出订购单。为确保采购活动的有效和高效，采购部门需为每张订购单选择最佳的供货来源。对于涉及大额资金或具有重大意义的采购项目，采购部门还应采用竞价的方式，通过市场竞争来选定供应商，从而确保所采购商品的质量且成本合理。

采购部门在编制订购单时，必须详细列明采购商品的名称、数量、规格、价格以及供应商的名称和地址等信息。订购单需经过预先编号，这有助于验证采购交易的完整性。订购单的正联需直接寄送给供应商，副联则分送至企业内部的验收部门、财务部门以及申请采购的部门，以便各部门协同工作，确保采购流程的顺畅进行。除此之外，为确保采购活动的准确性与合规性，还需要内部审计部门对订购单的处理进行独立检查，核实是否已确实收到商品并正确入账。这与采购交易的"完整性"和"发生"认定有关。

（四）验收商品

当商品送达企业时，验收部门的工作人员会进行检查，核实商品的外观、包装是否完好，有无明显的损坏或瑕疵，还需逐一核对订购单上的要求，如商品的名称、规格、数量、厂商等信息。在核对无误后，验收部门会填写验收单用来记录商品的验收情况、数量、规格等信息，并作为后续财务结算和库存管理的依据。同时，为了确保商品的安全和妥善保管，验收部门在将商品交付给生产部门或仓库等提出采购的部门时，会要求相关部门在验收单的副联上签字确认。最后，验收部门会将验收单及相关的订购单、发票等文件整理归档，以备后续审计和查询。这些文件不仅是验收过程的记录，也是企业财务和库存管理的重要依据。

验收单与资产或费用以及与采购有关的负债的"存在"认定有关，且验收单需连续编号，这与采购交易的"完整性"认定有关。

（五）储存已验收的商品

为了确保采购流程的透明性和安全性，验收商品的保管职责与采购的其他职务应保持相互独立。这种职务分离的原则有助于降低未经授权采购和商品盗用的风险。同时，存放商品的仓库应设立为相对独立的区域，并实施严格的进出管控措施，以限制无关人员接近，确保商品的安全与完整。该控制与商品的"存在"认定有关。

（六）编制付款凭证，确认与记录负债

货物验收后，应核对订购单、验收单和供应商提供的发票三者内容是否一致，如确定无误，即可由财务部门编制付款凭证，在经财务主管审核后即可登记入账，确认负债。如果月末尚未收到供应商发票，财务部门需根据验收单和订购单暂估入账。这些控制与"存在""发生""完整性""权利和义务"和"准确性、计价和分摊"等认定有关。

（七）支付款项

企业应在应付账款到期之前付款。企业有多种款项结算方式，如银行汇款、电汇支付或现金支付等。企业也可借助银行汇票、商业汇票、支票等票据进行支付。不同的支付方式具有不同的特点和适用场景，企业可根据实际情况进行选择。无论采用哪种方式，企业均应采取控制措施。例如，企业应定期对商业汇票的使用情况进行审计和检查，通过监控商业汇票的签发、承兑、贴现等环节，来确保企业资金的安全和合规性。

（八）记录现金、银行存款支出

除登记相关负债科目的账簿之外，财务部门还应根据货币资金实际的支出情况在银行存款日记账和其他相关账户进行登记，以确保资金流动的准确性和可追溯性。

（九）定期对账

企业应定期向供应商寄送对账单。通过对账，企业可以核实应付账款、已付账款以及未付账款等关键财务数据，确保与供应商之间的财务往来清晰明了。

二、采购与付款循环所涉及的主要凭证和记录

（一）请购单

请购单是由生产部门和仓库等具有采购需求的部门所填写的。请购单是采购交易轨迹的起点，是物资采购工作的凭证，一般包括请购单编号、请购部门、请购日期、商品名称、规格以及采购数量等信息。

（二）订购单

订购单由采购部门预先编号填写，主要包括商品或劳务的名称、数量、种类、价格、供货商名称和地址、付款条件等内容。

（三）验收单

验收单是验收部门在收到商品且检查无误后所编制的凭证，列示了从供应商处收到商品的种类、数量等相关内容。

（四）卖方发票

卖方发票也称销售发票，是供应商开具的，交给买方用于载明发运货物或提供劳务、应付金额和应付条件等事项的证明。

（五）转账凭证

转账凭证是指记录转账业务的记账凭证，它是根据有关转账业务的原始凭证编制的。

（六）付款凭证

付款凭证包括现金付款凭证和银行存款付款凭证，是指用来记录现金和银行存款支出业务的记账凭证。

（七）应付账款明细账

应付账款明细账是按供应商分别列示企业尚未支付的货款及其他相关费用的明细账。各应付账款明细账的余额合计数应与应付账款总账的余额相等。

（八）现金日记账和银行存款日记账

现金日记账和银行存款日记账是用来记录应付账款的偿还，以及其他各种现金、银行存款收入和支出的日记账。

（九）卖方对账单

卖方对账单由供应商按月编制，是标明期初余额、本期购买、本期支付给卖方的款项和期末余额的凭证。卖方对账单是供应商对交易的陈述。如果不考虑买卖双方在收发货物上的时间差等因素，其期末余额通常与采购方相应的应付账款期末余额一致。

三、采购与付款循环的关键控制

（一）适当的职责分离

适当的职责分离有利于防止各种有意或无意的错报。采购与付款循环涉及的业务活动中，需要注意适当的职责分离的是：①请购与审批；②询价与确定供应商；③采购合同的订立与审批；④采购与验收；⑤采购、验收与会计记录；⑥付款审批与付款执行。

（二）正确的授权审批

审计人员主要关注三个关键点的授权：①采购的预算批准，采购清单需经过采购预算人员的审批；②采购价格授权，企业需通过竞价的方式来确定供应商，经主管领导签字后采购人员才能办理采购业务；③付款授权，被授权人员需在付款凭单上签字，以示批准照此凭单要求付款。

（三）单证控制

存货的收入、发出、结存业务频繁，核算复杂，所以需要加强对请购单、订购单、入库单、付款凭证等单据的管理，尤其是保管部门需要关注这些单据的动向。与此同时，企业要将所有存货按品种、规格、型号等建立仓库明细卡，妥善保管。

（四）内部检查程序

企业应当建立对采购与付款循环的内部监督检查制度。其主要内容包括：①人员及相关岗位的设置，重点检查是否存在采购与付款交易不相容职务混岗情况；②授权审批制度的执行情况，重点检查大宗采购与付款交易的授权审批手续是否健全，是否有越位审批行为；③应付账款与预付账款的管理，重点检查其支付的正确性、时效性及合法性；④相关单据、凭证和文件的使用保管情况，重点检查凭证的登记、领用、传递、保管、注销手续是否健全，使用和保管制度是否存在漏洞。

第二节　采购与付款循环的控制测试

一、采购循环的控制测试

（一）采购循环的内部控制

（1）企业应建立明确的采购流程，规定采购人员的职责、权限和限制，并对采购的各个环节进行有效监督和管理。

（2）供应商管理是内部控制的重要环节。企业应建立供应商管理制度，严格审核新供应商的信用记录和资质证明，并定期检查和更新供应商信息。

（3）在收货时，应进行严格的验收，确保采购物品的质量和数量与订单一致。

（4）在库存管理方面，企业需加强对采购品的库存管理，设立专门的库房或仓库，并定期盘点、验收、清点库存。

（5）付款审批控制也是内部控制的关键环节。在支付供应商账款前，必须经过严格的审批程序，包括确认信息的准确性、合规性、有效性等，并确保有足够的资金可用于支付。

（二）采购循环的控制测试程序

（1）任意抽查部分采购合同或其他购货凭证，核对购货合同与相应请购单上的货物名称、规格、数量单价、采购限价等内容是否相符。

（2）审查每份购货合同相关的供应商发票、入库单等，并追查至记账凭证及相关明细账和总账。

（三）评价采购循环的重大错报风险

首先，采购循环中的内部控制不足是导致重大错报风险的主要因素。如果企业的内部控制机制存在缺陷，或者没有得到有效的执行，那么采购过程中的各种违规行为就可能发生，如虚假采购、未经授权的采购、采购价格虚高等。这些行为不仅可能导致企业资金的损失，还会使财务报告中的相关数据失真，进而增加重大错报的风险。

其次，人为因素也是导致采购循环重大错报的重要原因。采购人员可能出于个人利益或其他动机，故意隐瞒或歪曲采购信息，如与供应商勾结、虚报采购价格等。此外，管理层也可能存在凌驾于控制之上的风险。他们可能通过干预采购决策、操纵采购数据等方式来误导财务报告的使用者。

最后，行业特性和市场环境的变化也可能对采购循环的错报风险产生影响。不同行业有不同的采购模式和惯例，这可能导致在某些行业采购循环的错报风险更高。同时，市场环境的波动也可能影响采购价格、供应商选择等，进而增加错报的可能性。

二、付款业务的控制测试

（一）付款业务的内部控制

（1）企业应设立明确的付款授权流程，规定付款的权限和程序。每笔付款必须经过授权人员的审批和签字确认，确保付款的合规性和准确性。

（2）对付款凭证的开具、审核、登记、保管和销毁等环节进行规范管理，确保凭证的真实性和完整性。

（3）强化付款的内部审计制度也是内部控制的重要一环。企业应定期对付款业务进行审计和检查，及时发现和纠正付款过程中存在的问题和漏洞，防止不当支付和财务损失。

（4）在付款前，应对付款对象、金额、账户等信息进行仔细核对，防止因信息错误或遗漏出现的付款错误或欺诈行为。

（5）企业应对付款信息进行加密处理和安全存储，防止信息泄露或被非法利用。

（二）付款业务的控制测试程序

审计人员对付款业务的控制测试主要是基于付款凭证以及相关票据，主要有以下控制测试程序。

（1）原始凭证的内容和金额与付款凭证摘要是否一致。

（2）付款凭证的授权批准手续是否齐全。

（3）付款凭证与计入库存现金、银行存款日记账的金额是否一致。

（4）付款凭证与银行对账单核对是否相符。

（5）付款凭证与对应科目明细账的记录是否一致。

（6）付款凭证账务处理是否正确。

（三）评价付款业务的重大错报风险

付款业务的重大错报风险，是企业在财务报告编制过程中面临的重要风险之一。这种风险主要源于付款业务流程中的多个环节和因素，如果处理不当，可能导致财务报表的准确性和可靠性受到严重影响。

首先，付款业务涉及多个内部控制环节，如授权审批、凭证管理、核对制度等。如果内部控制存在缺陷或执行不力，可能导致付款金额、收款方等信息的错误或遗漏，进而产生重大错报。例如，未经授权的付款、付款凭证的伪造或篡改等都可能增加错报风险。

其次，人为因素也是付款业务重大错报风险的重要来源。企业员工或管理层可能因疏忽、故意误导或进行财务舞弊等行为，出现付款业务中的错报。例如，员工可能故意隐瞒或歪曲付款信息，以谋取私利；管理层可能通过操纵付款数据来误导财务报告的使用者。

最后，外部环境的变化也可能对付款业务的重大错报风险产生影响。例如，经济萧条、政策变化等可能导致企业资金状况紧张，增加付款难度，进而引发错报风险。同时，供应商或客户的信用状况变化也可能影响付款业务的准确性和及时性。

例 7-1： A 注册会计师于 2023 年 12 月 10 日至 13 日对甲公司采购与付款循环的内部控制进行了解和测试，并在相关审计工作底稿中记录了了解和测试的事项，摘录如下。

（1）甲公司的材料采购需要经授权批准后方可进行。采购部根据经批准的请购单发出订购单。货物运达后，验收部根据订购单的要求验收货物，并编制一式多联的未连续编号的验收单。

（2）甲公司的仓库根据验收单验收货物，在验收单上签字后，将货物移入仓库加以保管。验收单上有数量、品名、单价等要素。验收单一联交采购部登记采购明细账和编制付款凭单，付款凭单经批准后，月末交财务部门；一联交财务部门登记材料明细账；一联由仓库保留并登记材料明细账。财务部门根据只附验收单的付款凭单登记有关账簿。

（3）财务部门审核付款凭单后，支付采购款项。甲公司授权财务部门的经理签署支票，经理将其授权给会计人员丁负责，但保留了支票印章。丁根据已适当批准的凭单，在确定支票受款人名称与凭单内容一致后签署支票，并在凭单上加盖"已支付"的印章。对付款控制程序的穿行测试表明，A 注册会计师未发现与公司规定有不一致之处。

请代 A 注册会计师指出采购与付款循环内部控制方面的缺陷，并提出改进建议。

案例分析：

（1）验收单未连续编号，不能保证所有的采购都已记录或不被重复记录。应建议甲公司对验收单进行连续编号。

（2）付款凭单未附订购单及供应商的发票等，财务部门无法核对采购事项是否真实，登记有关账簿时金额或数量可能会出现差错。应建议甲公司将订购单和发票等与付款凭单一起交财务部门。

（3）财务部门月末审核付款凭单后才付款，未能及时将材料采购和债务登账并按约定时间付款。应建议甲公司采购部及时将付款凭单交财务部门，按约定时间付款。

第三节　应付账款审计

应付账款是企业在正常经营过程中，因购买材料、商品和接受劳务供应等付给供应商的款项。应付账款是随着企业的赊购交易而形成的，所以审计人员应结合赊购交易进行审计。

一、应付账款的审计目标

应付账款的审计目标一般包括以下几方面。
（1）确定资产负债表中记录的应付账款是否存在。
（2）确定所有应当记录的应付账款是否均已记录。
（3）确定资产负债表中记录的应付账款是否为被审计单位应当履行的现时义务。
（4）确定应付账款是否以恰当的金额记录在财务报表中，与之相关的计价调整是否已恰当记录。
（5）确定应付账款是否已按照《企业会计准则》的规定在财务报表中做恰当的列报。

二、应付账款的实质性程序

（一）获取或编制应付账款明细表

审计人员应获取或编制应付账款明细表，并实施以下实质性程序。
（1）复核加计是否正确，并与明细账合计数、总账数核对查看其是否相符。
（2）检查非记账本位币应付账款的折算汇率及折算是否正确。
（3）如果出现借方余额，需查明原因，必要时进行重分类调整。
（4）结合预付账款和其他应付款等往来项目余额，检查有无重复记账、异常余额或与采购无关的情况。

（二）执行实质性分析程序

（1）研究整个会计期间应付账款的变化情况，分析其波动原因。
（2）计算应付账款与存货的比率、应付账款与流动负债的比率，并与以前年度相关比率对比分析，判断应付账款整体情况是否合理。
（3）计算分析存货和营业成本等项目的增减变动，判断应付账款的增减变动是否合理。

（三）函证应付账款

通常情况下，应付账款并非必须函证，因为函证并不能保证查出未记录的应付账款，审计人员可以通过采购发票等外部凭证来证实应付账款余额的真实性。在控制风险较高、某应付账款明细账户金额较大时，应考虑对应付账款进行函证且最好采用积极式函证，并具体说明应付金额。如果存在未回函的重大项目，审计人员应采用替代审计程序。比如，可以检查该笔债务的合同、发票、验收单等相关凭证资料，核实应付账款的真实性。

例 7-2： A 注册会计师接受委托对上市公司甲 2023 年度的财务报表进行审计。在对甲公司的应付账款项目进行审计时，注册会计师应对哪位供应商进行函证？

甲公司应付账款供应商的明细资料如表 7-1 所示。

表 7-1 甲公司应付账款供应商的明细资料　　　　　　　　　单位：万元

供应商	应付账款年末余额	本年度进货总额
A 公司	62 650	73 700
B 公司	—	1 987 000
C 公司	75 000	85 000
D 公司	70 000	2 124 000

案例分析：

注册会计师应选择 B 公司和 D 公司进行应付账款余额的函证。因为应付账款的函证，应选择那些可能存在较大余额而并非在会计决算日有较大余额的债权人，应付账款函证的目的在于查实有无未入账的负债，而不在于验证具有较大年末余额的债务。甲公司向 B 公司和 D 公司采购了大量商品，而应付账款年末余额较少，存在漏记负债业务的可能性比较大。

（四）查验应付账款计入的会计期间是否正确，是否存在未入账的应付账款

为了检查应付账款的入账时间是否正确，以及是否存在未入账的应付账款，审计人员应执行以下具体任务：对本期发生的应付账款的增减变动，检查其相关的支持性文件，如购货发票、验收单等文件，确认其会计处理是否正确；检查应付账款计入的会计期间是否正确，特别应关注其购货发票的日期，确认其入账时间是否合理；获取并检查被审计单位与其供应商之间的对账单以及被审计单位编制的差异调节表，确定应付账款入账金额是否准确；针对资产负债表日之后的付款情况，需检查银行对账单以及相关付款凭证，如银行汇款通知、供应商收据等，同时，可以与被审计单位内部或外部了解情况的员工进行交流，以识别是否存在未及时记录入账的应付账款；与存货项目的审计相结合，检查是否存在存货已入库但未确认应付账款的情况。

（五）检查已偿付的应付账款

对企业登记已经偿付的应付账款，审计人员应追查至银行对账单、银行付款单据和其他原始凭证，检查其是否在资产负债表日前真实偿付。

（六）检查重大或异常交易及重大调整事项

对报表期间出现的重大金额交易或异常交易，审计人员应检查相关原始凭证和会计

记录，分析其交易的真实性、合理性。

（七）检查债务重组的会计处理

被审计单位与债权人进行债务重组的，应检查不同债务重组方式下的会计处理是否恰当。

（八）检查应付关联方交易的款项

针对应付关联方（包括 5%及以上表决权股份的股东）的款项，执行关联方及其交易审计程序，并注明合并报表应予抵销的金额。

（九）检查长期挂账的应付账款

长期挂账的应付账款通常是指早已逾期但未处理的账目。审计人员可以就长期挂账的应付账款要求被审计单位做出解释，判断被审计单位是否缺乏偿债能力或利用应付账款隐瞒利润。

（十）检查是否在财务报表中做恰当列报

一般来说，"应付账款"项目应根据"应付账款"和"预付账款"科目所属明细科目的期末贷方余额的合计数填列。如果被审计单位为上市公司，则通常在其财务报表附注中说明有无欠持有 5%及以上表决权股份的股东账款，以及说明账龄超过 3 年的大额应付账款未偿还的原因，并在期后事项中反映资产负债表日后是否偿还。

例 7-3：A 注册会计师接受委托对甲公司 2023 年度会计报表进行审计。在审计"应付账款"项目时，发现 2023 年年末应付账款余额中有应付 A 公司 76 万元、应付 B 公司 85 万元的借方余额。如果你是注册会计师，应对被审计单位提出怎样的建议？

案例分析：

应付 A 公司、B 公司的借方账户余额，均是正常经济业务往来款项。根据《企业会计制度》的规定，应做重分类调整。因此，应建议被审计单位做如下调整：

借：预付账款——A 公司　　　　　　　　　　　　　　　760 000
　　　　　　——B 公司　　　　　　　　　　　　　　　850 000
　贷：应付账款——A 公司　　　　　　　　　　　　　　760 000
　　　　　　——B 公司　　　　　　　　　　　　　　　850 000

第四节　固定资产审计

固定资产是企业资产的重要组成部分，其金额通常较大，对企业财务状况和经营成果均具有显著影响。除此之外，固定资产也是企业内部控制体系的重要组成部分。因此，审计人员应对固定资产审计的重要性予以高度重视。通过对固定资产管理的审计，审计人员可以评估企业内部控制制度的健全性和有效性，发现内部控制的薄弱环节，提出改进建议。

一、固定资产的审计目标

固定资产的审计目标一般包括以下几方面。

（1）确定资产负债表中记录的固定资产是否真实存在。

（2）确定所有应记录的固定资产是否均已记录。

（3）确定记录的固定资产是否由被审计单位拥有或控制。

（4）确定固定资产在资产负债表中的余额是否正确，与之相关的计价或分摊已恰当记录。

（5）确定固定资产原价、累计折旧和固定资产减值准备是否已按照企业会计准则的规定在财务报表中做恰当列报。

二、固定资产的实质性测试程序

（一）获取或编制固定资产和累计折旧分类汇总表

审计人员应检查固定资产的分类是否正确，复核加计是否正确，以及总账数和明细账合计数是否相符，结合固定资产累计折旧、固定资产减值准备科目与报表数核对是否相符。固定资产和累计折旧分类汇总表是固定资产审计的重要工作底稿，其参考格式见表7-2。

表7-2　固定资产和累计折旧分类汇总表

年　　月　　日

被审计单位：　　　　　　编制人：　　　日期：
　　　　　　　　　　　　复核人：　　　日期：　　　　　　单位：

账户编号	固定资产类别	固定资产				累计折旧				
		期初余额	增加	减少	期末余额	折旧方法	折旧率	期初余额	增加	减少	期末余额
合计						合计					

固定资产和累计折旧分类汇总表包括固定资产和累计折旧两部分。在填列该汇总表时，要特别注意期初余额栏的填列，审计人员对其填列要分三种情况：一是如果被审计单位在首次接受审计的情况下，审计人员应对期初余额进行全面审计，即全面审计被审计单位设立以来"固定资产"和"累计折旧"账户中的所有重要的借贷记录。二是在连续审计的情况下，审计人员需注意期初余额应与上期审计工作底稿中的固定资产和累计折旧的期末余额审定数核对相符。三是在变更会计师事务所时，后任审计人员应查阅前任审计人员有关工作底稿，了解前任审计人员相关的审计程序和结论。

（二）实施实质性分析程序

常见的固定资产实质性分析程序如下。

（1）分类计算本期计提折旧与固定资产原值的比率，将该比率与上期进行比较。

（2）比较本期各月之间、本期与以前各期之间的修理及维护费用。

（3）比较本期与以前各期固定资产的增减变动情况。

（4）分析固定资产的构成情况，结合在建工程等相关科目检查相关金额记录是否准确。

在具体实务中，审计人员应根据被审计单位的业务性质等实际情况选择合适的实质性分析程序。

（三）实地检查固定资产

实施实地检查审计程序时，审计人员可以采用两条审计路线。一是以固定资产明细分类账为起点，进行实地检查，以证明会计记录中所列固定资产确实存在；二是以实地检查的情况为起点，追查至固定资产明细分类账，以确保实际存在的固定资产均已入账。

审计人员在实地检查固定资产时，需重点关注被审计单位是否存在已报废但仍未核销的固定资产，以及被审计单位本期新增加的固定资产的控制权是否已转移至被审计单位。具体的审计检查范围应基于被审计单位自身的经营情况和内部控制情况以及审计人员的经验来决定。如为首次接受审计，审计人员应适当扩大固定资产的检查范围。

（四）检查固定资产的所有权和控制权

对各类固定资产，审计人员应获取并收集不同的证据以确定其是否真的归被审计单位所有：对外购的机器设备等固定资产，通常审查其采购发票和采购合同等相关采购凭证；对于房地产类固定资产，尤其需要重点关注房地产的产权证明；对融资租入的固定资产，应审查有关融资租赁合同，证实其并非经营租赁；对汽车等运输设备，应审查有关运营证件等；对受留置权限制的固定资产，通常需要与相关负债项目进行核对验证。

（五）审查本期固定资产的增加

审查固定资产的增加是固定资产实质性程序的重要内容。固定资产的增加有多种方式，包括购入、自制自建、投资者投入、更新改造增加、债务人抵债增加等。审计人员应询问管理层本期固定资产的增加情况，并与获取或编制的固定资产明细表进行核对；检查本年度增加的固定资产的计价是否正确，手续是否齐备，会计处理是否正确；同时还应检查固定资产是否存在弃置费用，如果存在，则需检查弃置费用的估计方法和弃置费用现值的计算是否合理，会计处理是否正确。

（六）审查本期固定资产的减少

固定资产的减少主要包括出售、投资转出、抵债转出、报废、毁损、盘亏等。为了确保固定资产的安全和完整，审计人员必须对固定资产的减少进行严格的审查，从而确定资产减少的合法性、真实性。固定资产减少的审计要点包括：审查减少固定资产的批准文件，如会议纪要和内部审批流程等；审查减少固定资产是否进行技术检验或评估，通常涉及对资产的剩余价值和使用寿命进行评估，以确定其减少的合理性和必要性；审查减少固定资产的会计处理是否正确，累计折旧是否冲销；审查减少固定资产的净损益，验证其正确性与合法性，并与银行存款、营业外收支、投资收益等有关账户进行核对。

（七）审查固定资产的租赁

在企业的日常生产经营活动中，偶尔会出现将闲置的固定资产租用给其他单位以满足其需求的情况。有时，基于生产经营的实际需要，企业可能选择租用外部的固定资产。在涉及租赁时，审计人员应充分考虑租赁的性质，针对经营租赁和融资租赁采用不同的审查方式。除此之外，审计人员还需核实租赁合同是否合法合规，并确保所有相关手续都已完备。

（八）审查暂时闲置的固定资产

审计人员应获取暂时闲置固定资产的相关证明文件，并观察其实际状况，检查是否已按规定计提折旧，相关的会计处理是否正确。

（九）审查固定资产的抵押、担保情况

审计人员需结合对银行借款的检查，了解固定资产是否存在。如存在重大的抵押或担保情况，应评估抵押、担保对企业财务状况的潜在影响，包括资产负债率等流动性指标的变化，以及关注抵押、担保可能带来的潜在风险，如信用风险、流动性风险等。

（十）审查固定资产是否在资产负债表中得到恰当的列报

按照我国《企业会计准则》的规定，企业在财务报表附注中通常应当说明固定资产的标准、分类、计价和折旧方法，固定资产的预计使用寿命和预计净残值，按类别分项列示固定资产期初余额、本期增加额、本期减少额及期末余额情况，以及用作抵押、担保的固定资产等情况。

三、累计折旧的实质性测试程序

固定资产在生产经营过程中，其价值将随着固定资产的使用逐渐转移到产品之中，或构成经营成本或费用。这部分在固定资产使用寿命内，按照一定的方法对应计折旧额进行的系统分摊就是固定资产的累计折旧。固定资产累计折旧的实质性程序如下。

（1）获取或编制固定资产和累计折旧分类汇总表，复核加计是否正确，以及总账数和明细账合计数是否相符，结合固定资产累计折旧、固定资产减值准备科目与报表数核对是否相符。

（2）复核本期折旧费用的计提和分配。

①审查折旧政策和方法是否符合相关会计准则的规定，计提折旧的范围是否正确，预计净残值的确定是否合理。

②审查被审计单位折旧政策的前后期是否一致。

③复核已计提部分减值准备的固定资产、计提的折旧是否正确。

④复核需计提折旧的固定资产的范围是否恰当，如已全额计提减值准备的固定资产是否停止计提折旧，因更新改造而停止使用的固定资产是否已停止计提折旧等。

⑤重点关注通过租赁方式获得的固定资产的折旧。经营租赁通常不涉及租赁期内对租入固定资产计提折旧，融资租赁则可能需要按照资产的预计使用寿命计提折旧。

⑥检查折旧费用的分配方法是否合理，是否与上期一致，分配计入各项目的金额占本期全部折旧计提额的比例与上期比较是否有重大差异。

⑦注意固定资产增减变动时，有关折旧的会计处理是否符合规定。

（3）通过比较"累计折旧"账户贷方的本期计提折旧额和相应的成本费用中的折旧费用明细账户的借方，以查明本期计提的折旧金额是否已全部计入产品成本或费用。

（4）审查累计折旧的减少是否合理，会计处理是否正确。

（5）审查累计折旧的披露是否恰当。如果被审计单位为上市公司，通常应在其财务报表附注中按固定资产类别分项列示累计折旧期初余额、本期计提额、本期减少额及期末余额。

四、固定资产减值准备的实质性测试

固定资产的可收回金额低于其账面价值时，通常认为此时固定资产发生了减值。这里的可收回金额应当根据固定资产的公允价值减去处置费用后的净额与资产预计未来现金流量的现值两者之间的较高者确定。固定资产的处置费用是指在处理固定资产时所产生的相关费用，通常包括相关税费、运输费以及为使固定资产达到可销售状态所发生的直接费用等。固定资产减值准备的实质性测试主要包括：

（1）获取或编制固定资产减值准备明细表，复核加计是否正确，以及总账数和明细账合计数是否相符。

（2）检查固定资产减值准备计提的依据是否充分，会计处理是否正确。

（3）获取闲置固定资产的清单，并观察其实际状况，识别是否存在减值迹象。

（4）检查资产组的认定是否恰当，其减值准备计提的依据是否充分，会计处理是否正确。

（5）计算本期末固定资产减值准备占期末固定资产原值的比率，并与以前期间的比率进行比较，结合固定资产的质量状况分析差异原因。

（6）检查被审计单位处置固定资产时原计提的减值准备是否同时结转，会计处理是否正确。

（7）检查是否存在转回固定资产减值准备的情况，按照《企业会计准则》的规定，固定资产减值损失一经确认，在以后会计期间不得转回。

（8）确定固定资产减值准备的披露是否恰当。根据《企业会计准则》的规定，企业应当在财务报表附注中披露：

①当期确认的固定资产减值损失金额。

②企业计提的固定资产减值准备累计金额。

③重大固定资产减值损失的金额及原因。

④固定资产可收回金额的确定方法。

例7-4：A注册会计师审计甲公司2023年度"固定资产"和"累计折旧"项目时发现下列情况。

（1）甲公司本年度新增了一台价值500万元的生产设备，但审计发现该设备在固定资产明细账中的入账价值仅为450万元，与购置发票金额不符。

（2）甲公司的某项固定资产在年中进行了技术改造，但改造支出未计入固定资产原值，而是直接列支为当期费用。

（3）审计发现甲公司本年度对某台已提足折旧的生产设备继续计提了折旧，并且计提金额较大。

（4）甲公司的累计折旧账户年末余额与固定资产原值相比，计提比例偏低，与同行业平均水平存在较大差异。

请分析上述各情况对甲公司2023年度财务报表中"固定资产"和"累计折旧"项目的影响。A注册会计师针对上述各情况应采取哪些审计程序，并提出建议。

案例分析：

情况（1）可能导致固定资产账面价值被低估，影响资产总额和净资产的真实性。针对情况（1），注册会计师应要求甲公司提供购置发票及相关凭证，核实入账价值，并调整固定资产明细账。

情况（2）可能导致当期费用被高估、利润被低估，同时固定资产账面价值不准确。针对情况（2），注册会计师应审查技术改造支出的相关凭证，核实其是否应计入固定资产原值，并调整相关账务。

情况（3）可能导致累计折旧账户余额过高，影响利润和资产的真实性。针对情况（3），注册会计师应检查已提足折旧设备的折旧政策，确认是否应继续计提折旧，并调整累计折旧账户余额。

情况（4）可能表明甲公司折旧政策较为宽松，导致资产价值被高估，利润可能被高估。针对情况（4），注册会计师应比较同行业折旧政策，分析甲公司折旧政策的合理性，并在审计报告中予以披露。同时，建议甲公司重新审视其折旧政策，确保其符合会计准则和实际情况。

其他相关账户审计

在采购与付款循环审计的过程中，除占据核心地位的应付账款审计和固定资产审计之外，还有一些占比稍小，但同样举足轻重的科目审计不容忽视。比如预付账款审计、应付票据审计，以及在建工程审计等，它们共同构成了完整的采购与付款循环审计，确保了审计证据的完整性。

知识链接：采购与付款循环中其他相关账户的审计

第五节　大数据背景下采购与付款循环审计方法研究

一、应付账款实质性程序审计机器人的应用

（一）应付账款实质性程序存在的问题

目前，应付账款实质性程序存在的问题主要体现在以下几个方面。

（1）应付账款实质性程序获取的数据量大，且数据来源较广、类型较多，人工收集数据操作烦琐、耗时较长。审计人员在编制应付账款明细表、应付账款余额及发生额分析表等底稿时，需要从被审计单位的财务软件下载应付账款总账、科目余额表，以及应付票据、现金、银行存款等明细账数据，分析余额和发生额的变动情况时还需要登录外部网页获取同行业的企业财务数据，细节测试时需要下载付款审批单、银行对账单、采购合同、增值税专用发票等原始单据。这些数据分布在被审计单位的OA系统、经营管理系统、发票管理系统等多个系统中。跨系统的多次下载造成各类数据量大、来源广、结构不一致等问题。

（2）审计人员在填写底稿时需要多次筛选、汇总、计算数据，人工处理错误率高、效率低。被审计单位财务人员在填写日期、科目、摘要等信息时可能并不规范，导致审计人员无法根据明细账数据直接判断每笔凭证的款项性质、交易内容。审计人员根据不同的需求对繁杂的明细数据进行清洗、筛选、分类、汇总、计算等操作后才能进行底稿的编制。此过程会耗费大量时间和精力，导致项目工作进展缓慢，且处理过程中由于数据的冗杂，人工操作很容易出错，影响审计结果的准确性。

（3）人工阅读原始资料获取关键信息进行账证核对的过程工作量大、成本高。审计人员需要抽取应付账款发生额较大的凭证进行细节测试，对资产负债表日后付款项目进行测试，对发生额较大、期末余额较大、函证未果的单位执行替代测试。这些环节都需要查询对应的原始凭证进行账证核对。虽然被审计单位已将发票、合同扫描件等附件上传至OA系统、财务软件中，但由于是图片、PDF文件等格式，同样需要人工阅读才能获取关键信息。因此，这些环节涉及的原始凭证较多，导致审计人员的工作量大、成本高，还可能存在资料遗失、查找不全的情况，影响审计结果的准确性。

（二）应付账款实质性程序审计机器人模型构建

1. 构建思路

应付账款审计涉及较多明细数据，如果由机器人完成数据的采集、处理等工作，协助审计人员完成工作底稿的编制，就可以提高效率、节省人力，促进会计师事务所效益提升。应付账款实质性程序审计机器人模型是结合审计的具体目标和工作内容来设计的。首先，审计机器人能够自动从各个相关系统中提取应付账款数据，包括发票、合同、支付记录等。通过内置的数据清洗和结构化功能，审计机器人将其转化为标准化的格式，以便后续的分析和审计。其次，审计机器人可以利用内置的分析算法和模式识别技术，对应付账款数据进行深度分析，自动识别异常交易、重复支付、未支付账单等问题。审

计人员可以根据机器人的提示和报告,快速定位潜在问题,并做出准确的审计决策。

在构建审计机器人模型时,必须充分考虑数据安全和合规性问题,采用先进的数据加密和访问控制技术,确保数据在传输和存储过程中的安全性。同时,还需要确保机器人模型符合相关法律法规和审计准则的要求,避免出现任何违规操作或数据泄露的风险。

2. 模型构建

应付账款实质性程序审计机器人模型的构建可以从数据层、自动化组件层、功能层与应用层四个方面进行拆分构建。

(1)数据层。执行应付账款实质性程序首先机器人需要采集应付账款明细账、资产负债表、采购合同等数据,将其划分为结构化、半结构化、非结构化数据。结构化数据包括科目余额表、应付账款总账、应付账款辅助明细账等;半结构化数据包括资产负债表、序时账、关联方清单等;非结构化数据包括发票、采购合同、付款审批单等。然后机器人进行数据清洗,如删除无效数据、规范数据格式、填补缺失值、识别原始凭证中的明细数据、将所需工作底稿等文件进行标准化处理等。数据清洗后,将各类数据文件进行规范命名并存储。

(2)自动化组件层。RPA 软件有浏览器自动化、Excel 自动化、Word 自动化、Mail 自动化、PDF 自动化、应用程序交互、图像自动化等组件。这些组件是机器人功能实现的核心,通过对自动化模块下的组件设计编程路径,实现对数据的采集、处理、读取、识别等操作。

(3)功能层。对自动化组件层的综合使用可实现以下功能:利用 Excel 自动化读取应付账款明细账等,对供应商等数据进行筛选和汇总、分别计算账龄,以及进行应付账款周转率横纵向比较,还可以对工作底稿设置公式等操作;利用 Word 自动化记录审计过程中的说明信息;利用 Mail 自动化给对方单位发送询证函,给审计组成员发送工作底稿资料等;利用 PDF 自动化读取采购发票、采购合同中的数据;利用图像自动化等技术对入库凭证等资料进行识别并提取关键信息;利用浏览器自动化和应用程序交互登录国家外汇管理局官方网站查询汇率,登录财经网站下载同行业财务数据等。

(4)应用层。机器人根据自动获取的应付账款相关账簿的资料,自动完成筛选应付账款明细账、划分应付账款账龄、下载同行业数据、编制应付账款余额及发生额分析表等操作,最后将审计底稿等资料作为附件发送至审计组成员的邮箱。整个流程可完成应付账款明细表、应付账款余额及发生额分析表等工作底稿中大部分数据的填写任务。除此之外,机器人还可以辅助编制应付账款余额前十名测试表、应付账款交易额前十名测试表、应付账款长期挂账及核销检查表、应付账款检查表、应付账款日后付款测试表、未入账应付账款汇总表、应付账款函询结果汇总表、应付账款函证结果调节表等工作底稿。

10小时归档上万张发票

案例研讨问题:

1. 德勤的"小勤人"系列可以从哪些方面协助财务工作?

案例7-1:10小时归档上万张发票

2. 在大数据审计背景下，审计人员应如何适应审计技术的变化？

随着技术的快速发展，越来越多的重复性、烦琐性的工作可以被自动化工具所替代。如德勤的"小勤人"能够自动处理增值税发票的扫描、选择、确认和抵扣工作，大大提高了工作效率，降低了人为错误的风险。这让我们看到，未来的财务工作将更加依赖先进的技术工具，财务机器人与大数据审计技术方法的应用正在进一步推动审计行业的进步与发展。

二、大数据推动固定资产审计方法变革

（一）大数据审计在监盘中的运用

对于如工业制造企业这一类需要大量投入固定资产的企业，其设备物资等固定资产在总资产中占比较高，因此固定资产的监盘是该类企业审计过程中不可或缺的审计程序。运用大数据进行远程监盘的审计方法，其内容和实地监盘区别不大，主要包括观察实物状态、监督被审计单位人员对实物的盘点，以及核对账实是否相符。如果被审计单位的实物资产管理本身就很不规范，远程视频监盘则应谨慎使用。远程视频监盘实物资产只适用于实物相关内部控制运行有效，并且已经委托当地审计进行过现场实物监盘、没有重大审计调整的情况。

审计人员在执行审计项目的过程中，面临的风险主要是被审计单位有意舞弊的风险。运用大数据进行远程审计，由于审计组成员不在审计现场，为被审计单位的舞弊提供了空间上的便利，舞弊风险有可能被放大。审计人员采用远程视频监盘时，需要被审计单位工作人员配合，因为在审计现场，由被审计单位的工作人员来控制视频摄像头的移动，查看业务流程或盘点实物资产。这导致远程视频监盘审计，在很大程度上受到被审计单位工作人员是否主动配合的限制。如果被审计单位工作人员检查出异常，有可能通过中断通信来实施舞弊。

审计人员应根据审计准则中的审计风险相关规定，结合审计项目的具体实际情况，决定是否采用远程审计及远程审计的开展程度，同时对远程审计的结果保持高度职业怀疑，确保审计质量不受影响。如果要降低远程审计的舞弊风险，审计人员可以结合其他审计手段，如第三方数据比对、历史数据分析和现场突击检查等，以验证被审计单位所提供信息的真实性。

（二）大数据审计在固定资产投资审计中的运用

将大数据运用于固定资产投资审计是近年来审计领域的一个重要发展趋势。随着信息技术的迅速发展和大数据技术的广泛应用，固定资产投资审计正逐渐从传统的、基于样本的审计方式向全面的、基于大数据的审计方式转变。

1. 依托建筑信息模型（BIM）信息平台开展大数据远程审计

在进行固定资产投资项目的大数据远程审计时，可以充分利用建筑信息模型（BIM）建模技术。一方面，以 BIM 为载体，人们能够远程构建电子档案体系，将项目过程中

的有效信息进行永久存储，如立项、用地规划、工程规划、施工许可、过程验收、竣工备案以及事故处理等。这不仅为大数据远程审计提供了丰富的数据资源，还能模拟出立体建筑信息，增强了审计的准确性和可靠性。另一方面，可以根据施工单位按周期填报的进度情况，对项目的 BIM 模型进行动态更新，以直观的方式呈现项目的建设进展，将其作为审计过程中一项有力的证据。

2. 利用大数据区块链技术

区块链具有不可篡改、时间戳、网格共识等特征，能大幅提升审计数据的可靠性和可追溯性，从而快速发现审计问题线索，提高审计质量和效率。如广州市审计局探索运用区块链技术开发固定资产投资审计平台，将大量公开的招投标信息进行比较、分析，得出现场审计完全不能得到的结果，有效遏制招投标过程中的非法围标、串标行为。

思考题

1. 采购与付款循环审计中存在重大错报风险的情形有哪些？
2. 审计人员对固定资产可实施哪些实质性程序？
3. 应付账款的实质性程序有哪些？
4. 如何利用大数据技术提高采购与付款循环审计的效率和准确性？

伦理与道德专栏

广东榕泰造假案

案例研讨问题：
1. 该案例违背了哪些商业伦理道德原则？请做出具体说明。
2. 应从哪些方面提高市场参与者的商业伦理道德？

伦理与道德专栏：广东榕泰造假案

即测即练

自学自测　扫描此码

第八章

生产与存货循环审计

【思想领航】

- 审计署印发的《"十四五"国家审计工作发展规划》指出"坚持党中央对审计工作的集中统一领导,坚持稳中求进工作总基调"。生产与存货循环审计作为审计工作的一个重要环节,在确保企业运营合规性、提高生产效率、保障产品质量等方面具有重要意义。
- 党的二十大党章在纪委主要任务中增写"推动完善党和国家监督体系"重要内容。随着经济的快速发展,企业的经营活动日益复杂,存货循环涉及原材料采购、生产加工、成品入库等多个环节,通过对这些环节的核算和监控,确保企业财务信息的真实性和可靠性。
- 在新时代,企业面临着更为复杂多变的市场环境和竞争压力。通过审计,企业可以发现生产过程中的浪费、滞销存货等问题,并及时提出解决方案;还可以及时发现和防范潜在的经济风险,维护国家经济秩序的稳定和健康发展。

豫金刚石审计失败案

一、案例背景

郑州华晶金刚石股份有限公司(以下简称豫金刚石)成立于2004年12月,是一家以人造金刚石、原辅材料的研发、生产和销售,以及人造金刚石合成设备的研发为主营业务的国家高新技术企业。在各级部门的大力支持和保荐机构的配合下,豫金刚石于2010年3月10日经中国证券监督管理委员会批复核准,首次公开发行股票,并在创业板上市。

二、财务造假曝光

然而,在风光背后,豫金刚石却隐藏着不为人知的秘密。一系列财务造假行为被揭露后,震惊市场。2019年,豫金刚石虚构与河南协鼎实业有限公司、深圳市金利福钻石有限公司、郑州鸿展超硬材料有限公司之间的采购交易,交易金额分别为 364 514 658.58元、99 886 911.92元、412 384 946.42元。上述采购交易存在未开具发票、对外支付的采购款回流未形成闭环、未实际办理验收程序、交易对价不具有合理性及公允性等异常特征,不具有商业实质和真实性,豫金刚石在上述交易中采购的商品不满足存货确认条件。通过上述虚假采购交易，豫金刚石2019年年度报告虚增存货628 133 252.58元。豫金刚石存在财务数据虚增及实控人资金占用未披露等六大违规事实。然而，在重大财务造假期间，作为审计机构的亚太（集团）会计师事务所（以下简称"亚太所"）持续为其出具无保留意见。

三、审计师存在的主要问题

亚太所在存货监盘计划中明确将"核查物流单据"作为重要工作，且存货监盘计划和存货监盘小结均载明"重点关注物流信息单据"，存货监盘小结载明"对无法实施盘点的替代程序，检查物流单据"，但在实际操作中却未能充分执行。经核查，亚太所对豫金刚石2017年财务报表执行审计的工作底稿中未附物流单据的检查资料，存货监盘小结未体现核查物流单据的审计程序。同时，亚太所称其通过走访客户、核实豫金刚石发货模式及客户签收流程替代对物流单据的核查程序，但审计工作底稿未见亚太所调整审计计划的记录，也缺少对未执行计划的解释和说明。这种不规范的审计行为，无疑为豫金刚石的财务造假提供了可乘之机。

资料来源：改编自《中国证监会行政处罚决定书》（〔2022〕57号），www.csrc.gov.cn。

上市公司财务造假的手法非常常见。针对此类行为，常规审计程序如存货监盘、函证等扮演着至关重要的角色。这些看似寻常的审计步骤，若能得到有效执行，将成为揭露财务舞弊与造假的锐利工具。通过深入剖析本案例，我们深刻认识到存货监盘与抽盘的重要性，并应进一步思考生产与存货循环中的主要业务活动及其控制机制。同时，在实施存货监盘与抽盘时，审计人员需充分考虑舞弊风险的影响，确保审计工作的全面性和准确性。

第一节　生产与存货循环的主要活动及其关键控制

生产与存货循环同其他业务循环的联系非常密切，如图8-1所示。原材料经过采购与付款循环进入生产与存货循环，生产与存货循环又随销售与收款循环中产成品的销售而结束。生产与存货循环涉及的内容主要是存货的管理、费用的归集、生产成本的计算等。该循环所涉及的资产负债表项目主要有存货、应付职工薪酬、待摊费用等，所涉及的利润表项目主要有营业成本、管理费用等。本节主要介绍生产与存货循环中的主要业务活动、涉及的主要凭证和会计记录以及该循环内部控制中的关键控制等。

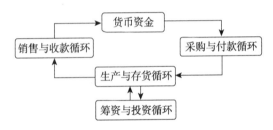

图8-1　生产与存货循环和其他业务循环流程

一、主要凭证和会计记录

生产与存货循环由原材料转化为产成品的有关活动组成。该循环包括制订生产计划，控制、保持存货水平以及与制造过程有关的交易和事项，涉及领料、生产加工及销售产成品等主要环节。生产与存货循环涉及的主要凭证和会计记录包括以下内容。

（一）生产指令

生产指令又称"生产任务通知单"，是企业内部下达生产任务的重要文件，用于明确生产目标，并指导供应、生产和会计等部门协同作业。广义上，生产指令还包含指导产品加工的工艺流程，如机械加工企业的"路线图"等。

（二）领发料凭证

领发料凭证是企业为控制材料发放而采用的一系列凭证，包括材料发出汇总表、领料单、限额领料单、领料登记簿、退料单等。这些凭证确保了材料的合理分配与有效利用，为生产活动的顺利进行提供了有力保障。

（三）产量和工时记录

产量和工时记录是反映工人或生产班组在出勤期间完成产品数量、质量以及耗费工时情况的原始记录。这些记录因企业类型和生产线特点的不同而有所差异，常见的形式包括工序进程单、工作班产量报告等。

（四）工薪汇总表和工薪费用分配表

工薪汇总表详细记录了企业整体工薪的结算情况，为工薪总分类核算和工薪费用的汇总提供了依据。工薪费用分配表则进一步明确了各生产车间及产品应分摊的生产工人工薪及福利费，有助于实现成本的精确核算。

（五）材料费用分配表

材料费用分配表用于汇总反映各生产车间和产品所消耗的材料费用情况，为企业清晰地了解不同产品的材料成本构成和成本控制与决策提供重要依据。

（六）制造费用分配汇总表

制造费用分配汇总表用于汇总反映各生产车间和产品所应负担的制造费用。

（七）成本计算单

成本计算单用于归集某一成本计算对象所承担的生产费用，并计算其总成本和单位成本，可以帮助企业准确掌握产品的成本构成，为定价、利润分析和成本控制提供重要参考。

（八）存货明细账

存货明细账详细记录了各种存货的增减变动情况和期末库存数量及相关成本信息。

（九）产成品入库单和出库单

产成品入库单是产品生产完成并经检验合格后从生产部门转入仓库的凭证，出库单则是根据销售单发出产成品的凭证。这两份单据确保了产成品在流转过程中的准确性和可追溯性。

（十）存货盘点指令、盘点表及盘点标签

为确保存货数量与账面一致，一般制造型企业通常会定期进行存货盘点。在盘点前，管理人员会编制存货盘点指令，明确盘点时间、人员及流程。盘点过程中，使用盘点表记录盘点结果，并通过盘点标签标识已盘点的存货及数量。

（十一）存货货龄分析表

存货货龄分析表是很多制造型企业识别流动较慢或滞销存货、及时发现并处理存货积压问题、降低存货风险的重要工具，对于管理具有保质期的存货（如食品、药品等）尤为重要。

二、主要业务活动及关键控制

生产与存货循环所涉及的主要业务活动如下（表8-1）。

表8-1　生产与存货循环主要会计凭证、业务活动及关键控制

主要业务活动	对应的凭证及记录	部门	关键控制
计划和安排生产	生产通知单（连续编号）	生产计划部门（授权生产）	生产指令的授权审批
发出原材料	领料单（连续编号，三联）	仓库部门	原材料领料单的授权批准
生产产品	产量和工时记录	生产部门	物化劳动和所有耗费经过正确计量，生产活动经过正确记录，已完工产品经过本工序合适人员审批后转移
费用归集和成本计算（核算产品成本）	工薪汇总表及人工费用分配表、材料费用分配表、制造费用分配汇总表、成本计算单	会计部门人事部门	成本的核算是以经过审核的生产通知单、领发料凭证、产量和工时记录、工薪费用分配表、材料费用分配表、制造费用分配表为依据的，成本的归集准确、完整
产成品入库和存储	入库单（连续编号）、存货明细账	仓库部门	存货管理独立有效，存货入库履行验收手续，及时、准确记录存货，建立永续盘存制度并严格执行，存货管理有相关保护性制度，存货保管人员与记录人员职务相分离
发出产成品	发运通知单、出库单（四联）	独立的发运部门	经批准的领料单发货 存货出库验证制度

续表

主要业务活动	对应的凭证及记录	部门	关键控制
存货盘点	盘点指令	生产部门 仓储部门	对存货实物定期盘点 核对盘点结果与存货账面数量，调查差异并进行适当调整
计提存货跌价准备	存货货龄分析表	财务部门	定期编制存货货龄分析表，管理人员复核该分析表，一旦发现存货价值降低，财务部门分析与计算后据此计提存货跌价准备

1. 计划和安排生产

生产计划部门根据顾客订购单或者销售部门对销售预测和产品需求的深入分析来确定生产指令。一旦决定启动生产，即签发预先顺序编号的生产通知单。此外，生产计划部门通常会详细记录和编号所有发出的生产通知单，编制一份材料需求报告，详细列出所需要的材料和零件及其库存状况。

2. 发出原材料

仓库部门在收到生产部门预先编号并经过批准的领料单后，会进行原材料的发放。领料单可以一料一单，也可以多料一单，必须列示所需要的材料数量、种类及领料部门的名称。领料单通常一式三联，仓库管理人员发放材料并签字后，一联连同材料交还给领料部门（生产部门存根联），一联留在仓库部门登记材料明细账（仓库联），另一联送会计部门进行材料收发核算和成本核算（财务联）。

3. 生产产品

生产部门在收到生产通知单及领取原材料后，会将生产任务分配给各个生产工人，并将原材料交付给他们进行生产。生产工人在完成生产任务后，将完成的产品交给生产部门统计人员检查，再由检验员验收并办理入库手续；或是将产品移交下一个生产部门，以进行后续加工。

4. 费用归集和产品成本核算

产品成本的核算工作主要由企业会计部门负责。为了准确核算产品成本并有效控制在产品，必须建立健全成本会计制度，将生产控制和成本核算紧密结合。一方面，生产过程中的各种记录、生产通知单、领料单、计工单、入库单等文件资料都要汇集到会计部门，由会计部门进行检查和核对，以了解和控制生产过程中的物料流转情况；另一方面，会计部门会设立相应的会计账户，并与相关部门合作，对生产过程中的成本进行核算和控制。成本会计制度可以简单记录存货余额，也可以采用完善的标准成本制度，持续记录材料处理、在产品和产成品的情况，并生成对成本差异的分析报告。完善的成本会计制度应提供原材料转为在产品、在产品转为产成品，以及按成本中心、生产批次或生产周期所消耗的材料、人工和间接费用的详细分配与归集资料，主要包括工薪汇总表、人工费用分配表、材料费用分配表、制造费用分配汇总表、成本计算单、存货明细账等。

5. 产成品入库和存储

产成品入库，须由仓库部门进行初步点验和检查，并签收。签收后，需填制产成品入库单。产成品入库单至少一式三联，一联交生产部门，一联交会计部门，一联仓库部门留存。通过这一流程，仓库部门明确了自身应承担的责任，并对验收部门的工作进行验证。此外，仓库部门还应根据产成品的特性分类存放，填制标签，并定期进行盘点核对。

6. 发出产成品

产成品的发货工作由独立的发运部门负责。装运产成品时，必须持有经有关部门核准的发运通知单，并据此编制出库单。产成品出库单一般至少一式四联，一联交仓库部门，一联发运部门留存，一联交顾客，一联作为给顾客开具发票的依据。

7. 存货盘点

管理人员编制盘点指令，安排适当人员对存货实物（涵盖原材料、在产品及产成品等各类存货）进行定期盘点，核对盘点结果与存货账面数量，调查差异并进行适当调整，以确保数据的准确性和完整性。

8. 计提存货跌价准备

财务部门根据存货货龄分析表信息或相关部门提供的关于存货状况的数据，结合存货盘点过程中对存货状况的检查结果，一旦发现存货存在损毁、滞销、跌价等降低存货价值的情况，应进行精确的分析与计算，并据此计提存货跌价准备，以反映存货的真实价值，确保公司财务报表的准确性和可靠性。

第二节　生产与存货循环的控制测试

一、生产与存货循环的内部控制

生产与存货循环的内部控制是指企业在生产与存货业务循环中，为预防、检查和纠正可能出现的错弊而实施的一系列控制措施。具体来说，生产与存货循环的内部控制主要包括以下几个方面。

（1）实物流转记录。在生产过程中，各类记录如生产通知单、领料单、计工单、入库单等文件资料，需统一汇集至会计部门。会计部门负责检查并核对这些资料，确保对生产过程中存货的实物流转有全面了解和控制。为确保实物流转程序的顺畅，与生产相关的各部门需建立严格的责任制度，并由监控人员全程监控，从领料至产品入库，防止生产脱节、产品积压、责任不清、操作违规导致的残次品和物资损失等问题。

（2）成本会计核算。会计部门应设立相应的会计账户，并与相关部门合作，对生产过程中的成本进行核算和控制。此外，需定期进行成本分析，深入剖析成本变动的趋势和原因，为企业管理层提供决策支持。

（3）职责分工。在生产与存货循环中，需明确界定各部门和人员的职责，确保任务合理分配并得到有效执行。例如，采购部门负责原材料的采购，生产部门负责产品的生产，仓储部门负责存货的保管和出入库管理，会计部门则负责相关账务的记录和处理。这些职责之间应相互独立，以防止权力滥用和舞弊发生。

（4）信息传递程序控制。生产与存货循环中的信息传递必须确保及时、准确和完整。涉及采购订单、生产计划、入库单、出库单等文档的编制、审批和传递流程，应实施授权控制、成本控制和永续盘存制等措施，以保障信息的准确性和可靠性。

（5）内部审计与监督。设立内部审计部门或委托外部审计机构对生产与存货循环进行定期审计和监督，通过检查内部控制制度的执行情况，及时发现并纠正问题，提出改进建议，以促进企业持续改进和提升管理水平。

二、评估生产与存货循环的重大错报风险

在评估生产与存货循环的重大错报风险时，审计人员应当充分了解生产与存货循环中的控制活动，了解被审计单位生产与存货循环和相关账户余额内部控制的设计、执行情况，以便实施更有效的审计程序。

（一）相关交易类别和账户余额存在的重大错报风险

影响生产与存货循环和相关账户余额的风险因素可能包括以下几方面。

（1）错报生产成本。为了完成经营目标，满足业绩考核要求，保证从外部获得资金或避免影响公司股价，在财务报表中错报生产成本，达到调节当期利润的目的。常见手段有混淆生产成本与资本化支出、混淆不同产品之间的生产成本、混淆不同会计期间的生产成本等。

（2）成本计算的复杂性。虽然直接成本的收集和分配相对简单，但间接费用的分配可能更为复杂。同一行业的不同企业可能采用不同的成本确定和计量方法。

（3）某些存货项目的可变现净值难以确定。如存货价格受全球经济供求关系影响，这会影响存货采购和销售价格的确定，并影响审计人员对存货"准确性、计价和分摊"相关风险的评估。

（4）存货可能存放在多个地点，并可能在不同地点间转移。这增加了运输途中存货损坏或遗失的风险，可能导致存货在两个地点重复记录，也可能产生转移定价的错误或舞弊行为。

（5）产品的多元化风险。在企业的同一会计期间，可能生产的多种产品使用相同的原材料和生产员工，使原材料和人工等费用在不同产品之间进行分配变得十分烦琐，这会增加生产成本不真实的风险。

（6）寄存货情况复杂。虽然存货仍放在企业，但可能已不属于企业所有；反之，企业的存货也可能寄存在其他企业。

（7）发生各种错误的可能性。在生产与存货循环的过程中，程序复杂，环节很多，很容易发生各种各样的差错。

由于存货与企业经营活动紧密相关，存货的重大错报风险往往与财务报表其他项目的重大错报风险紧密相关。例如，人员确认、采购交易和存货成本核算的错报风险往往与存货的错报风险共存。

综上所述，一般制造型企业在存货方面往往面临着多种重大错报风险。具体表现在以下几方面。

（1）存货实物可能并不真实存在（"存在"认定）。

（2）被审计单位的存货可能未在财务报表中全面反映（"完整性"认定）。

（3）存货的所有权可能并不属于被审计单位（"权利与义务"认定）。

（4）存货的单位成本计算可能存在误差（"准确性、计价和分摊"认定）。

（5）存货的账面价值可能难以实现，即存货跌价准备的计提可能不足（"准确性、计价和分摊"认定）。

在实务操作中，被审计单位管理层通过虚构存货或转移资产形成账外存货等方式实施舞弊的案例屡见不鲜。因此，审计人员在确定风险评估程序时，必须充分考虑相关的舞弊风险因素，识别和评估被审计单位是否存在与存货相关的舞弊风险。

（二）根据重大错报风险评估结果设计进一步审计程序

审计人员根据生产与存货循环的重大错报风险评估结果，制订进一步审计程序方案（包含综合性和实质性方案）（表 8-2），旨在全面应对识别出的各个层面的重大错报风险。随后，审计人员会实施控制测试和实质性程序，特别针对那些已识别出的重大错报风险，通过综合控制测试和实质性程序所获取的审计证据，有效地应对并降低这些风险。

表 8-2　生产与存货循环的重大错报风险和进一步审计程序方案

重大错报风险描述	相关财务报表项目及认定	风险程度	是否信赖控制	进一步审计程序的总体方案	拟从控制测试中获取的保证程度	拟从实质性程序中获取的保证程度
存货实物可能不存在	存货：存在	特别	是	综合性	中	高
存货的单位成本可能存在计算错误	存货：准确性、计价和分摊 营业成本：准确性	一般	是	综合性	中	低
已销售产品的成本可能没有准确结转至营业成本	存货：准确性、计价和分摊 营业成本：准确性	一般	是	综合性	中	低
存货的账面价值可能无法实现	存货：准确性、计价和分摊	特别	否	实质性	无	高

审计人员根据重大错报风险评估，初步确定进一步审计计划。风险评估与审计计划均为审计动态活动，控制测试可能会影响审计人员对内控的信赖度，审计计划并非一成不变，需适时进行调整。

无论采用综合性方案还是实质性方案，审计证据均要充分应对识别的重大错报风险，确保相关认定有足够保证。

三、生产与存货循环的控制测试

生产与存货循环的内部控制主要包括存货数量和单价的内部控制。鉴于该循环与其他业务环节的紧密关系，该循环部分审计程序，特别是存货余额的审计，与其他业务环节审计同步进行效果更佳。因此，在测评生产与存货循环内部控制时，需考虑其他业务环节控制测试的相关性，避免重复。风险评估和风险应对是整个审计过程的核心，审计人员会基于识别的重大错报风险，选取拟测试的控制并实施控制测试。由于各类企业的生产经营内容不同，因而生产与存货控制测试的内容也有所不同。表8-3列示了生产与存货循环控制测试的一般内容，审计人员可根据被审计单位的具体情况，根据专业性判断来增加或减少相应控制测试的内容。

表8-3 生产与存货循环的风险、存在的控制及控制测试

可能发生错报的环节	相关财务报表项目及认定	存在的内部控制（自动化）	存在的内部控制（人工）	控制测试程序
1. 发出原材料				
（1）原材料的发出可能未经授权	存货：存在		所有领料单由生产主管签字批准，仓库管理员凭经批准的领料单发出原材料	选取领料单，检查是否有生产主管的签字授权
（2）发出的原材料可能未正确计入相应产品的生产成本中	存货：准确性、计价和分摊 营业成本：准确性	将领料单信息输入系统时须输入对应的生产任务单编号和所生产的产品代码，每月末系统自动归集生成材料成本明细表	生产主管每月末将其生产任务单及相关领料单根据与材料成本明细表进行核对，调查差异并处理	检查生产主管核对材料成本明细表的记录，并询问其核对过程及结果
2. 记录人工成本				
生产工人的人工成本可能未得到准确反映	存货：准确性、计价和分摊 营业成本：准确性	所有员工有专属员工代码和部门代码，员工的考勤记录记入相应员工代码	人事部每月编制工薪费用分配表，按员工所属部门将工薪费用分配至生产成本、制造费用、管理费用和销售费用，经财务经理复核后入账	检查系统中员工的部门代码设置是否与其实际职责相符 询问并检查财务经理复核工资费用分配表的过程和记录
3. 记录制造费用				
发生的制造费用可能没有得到完整归集	存货：准确性、计价和分摊/完整性 营业成本：准确性/完整性	系统根据输入的成本和费用代码自动识别制造费用并进行归集	成本会计每月复核系统生成的制造费用明细表并调查异常波动，必要时由财务经理批准进行调整	检查系统的自动归集设置是否符合有关成本和费用的性质，是否合理 询问并检查成本会计复核制造费用明细表的过程和记录，检查财务经理对调整制造费用的分录的批准记录

续表

可能发生错报的环节	相关财务报表项目及认定	存在的内部控制（自动化）	存在的内部控制（人工）	控制测试程序
4. 计算产品成本				
生产成本和制造费用在不同产品之间、在产品和产成品之间的分配可能不正确	存货：准确性、计价和分摊 营业成本：准确性		成本会计执行产品成本核算、日常成本核算，财务经理每月末审核产品成本计算表及相关资料（原材料成本核算表、工薪费用分配表、制造费用分配表等），并调查异常项目	询问财务经理如何执行复核及调查，选取产品成本计算表及相关资料，检查财务经理的复核记录
5. 产成品入库				
已完工产品的生产成本可能没有转移到产成品中	存货：准确性、计价和分摊	系统根据当月输入的产成品入库单和出库单信息自动生成产成品收（入库）发（出库）存（余额）报表	成本会计将产成品收发存报表中的产品入库数量与当月成本计算表中结转的产成品成本对应的数量进行核对	询问并检查成本会计将产成品收发存报表与成本计算表进行核对的过程和记录
6. 发出产成品				
销售发出的产成品的成本可能没有准确转入营业成本	存货：准确性、计价和分摊 营业成本：准确性	系统根据确认的营业收入所对应的售出产品自动结转营业成本	财务经理和总经理每月对毛利率进行比较分析，对异常波动进行调查和处理	检查系统设置的自动结转功能是否正常运行，成本结转方式是否符合公司成本核算政策 询问并检查财务经理和总经理进行毛利率分析的过程和记录，并对异常波动的调查和处理结果进行核实
7. 盘点存货				
存货可能被盗或因材料领用/产品销售未入账而出现账实不符	存货：存在		仓库保管员每月末盘点存货并与仓库台账核对并调节一致；成本会计监督其盘点与核对，并抽查部分存货进行复盘 每年年末盘点所有存货，根据盘点结果分析盘盈、盘亏并进行账面调整	
8. 计提存货跌价准备				
可能存在残次冷背的存货，影响存货的价值	存货：准确性、计价和分摊 资产减值损失：完整性	系统根据存货入库日期自动统计货龄，每月末生成存货货龄分析表	财务部根据系统生成存货货龄分析表，结合生产和仓储部门上报的存货损毁情况及存货盘点中对存货状况的检查结果，计提存货减值准备，报总经理审核批准后入账	询问财务经理识别减值风险并确定减值准备的过程，检查总经理的复核批准记录

在控制测试中，若人工控制依赖信息技术系统报告，审计人员需测试系统报告的准确性。如存货跌价准备中使用系统生成的存货货龄分析表，其准确性会影响管理层控制的有效性，故需测试存货货龄分析表的准确性。对于采用信息技术系统全程自动核算的审计单位，审计人员需了解并测试核算流程和参数设置（可能需要信息技术专家协助），并评估信息技术一般控制的运行效果。表8-3列举了生产与存货循环常见内部控制及其测试程序，可辅助审计人员设计控制测试。审计单位因行业、规模、制度等差异，前期审计情况不同。受限于时间和成本，审计人员在保障质量的同时要提高效率，可能需要消除重复的测试程序。因此，审计人员应结合实际，制订高效的控制测试计划。

格力地产审计失败案

案例8-1：格力地产审计失败案

案例研讨问题：

1. 对于格力地产存货管理中的关键控制点，如采购、验收、仓储、领用等，审计人员是否进行了有效的测试，并确认其执行情况？

2. 面对格力地产复杂的存货情况，审计人员是否展现了足够的专业判断，并采取了适当的审计策略和方法？

3. 分析该案例资料中会计师事务所是否严格遵守了相关的审计准则和法律法规？对于审计过程中发现的问题和异常，审计人员是否履行了报告和披露的义务，确保了公众和投资者的知情权？

企业的舞弊行为通常是蓄谋已久的，因此审计人员应该严格按照审计准则开展审计工作，时刻提高警惕，保持职业怀疑，拒绝不合理要求或终止业务。在存货审计方面，实质性程序不可或缺，对于舞弊行为的治理不是仅仅依靠一方的力量就能解决的，需要多方共同努力，需要企业完善内部治理结构，还要有外部独立第三方的监督。另外，应当完善法律法规并加大处罚力度，从根本上消除舞弊动因所带来的舞弊行为。

第三节　存　货　审　计

一、存货的审计目标

存货作为企业在日常经营活动中不可或缺的一部分，包括持有以备出售的产成品或商品、生产中的在产品，以及用于生产过程或提供劳务的材料和物料等。在企业的资产构成中，存货往往占据重要地位，其重大错报不仅会直接影响流动资产、营运资本、总资产等关键财务指标，还会对销售成本、毛利及净利润产生深远影响，间接影响到企业的纳税状况。因此，存货审计在整体审计工作中显得尤为普遍、关键且复杂。

存货涉及产品的供应、生产和销售等多个环节，是支撑企业日常运营的基础物料。存货的流转对企业财务信息有着举足轻重的影响，它不仅涉及大量资金的占用，而且种类繁多，管理难度颇大。相较于其他类型的资产，存货具备一些独特的特点。正是这些特点，使存货审计变得更为复杂且困难。导致存货审计变得复杂的主要原因如下。

（1）存货在资产负债表中往往占据显著地位，通常是构成营运资本的最大组成部分，其重要性不言而喻。

（2）存货可能分布于多个不同的地点，这使得对其进行的实物控制和盘点工作变得相当复杂和困难。

（3）存货项目具有多样性，给审计工作带来了较大的挑战。

（4）存货的品质差异以及成本分配问题，使得存货的估价变得尤为复杂和困难，需要审计人员仔细权衡和判断。

（5）不同企业在存货计价方法上存在差异，增加了确定存货价值时的复杂性和不确定性。

存货审计，即对存货的实物形态、数量和计价结果发表审计意见。存货的重要性、复杂性导致了存货审计的高风险性。对存货项目的审计应特别关注，确保投入充足的审计工时，并实施多种有针对性的审计程序。这就要求审计人员不仅具有丰富的实务经验，还具有敏锐的专业判断和对异常现象的综合分析能力及风险评估与控制能力。

存货审计涵盖数量和单价两个方面。对存货数量的实质性审计程序主要依赖存货监盘，同时包括向第三方保管的存货发送函证等程序，以及对在途存货的相关凭证和期后记录进行核查。对存货单价的实质性审计则涉及购买和生产成本的审计，以及存货可变现净值的审计。其中，原材料成本的计量相对简单，可通过审计采购成本来实现；在产品和产成品的成本则更为复杂，包括原材料成本、人工成本和制造费用的归集与分摊。

进行存货审计时，还需考虑其与采购、销售收入及销售成本的相关性。例如，通过存货监盘和对已收存货的截止测试，审计人员可以获取采购商或原材料存货的"完整性"和"存在"相关证据，这自然为当期原材料和商品采购的发生与完整性提供了保证。存货的审计目标及对应的财务报表认定见表 8-4。

表 8-4　存货的审计目标及对应的财务报表认定

序号	审计目标	财务报表认定
1	资产负债表中记录的存货是存在的	存在
2	所有应当记录的存货均已记录	完整性
3	记录的存货由被审计单位拥有或控制	权利和义务
4	存货以恰当的金额包括在财务报表中，与之相关的计价调整已恰当记录	准确性、计价和分摊
5	存货已按照企业会计准则的规定在财务报表中做出恰当列报	列报与披露

二、存货的实质性程序

（一）取得或编制存货导引表，进行账表核对

审计人员首先应获取或编制存货及存货跌价准备明细表，复核加计是否正确，并与

报表数、总账余额和明细账余额合计数核对相符；如不相符，应查明原因，记录并做出相应的调整。

（二）实施分析性复核

审计人员在存货审计过程中往往需要大量运用分析性复核来获取审计证据，并协助形成恰当的审计结论。在存货审计中，常用的分析性复核方法包括简单比较法和比率分析法。审计人员在执行存货项目审计时，应着重对比往年数据，识别是否存在重大非预期变化。此外，还需运用比率分析方法，以检测被审计单位存货项目中是否存在异常现象。

有关存货监盘的目标表述

旧版本： 定期盘点存货，合理确定存货的数量和状况是被审计单位管理层的责任。实施存货监盘，获取有关期末存货数量和状况的充分、适当的审计证据是审计人员的责任。

新版本： 审计人员的目标是，针对存货的存在和状况获取充分、适当的审计证据。

知识链接："存货数量"和"存货的存在"有什么区别？

（三）存货监盘

1. 存货监盘的作用

存货监盘，是指审计人员亲临现场监督被审计单位对存货的盘点，并对已盘点的存货进行适当检查。这一过程蕴含双重意义：一是审计人员通过实地监督，确保盘点过程合规；二是审计人员根据需要对被审计单位已盘点的存货进行必要的查验，以保证数据的准确性。

1）对存货实施的审计程序要求

如果存货对财务报表是重要的，审计人员必须执行一系列严格的审计程序，对存货的存在和状况获取充分、适当的审计证据：在存货盘点现场实施存货监盘（除非不可行）；对期末存货记录实施审计程序，以确定其是否准确反映实际的存货盘点结果。

具体来说，存货监盘涉及的程序包括：对存货进行实地查验，确认其实际存在；对存货的状态进行评估，并对盘点结果进行复核；观察管理层在盘点过程中的指令执行情况，以及盘点结果的记录与控制程序是否得到有效实施；获取有关管理层存货盘点程序可靠性的审计证据；检查存货；执行抽盘。

这些程序是用作控制测试还是实质性程序，取决于审计人员的风险评估结果、审计方案和实施的特定程序。虽然审计人员有责任实施存货监盘，获取关于期末存货数量和状态的充分审计证据，但这并不意味着能替代被审计单位管理层承担定期盘点存货、合理确定存货数量和状况的责任。被审计单位管理层仍需定期进行存货盘点，以作为编制财务报表的基础，确保财务报表的准确性和永续盘存制的可靠性。

2）存货监盘及相关认定

存货监盘主要针对存货的存在、完整性、权利和义务认定。审计人员通过监盘存货，旨在获取有关存货存在和状况充分的审计证据，以验证被审计单位所记录的存货是否真实存在、是否全面反映了被审计单位拥有的所有存货，以及已记录的存货是否确实属于被审计单位的合法财产。作为存货审计的核心程序，存货监盘往往能够同时满足上述多项审计目标的要求。

审计人员在存货监盘中的责任是什么？

定期盘点存货、精确把握存货的数量和状况是被审计单位管理层的责任。实施存货监盘，获取充分、适当的审计证据以验证存货的状况，是审计人员的责任。

除存货的状况外，审计人员在存货监盘中还可能获取与存货所有权有关的部分审计证据。例如，如果审计人员在监盘中注意到某些存货已被法院查封，就需要考虑被审计单位对这些存货的所有权是否受到某种限制。需要注意的是，审计人员不能仅通过存货监盘确定存货的所有权，还可能需要执行其他实质性审计程序以更全面地评估与所有权认定相关的风险。

在审计实务中，审计人员需要恰当区分被审计单位在存货盘点中的职责与自己监盘的责任，在执行存货监盘过程中不应协助被审计单位的存货盘点工作，以确保审计的独立性和客观性。

知识链接：检查存货和执行抽盘的程序

2. 存货监盘的计划

1）制订存货监盘计划的基本要求

审计人员在执行审计工作时，应当根据被审计单位存货的特点、盘存规定和存货内部控制的有效性等因素，对被审计单位管理层设计的存货盘点程序进行评估。在此基础上，审计人员应编制存货监盘计划，对存货监盘做出合理安排。

有效的存货盘点需要制订周全且细致的计划，这对于避免误解、提高盘点效率至关重要。审计人员通常需要先与被审计单位就存货监盘等相关事宜进行充分沟通，达成共识。因此，审计人员的首要任务是全面了解被审计单位的存货特性、盘存规定等情况，并考虑获取、审阅和评价被审计单位已制定的盘点程序。在这一过程中所获得的信息，将有助于审计人员更加合理地确定参与监盘的地点以及具体的存货监盘程序，确保审计工作的准确性和高效性。

2）制订存货监盘计划应考虑的相关事项

在制订存货监盘计划时，审计人员需要考虑的相关事项如下。

（1）与存货相关的重大错报风险。存货的数量和种类、成本归集的难易程度等都会对重大错报风险产生影响。制造企业与其他类型的企业（如批发企业）相比，由于其生产过程和成本归集制度的差异，存货往往面临更高的重大错报风险，这使得审计人员的审计工作更具挑战性。除了上述因素，外部因素也会对重大错报风险产生重要影响。例如，技术进步可能使某些产品迅速过时，从而导致存货价值容易发生高估。以下几类存货可能增加审计的复杂性和风险。

——具有漫长制造过程的存货。这类企业的审计重点在于递延成本、预期成本的核算，以及评估未来市场变动对当期利润与损失的可能影响。

——具有固定价格合约的存货。其审计的核心挑战在于预期成本的不确定性。

——与时装相关的服装行业。因为消费者对服装风格和颜色的喜好变化不定，存货是否过时成为审计的关键点。

——鲜活、易腐商品存货。对这类企业的审计应更加关注其质量风险。由于这类商品的特性和较短的保质期，质量监控尤为关键。

——具有高科技含量的存货。由于技术进步迅速，存货过时的风险加大，这也是审计过程中需要特别注意的地方。

——单位价值高昂、容易被盗窃的存货。例如，珠宝存货的错报风险通常高于普通存货，在审计过程中需高度关注此类存货。

（2）与存货相关的内部控制的性质。在制订存货监盘计划时，审计人员应当深入理解被审计单位与存货管理相关的内部控制体系。内部控制的完善程度将直接影响后续审计程序的性质、时间安排及范围。这些内部控制涉及被审计单位的供应、生产、销售等各个环节，涵盖了采购、验收、仓储、领用、加工、装运等多个方面。值得注意的是，与存货管理相关的内部控制措施多种多样，其效果也各不相同。

与采购相关的内部控制，其核心目的是确保所有交易都经过适当的授权和批准。使用购货订购单是一项基本的内部控制手段，这些订购单需要事先确定采购价格并获得批准。此外，定期核对购货订购单也是必要的。

与存货验收相关的内部控制，其主要目标是确保所有收到的商品都得到准确的记录。采用验收报告单是一种基本的内部控制方式。被审计单位应设立独立的部门负责商品验收，该部门负责验收存货实物、确认存货数量、编制验收报告、将报告送至会计核算部门，以及将商品运送至仓库等任务。

仓储环节的内部控制，其核心目的是确保存货实物的接触和管理均得到管理层的指示和批准。被审计单位应实施适当的实物控制措施，使用合适的存储设备，以防存货遭受意外损坏、盗窃或破坏。

领用存货的内部控制，其目标是确保所有存货的领用都经过批准并准确记录。使用存货领用单是一种基本的内部控制手段，对存货领用情况应定期进行核对。

与生产相关的内部控制，其目标是确保所有生产过程都得到适当的记录。采用生产报告是一种关键的内部控制方式。在生产报告中，应及时记录产品质量缺陷、部件使用情况及废料情况。

装运环节的内部控制，其目标是确保所有装运活动都得到记录。使用发运凭证是一种基本的内部控制手段。发运凭证应定期核对，并作为日后收款的重要依据。

被审计单位与存货实地盘点相关的内部控制通常包括：制订合理的存货盘点计划，确定合规的存货盘点程序，配备相应的监督人员，对存货独立进行内部验证，独立调节盘点结果与永续存货记录，以及充分控制盘点表和盘点标签。

（3）对存货盘点是否确定了适当的程序，并下达了正确的指令。在审计工作中，审计人员的一个重要任务是复核或与管理层讨论其存货盘点程序，以评估其是否确定了适当的程序并下达了正确的指令。在这个过程中，审计人员应当主要考虑下列因素：盘点的时间安排；存货盘点范围和场所的确定；盘点人员的分工及胜任能力；盘点前的会议及任务布置；存货的整理和排列，对特定存货（如毁损、陈旧、过时、残次及所有权不属于被审计单位的存货）的区分；存货的计量工具和计量方法；在产品完工程度的确定方法；存放在外单位的存货的盘点安排；存货收发截止的控制；盘点期间存货移动的控制；盘点表单的设计、使用与控制；盘点结果的汇总和分析等。这些要素有助于评价盘点程序是否能够合理确定存货的存在和状况。如果认为被审计单位的存货盘点程序存在缺陷，审计人员应当提请被审计单位进行调整。

（4）存货盘点的时间安排。若存货盘点并非在财务报表日进行，审计人员除实施存货监盘的基本审计程序外，还需采取额外的审计程序，以确保存货在盘点日与报表日之间的变动得到准确反映。

（5）被审计单位是否一贯采用永续盘存制。常见的存货盘存制度包括实地盘存制和永续盘存制，两者的差异会影响审计人员在存货监盘上的安排。若被审计单位采用实地盘存制确定存货数量，审计人员会参与盘点；若采用永续盘存制，审计人员则可能在一年内参与一次或多次盘点。这样的安排有助于审计人员更为精准地评估存货数量及状态。

（6）存货的存放地点（包括不同存放地的存货的重要性和重大错报风险），以确定适当的监盘地点。若被审计单位的存货分散于多个地点，审计人员应要求被审计单位提供详尽的存货存放地清单，包括期末存量较大的仓库、租赁的仓库，以及第三方代为保管存货的仓库等，并验证其完整性。根据具体情况的风险评估结果，审计人员可以考虑执行以下一项或多项审计程序。

——询问被审计单位除管理层和财务部门以外的其他人员，如营销人员、仓库人员等，以获取有关存货存放地的实际情况。

——对比被审计单位不同时期的存货存放地，关注仓库变动情况，确保没有因仓库变动而未纳入盘点范围的存货。

——检查被审计单位存货的出入库记录，注意是否存在未告知审计人员的仓库。

——核查费用明细和租赁合同，确认被审计单位租赁的仓库是否已纳入提供的仓库清单中。

——检查被审计单位"固定资产——房屋建筑物"明细，了解可用于存放存货的房屋建筑物情况。

在获得完整的存货存放地信息后，审计人员应根据各存放地存货的重要性以及对各地点与存货相关的重大错报风险的评估结果，选择适当的地点进行监盘，并记录选择这些地点的原因。若识别出舞弊导致的可能影响存货数量的重大错报风险，审计人员可能决定在不预先通知的情况下对特定存放地的存货进行突击监盘，或在一天内对所有存放地的存货进行实地监盘。在连续审计中，审计人员可以考虑在不同期间的审计中变更所选的实地监盘地点。

（7）是否需要专家协助。当涉及资产数量或资产实物状况的确定（如矿石堆），或在特殊类别存货（如艺术品、稀有宝石玉石、房产、电子器件、工程设计等）的审计证据收集时，审计人员可以考虑寻求专家的帮助。对于在产品存货金额较大的情况，审计人员可能需要关注如何评估在产品完工程度的问题，可以通过了解被审计单位的盘点程序，并考虑采取其他措施，如获取部件明细、标准成本以及作业成本，与工厂的有关人员进行讨论等，来确保完工程度的准确性。同时，根据存货生产过程的复杂程度，审计人员也可以考虑寻求专家的帮助。

有关存货监盘计划的表述

旧版本： 在编制存货监盘计划时，审计人员应实施下列审计程序。

新版本： 在计划存货监盘（或按照相关准则设计和实施审计程序）时，审计人员需要考虑的相关事项包括以下几点。

知识链接：具体表述的差异

3）存货监盘计划的主要内容

（1）存货监盘的目标、范围及时间安排。

存货监盘的核心目的在于获取充分且恰当的审计证据，验证被审计单位在资产负债表日存货的存在、状况以及管理层盘点程序的可靠性，旨在核实存货数量是否真实、完整，权属是否清晰，以及是否存在毁损、陈旧、过时、残次和短缺等问题。

存货监盘的范围则根据存货的性质、内容以及相关的内部控制完善程度和错报风险评估结果来确定。对于存放于外单位的存货，审计人员应考虑采取替代程序，确保审计证据的充分性和适当性。

存货监盘的时间安排，应当与被审计单位实施存货盘点的时间相协调，确保实地察看、观察盘点以及检查已盘点存货的时间得到合理分配。

（2）存货监盘的要点及注意事项。

在存货监盘中，关键要点主要有监盘程序的实施方法、步骤，以及各环节的注意事项和待解决问题。审计人员需要特别关注盘点期间的存货移动、状态、截止确认以及各个存放地点和金额等。

（3）参与存货监盘人员的分工。

根据被审计单位参与盘点的人员分工、监盘工作量以及人员素质，审计人员应当确定参与存货监盘的人员组成，明确各成员的职责和具体分工，并加强监督指导。

（4）抽查存货的范围。

抽查存货的范围将基于对被审计单位存货盘点情况和内部控制的评价结果来确定。如果在观察程序后认为其内部控制设计良好且执行有效，存货盘点组织得当，审计人员可以适当缩小检查范围。

如果被审计单位存货存放在多个地点，审计人员在计划监盘程序时需要考虑哪些因素？

《〈中国注册会计师审计准则第1311号——对存货、诉讼和索赔、分部信息等特定项目获取审计证据的具体考虑〉应用指南》指出，在计划存货监盘时，注册会计师需要考虑的事项包括存货的存放地点（包括不同存放地点的存货的重要性和重大错报风险），以确定适当的监盘地点。

知识链接：根据具体情况的风险评估结果，注册会计师可以考虑执行的审计程序、不同存货的存放地点与相关的重大错报风险

如果被审计单位的存货存放在多个地点，注册会计师可以要求被审计单位提供一份完整的存货存放地点清单（包括期末库存量为零的仓库、租赁的仓库，以及第三方代被审计单位保管存货的仓库等），并考虑其完整性。

3. 存货监盘的程序

在存货盘点现场实施监盘时，审计人员需遵循以下审计程序。

1）评价管理层用于记录和控制存货盘点结果的指令和程序

（1）适当控制活动的运用，例如存货盘点记录的完整性和清点未使用的存货盘点表单，实施盘点和复盘程序。

（2）准确认定在产品的完工程度，特别关注那些流动缓慢、过时或毁损的存货项目以及第三方拥有的存货（如寄存货物）。

（3）在适用的情况下用于估计存货数量的方法，例如可能需要估计煤堆的重量。

（4）存货在不同存放地点的移动以及截止日前后的控制情况。

2）观察管理层制定的盘点程序（如对盘点时及其前后的存货移动的控制程序）的执行情况

（1）存货移动。尽管盘点存货时应保持存货静止不动，但在某些情况下存货的移动是难以避免的。例如，当盘点过程中被审计单位的生产经营仍在进行时，审计人员应采

取必要的检查程序，确保被审计单位已为此设置了适当的控制程序，并在适当的期间对存货进行了准确记录。

（2）存货截止。审计人员可以获取有关截止性信息（如存货移动的具体情况）的复印件，有助于盘点日后对存货移动的会计处理实施审计程序。具体来说，审计人员通常应当获取盘点日前后存货收发及移动的凭证，并检查库存记录与会计记录期末截止是否正确。审计人员还需特别关注，确保所有在盘点日以前入库的存货项目均已纳入盘点范围，同时确保所有已确认为销售但尚未发出的商品均未包括在盘点范围内。对于在途存货和被审计单位直接向顾客发运的存货，应确保其得到了适当的会计处理。审计人员通常可以观察存货的验收入库地点和装运出库地点以执行截止测试。若被审计单位在收货和装运过程中采用了连续编号的凭证，审计人员应关注盘点日前的最后编号。若被审计单位未使用连续编号的凭证，审计人员则应列出盘点日以前的最后一笔运输和收货记录。如果被审计单位使用运货车厢或拖车进行存货存储、运输或验收，审计人员应详细列出存货场地上满载和空载的车厢或拖车，并记录各自的存货状况。

3）检查存货

尽管检查不一定能确认存货的所有权，但它有助于确认存货的存在，并识别出过时、毁损或陈旧的存货。对于这些存货，审计人员应详细记录其状况，以便后续追踪处置情况，并为审计单位存货跌价准备的计提提供准确性证据。

4）执行抽盘

在执行抽盘时，审计人员应选取存货盘点记录中的项目追溯至存货实物，以获取有关盘点记录准确性的审计证据；从存货实物中选取项目追查至盘点记录，以获取有关盘点记录完整性的审计证据。为避免被审计单位事先了解将抽盘的存货项目，审计人员应注意保密性。对抽盘结果的记录和分析，有助于发现可能存在的错误，并据此采取相应的纠正措施。

审计人员在执行抽盘程序时，如若发现异常情况，这很可能暗示被审计单位的存货盘点在精确性或全面性上存在纰漏。值得注意的是，抽盘涵盖的往往只是已盘点存货的冰山一角，因此，抽盘过程中发现的错误极有可能预示着被审计单位的存货盘点中还存在其他未被发现的问题。面对这种情况，审计人员一方面应深入剖析错误的根源，并敦促被审计单位及时修正；另一方面，还需审慎评估错误的波及范围与严重程度，在条件允许的情况下，扩大抽盘范围，力求降低错误发生的概率。此外，审计人员还可以要求被审计单位进行存货的重新盘点，重新盘点的范围可以针对某些特定领域的存货或特定的盘点小组。

5）需要特别关注的情况

（1）存货盘点范围。在被审计单位盘点存货前，审计人员应亲临盘点现场，确认被审计单位已对存货进行妥善整理和标识，避免遗漏或重复盘点。对未纳入盘点范围的存货，审计人员应当查明未纳入的原因。对于非被审计单位所有的存货，审计人员应获取相关规格、数量等资料，确保其已单独存放、标明，且未被纳入盘点范围。在存货监盘过程中，审计人员还需根据相关资料观察非被审计单位存货的实际存放情况，确保其未被纳入盘点范围。即使被审计单位声称无受托代存存货，审计人员在监盘时也应保持警惕，防止盘点范围不当。

（2）对特殊类型存货的监盘。对某些特殊类型的存货，被审计单位通常使用的盘点方法和控制程序可能不适用。这类存货可能无盘点标签或质量难以评估，审计人员需运用职业判断，根据存货的实际情况设计合适的审计程序，以获取存货状况的审计证据。

审计人员如何监盘特殊存货？

常见的盘点方法和控制程序可能并不完全适用于某些特殊存货，这些特殊存货可能因无法贴上标签、数量难以精确计算或质量评估复杂等因素导致常规的盘点方法难以适用。对于这些特殊类型的存货，审计人员可以首先了解被审计单位针对这些特殊存货所计划采用的盘点方法，并评估其盘点方法的适用性，确保它们能够满足会计核算的需求，即确保存货在财务报表中得到准确计量和全面披露。在此基础上，审计人员还需要运用职业判断，结合被审计单位所在行业的特性、存货的具体类型及特点，以及内部控制的有效性等因素，为这些特殊存货量身定制一套具体的监盘程序。

知识链接：聘请外部专业机构协助进行存货盘点和以煤堆的监盘为例进行说明

6）存货监盘结束时的工作

在被审计单位存货监盘结束前，审计人员应当做到以下两点。

（1）再次观察盘点现场，以确定所有应纳入盘点范围的存货是否均已盘点。

（2）收集并核对已使用、作废及未使用的盘点表单号码记录，确保这些表单编号连续且完整，所有已发放的表单均妥善使用，并与存货盘点的汇总记录进行比对，确保数据的一致性。审计人员还需根据存货盘点过程中收集的信息，对被审计单位最终的存货盘点结果进行复核，评估其是否真实反映了盘点结果。

若存货盘点日并非资产负债表日，审计人员应实施适当的审计程序，确保盘点日与资产负债表日之间的存货变动得到准确记录。在实务中，审计人员可以结合盘点日至财务报表日的时间间隔以及相关内部控制的有效性等因素进行风险评估，并设计和执行相应的审计程序。实质性程序方面，审计人员可以采取多种方法，如比较盘点日和财务报表日之间的存货信息，识别并处理异常项目；进行存货周转率或存货销售周转天数等实质性分析；对盘点日至财务报表日之间的存货采购和存货销售进行双向检查，确保数据的连贯性和准确性；核实存货销售和采购在盘点日和财务报表日的截止是否正确。通过这些措施，审计人员能够全面、准确地把握被审计单位的存货状况，确保审计结果的客观性和准确性。

4. 特殊情况的处理

1）在存货盘点现场实施存货监盘不可行

在某些情况下，实施存货监盘可能并不可行。这通常源于存货的特有性质或其存放环境的特殊性，例如存货被置于对审计人员构成安全威胁的地点。然而，仅仅因为给审计人员带来不便的一般因素不足以作为判定存货监盘不可行的依据。审计中的困难、时间压力或成本考量等事项本身，不能作为审计人员省略不可替代的审计程序或满足于说服力不足的审计证据的正当理由。若确实无法在存货盘点现场实施监盘，审计人员应实施替代的审计手段，如检查盘点日后的销售记录、盘点日前的采购或存货购入文件，以确保获取到存货状态的充分、恰当的审计证据。如果不能实施替代审计程序，审计人员应当按照相关规定，在审计报告中发表非无保留意见。

如果被审计单位的存货盘点在财务报表日以外的其他日期进行，注册会计师需要进行哪些补充考虑和测试？

知识链接：在实施存货监盘时，注册会计师如何考虑舞弊风险的影响？如果被审计单位的存货盘点在财务报表日以外的其他日期进行，可以实施的实质性程序有哪些？

《中国注册会计师审计准则第1311号——对存货、诉讼和索赔、分部信息等特定项目获取审计证据的具体考虑》第五条要求，如果存货盘点在财务报表日以外的其他日期进行，注册会计师除实施规定审计程序外，还应当实施其他审计程序，以获取审计证据，确定存货盘点日与财务报表日之间的存货变动是否已得到恰当的记录。

在实务中，注册会计师应综合考虑多个因素，包括盘点日至财务报表日的时间间隔长短，以及被审计单位相关内部控制的完善性和有效性。基于这些因素的评估，注册会计师应设计和实施合适的审计程序，以识别并应对可能存在的风险。

2）因不可预见的情况而无法在存货盘点现场实施监盘

当出现不可预见的情况，如不可抗力因素或恶劣天气，导致无法在预定日期实施存货监盘时，审计人员应灵活调整计划，选择其他合适的日期进行监盘，并对间隔期内发生的交易实施审计程序。特别地，当审计人员因不可抗力无法亲临现场，或恶劣天气影响监盘和观察时，如木材被积雪覆盖，这些情况下都需要审计人员灵活应对，确保审计工作的完整性和准确性。

3）由第三方保管或控制的存货

对于由第三方保管或控制的存货，若其对财务报表很重要，审计人员应当实施下列一项或两项审计程序，以获取有关该存货状态的充分、适当的审计证据。

（1）向持有被审计单位存货的第三方函证存货的数量和状况。

（2）实施检查或其他适合具体情况的审计程序。根据具体情况（如获取的信息使审计人员对第三方的诚信和客观性产生疑虑），审计人员可能会选择实施其他审计程序作为函证的补充或替代。

其他审计程序的示例包括：

（1）实施或安排其他审计人员进行对第三方的存货监盘（如可行）。

（2）获取其他审计人员或服务机构审计人员针对用于保证存货得到恰当盘点和保管的内部控制的适当性而出具的报告。

（3）检查与第三方持有的存货相关的文件记录，如仓储单。

（4）当存货作为抵押品时，要求相关机构或人员进行确认。

考虑到第三方可能仅在特定时点进行存货盘点，审计人员应事先评估函证的可行性，并计划好替代审计程序，如存货监盘等。同时，审计人员还应评估第三方保管存货的商业理由的合理性，并据此评估存货相关的风险，包括舞弊风险，从而规划和执行适当的审计程序。

三、存货计价测试和截止测试

（一）存货计价测试的一般要求

监盘程序只能对存货的结存数量予以确认。为确保财务报表中存货余额的真实性，审计人员还需对存货的计价进行审计，包括确定存货实物数量和永续盘存记录中的数量是否被正确计价和汇总。存货的计价测试，重点在于检查被审计单位使用的存货单位成本是否准确。广义上，存货成本的审计也可以被视为存货计价测试的一项内容。

1. 样本的选择

计价审计的样本，应从已盘点数量、单价和总金额计入存货汇总表的结存存货中挑选。选择样本时，应优先考虑结存余额较大且价格波动频繁的项目，同时确保所选样本具有代表性。抽样方法上，一般采用分层抽样法，确保样本规模足以反映整体情况。

2. 计价方法的确认

存货的计价方法有多种，被审计单位需根据企业会计准则的基本要求，选择符合自身特点的计价方法。审计人员除应了解并掌握被审计单位的存货计价方法外，还需关注这种方法的合理性与一贯性。在同一会计年度内，若无充分理由，不得变更计价方法。

3. 计价测试

进行计价测试时，审计人员应首先审核存货价格的组成内容，然后按照所了解的计价方法对所选择的存货样本进行计价测试。测试过程中，应尽量避免受到被审计单位已有计算程序和结果的影响，确保测试的独立性。测试完成后，应与被审计单位账面记录对比，编制对比分析表，分析差异原因。若差异显著，应扩大测试范围，并根据审计结果考虑是否提出审计调整建议。

在存货计价审计中，鉴于被审计单位采用成本与可变现净值孰低法对期末存货进行计价，审计人员应重点关注其对存货可变现净值的确定及存货跌价准备的计提。

（二）存货成本的计价测试

存货成本的计价测试主要包括直接材料成本、直接人工成本与制造费用三方面。

1. 直接材料成本

直接材料成本的测试首先从审阅原材料与生产成本明细账入手，抽查有关费用凭证，确保产品直接耗用材料的数量、计价以及材料费用分配真实、合理。主要审计程序通常包括以下几个方面。

（1）对比同一产品在不同年度的直接材料成本，分析是否存在显著波动，并探究其背后的原因。

（2）抽查产品成本计算单，核实直接材料成本的计算准确性，同时评估材料费用分配标准与方法的合理性，确保与材料费用分配汇总表中的信息相符。

（3）检查直接材料耗用数量的真实性，防止非生产用材料被错误计入直接材料费用。

（4）检查材料发出及领用的原始凭证，确保领料单签发经过授权，发料凭证汇总表经过适当人员审核，并核实材料单位成本的计价方法与会计处理是否正确。

（5）对采用标准成本的被审计单位，应关注材料成本差异的计算、分配与会计处理是否正确，并检查直接材料的标准成本在本年度内是否发生重大变动。

2. 直接人工成本

直接人工成本的主要审计程序通常包括以下几个方面。

（1）对比本年度与前期的直接人工成本，以及本年内各月的人工费用，对异常波动进行深入分析。

（2）抽查产品成本计算单，验证直接人工成本的计算准确性，同时评估人工费用分配标准与方法的合理性，确保与人工费用分配汇总表中的数据一致。

（3）结合应付职工薪酬的审查，确保人工费用的计算及会计处理无误。

（4）对采用标准成本的被审计单位，应关注人工成本差异的计算、分配与会计处理是否正确，并检查直接人工的标准成本是否在本年度内发生重大变化。

3. 制造费用

制造费用是企业生产车间为生产产品和提供劳务而发生的各项间接费用。制造费用的主要审计程序通常包括以下几个方面。

（1）获取或编制制造费用汇总表，复核加计正确，并与明细账、总账核对无误。同时，对发生频繁、金额重大及变动异常的项目进行重点抽查。

（2）审阅制造费用明细账，确认其核算内容及范围正确，特别关注是否存在不应列入成本费用的支出（如投资支出、被没收的财物、支付的罚款、违约金等）被错误计入制造费用。

（3）必要时，对制造费用实施截止测试，检查财务报表日前后若干天的制造费用明细账及其凭证，确保无跨期入账现象。

（4）评估制造费用的分配合理性，检查分配依据是否符合企业实际情况，是否体现受益原则，分配方法是否稳定，有无随意变更的情况，以及分配率和分配额的计算是否正确，有无以人为估计数代替分配数的情况。

（5）对采用标准成本的被审计单位，应抽查标准制造费用的确定是否合理，计入产品成本计算单的数额是否正确，以及制造费用的计算、分配与会计处理是否正确，并关注标准制造费用在本年度内是否发生重大变更。

（三）存货跌价准备的测试

审计人员在存货跌价准备审计中，需关注两大核心方面。

1. 识别并审查需计提存货跌价准备的存货项目

审计人员需对存货跌价准备账户进行严格审查，揭示不良资产的真实情况，确保没有遗漏。审计人员还需运用实质性分析程序，如计算存货周转率，并与往年或其他类似存货对比，通过多种方法获取存货状况或过时的证据，关注特定情况下的存货跌价准备计提，以识别存货跌价的信号。对于认定为高技术产品的存货，审计人员可寻求外部专家协助，但需考虑专家的能力和独立性。此外，审计人员还需审查存货跌价准备计提和结转的依据、手续和会计处理，确保其正确性和一致性。这涉及与管理层和相关部门的沟通，审阅存货货龄分析表，以及在存货盘点中检查存货状况。存货跌价准备审计的难点在于计提的恰当性，旨在避免公司存在大量不良资产或潜亏。因此，审计人员既要关注计提的充分性，又要警惕通过计提秘密准备来调节利润的行为。

2. 关注存货可变现净值的确定依据，确保其计算正确无误

可变现净值是指企业在正常生产经营过程中，以存货的估计售价减去至完工时估计将要发生的成本、估计的销售费用以及相关税费后的金额。企业确定存货的可变现净值时，应以确凿证据为基础，并考虑持有存货的目的以及资产负债表日后事项的影响等因素。审计人员应抽样检查可变现净值确定的依据，以确保相关计算正确无误。

通过综合上述两方面的审查，审计人员能够更为准确地评估存货跌价准备的合理性，确保财务报表的准确性和可靠性，为报表使用者提供真实、准确的会计信息。

（四）存货的截止测试

存货的截止测试是审计中一项重要的程序，主要用于检查截止到审计截止日（即12月31日），所购入并已包括在审计截止日存货盘点范围内的存货。存货正确截止的关键在于确保存货实物纳入盘点范围的时间与存货引起的借贷双方会计科目的入账时间都处于同一会计期间。在进行测试时，需仔细审查资产负债表日前后的存货变动记录及相关购货、销货凭证，验证其准确性，确认所有操作经过授权并保持一致。总的来说，存货截止测试是确保企业存货管理准确性和合规性的重要环节，可以为企业的决策提供有力支持。

四、检查存货在财务报表上的列报与披露

审计人员需对存货在资产负债表上的列报与披露进行详尽的核查，确保其准确性和相关性。检查内容包括：确认披露的交易、事项及其他情况是否真实发生且与被审计单

位紧密相关;核实所有应纳入财务报表的披露内容是否无一遗漏;评估存货是否得到恰当的列报和描述,并确保披露内容清晰易懂;还需审查存货信息的公允性及其金额的准确性。

根据《企业会计准则》规定,企业应详细披露与存货相关的多项信息。具体包括:材料、在产品、产成品等存货的期初与期末账面价值及其总额;当期计提与转回的存货跌价准备;存货的获取方式、低值易耗品及包装物的摊销方法;存货跌价准备的计提方法;确定存货可变现净值的依据;发出存货的成本核算方法;用于债务担保的存货的账面价值;采用不同成本核算方法(如先进先出法、加权平均法或移动平均法)导致的发出存货成本差异;当期确认为费用的存货成本,如主营业务成本等。审计人员需确保这些信息都得到恰当且完整的披露。

  8-2

YR企业存货审计案例

案例研讨问题:

1. 审计人员在执行控制测试时,是否全面评估了YR企业存货内部控制的设计和运行情况?

2. 在实质性程序执行中,审计人员是否考虑了内部控制测试结果,并据此调整了审计策略和程序?

3. 对于YR企业存货审计中涉及的专业领域,审计人员的审计流程是什么?是否充分利用了外部专家或咨询机构的帮助?若有,外部专家的意见或建议是否得到了充分的考虑和采纳,并在审计报告中进行了适当的披露?

案例8-2:YR企业存货审计案例

第四节　应付职工薪酬审计

一、应付职工薪酬审计的目标

应付职工薪酬是指企业为获得职工服务或解除劳动关系而支付的各种形式的报酬或补偿,一般在企业成本费用中占有较大的比重。职工薪酬可以采用现金的形式支付,相对于其他业务更容易发生错误或舞弊行为,审计风险也相对较高。因此,审计人员在审计过程中,应对职工薪酬业务予以足够的重视。应付职工薪酬的审计目标一般包括以下几点。

(1)确定资产负债表中记录的应付职工薪酬是否存在,确保无虚增现象。

(2)确定所有应当记录的应付职工薪酬是否均已记录,防止遗漏。

(3)确定已记录的应付职工薪酬是否为被审计单位应当履行的现时义务,防止将非现时义务错误计入。

（4）确定应付职工薪酬是否以恰当的金额列示在财务报表中，与之相关的计价调整是否已恰当记录。

（5）确定应付职工薪酬是否已按照企业会计准则的规定，在财务报表中进行了恰当的列报。

二、应付职工薪酬的实质性审计程序

应付职工薪酬的实质性审计程序通常包括以下内容。

1. 获取或编制应付职工薪酬明细表

获取或编制应付职工薪酬明细表，复核加计是否正确，并与报表数、总账数和明细账合计数核对是否相符。

2. 实施实质性分析程序

（1）比较被审计单位员工人数、工薪费用等变动情况，检查异常波动并查明原因。同时，比较本期与上期工薪费用总额，了解增减变动的原因。

（2）结合员工社保缴纳情况，明确被审计单位员工范围，检查是否与关联公司员工工薪混淆列支。

（3）核对相互独立部门的相关数据：包括工薪部门记录的工薪支出与出纳记录的工薪支付数、工薪部门记录的工时与生产部门记录的工时。

（4）比较本期应付职工薪酬余额与上期应付职工薪酬余额，是否有异常变动。

3. 检查工薪、奖金、津贴和补贴

详细检查工薪、奖金、津贴和补贴的计提是否正确，分配方法是否一致，发放金额和代扣款项是否准确，以及是否存在拖欠性质的职工薪酬，并了解拖欠的原因。

4. 检查社会保险费

检查医疗、养老、失业、工伤、生育保险费以及住房公积金、工会经费和职工教育经费等社会保险费的计提（分配）和支付（使用）的会计处理是否正确，依据是否充分。

5. 检查非货币性福利

（1）检查以自产产品发放给职工的非货币性福利是否根据受益对象、按该产品的公允价值计入相关资产成本或当期损益，并确认应付职工薪酬。

（2）检查无偿向职工提供自有住房或租赁房的非货币性福利是否根据受益对象，将该住房每期应计提的折旧或每期应付的租金计入相关资产成本或当期损益，同时确认应付职工薪酬。

6. 检查辞退福利的会计处理是否符合有关规定

（1）对于职工没有选择权的辞退计划，检查按辞退职工数量、辞退补偿标准计提辞退福利负债金额是否正确。

（2）对于自愿接受裁减的职工，检查按接受裁减建议的预计职工数量、辞退补偿标准（确定的标准）等计提辞退福利负债金额是否正确。

（3）检查实质性辞退工作在一年内完成但付款时间超过一年的辞退福利，是否按折现后的金额计量、折现率的选择是否合理。

（4）检查计提辞退福利负债的会计处理是否正确，是否将计提金额计入当期管理费用。

（5）检查辞退福利支付凭证是否真实、正确。

7. 检查应付职工薪酬的期后付款情况

检查应付职工薪酬的期后付款情况，以及在资产负债表日至财务报表批准报出日之间，是否有确凿证据表明需要调整原确认的应付职工薪酬事项。

8. 检查应付职工薪酬是否已按照企业会计准则的规定在财务报表中做出恰当的列报

例 8-1： 审计人员审查某企业"应付职工薪酬"明细账，发现 10 月份计提的福利费 11.2 万元，当月职工工资总额为 40 万元。该企业的福利费计提比例高达 28%，审计人员怀疑其中存在超规计提现象。因此，审计人员调阅 10 月份工资结算单，发现在职职工工资总额为 40 万元，离退休人员工资总额为 40 万元，共计 80 万元。又调阅 10 月份计提福利费的 96#凭证，其福利费为：80×14%＝11.2 万元，会计分录如下。

借：管理费用　　　　　　　　　　　　　　　　　　　　　　　112 000
　　贷：应付职工薪酬　　　　　　　　　　　　　　　　　　　112 000

要求：指出上述会计处理存在的问题，并做出账务调整。

案例分析：

按规定，离退休人员工资不得计提福利费。被审计单位将其与在职职工工资一起计提福利费，目的是多提福利费，虚增费用，从而逃避税款。多提的福利费应转出，并补交所得税。应补交所得税＝56 000×33%＝18 480（元）

调整分录：

借：应付职工薪酬　　　　　　　　　　　　　　　　　　　　　56 000
　　贷：管理费用　　　　　　　　　　　　　　　　　　　　　56 000
借：所得税费用　　　　　　　　　　　　　　　　　　　　　　18 480
　　贷：应交税费——应交所得税　　　　　　　　　　　　　　18 480

赛赫智能应付职工薪酬审计案例

案例研讨问题：

1. 赛赫智能在研发活动方面的内部控制存在哪些异常情况？审计人员是如何发现这些问题的？如何评估其对财务报表的影响？

2. 审计人员如何确保研发费用的归集是准确的？是否考虑了所有相关的成本和支出，并排除了非研发活动的成本？

3. 在执行审计过程中，审计人员是否保持了足够的独立性和客观性？是否存在可能影响审计判断的因素？

审计人员需对研发投入的真实性进行审慎核查，特别关注研发人员规模及薪酬的合理性，以及研发领料和研发人工工时核算的准确性。同时，要重视公司内部控制的有效性，对异常情况保持警觉。审计人员应发挥专业性和责任心，确保审计结果的客观、公正和准确。

案例 8-3：赛赫智能应付职工薪酬审计案例

对于生产和存货循环的审计，以上介绍的主要是财务报表项目的审计。除以上项目外，还有材料采购、原材料、材料成本差异、低值易耗品、库存商品、存货跌价准备、管理费用等的审计。

其他相关账户审计中的主要内容

1. 材料采购审计
2. 原材料审计
3. 材料成本差异审计
4. 低值易耗品审计
5. 库存商品审计
6. 存货跌价准备审计
7. 管理费用审计
8. 其他应收款审计

知识链接：其他相关账户审计和常见的舞弊问题及表现形式

第五节　大数据背景下生产与存货循环审计的变化

随着信息技术的迅猛发展，循环审计的信息化建设也在不断推进，大数据审计正逐渐成为审计行业的新常态。会计师事务所要运用新的信息技术工具，优化生产与存货循环审计的流程，提升审计效率并节约资源。本节将深入探讨大数据背景下生产与存货循环审计面临的挑战以及应对策略。

一、大数据背景下生产与存货循环审计的变化概述

（一）传统审计与大数据背景下生产与存货循环审计的变化

1. 审计范围变广

传统的生产与存货循环审计主要聚焦财务报表层面的数据和资料，通过抽样审查的方式开展工作。然而，这种抽样方法存在不可避免的误差，增加了审计风险。相比之下，

大数据审计的范围全面覆盖所有财务数据,并且进一步延伸到企业其他方面的数据和非结构化数据。这种全面的数据分析不仅提供了更深入的经营指导,还有助于更有效地提升企业的效益。

2. 审计智能化

传统审计中,数据获取主要依赖有限的内部证据和外部证据的佐证,且受到时间限制和人员配合等因素的影响,效率较低。大数据审计则采用自动化的审计方法,实时获取和分析审计证据,大大提高了审计效率。同时,大数据相关技术如数据挖掘的运用,能够更有效地识别被审计单位在生产与存货循环中的重大错报风险。

(二)大数据审计带来的挑战

1. 大数据获取成本高

目前,利用大数据手段获取信息的成本仍然较高。客户出于保密性考虑,提供的数据往往有限且质量参差不齐。此外,从外部数据来看,从网络上爬取公开数据面临诸多挑战,包括高昂的存储成本、人员成本以及数据清洗成本等。同时,随着大数据监管政策的收紧,用网络爬虫获取公开数据的难度和成本将进一步增加。从会计师事务所内部积累的数据来看,由于我国会计师事务所的信息化尚处于一个较低的水平,电子版的历史审计数据积累不够,很难满足机器学习所需要的数据量。

2. 数据采集问题

目前部分审计信息软件在具体应用过程中还存在问题,主要是因为软件的研发周期和应用时间较短,还需要专业人员继续加强信息软件开发。虽然大数据给审计带来了诸多便利,但在实际的生产与存货循环审计中,数据采集过程中仍存在诸多问题。例如,产成品收发存报表的数据可能不完整或被修改,导致数据质量不高。此外,部分审计软件与会计系统、成本核算系统等对接不畅,也影响了数据的采集与整合。这些问题不仅导致采集的数据不全面,增加了审计信息化的难度,还可能影响审计结果的准确性和可靠性,不利于提升审计工作质量。

二、大数据背景下生产与存货循环审计应对策略

(一)存货远程审计

1. 远程审计的含义

远程审计,即远程实时审计,是一种借助计算机和网络传输技术对审计机关以外的部门、单位的财政、财务收支进行常态性和即时性监察的审计方式。北京注册会计师协会将其定义为:受特殊情况和不可抗力影响,注册会计师无法按照既定审计计划现场审计时,通过网络通信和信息化工具,获取被审计单位的电子化财务资料和其他与审计相关的信息资料,并与被审计单位、涉及审计取证的单位(例如交易对手或第三方服务机构等)、监管部门等相关方进行远程交流,实施部分审计工作并形成相关审计工作底稿,后续再辅以现场审计。

远程审计与现场审计的主要区别在于审计地点，前者无需审计人员亲自到现场。在存货远程审计中，审计人员通过互联网访问被审计单位的管理系统，进行数据分析，筛选风险点，确定审计重点，并通过大数据通信与存货盘点现场建立连接，实现远程监控。这种方式在任务繁重或人力不足时，能有效提升审计效率。

远程实时审计的特点在于其具有远距离操作能力和满足即时审计需求的能力。它减少了现场审计时间，提高了工作效率，有助于扩大审计覆盖面，更好地拓展项目审计的深度面，提高项目审计的数据资料覆盖，确保审计质量。

2. 存货远程审计的实施

在审计实施阶段，远程审计对技术和管理要求相对较高。例如，对于财务报表的外部审计项目，现有的技术条件尚不能完全满足其远程审计的需求。目前，虽然一些软件已能支持财务和业务数据的自动采集，并通过审计作业系统进行远程测试与分析，但考虑到被审方的管理环境和内部控制可能对技术应用和远程执行结果产生影响，因此仍需审慎对待远程审计，在必要时进行现场审计，如现金、特殊生物资产、重要固定资产等的监盘和检查，确保审计工作的质量和证据的充分性。

远程审计并非简单结合信息通信技术与传统审计，它的有效实施需要审计生态链上所有参与者的理念转变和主动参与。随着信息技术的发展，远程审计在管理理念先进的组织中越来越受欢迎。这些组织根据管理目标和风险监控需求，创新研发数字化、智能化的远程审计工具与平台，满足不同类型的审计需求。

（二）3S 技术

1. 3S 技术的含义

3S 技术是遥感技术、地理信息系统和全球定位系统（global positioning systems，GPS）的统称，是空间技术、传感器技术、卫星定位与导航技术和计算机技术、通信技术的高度集成，是用于空间信息采集、处理、分析、表达和应用的现代信息技术。遥感技术类似于人的眼睛，能连续、大范围地获取和更新目标影像信息；全球定位系统则如人的双脚，能精确定位并提供具体坐标；地理信息系统则如大脑，能迅速采集信息并进行深度处理和分析，为管理决策提供依据。在特殊审计领域，如自然资源、在建工程及农业开发存货的盘点，3S 技术可以作为大数据技术的有力辅助，提高审计的效率和准确性。

2. 3S 技术在存货审计中的实施

在存货审计中，3S 技术的实施思路可概述为：地理信息系统用于编制数字化地图，通过空间分析运算比对不同时期的地图差异，获取审计线索；遥感技术则被用于通过获取遥感图像比对核查现状图或规划图，揭露建设不合规等疑点；全球定位系统辅助审计人员获得直观线索，通过重合性分析审查常见问题。

鉴于 3S 技术一体化趋势，审计人员可灵活运用，具体步骤如下。

（1）利用遥感技术获取大范围、多时期的遥感影像，通过对比不同时期的影像或与规划图比对，发现变化区域，作为初步审计线索。

（2）在此基础上，借助全球定位系统将位置信息导入装有北斗卫星导航系统的手持设备，实现精准定位并前往实地考察，验证初步线索，形成审计证据。

（3）在审计人员获得初步审计证据后，可利用地理信息系统的面积统计、精准识别等功能，进一步生成详细的非正常情况信息，为审计提供有力证据。

3S技术在审计业务中得到广泛适用，如土地违规开发审计。审计人员从有关部门获取土地利用总体规划图和用遥感技术获取土地利用现状图，利用地理信息系统进行叠加和空间分析，发现疑似违规图斑。随后，运用全球定位系统辅助现场验证，地理信息系统再次被用于统计违规用地的详细信息，确保审计线索的时效性和准确性，提供直接审计证据。

毕马威远程库存审计案例

案例研讨问题：

1. 对于敏感的客户信息和库存数据，毕马威采取了哪些措施来保障隐私不被泄露？

2. 毕马威如何应对可能的技术问题，以确保远程审计的连续性和完整性？

3. 与传统的现场审计相比，远程审计在哪些方面可能存在质量风险，毕马威又是如何管理和控制这些风险的？

4. 审计人员如何适应这种新的审计方式，并确保能够有效地利用技术工具进行高质量的审计工作？

案例 8-4：毕马威远程库存审计案例

思考题

1. 生产与存货循环的主要业务活动有哪些？其关键控制点是什么？
2. 生产与存货循环中的控制测试有哪些？
3. 生产与存货循环过程中可能存在的重大错报风险的情形有哪些？
4. 存货审计的目标是什么？简述存货审计的程序及关键点。
5. 审计人员在对存货实施监盘时，遇到的特殊情况有哪些？应该如何处理？
6. 如何对存货进行截止测试？
7. 简述应付职工薪酬审计的实质性测试。
8. 存货的其他账户审计一般包括哪些？
9. 审计人员在专家的帮助下进行存货审计时，需要注意的事项有哪些？
10. 在"大智移云"的背景下，如何利用科技手段对特殊类型（海产品、农产品等）的存货进行监盘？

伦理与道德专栏

案例——继扇贝之后,洗衣液也"逃跑"了

案例研讨问题:

1. 梳理广州浪奇虚增存货的手法。

2. 在执行存货审计时,仓储方不配合进行货物盘点和抽样检测工作,审计人员应如何应对?

3. 分析该案例中审众环会计师事务所违背了哪些职业道德基本原则?审计人员应从哪些方面识别职业道德基本原则的遵循可能受到的不利影响?

伦理与道德专栏:案例——继扇贝之后,洗衣液也"逃跑"了

即测即练

自学自测　扫描此码

第九章

货币资金审计

【思想领航】

- 审计署印发的《"十四五"国家审计工作发展规划》指出"加快构建集中统一、全面覆盖、权威高效的审计监督体系,更好发挥审计在推进国家治理体系和治理能力现代化中的作用,为全面建设社会主义现代化国家开好局、起好步提供监督保障"。货币资金作为企业运营和国家经济活动的血液,其安全性、合规性和有效性直接关系到国家经济的安全与稳定。
- 根据习近平总书记关于审计工作的重要讲话和重要指示精神,会计师事务所和注册会计师要加强审计技术方法创新,运用现代信息技术高效收集、处理、分析货币资金数据,提升审计质量与效率。
- 国务院办公厅对进一步规范财务审计秩序的意见指出,要提升会计师事务所和注册会计师应对财务舞弊的能力,加强审计鉴证作用。会计师事务所应严格执行审计准则,严控风险,特别关注货币资金舞弊风险。

"货币资金"成财务造假"首选"科目?

艾格拉斯是全球领先的无线精品网游开发商和运营商,致力于为全球用户提供最精良的跨平台游戏产品以及最杰出的运营服务,已成功研发并运营国内首款智能机跨平台真3D手机网游《英雄战魂》等多个知名产品。公司拥有国际一流的网游研发平台和完善的运营体系,近年来更是专注于智能机游戏市场,已与国际主流运营商、发行商强强联手成功合作。

艾格拉斯存在两次以虚假的定期存款开户证实书并入账、未在财报中披露控股子公司担保事项、隐瞒关联方非经营性占用资金情况等情形,于2023年11月30日,收到中国证券监督管理委员会行政处罚决定书(〔2023〕148号文)。为其提供审计服务的中兴华会计师事务所于2023年12月11日收到中国证监会行政处罚决定书(〔2023〕153号文)。

类似的财务造假和舞弊,都伴随着货币资金科目的审计失败。艾格拉斯货币资金审计失败的原因分析如下。

一、造假行为

艾格拉斯2019年通过以虚假的7亿元定期存款开户证实书入账的方式虚增其他流

动资产 7 亿元，虚增利润 126.58 万元；2020 年通过虚假 7 亿元定期存款开户证实书入账的方式，虚增其他流动资产 7 亿元，导致虚增利润 369.83 万元。2019 年将虚假的巨龙互娱澳门国际银行佛山支行 4 亿元定期存款开户证实书和控股子公司新疆艾格拉斯澳门国际银行佛山支行 3 亿元定期存款开户证实书经时任会计进行账务处理后，由艾格拉斯时任出纳保管，2020 年将前述两张定期存款开户证实书到期更换成虚假的巨龙互娱澳门国际银行佛山支行 4 亿元定期存款开户证实书等。通过以虚假的 7.03 亿元定期存款开户证实书入账的方式，艾格拉斯 2020 年 8 月 28 日披露的 2020 年半年度报告虚增其他流动资产 7.03 亿元，虚增利息收入 708.33 万元。通过以虚假的 7.03 亿元定期存款开户证实书入账的方式，2020 年 10 月 26 日，艾格拉斯披露第三季度报告，虚增其他流动资产 7.03 亿元，虚增利息收入 373.82 万元。

二、审计失败的原因

1. 未恰当识别货币资金认定层次的重大错报风险，未设计、执行有效的审计程序。2019 年年报审计过程中，相关证监局工作人员要求中兴华关注异地小银行的存款情况。中兴华在对银行询证函回函真实性存有疑虑的情况下，仍未将货币资金识别为认定层次的重大错报风险，未有效执行银行对账单检查等程序，审计程序执行不到位。

2. 未对 2019 年新疆艾格拉斯澳门国际银行佛山支行 3 亿元定期存款和 2019 年巨龙互娱澳门国际银行佛山支行 4 亿元定期存款执行充分必要的审计程序。在执行新疆艾格拉斯审计工作时，新疆艾格拉斯澳门国际银行佛山支行执行日期为 2019 年 12 月 1 日至 2019 年 12 月 31 日的银行对账单与日期为 2019 年 11 月 1 日至 2019 年 12 月 23 日的对账单、银行询证函之间存在明显矛盾之处，中兴华及签字会计师未对已获取的审计证据进行有效的检查等程序，未发现存在明显矛盾的审计证据，进而未识别可能存在虚假的银行对账单。在执行新疆艾格拉斯审计工作时，在巨龙互娱澳门国际银行明细对账单已显示 4 亿元存款转出至定期存款账户的情况下，中兴华未取得 11 月、12 月能够一并显示活期存款账户和定期存款账户的月度对账单，未获取充分适当的审计证据，进而未能识别虚假对账单。

3. 未就澳门国际银行的定期存款执行进一步审计程序，如亲自或委托广东分所至澳门国际银行佛山支行进行现场函证、对获取的审计证据进一步检查比对等。中兴华在取得澳门国际银行和广东华兴银行的银行询证函回函后，对银行询证函回函的真实性存有疑虑的情况下未采取进一步审计程序。

4. 未充分关注指尖乾坤广东华兴银行 2 亿元定期存款"权利与义务"的认定，未有效执行检查开户证实书原件的审计程序。根据审计工作底稿，中兴华未按要求监盘开户证实书原件，未有效执行开户证实书监盘程序。中兴华在将货币资金列为重要账户、相关证监局工作人员提示对上述存款进行重点审计、会计师任传红对银行函证的真实性存有疑虑以及艾格拉斯未第一时间提供开户证实书原件的情况下，采用只与银行工作人员电话沟通的进一步审计程序，但电话沟通无法替代现场函证的审计程序，存在未有效执行进一步审计程序的情况。

5. 未保持勤勉尽责。中兴华在 2019 年年报审计过程中，存在未将货币资金识别为认定层次的重大错报风险、应检查开户证实书原件而未检查、未通过执行检查银行对账单的审计程序识别虚假银行对账单等审计程序执行不到位问题，客观上未勤勉尽责。

资料来源：改编自中国证监会行政处罚决定书〔2023〕153 号，www.csrc.gov.cn。

货币资金科目因相对简单的收入确认和成本核算流程,其价值通常可通过账证核对、函证程序等方式确认。这导致审计机构在分配审计任务时,往往会安排经验尚浅的审计人员负责货币资金科目的审计。然而,不容忽视的是,货币资金作为易引发舞弊的科目之一,隐含着较大的审计风险,因此,这一问题值得行业的普遍关注和深入反思。本章将重点探讨货币资金审计,首先概述货币资金审计的基本概念,其次从内部控制的视角阐述货币资金对企业发展的关键作用,最后针对库存现金、银行存款和其他货币资金三个方面,详细阐述如何开展货币资金审计工作。

第一节 货币资金涉及的主要活动及凭证

一、货币资金审计概述

货币资金是企业资产中流动性较强的部分,它贯穿企业生产经营和管理的各个环节,是企业不可或缺的重要组成部分,主要来源于企业的资本投入、营业收入等,用于支持企业各项活动的资金收支。正因为货币资金在企业运转中扮演着举足轻重的角色,所以确保良好的现金流对于企业的顺利发展至关重要。一旦出现现金流逆转的迹象,即产生不健康的负向现金流,若长此以往,企业将会陷入财务困境,进而引发对其持续经营能力的严重担忧。

因此,货币资金审计作为企业资产负债表审计的关键一环,是对库存现金、银行存款以及其他货币资金的审查。这一审计过程不仅有助于保障货币资金的安全与完整,还能维护财经法纪的严肃性,真实反映被审计单位的即期偿债能力,对于企业的稳健运营具有深远的意义。

二、货币资金审计与交易循环审计

货币资金与企业的各个交易循环紧密相连,每个交易循环都涉及货币资金的流动。在审计过程中,有些舞弊行为可能难以通过单一的货币资金审计揭示出来。结合对各交易循环相关凭证的细致检查,往往能够发现线索。例如,企业如果给顾客开具的发票金额低于实际销售款,仅通过货币资金审计只能看到一笔特定金额的货款收入,而结合销售与收款循环的原始凭证进行深入分析,才能揭示这种舞弊行为。因此,在进行货币资金审计时,综合考量各交易循环的凭证,有助于更全面、准确地评估企业的财务状况。

货币资金与各交易循环的关系如图 9-1 所示。

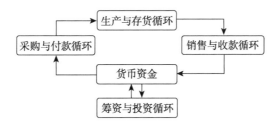

图 9-1 货币资金与各交易循环的关系

三、货币资金审计涉及的主要凭证

货币资金审计涉及的主要凭证和会计记录如下。

（1）库存现金盘点表。

（2）银行存款余额调节表。

（3）银行对账单。

（4）其他相关科目记账凭证。

（5）其他相关会计账簿。

第二节 货币资金的控制测试

一、货币资金内部控制的内容

货币资金作为企业流动性较强的资产，其管理至关重要。企业应建立有效的货币资金内部控制制度，确保应收资金全部收取并准确记录，支出则须按批准用途进行并及时记录。同时，要确保库存现金、银行存款报告准确并妥善保管，以准确预测企业正常经营所需货币资金额，确保资金既充足又不过剩。一般而言，货币资金内部控制应当包括以下内容。

（一）财务分工及授权制度

（1）企业应设立货币资金业务岗位责任制、合规的货币资金支付体系，明确各部门和岗位的职责权限，确保不相容岗位相互分离、制约和监督。货币资金收支应由出纳人员和会计人员分工负责、分别办理，职责分明、职权分离。应设置专职出纳员，负责货币资金的收支和保管、收支原始凭证的保管和签发、日记账的登记。会计不得兼任出纳；出纳不得兼任稽核、会计档案保管，不得兼管收入、费用、债权债务登记工作。禁止一人办理货币资金业务全过程。

（2）企业应制定严格的货币资金业务审批制度，明确审批人的批准方式、权限、程序、责任和相关控制措施，禁止未经授权的机构或人员办理货币资金业务或直接接触货币资金。审批人应在权限范围内审批，不得越权。经办人应在职责范围内按审批意见办理业务，未经授权和批准，不允许接触相关业务，对越权审批的业务有权拒绝并及时向上级报告。

（3）应按照规定的程序办理货币资金付款业务，如提交支付申请、审批、复核和办理支付等环节，确保业务真实性、金额准确性及相关票据的合法性和完整性。

（4）货币资金收入应当及时登记入账，严禁收款不入账的违法行为。不得私设"小金库"，不得存在账外账的情况。经办销售业务的会计人员不得同时办理收款业务。

（5）对于重要货币资金支付业务，企业应实行集体决策和审批，并建立责任追究制度，防止贪污、侵占、挪用货币资金等行为。

（二）货币资金的管理制度

企业应结合实际情况做到以下几点。

（1）结合企业实际情况，明确现金的使用范围。非现金使用范围的业务应通过银行转账结算，确保资金流动的合规性。为了确保资金的安全性，需对外支付的款项超过现金结算起点，应通过转账方式支付；对于支付给个人超过现金结算起点的款项，则通过网上银行划入个人账户。

（2）企业应设定合理的现金库存限额，超出此限额的现金应及时存入银行，不得用于直接支付企业自身的支出，确保资金安全。因特殊情况需要坐支现金的，应事先报经开户银行审查批准。

（3）出纳人员根据现金收支业务登记现金日记账，每日结账时必须将库存现金与日记账余额核对，月终时与总账核对，做到日清月结，确保账实一致。银行存款的清查采用账目核对法，主要清查企业在开户银行及其他金融机构各种存款账面余额与银行及其他金融机构中该企业的账面余额是否相符。银行存款采用每月末核对一次的方法进行。

（4）企业应定期和不定期进行现金盘点，确保现金账面余额与实际库存相符。如发现不符，应及时查明原因并做出处理，以确保现金管理的准确性和规范性。现金盘点采取每周盘点和每月盘点两种方式。每周盘点的时间为每周五下班之前，每月盘点的时间为每月最后一个工作日下班之前。如遇节假日或有特殊事项导致在规定的盘点日无法盘点的，可以报请领导批准后调整盘点日。在盘点结束后，应根据盘点结果编制库存现金盘点表，并由盘点人员和出纳人员签名或盖章确认。

（5）企业应指定专人定期核对银行账户，编制银行存款余额调节表，确保银行存款账面余额与银行对账单相符。如有不符，应查明原因及时处理。对于银行存款的清查，应根据银行存款的对账单、存款种类和货币种类逐一查对、核实。对于已经开出的银行账户应全部纳入企业的会计软件，对于已经不使用的银行账户采取并账或销户的政策。

（6）企业需加强银行账户的集中管理，严格按照国家有关规定开立和使用账户，办理存款、取款和结算业务。银行账户的开立应符合企业经营实际需求，禁止随意开立多个账户或内部管理部门私自开立账户，不准出借、出租银行账户。企业应定期检查银行账户的开立及使用情况，发现问题及时处理。

（7）企业应严格遵守银行结算纪律，不得签发无资金保证的票据或远期票据，不得套取银行信用。

（8）对于出纳人员，一般不得同时从事银行对账单的获取和银行存款余额调节表的编制工作，以确保资金管理的公正性和准确性。若确需出纳人员办理上述工作，应指定其他人员进行定期审核和监督。

（9）实行网上交易、电子支付的企业，应与承办银行签订网银操作协议，明确资金安全责任。操作人员需遵循操作权限与密码规范，不因支付方式变更而简化审批流程。企业需设专人审核交易与支付行为，确保资金流动合规、安全。

(三)票据及有关印章的管理制度

(1)企业需强化与货币资金相关的票据管理,明确票据购买、保管、领用、背书转让、注销等各环节责任权限和程序,设立专用登记簿,防止空白票据遗失或被盗。作废票据按规定保存,销毁需审核并建立记录,由授权人员监督。企业空白现金支票、转账支票等结算凭证由出纳妥善保管于保险柜中,以防无关人员接触。不签发未填收款单位和金额的支票,空白支票借用需经财务总监批准并登记。业务结算后三日内,经办人需到资产财务部办理核销手续。企业严禁签发空头支票和远期支票。

(2)企业应严格管理银行预留印鉴,财务专用章由专人保管,人名章须由本人或其授权人员保管,禁止一人保管支付款项所需全部印章。涉及负责人签字或盖章的经济业务,必须严格执行签字或盖章程序。票据盘点包括剩余空白支票、应付票据、银行承兑汇票和商业承兑汇票,盘点后需编制盘点表,包含期初数、本期增减数及期末结存数,并由盘点人、监盘人和会计主管签字或盖章确认。

(四)监督检查制度

(1)企业应建立货币资金业务监督制度,明确监督机构或人员职责,定期或不定期开展检查。

(2)货币资金监督检查的内容一般包括:检查货币资金业务相关岗位及人员的设置情况,特别是是否存在货币资金业务不相容职务混岗的现象;检查货币资金授权批准制度的执行情况,重点检查货币资金支付审批流程是否健全,有无越权审批行为;检查支付款项印章的保管情况,防止印章滥用;检查票据保管情况,确保票据购买、领用、保管流程完善,避免漏洞;检查企业及其下属各企业定期检查、清理银行账户的开立及使用情况,发现问题,及时处理。

(3)各企业对监督检查过程中发现的货币资金内部控制中的薄弱环节,应及时采取措施予以纠正和完善。

永煤控股虚增货币资金

案例研讨问题:

1. 永煤控股的大量货币资金受限,审计人员在审计过程中应如何验证受限货币资金的真实性和完整性,并评估其对永煤控股财务报表的潜在影响?

2. 审计人员在审计过程中应如何识别并验证永煤控股关联方交易和资金占用?

3. 审计人员在审计过程中应如何评估永煤控股内部控制体系的有效性和合规性?在发现内部控制问题时,审计人员应采取哪些措施,并如何与永煤控股的管理层沟通以推动改进?

案例 9-1:永煤控股虚增货币资金

二、货币资金的重大错报风险

（一）与货币资金相关的重大错报风险

在评估与货币资金相关的交易、账户余额和披露的认定层次重大错报风险时，审计人员会运用专业判断，综合考虑固有风险因素和可能的控制风险。固有风险主要关注交易或账户易于发生错报的可能性，控制风险则侧重于相关内部控制的有效性。这些风险评估共同构成了对货币资金重大错报风险的全面评价，进一步指导了审计程序的制定。

与货币资金交易、账户余额和披露相关的认定层次的重大错报风险可能涉及以下几个方面。

（1）审计单位可能存在虚假的货币资金余额或交易，导致银行存款余额的"存在"或交易的"发生"认定存在重大错报风险。

（2）大额的外币交易和余额可能面临未准确记录的风险。对于涉及外币现金或外币银行存款的审计单位，其外币交易的增减变动或期末余额可能因汇率折算不当而计价错误。

（3）银行存款期末可能存在大额的截止性错误，如审计单位期末存在金额重大异常的银行已付而企业未付、企业已收而银行未收事项。

（4）被审计单位可能未按照企业会计准则的规定对货币资金进行恰当披露。例如，审计单位期末持有使用受限制的大额银行存款，但未在财务报表附注中披露。

审计人员在评估与货币资金相关的认定层次重大错报风险时，需综合考虑多个方面，并据此制定和实施相应的审计程序，以确保审计工作的有效性和准确性。此外，货币资金领域历来是财务舞弊的高发地带。实践案例中，一些被审计单位出于压力、动机或机会，通过虚构货币资金、大股东占用资金及虚构现金交易等手段实施舞弊。因此，在货币资金审计过程中，审计人员需对以下异常情形保持高度警觉。

（1）被审计单位现金交易比例与行业常规不符。

（2）库存现金规模远超业务周转所需。

（3）银行账户数量与业务规模不匹配，或存在长期未注销的余额账户。

（4）在无业务地区开设银行账户，或将资金存放于异地。

（5）被审计单位资金存放于管理层或员工个人账户，或通过这些账户进行单位交易结算。

（6）货币资金金额与现金流中的经营活动、筹资活动、投资活动不匹配。

（7）无法提供或提供的银行对账单不完整、无银行印章或关键信息。

（8）存在长期或大量未达账项。

（9）银行存款明细中出现异常转账，如相同金额的频繁一收一付。

（10）银行账户期末余额为负数。

（11）受限货币资金占比较高。

（12）存款收益与存款规模不匹配。

（13）同一交易对方在报告期内现金与其他结算方式并存。

（14）违反货币资金存放和使用规定，如上市公司违规使用募集资金。

（15）存在大额外币收付记录，但单位并不涉及进出口业务。

（16）拒绝配合审计人员进行银行函证或打印银行结算账户清单。

（17）与实际控制人或银行签订集团现金管理协议。

此外，在审计财务报表项目时，还需关注其他异常情形，如大额资金或汇票往来无实际业务支持、存在长期挂账的大额预付款项、货币资金充裕却高额举债、付款方与销售客户名称不一致等。若被审计单位存在上述情形，可能暗示存在舞弊风险，审计人员应进一步深入调查并采取相应的审计程序。

（二）拟实施的进一步审计程序的总体方案

审计人员在识别重大错报风险并进行风险评估后，会针对性地制订一套全面的进一步审计程序方案（包含综合性方案和实质性方案）。之后，审计人员会根据方案实施相应的控制测试和实质性审计程序，以有效应对识别出的重大错报风险。无论是通过综合性方案还是实质性方案获得的审计证据，审计人员都应确保它们足以应对识别出的关键重大错报风险。

三、货币资金控制测试步骤

（一）库存现金的控制测试

1. 库存现金的主要控制偏差

库存现金业务中常见的控制偏差主要包括以下几方面。

（1）现金付款流程缺乏严格的审批与复核机制，相关人员未能充分核实付款业务的真实性、金额的准确性以及所附票据的完整性。

（2）库存现金管理不够严谨，如当日收入现金未能及时存入银行。

（3）库存现金保管制度尚待完善，缺乏必要的定期盘点与核对措施。

2. 库存现金的主要控制测试

为应对这些控制偏差，需执行以下控制测试。

（1）抽取并检查收款凭证，核对库存现金日记账的收入金额是否正确，并与应收账款明细账的相关记录比对是否相符，同时核实实收金额与销售发票金额的一致性。

（2）抽取并检查付款凭证，确认付款授权审批流程的合规性，检查库存现金日记账付款金额的准确性，以及付款凭证与应付账款明细账的记录是否一致，实付金额与购货发票金额是否相符。

（3）抽取特定期间的库存现金日记账，核对其金额是否正确，并与总账进行比对。

（4）检查外币现金的折算方法是否符合规定，前后各期是否保持一致，确定外币现金增减变动是否采用恰当的汇率折算，以及企业选用的汇率方法是否在各期保持一致。

（5）对库存现金的内部控制进行评价，确定其可靠程度及存在的薄弱环节，进而决定在实质性程序中的哪些环节可简化审计程序，哪些环节需加强审计以重点检查，从而有效降低审计风险。

（二）银行存款和其他货币资金的控制测试

1. 银行存款的主要控制偏差

银行存款业务常见的控制偏差主要有以下几个。

（1）岗位设置不当，导致银行存款收支与记账未分离。

（2）收支凭证管理不规范，缺乏合理、合法的凭据。

（3）收支记录不及时、不准确，且支出核准手续不完整。

（4）未能按时编制并核对银行存款余额调节表，导致账实不符。

2. 银行存款的主要控制测试

为应对这些控制偏差，需采取以下控制测试措施。

（1）抽取并核查收款凭证，比对收款凭证与银行存款入账日期、金额的一致性，确认银行存款日记账记录准确，并与银行对账单、应收账款明细账相符，同时核实实收金额与销货发票金额是否一致。

（2）检查付款凭证，确保付款授权手续合规，付款金额正确，并与银行对账单、应付账款明细账一致，实付金额与购货发票金额相符。

（3）抽查特定期间的银行存款日记账，检查计算错误，并与总账核对。

（4）抽取银行存款余额调节表，核对银行对账单、银行存款日记账及总账，确保被审计单位按月正确编制并复核调节表。

（5）检查外币银行存款的折算方法是否符合规定，确保外币银行存款的增减变动采用恰当的汇率折算，并检查企业选择汇率的方法是否前后一致。

（6）评价银行存款内部控制的可靠性，识别薄弱环节，以确定在实质性程序中的哪些环节可简化审计，哪些环节需加强审计，从而有效降低审计风险。

其他货币资金的控制测试与银行存款控制测试相同，在此处不做详细的介绍。

第三节　库存现金审计

一、库存现金审计目标

库存现金作为企业资产中流动性较强的资产，其收支频繁且难以有效保管和监控，因此也是较易出错的资产类型。尽管库存现金在企业总资产中的占比相对较小，但它与企业的日常经营活动紧密相连，并且许多企业内部的舞弊行为都与现金管理有关。因此，对库存现金的审计工作应予以特别重视，确保其准确性、合规性和安全性。

库存现金审计目标大致分为五项，具体目标及其对应的财务报表认定如表9-1所示。

表 9-1　库存现金审计目标及其对应的财务报表认定

序号	审计目标	财务报表认定
1	企业财务报表列报的库存现金是否在资产负债表日确实存在	存在
2	企业是否将所有的现金收支业务记录完整	完整性
3	企业财务报表列报的库存现金是否完全归该企业拥有或控制	权利和义务
4	企业财务报表列报的库存现金金额是否恰当包含在货币资金项目中，相关的计价调整是否恰当记录	准确性、计价和分摊
5	企业是否按照《企业会计准则》对库存现金进行披露	列报和披露

二、库存现金的实质性程序

由于库存现金固有的流动性强、安全性较低的特点，审计人员应当重视和加强对库存现金的实质性程序。一般来说，对库存现金的实质性程序包括以下七部分。

1. 检查库存现金日记账与总账余额是否一致

取得并核对库存现金日记账和总账，确保其合规性与上年一致，这是审计人员进行库存现金审计的起点。若涉及外币业务，还需检查外币现金日记账及相关账户记录，核实外币现金增减变动是否按交易发生日的即期汇率或近似汇率折算为记账本位币，并检查期末余额的折算及差额处理是否准确。若存在不符情况，应查明原因并记录调整，必要时向被审计单位提出调整建议。

2. 对库存现金进行监盘

监盘库存现金是一项重要的审计程序，旨在查证资产负债表所列货币资金项目中库存现金的真实性。企业盘点库存现金时，需涵盖已收到但尚未存入银行的现金、零用金及找换金等。监盘的范围一般指被审计单位各部门管理的库存现金，包括备用金、已收到未存入银行的现金等。对库存现金最好实行突击检查。在盘点库存现金的过程中，除被审计单位的出纳员实施盘点外，还应由审计人员和被审计单位会计主管共同监盘。

库存现金盘点的主要步骤和方法如下。

（1）制订库存现金监盘计划，确定监盘时间，并尽量采取突击检查，以确保结果的准确性。审计人员可在被审计单位上午上班前或下午下班后进行突击检查，不可事先告知被审计单位，以防其提前准备。盘点范围应包括企业各部门的现金。盘点前，出纳员需将现金集中存入保险柜，必要时进行封存，并将办妥收付手续的凭证登入现金日记账。若企业有多个现金存放地点，应同步进行盘点，以防被审计单位转移款项。

（2）在监盘过程中，首先由出纳员根据库存现金日记账累计数额，计算出库存现金余额。随后，在会计主管和审计人员见证下，出纳员盘点保险柜内的现金实存数。审计人员则负责编制库存现金监盘表，详细列示各币种和面值的金额，并做好盘点记录。最后，将盘点金额与库存现金日记账余额进行核对，如有差异，则要求被审计单位查明原因并记录或调整。

（3）对于冲抵库存现金的借条、未提现支票及未报销的原始凭证，审计人员应在库存现金监盘表中注明或调整,并由出纳员、会计主管和审计人员共同签字,作为审计工作底稿归档。

对库存现金进行追溯调整。如果审计人员不是在资产负债表日对库存现金进行的监盘,则应将监盘日的金额追溯调整至资产负债表日的金额。调整公式为:

结账日应存 = 审计盘点数 + 本期减少数 + 本期增加数

例 9-1:

库存现金盘点

甲事务所接受 A 公司委托,对其 2023 年的财务报表进行审计。注册会计师李某、张某在对 A 公司进行库存现金内部控制测试时了解到,A 公司在总部和市场部均设有出纳部门。

注册会计师李某、张某将库存现金盘点时间确定为 2024 年 2 月 2 日下午 6 点 A 公司下班后。2 月 2 日下午,注册会计师到达现场,通知出纳人员将公司现金封存进保险柜中。出纳人员根据库存现金日记账加计累计数额,结出现金余额:A 公司 2024 年 2 月 1 日的账面库存现金余额为 6 832 元,2 月 2 日发生的现金收支均未登记入账,其中收入金额为 5 580 元,支出金额为 2 000 元。注册会计师李某、张某对 A 公司库存现金进行监盘时,发现如下事项。

(1)保险柜里现金盘点实有数为 5 108.70 元(50 张 100 元,2 张 50 元,8 张 1 元,1 张 5 角,1 张 2 角),另有单独包封的未领工资 1 480 元(10 张 100 元,8 张 50 元,8 张 10 元)没有包括在盘点实有数内。

(2)下列凭证已付款但尚未制证入账。

职工赵某 1 月 25 日借差旅费 643.3 元,已经领导批准。

职工钱某 1 月 10 日借款 600 元,未经批准,也未说明用途。

(3)A 公司下属市场部送来当天零售款 2 580 元(25 张 100 元,8 张 10 元),附发票副本 16 张,未送存银行,未包括在盘点实有数内,也没有入账,放在出纳的办公桌抽屉里。

(4)银行核定库存现金限额 5 000 元。

A 公司 2024 年 1 月 1 日至 2 月 1 日的现金收入总额为 165 200 元,现金支出总额为 165 500 元。

根据被审计单位出纳人员的盘点结果,编制"库存现金监盘表"(表 9-2),并根据 2024 年 1 月 1 日至 2 月 1 日的库存现金收付总额对实有库存现金盘点数进行追溯调整。

表 9-2 库存现金监盘表　　　　　　　　　　　　　　　　　金额单位:元

项目	项次	检查盘点记录			实有库存现金盘点记录					
		人民币	美元	某外币	面额	人民币		美元		某外币
						张数	金额	张数	金额	张数	金额
上一日账面库存余额	①	6 832									
盘点日未记账传票收入金额	②	5 580			1 000 元						

续表

项目	检查盘点记录				实有库存现金盘点记录			
	项次	人民币	美元	某外币	面额	人民币	美元	某外币
盘点日未记账传票支出金额	③	2 000			500元			
盘点日账面应有金额	④=①+②-③	104 120			100元	85	8 500	
盘点日实有库存现金数额	⑤	9 168.7			50元	10	500	
盘点日应有与实有差异	⑥=④-⑤	1 243.3			10元	16	160	
差异原因分析	白条抵库（张）	1 243.3			5元			
					2元			
					1元	8	8	
					5角	1	0.5	
					2角	1	0.2	
					1角			
					合计		9 168.7	
追溯调整	报表日至审计日库存现金付出金额	16 750						
	报表日至审计日库存现金收入金额	17 078						
	报表日库存现金应有余额	7 132						
	报表日汇率							
	报表日余额折合本位币金额							
	本位币合计							

出纳员：孙某　　会计主管：杨某　　审计人员：李某、张某　　检查日期：2024.2.2

审计说明：2024年2月2日下午6时由审计人员李某、张某，出纳员孙某，会计主管杨某共同参与盘点，发现A公司库存现金管理存在严重缺陷。

请结合案例，分析A公司的库存现金管理有哪些问题？针对这些问题，审计人员应当要求被审计单位人员按管理权限批准后，做出哪些调整？

案例分析：

1. 本案例中，A公司的库存现金管理存在诸多问题。

（1）职工赵某1月25日借差旅费643.3元，未及时编制凭证登记入账；职工钱某1月10日借款600元，未经批准，也未说明用途。

（2）2月2日A公司下属市场部送来的当天零售款2 580元，未及时登记入账，未及时送存银行，也未包括在盘点实有数内，放在出纳的办公桌抽屉里，库存现金的存放可能存在安全隐患。

（3）另有单独包封的未领工资1 480元、市场部送来的当天零售款2 580元，没有包括在盘点实有数内。

（4）盘点日账面应有库存现金为104 120元，盘点日实有库存现金数额为9 168.7元，存在库存现金短缺1 243.3元，A公司的库存现金账实不符。

（5）银行核定库存现金限额5 000元，盘点日实有库存现金数额为9 168.7元，超出银行核定限额4 168.7元。

2. 根据以上问题，审计人员应当要求被审计单位人员按管理权限批准后，做出相应的调整。

（1）针对职工赵某借差旅费，应要求被审计单位及时入账，并履行核准报销程序；针对职工钱某的未经批准也未说明用途的借款，应要求被审计单位及时向钱某索回交库。

（2）市场部上交的零售款，应要求被审计单位及时入账，并将这笔放在出纳员办公桌抽屉的货款及时存放入现金保险柜，或直接存放至银行。

（3）被审计单位在进行盘点时，应当将市场部上交的零售款、总部单独包封的未领工资纳入库存现金盘点范围中。

（4）针对存在的现金短缺，被审计单位应查明短缺原因。本案例中的现金短缺原因是白条抵库，应当及时制单登记入账或向有关人员索回交库。如若无法查明库存现金短缺原因，则应当让被审计单位出纳自行填补短缺金额。

（5）审计人员应当提醒被审计单位，严格遵守银行核定库存现金限额，将超出限额的4 168.7元及时送存银行。

资料来源：改编自《审计案例与实训》。

3. 检查库存现金余额

对被审计单位的日常库存现金余额进行合理性审查，特别关注是否存在大额未缴存现金的情况，以确保现金管理的合规性。

4. 抽查大额现金收支款项

针对大额库存现金进行抽查，确保相关原始凭证齐全，内容完整，且授权审批流程完备。同时，核实记账凭证与原始凭证的一致性，以及账务处理的准确性，并确认这些交易记录于正确的会计期间，确保账实相符。

5. 实施截止测试

资产负债表上列示的库存现金金额应以结账日的实际数额为准。审计人员需抽查资产负债表日前后若干天的原始凭证，验证其截止日期的准确性，并检查是否存在跨期事项。若存在跨期情况，应提出相应的调整建议。

6. 检查外币现金折算是否正确

对外币现金的折算汇率进行验证，确保其按照恰当的汇率记录入账。同时，检查外币结算业务的处理是否符合相关规定，以保障外币现金管理的准确性和合规性。

7. 确定库存现金是否在资产负债表上恰当列报

按照相关规定，库存现金应在资产负债表的"货币资金"项目中进行列报。审计人员实施审计程序后，确保"库存现金"账户的期末余额准确无误，并进一步确认其在资产负债表中真实地反映，库存现金数额得到了恰当的披露，能够真实反映企业的现金状况。

第四节 银行存款审计

一、银行存款审计目标

银行存款指的是企业在银行中存放的货币资金。依据国家关于现金管理和结算制度的规范，每家企业都必须在银行设立账户，这个账户被称为结算户存款，主要用于办理存款、取款以及转账结算等事务。在审计工作中，审计人员主要关注被审计单位的银行存款及其相关收付业务的真实性、准确性及合规性，同时还需检查其银行存款的管理是否规范。例如，对于超出结算起点的收付业务，应当通过银行存款账户进行结算，这是审计人员应重点核查的内容之一。

银行存款审计目标大致分为五项，具体目标及其对应的财务报表认定如表 9-3 所示。

表 9-3 银行存款审计目标及其对应的财务报表认定

序号	审计目标	财务报表认定
1	企业财务报表列报的银行存款是否在资产负债表日确实存在	存在
2	企业是否将所有的银行存款收支业务记录完整	完整性
3	企业财务报表列报的银行存款是否完全归该企业拥有或控制	权利和义务
4	企业财务报表列报的银行存款数额是否恰当包含在货币资金项目中，相关的计价调整是否恰当记录	准确性、计价和分摊
5	企业是否按照企业会计准则对银行存款进行披露	列报和披露

二、银行存款的实质性程序

一般来说，与银行存款相关的实质性程序如下。

1. 核对银行存款日记账余额与总账余额是否一致

审计人员从被审计单位获取银行存款日记账，复核加计是否正确，且核对其余额是否与总账记录相符。如果不相符，应当要求被审计单位查明原因，做出相应调整，并以此作为后续银行存款的审计基础。

2. 实施实质性分析程序

实质性分析程序是审计过程中不可或缺的一环，具体如下。

（1）结合上一年度被审计单位银行存款的差异变动，对其本期的银行存款实际数和预算数进行对比分析，对异常差异和显著波动进行进一步的分析调查，确定审计重点。

（2）计算银行存款应收利息收入，对比被审计单位银行存款应收利息与实际利息之间的差异，并分析这种差异是否恰当。这种差异可能反映了被审计单位的资金运作状况、资金成本以及潜在的风险。

（3）考虑利息收入的来源、利率水平以及与市场利率的对比等因素，特别关注检查被审计单位是否存在高息资金拆借，确认其银行存款余额是否存在，利息收入是否已记录完整。

（4）确认银行存款余额的真实性以及利息收入是否已完整记录，仔细核对银行对账单、利息收入凭证等相关资料，确保所有信息都真实可靠，没有遗漏或错误。

3. 检查银行存款对账单和余额调节表

通常，被审计单位应根据不同的银行账户及货币种类分别编制银行存款余额调节表。取得并检查银行对账单及银行存款余额调节表是审计过程中的关键步骤。在审计过程中，审计人员应保持警觉，对银行对账单和银行存款余额调节表的真实性进行审慎评估。审计人员应获取被审计单位加盖银行印章的银行对账单，必要时亲自到银行获取，并对获取过程全程监督。随后，将银行对账单余额与银行存款日记账余额进行核对，如存在差异，需获取银行存款余额调节表进行深入分析。同时，将资产负债表日的银行对账单与银行询证函回函进行核对，确保一致性。

检查银行存款余额调节表时，审计人员应关注未达账项的真实性，银行是否已于期后入账及资产负债表日后的进账情况。对于应入账但未及时入账的事项，应检查期后企业入账的收付款凭证，确认未达账项是否存在，进行记录并在必要时向被审计单位提出调整建议。检查程序包括重新计算银行存款余额调节表金额以验算正确性，列示重要未提现支票清单，追查在途存款，检查大额未提现支票，查明企业未收款项的性质及来源，并核对银行存款总账余额与银行对账单加总金额。

4. 函证银行存款余额

银行存款函证是审计过程中极为关键的环节，它要求审计人员以被审计单位的名义向被审计单位本期存入款项的银行发函，旨在验证被审计单位的银行存款是否真实、合法且完整。这一程序不仅涵盖了被审计单位在本年度内存过款的所有银行，包括外埠存款、银行汇票存款等各类账户，也包括企业存款账户已结清或审计人员已取得银行对账单和已付支票，仍需进行函证，以确保无遗漏地反映可能存在的银行借款或其他负债。

在进行函证的过程中，审计人员应编制银行函证结果汇总表，并仔细核查银行函件。这一程序的重要性在于，它不仅是证实资产负债表所列货币资金项目中银行存款是否存在的关键步骤，而且有助于审计人员了解企业资产的存在情况，掌握企业所欠银行债务的状况，并可能发现企业未入账的银行借款和未披露的或有负债。

为确保函证程序的有效性和准确性，审计人员应保持对询证函的控制，并在函证信息与银行回复不符时，立即调查不一致事项，以确定是否存在错报，要求被审计单位做出适当处理。同时，根据《关于进一步规范银行函证及回函工作的通知》（财会〔2020〕12号）等相关规定，各金融机构应根据函证的具体要求及时回函，并可按照国家有关规定收取询证费用。

5. 实施截止测试

在审计过程中，审计人员需检查银行存款收支的截止是否正确，确保财务报表的准确性和完整性。为此，审计人员应选取若干张一定金额以上的资产负债表日前后的银行存款收支凭证进行截止测试，并仔细关注业务内容及对应项目。若发现存在跨期收支事项，应审慎考虑是否需提请被审计单位进行调整。

6. 抽查大额银行存款交易凭证

在审计过程中，审计人员应抽查大额银行存款收支的原始凭证，确保原始凭证齐全、记账凭证与原始凭证相符、账务处理正确，并核实是否记录于恰当的会计期间，确保审计的准确性和完整性。特别要关注是否存在非营业目的的大额货币资金转移，并核对原始凭证是否齐全、是否经过授权审批及相关账户的进账情况。对于与被审计单位生产经营无关的收支事项，应深入查明原因并做出相应记录。

7. 检查银行存款外币折算是否正确

检查外币银行存款的收支和余额是否按照恰当的折算汇率折算为记账本位币，外币结算业务的处理是否符合规定。

8. 确定银行存款是否在资产负债表上恰当列报

在审计过程中，审计人员应审慎检查银行存款在财务报表中的列报情况，确保银行存款在财务报表中得到了正确的反映，保障报表的真实性和完整性。审计人员实施审计程序后，需确认银行存款账户期末余额的准确性，并核实该余额在资产负债表中是否得到了恰当的披露。如果企业的银行存款表中的确涉及抵押、冻结等使用限制或存在潜在回收风险，审计人员应予以高度关注，确保企业已充分、准确地披露了相关信息。

"小金库"现形记——查处某事业单位多个"小金库"纪实

案例研讨问题：

1. 梳理审计组揭露事业单位"小金库"的过程。

2. 在本案例中，审计人员利用互联网对 B 中心人员注册的公司进行了查看，发现了新的线索。通过该案例，思考审计人员应如何利用互联网和信息技术手段，更有效地收集和分析审计证据？在使用这些技术手段时，需要注意哪些风险和挑战？

案例9-2："小金库"现形记——查处某事业单位多个"小金库"纪实

3. 研究该案例，思考针对"小金库"问题，如何加强事业单位的内部控制和风险管理？

对于货币资金的审计，以上介绍的主要是财务报表项目的审计。除以上项目外，还有针对定期存款和除定期存单外的其他货币资金的审计。

其他货币资金审计的主要内容

1. 针对定期存款的审计。
2. 针对除定期存单外的其他货币资金的审计。

知识链接：其他货币资金审计

第五节　大数据背景下的货币资金审计

一、大数据技术在货币资金审计中的运用

（一）实质性程序审计机器人

货币资金审计是企业资产负债表审计的一个重要组成部分。对其执行实质性程序，有助于发现认定层次的重大错报。由于货币资金存在较高的舞弊风险，与之相关的会计账项较多，其真实性和完整性直接影响整个审计过程。因此，执行货币资金实质性程序操作烦琐、错误率较高、数量大、耗时长，这也导致了较高的审计成本。

大数据背景下，随着云计算与云平台的不断发展，机器人流程自动化（RPA）为货币资金实质性程序提供了新的技术思路。将RPA技术应用到审计工作中，能有效改善审计范围受限、效率低下、成本较高的问题。

审计机器人是RPA技术在审计领域的具体应用，能帮助审计人员完成重复、机械、耗时的审计工作，显著提升审计工作的质量和效率。具体来说，通过将RPA技术引入审计任务中，许多定义明确、高度重复、可预测且跨系统的多步骤任务得到了有效处理。RPA的高处理能力使审计人员得以从烦琐、重复和低判断性的任务中解脱出来，转而专注于需要专业判断的关键环节。审计机器人作为RPA在审计领域的具体实现，能够按照既定步骤自动执行审计任务，显著减少了审计人员的机械性和耗时性工作。RPA不仅实现了数据的收集、整理、验证、分析等功能，还能进行记录和管理，辅助决策，并优化沟通与报告流程。总体而言，RPA技术的引入极大地提高了审计工作效率，有助于提升审计结果的准确性和可靠性。

（二）数字化函证

2020年9月，财政部、中国人民银行、国务院国资委、银保监会、证监会、国家档案局及国家标准化管理委员会联合发布了《关于推进会计师事务所函证数字化相关工作的指导意见》（财会〔2020〕13号）。该意见指出，银行函证程序和银行回函对于注册会计师审计工作至关重要。函证纸质打印、交换、保存的传统方式，已明显滞后于当前信息化发展水平，也难以满足注册会计师审计工作的需要。

近年来出现的一些审计失败案例，暴露了当前函证不实的问题，已成为制约审计质量提升和造成会计信息失真的突出问题。数字化函证克服了传统纸质函证流程复

杂、效率低下、资源浪费的缺陷，依托区块链技术，实现了高效、安全、低成本、规范的目的。数字化函证可以帮助企业实现电子票据管理、电子账单生成和电子发票核验等功能，降低企业运营成本，提高财务管理效率。当前，推进函证数字化作为加快国家信息化发展战略实施的关键环节，有助于提升会计审计工作的信息化水平。此举对于有效保障会计师事务所函证的时效性和准确性至关重要，可以推动审计人员行业实现高质量发展。同时，函证数字化也为市场主体提供了更为便捷的操作方式，有助于防范和控制银行风险，实现企业、银行、会计师事务所等多方互利共赢，是强化财会监督的重要保障。

二、大数据背景下的货币资金审计关注点

（一）技术路径与开发实施

在银行存款实质性程序中，为确保审计流程能够顺利进行，机器人流程自动化服务平台需配置 E-mail 自动化、Excel 自动化、OCR 识别软件等活动包。这些活动包不仅实现了邮件的自动收发、主题读取及附件保存功能，还能自动检索网页信息，并对电子表格数据进行迁移、计算和整合。然而，选择适合的 RPA 软件并非易事。会计师事务所在进行选择时，需综合考虑购买价格、运营成本、产品功能、实施经验以及后期维护等多方面因素。同时，RPA 机器人在执行审计任务时，难免会遇到异常处理点。因此，在执行审计程序前，必须做好流程排除差错工作，并加强监督，定时记录运行数据和完成状态，确保审计流程自动化的正确运行。值得一提的是，RPA 机器人的数据处理具有不可追溯性。为确保审计数据的完整性和准确性，需要在实施过程中定点定时备份数据，防止运行结果出现偏差或数据丢失。

2022 年 2 月，财政部等 5 部门联合发布《关于开展银行函证试点工作的通知》（财会〔2022〕5 号），目的之一为试点运用银行函证第三方数字平台。银行电子函证平台的运用提升了银行函证的可靠性，使得审计人员无须担忧函证被篡改或公章真实性等问题。采用区块链技术的银行电子函证平台，能够确保关键信息在链上存储，无法伪造或抵赖。对于大型会计师事务所，电子函证平台提供了 API 接口，实现了内部函证系统与电子函证平台的直接对接，从而避免了人为操作可能带来的误差，提高了响应速度和效率，支持大批量、程序化操作。此外，平台还规范了函证模板与数据结构，为会计师事务所内部系统建设提供了坚实的数据基础，便于自动化数据的获取、核对和统计。

（二）对组织和人员的影响

在引入大数据技术的过程中，会计师事务所的组织架构和人员配置都会发生一定变化。管理层需要积极协调各方资源，确保大数据技术的顺利运用。同时，考虑到大数据技术可能产生的大量数据，管理层需要在早期就明确数据格式、频率等，以确保数据的规范性和一致性。

此外，大数据技术的应用也会对审计人员的工作方式产生一定影响。运用大数据技术，审计人员得以从烦琐的基础工作中解脱出来，专注于更高层次的审计任务。这不仅

提高了审计效率,还保证了审计工作的质量。同时,大数据技术的正确运用也使得审计工作更加高效、准确。

然而,大数据技术的引入也带来了一些挑战。大数据技术的运用可能使部分人工工作被替代,部分员工可能会产生抗拒心理。因此,会计师事务所需要合理安排人员分工,加强对大数据技术的监督和管理,确保人机协同效应的最大化。

(三)潜在风险及应对措施

尽管大数据技术给审计工作带来了诸多便利,但其应用过程中也存在着一定的风险。例如,大数据技术产品的出现可替代审计人员的部分工作,这可能导致员工因角色变换或工作习惯改变而产生抗拒心理。机器人程序资源管理不善可能导致效率低下,需求界定不明可能引发财务付款误差,运行制度缺失则可能违反合规监管要求。此外,程序本身的设计错误、人为恶意操控以及各类不可预见因素都可能影响大数据技术的成功运用。

大数据技术产品的运用带来了人机协同效应,为应对这些风险,会计师事务所需要采取一系列措施。在这个过程中,会计师事务所要妥善考虑人员分工,加强对大数据技术产品所执行工作的监督和对大数据技术产品状态的检测,确保机器人能够按照预定计划高效、准确地完成任务。会计师事务所要定期对运用大数据技术的程序进行维护和升级,确保其性能的稳定性和先进性,建立完善的安全管理制度,对机器人设置访问权限,通过身份验证或数据加密等手段确保数据安全。此外,会计师事务所还应加强员工培训和教育,让员工了解大数据技术的发展动态和应用趋势,审计人员的角色可以由人工操作转变为事中监督,管理层定期审查大数据产品的工作进度,妥善考虑任务的分配,避免任务过度负载或带来不必要的效能浪费。综上,大数据技术在审计领域的应用具有广阔的前景和巨大的潜力,应充分发挥大数据技术的优势,提高审计工作的效率和质量,为企业的健康发展提供有力保障。

三、大数据背景下的货币资金审计保障

(一)加强政策引导

财政部应积极推动会计师事务所采用大数据技术开展审计工作,并在质量评估等方面给予相应支持。相关政府部门也应鼓励上市公司、新三板挂牌公司、国有企业及金融企业等建立与大数据审计相匹配的财务系统,为审计工作的顺利进行提供有力保障。

(二)支持相关基础设施大数据改造

国家应加大对数据中心等新一代信息基础设施的投资,推动其建设与发展。对于与大数据改造相关的研发费用,应按规定落实税收优惠政策,减轻企业的负担。中国注册会计师协会等组织也应出台相关政策,在会费减免、评价指标等方面对会计师事务所的大数据审计工作给予支持和倾斜,激发其积极性。

（三）加快新技术推广应用

要推动会计师事务所大数据审计向更高阶段发展，充分发挥科研技术平台的支撑作用，有效利用会计信息化标准化工作成果。同时，还应发挥全国会计信息化标准化技术委员会和全国金融标准化技术委员会等机构的专家作用，为大数据审计提供理论支持和智力咨询，推动其不断发展和完善。

（四）关注数据安全和隐私保护

大数据审计平台涵盖了被审单位大量未公开且需保密的信息，因此需要密切关注数据泄露、数据盗取、数据丢失以及数据存储不当等可能引发的安全问题。同时，还需要防范黑客攻击等网络安全风险。为了确保数据的安全和隐私，需要采用先进的加密技术、访问控制机制以及数据备份和恢复策略等。

思考题

1. 简述货币资金内部控制的主要内容。
2. 简述库存现金审计目标和银行存款审计目标。
3. 简述库存现金实质性程序的主要内容。
4. 简述银行存款实质性程序的主要内容。

伦理与道德专栏

豫金刚石货币资金之谜

案例研讨问题：
1. 试分析豫金刚石货币资金造假的手段。
2. 审计人员应如何防范货币资金审计风险？

伦理与道德专栏：豫金刚石货币资金之谜

即测即练

自学自测　扫描此码

第十章

完 成 审 计

【思想领航】

- "十四五"规划强调,我国进入新发展阶段,发展基础更加坚实,发展条件深刻变化,进一步发展面临新的机遇和挑战。
- 为发挥好审计机关对推进国家"十四五"规划纲要实施的监督作用,审计署将加强全流程审计质量管控,建立与信息化相适应的审计质量控制体系,编写、修订各专业领域的审计指南、法规向导,加强对审计工作的实务指引,加强对审计法律法规执行情况的检查,严格落实分级质量控制责任。
- "十四五"时期的审计工作,必须围绕国家经济社会发展的主要目标,把党的领导落实到审计工作全过程、各环节,依法全面履行审计监督职责。

*ST 日海频繁更换会计师事务所

日海智能科技股份有限公司(简称日海智能,证券代码:002313)成立于 2003 年,于 2009 年在深交所上市。日海智能是一家高新技术企业,主营业务涉及通信、信息、网络、智能化领域,致力于为客户提供高质量的技术和服务。

2021 年年报审计机构大华会计师事务所(简称"大华所")对日海智能 2021 年年度财务报表进行审计,对其出具了无法表示意见的审计报告。原因包括:重要子公司审计受限、函证受限、资产减值的计量不充分、财务报告相关内部控制存在重大缺陷等问题。这些原因使得日海智能自 2022 年 5 月 6 日起被实施"退市风险警示"和"其他风险警示"特别处理。2022 年 5 月 26 日,*ST 日海发布公告称,因与原聘任的大华会计师事务所的审计服务合同到期,综合考虑公司后续经营发展等审计需求情况,公司拟聘请天衡会计师事务所(简称"天衡所")担任公司 2022 年半年度、年度审计机构。然而,在 *ST 日海 2021 年 11 月 30 日拟聘请大华所的公告中,表述的是聘期一年,现在突然变更、中途解聘,令人费解。

公开信息显示,*ST 日海似乎有经常变更会计师事务所的习惯。从 2013 年至 2022 年的 10 年时间,其已经更换了 7 家会计师事务所,分别是:2013 年 12 月更换为瑞华会计师事务所,2014 年 10 月更换为立信会计师事务所,2015 年 10 月更换为信永中和会计师事务所,2018 年 10 月更换为立信会计师事务所,2020 年 11 月更换为立信中联会计师事务所,2021 年 11 月更换为大华所,2022 年 5 月更换为天衡所。

10 年换 7 家会计师事务所，说明公司可能存在一些问题，难以保证公司审计工作的连续性和稳定性，影响审计报告的质量。2023 年 7 月，*ST 日海收到中国证券监督管理委员会对其下发的立案告知书。*ST 日海因涉嫌信息披露违法违规，中国证监会决定对其进行立案并调查相关情况。

资料来源：改编自邹永勤《半年内两换会计师事务所，*ST 日海的"退市风险"能解除吗？》，www.eeo.com.cn。

10 年之内，日海智能 7 次更换会计师事务所。频繁更换会计师事务所是一个极其不寻常的信号，说明该公司的财务数据很可能存在较大问题，财务报表的真实性大打折扣。日海智能的案例也警示审计人员在首次接受委托时，对被审计单位的财务报表进行审计时所涉及的期初余额审计要给予足够的关注。本章首先解释完成审计工作的定义和主要内容，然后聚焦特殊项目审计，对期初余额审计、期后事项审计以及或有事项审计的含义进行解释，并明确这些特殊项目审计的目标、审计程序及对完成审计的影响。

第一节　完成审计工作概述

完成审计工作阶段是指审计人员在完成财务报表项目以及特殊项目的审计工作后，将在此阶段汇总审计结果，进行更具综合性的审计工作。如图 10-1 所示，审计完成阶段的主要工作有：评价审计中的重大发现、评价审计中发现的错报、编制审计差异调节表和试算平衡表、复核财务报表和审计工作底稿，最后在此基础上，获取管理层书面声明，以此作为出具审计报告的依据。当然，审计沟通贯穿整个审计过程，在完成审计工作中是必不可少的。

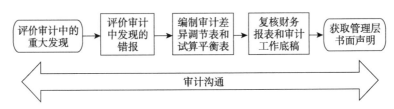

图 10-1　完成审计工作阶段的主要工作

一、评价审计中的重大发现

在完成审计工作阶段，项目合伙人和项目组需要考虑审计过程中的重大发现与事项。具体包括以下几个方面。

（1）涉及会计政策的选择、运用和一贯性的重大事项，包括相关披露。

（2）就识别出的重大风险，对总体审计策略和具体审计计划所做的重大修正。

（3）在与管理层和其他人员讨论重大发现和事项时得到的信息。

（4）与最终审计结论相矛盾或不一致的信息。

（5）期中复核中的重大发现及其对审计方法的影响。

对上述重大发现进行评价，可能全部或部分地揭示出以下事项：为实现审计目标，是否有必要对重要性进行修改；对总体审计策略、具体审计计划的重大修正，包括对重大错报风险评估结果的重要变动；财务报表中存在的重大错报；对审计方法有重要影响的、值得关注的内部控制缺陷和其他缺陷；在审计过程中遇到的重大困难；项目组内部，或项目组与项目质量复核人员或提供咨询的其他人员之间，就重大会计和审计事项达成最终结论所存在的意见分歧；与管理层或其他人员就重大发现以及与审计人员的最终审计结论相矛盾或不一致的信息进行的讨论；向会计师事务所内部有经验的专业人士或外部专业顾问咨询的事项。

审计人员在审计计划阶段对重要性的判断，与其在评估审计差异时对重要性的判断是不同的。如果在审计完成阶段确定的修订后的重要性水平远远低于在计划阶段确定的重要性水平，审计人员应重新评估已经获得的审计证据的充分性和适当性。

二、评价审计中发现的错报

（一）错报的定义和分类

1. 错报的定义

错报是指某一财务报表项目的金额、分类或列报，与按照适用的财务报告编制基础应当列示的金额、分类或列报之间存在的差异；或根据审计人员的判断，为使财务报表在所有重大方面实现公允反映，需要对金额、分类或列报做出的必要调整。

2. 错报的分类

（1）事实错报：事实错报是毋庸置疑的错报。

（2）判断错报：判断错报是审计人员认为管理层对财务报表中的确认、计量和列报（包括对会计政策的选择或运用）做出不合理或不恰当的判断而导致的差异。

（3）推断错报：推断错报是审计人员对总体存在的错报做出的最佳估计数，涉及根据在审计样本中识别出的错报来推断总体的错报。

（二）错报的沟通与更正

1. 与管理层沟通错报事项

除非法律法规禁止，审计人员应当及时将审计过程中累积的所有错报与适当层级的管理层进行沟通。及时与适当层级的管理层沟通错报事项十分重要，因为这能使管理层采取必要行动，如有异议则告知审计人员。适当层级的管理层通常是指有责任和权限对错报进行评价并采取必要行动的人员。

管理层更正所有错报（包括审计人员通报的错报），能够保持会计账簿和记录的准确性，降低与本期相关的、非重大的且尚未更正的错报的累积影响导致未来期间财务报表出现重大错报的风险。如果管理层拒绝更正沟通的部分或全部错报，审计人员应当了解管理层不更正错报的理由，并在评价财务报表整体是否不存在重大错报时考虑该理由。

2. 法律法规限制通报某些错报

法律法规可能限制审计人员向管理层或被审计单位内部的其他人员通报某些错报。例如，法律法规可能专门规定禁止通报某事项或采取其他行动，这些通报或行动可能不利于有关权力机构对实际存在的或怀疑存在的违法行为展开调查。在某些情况下，审计人员保密义务与通报义务之间存在的潜在冲突可能很复杂，此时可以考虑征询法律意见。

（三）评价未更正的错报

未更正错报，是指审计人员在审计过程中累积的且被审计单位未予更正的错报。评价过程如下。

1. 重新评估重要性

审计人员在确定重要性时，尚不知道被审计单位的实际财务结果，只能以对被审计单位的"估计"财务结果作为依据。因此，审计人员在评价未更正的错报所带来的影响时，有必要依据实际财务结果对重要性重新进行评估。若审计人员重新评估的重要性低于之前确定的重要性，则有必要重新考虑实际执行的重要性和进一步审计程序的性质、时间安排和范围的适当性，以此获取充分、适当的审计证据，作为发表审计意见的基础。

2. 评价未更正错报单独或汇总起来是否重大

在评价时，审计人员应当考虑：相对特定类别的交易、账户余额或披露以及财务报表整体而言，错报的金额和性质以及错报发生的特定环境。审计人员不仅需要考虑未更正错报单独或连同其他未更正错报的金额是否超过财务报表整体的重要性（定量），还需要考虑错报性质、错报发生的特定环境（定性）。与以前期间相关的非重大未更正错报的累积影响，可能对本期财务报表产生重大影响。

评价过程主要涉及以下内容。

1）单项错报

审计人员需要考虑每一项与金额相关的错报，以评价其对相关类别的交易、账户余额或披露的影响，包括评价该项错报是否超过特定类别的交易、账户余额或披露的重要性水平（如适用）。此外，审计人员还需要考虑定性披露中的单项错报，以评价其对相关披露的影响及对财务报表整体的综合影响。如审计人员需运用职业判断，来确认对与资产负债表、利润表、所有者权益变动表或现金流量表中的重大项目相关的会计政策是否做出不正确的描述。

需要注意的是，如果审计人员认为某一单项错报是重大的，则该项错报不太可能被其他错报抵销。例如，如果收入存在重大高估，尽管这项错报对收益的影响完全可被相同金额的费用高估抵销，审计人员仍认为财务报表整体存在重大错报。对于同一账户余额或同一类别交易内部的错报，这种抵销可能是适当的。然而，在得出抵销错报（即使是非重大错报）是适当的这一结论之前，需要考虑可能存在其他未被发现的错报风险。

2）分类错报

确定一项分类错报是否重大，不仅需要定量评估，也需要进行定性评估。例如，分类错报对负债或其他合同条款的影响，对单个财务报表项目或小计数的影响，以及对关键比率的影响。即使分类错报超过了评价其他错报时运用的重要性水平，审计人员也可能仍然认为该分类错报对财务报表整体不产生重大影响。例如，如果资产负债表项目之间的分类错报金额相对于所影响的资产负债表项目金额较小，并且对利润表或所有关键比率不产生影响，审计人员可以认为这种分类错报对财务报表整体不产生重大影响。

3）影响评价因素

即使某些错报低于财务报表整体的重要性，但因与这些错报相关的某些情况，在将其单独或连同审计过程中累积的其他错报一并考虑时，审计人员也可能将这些错报评价为重大错报。可能影响评价的情况包括但不限于表 10-1 所列的因素。

表 10-1　错报低于财务报表整体的重要性但仍可能被评价为重大错报时应考虑的因素

序号	影响评价因素
1	错报对遵守监管要求的影响程度
2	错报对遵守债务合同或其他合同条款的影响程度
3	错报与会计政策的不正确选择或运用相关，这些会计政策的不正确选择或运用对当期财务报表不产生重大影响，但可能对未来期间财务报表产生重大影响
4	错报掩盖收益的变化或其他趋势的程度（尤其是在结合宏观经济背景和行业状况进行考虑时）
5	错报对用于评价被审计单位财务状况、经营成果或现金流量的有关比率的影响程度
6	错报对财务报表中列报的分部信息的影响程度。例如，错报事项对某一分部或对被审计单位的经营或盈利能力有重大影响的其他组成部分的重要程度
7	错报对增加管理层薪酬的影响程度。例如，管理层通过达到有关奖金或其他激励政策规定的要求增加薪酬
8	相对于审计人员所了解的以前向财务报表使用者传达的信息（如盈利预测），错报是重大的
9	错报对涉及特定机构或人员的项目的相关程度。例如，与被审计单位发生交易的外部机构或人员是否与管理层成员有关联关系
10	错报涉及某些信息的遗漏，尽管适用的财务报告编制基础未对这些信息做出明确规定，但审计人员根据职业判断认为这些信息对财务报表使用者了解被审计单位的财务状况、经营成果或现金流量是重要的
11	错报对被审计单位年度报告中包含的其他信息的影响程度，这些其他信息被合理预期可能影响财务报表使用者做出的经济决策

（四）评价结果的沟通

（1）当期未更正错报的沟通。除非法律法规禁止，审计人员应当与管理层沟通未更正错报以及这些错报单独或汇总起来可能对审计意见产生的影响。

（2）以前期间未更正错报的沟通。审计人员应当与管理层沟通与以前期间相关的未更正错报对相关类别的交易、账户余额或披露以及财务报表整体的影响。

（3）在沟通时，审计人员应当逐项指明重大的未更正错报。如果存在大量单项不重大的未更正错报，审计人员可就未更正错报的笔数和总金额的影响进行沟通，而不是逐笔沟通单项未更正错报的细节。

三、编制审计差异调整表和试算平衡表

审计人员应根据审计重要性原则"初步确定并汇总"审计差异，同时建议被审计单位进行调整，以便经审计的财务报表所记载的信息能够公允地反映被审计单位的财务状况、经营成果和现金流量。该过程主要通过编制审计差异调整表和试算平衡表来完成。

（一）审计差异的类型及其调整

按审计差异的内容是否需要调整，被审计单位的账簿记录可分为两类：①核算错误：企业对经济业务进行了不正确的会计核算而引起的错误，即会计分录存在错误。②重分类错误：企业未按企业会计准则列报财务报表而引起的错误，如企业在应付账款项目中反映的预付账款、在应收账款项目中反映的预收账款等。因此，核算误差需要对企业的账簿记录和财务报表均进行调整，重分类误差则只需要在编制报表的过程中调整。

值得注意的是，审计人员最终所做的审计差异调整并非由其单方面决定，而是需要征求被审计单位的意见。审计人员做的审计差异调整一般采用书面形式，并根据被审计单位的意见确定其对已审定财务报表及审计意见的影响。如果被审计单位予以采纳，应取得被审计单位同意的书面确认，根据确认调整后的已审财务报表考虑审计意见的类型；若被审计单位不予调整，应分析原因，并根据未调整不符事项的重要程度，确定是否在审计报告中予以反映以及如何反映。

（二）审计差异调整表和试算平衡表

审计差异调整是通过编制调整分录和调整表来实现的。审计调整分录一般对报表进行整体分析，确定分录的借贷双方，多计就通过相反方向做相应的冲抵，少计就增加。审计调整分录汇总后就形成了审计差异调整表。在考虑审计差异调整表中调整事项后确定的已审财务报表即为试算平衡表。编制完试算平衡表后，应注意核对相应的勾稽关系和报表平衡关系。

审计差异调整表和试算平衡表主要内容

1. 审计差异调整表。
2. 资产负债表试算平衡表。
3. 利润表试算平衡表。

知识链接：审计差异调整表和试算平衡表

四、复核财务报表和审计工作底稿

编制完成试算平衡表后,会计师事务所及其审计人员应做好以下两项工作。

(1)对财务报表整体合理性进行总体复核。在审计结束或临近结束时,审计人员应当运用分析程序,确定经审计调整后的财务报表整体是否与对被审计单位的了解一致,是否具有合理性。如果识别出以前未识别的重大错报风险,审计人员应当重新考虑对全部或部分各类交易、账户余额、列报评估的风险,并在此基础上重新评价之前计划的审计程序。

(2)复核审计工作底稿。会计师事务所需要按照相关准则要求,对审计过程中形成的审计工作底稿进行复核。复核分为项目组内部复核以及项目质量复核两部分,具体内容见本章第四节。

五、获取管理层书面声明

书面声明,是指管理层向审计人员提供的书面陈述,用于确认某些事项或支持其他审计证据。书面声明不包括财务报表及其认定,以及支持性账簿和相关记录。审计人员应当要求对财务报表承担相应责任并了解相关事项的管理层提供书面声明。财务报表相应责任的承担者通常是管理层。因此,审计人员可要求被审计单位的首席执行官、首席财务官或不使用此类头衔但处于类似职位的其他人员提供书面声明。但在某些情况下,其他人员(如治理层)也对财务报表的编制承担责任。按书面声明的内容,可将其分为以下类型。

(一)基本书面声明

1. 针对财务报告编制的书面声明

审计人员应当要求管理层提供书面声明,确认其根据审计业务约定条款,履行了按照适用的财务报告编制基础编制财务报表并使其实现公允反映(如适用)的责任。审计人员应当要求管理层按照审计业务约定条款中对管理层责任的要求,在相关审计准则要求的书面声明中对管理层责任进行描述,包括:①已履行审计业务约定书中提及的责任,即根据企业会计准则的规定编制财务报表,并对财务报表进行公允反映;②在做出会计估计时使用的重大假设是合理的;③已按照企业会计准则的规定对关联方关系及其交易做出了恰当的会计处理和披露;④根据企业会计准则的规定,所有需要调整或披露的财务报表日后事项都已得到调整或披露;⑤未更正错报,无论是单独还是汇总起来,对财务报表整体的影响均不重大,未更正错报汇总表附在本声明书后。

2. 针对所提供的信息和交易的完整性的书面声明

审计人员应当要求管理层就下列事项提供书面声明:①按照审计业务约定条款,已向审计人员提供所有相关信息,并允许审计人员不受限制地接触所有相关信息以及被审计单位内部人员和其他相关人员;②所有交易均已记录并反映在财务报表中。

对于上述两点声明，审计人员应当要求管理层按照审计业务约定条款中对管理层责任的描述方式，在书面声明中对管理层责任进行描述，以再次确认其对自身责任的认可与理解。

（二）其他书面声明

如果审计人员认为有必要获取一项或多项其他书面声明以支持与财务报表一项或多项具体认定相关的其他审计证据，应当要求管理层提供如下书面声明。

1. 针对财务报表的额外书面声明

当审计人员认为有必要获取财务报表的其他书面声明时，可要求管理层额外提供。其主要内容可能包括会计政策的选择和运用是否适当，是否按照适用的财务报告编制基础对相关事项进行了确认、计量或列报，可能影响资产或负债账面价值或分类的计划或意图等。需要注意的是，其他书面声明是对基本书面声明的补充，但不是其组成部分。

2. 与向审计人员提供信息有关的额外书面声明

除针对管理层提供的信息和交易的完整性的书面声明外，审计人员可能认为有必要要求管理层提供的其他书面声明，确认其已将注意到的所有内部控制缺陷向审计人员通报。

3. 关于特定认定的书面声明

审计人员可能认为有必要要求管理层提供有关财务报表特定认定的书面声明，尤其是支持审计人员就管理层的判断、意图或者完整性认定从其他审计证据中获取的了解。例如，如果管理层的意图对投资的计价基础非常重要，但若不能从管理层获取有关该项投资意图的书面声明，审计人员就不可能获取充分、适当的审计证据。

值得注意的是，尽管这些书面声明能够提供必要的审计证据，但其本身并不能为财务报表特定认定提供充分、适当的审计证据。

（三）特定书面声明的具体情形

审计准则中对注册会计师在特定情况下就相关事项获取书面声明做了具体规定。比如，《中国注册会计师审计准则第1141号——财务报表审计中与舞弊相关的责任》第四十三条要求，注册会计师应当就下列事项向管理层和治理层（如适用）获取书面声明：①管理层和治理层认可其设计、执行和维护内部控制以防止和发现舞弊的责任；②管理层和治理层已向注册会计师披露了管理层对舞弊导致的财务报表重大错报风险的评估结果；③管理层和治理层已向注册会计师披露了已知的涉及管理层、在内部控制中承担重要职责的员工以及其他人员（在舞弊行为导致财务报表出现重大错报的情况下）的舞弊或舞弊嫌疑；④管理层和治理层已向注册会计师披露了从现任和前任员工、分析师、监管机构等方面获知的、影响财务报表的舞弊指控或舞弊嫌疑。

(四）书面声明的形式和日期

1. 书面声明的形式

书面声明应当以声明书形式致送审计人员。如果法律法规要求管理层就其责任做出书面公开陈述，并且审计人员认为这些陈述提供了准则要求的部分或全部声明，则这些陈述所涵盖的相关事项不必包括在声明书中。可能影响审计人员做出这一决定的因素包括：①这种陈述是否确认了关于财务报表编制、所提供信息完整性方面的责任履行情况；②这种陈述是否由审计人员要求提供相关书面声明的人员提供或批准；③是否在尽量接近审计报告日（但非之后），将该陈述的副本提交给审计人员。

2. 书面声明的日期与涵盖期间

由于审计人员关注截至审计报告日发生的、可能需要在财务报表中做出相应调整或披露的事项，书面声明的日期应当尽量接近对财务报表出具审计报告的日期，但不得在其之后。书面声明应当涵盖审计报告针对的所有财务报表和期间。在管理层签署书面声明前，审计人员不能发表审计意见，也不能签署审计报告。

对于在实务中出现的一些特殊情形，可以比照以上规定进行应对。比如：①在某些情况下，审计人员在审计过程中获取有关财务报表特定认定的书面声明可能是适当的。此时，可能有必要要求管理层更新书面声明。②管理层有时需要再次确认以前期间做出的书面声明是否依然适当。审计人员和管理层可能认可某种形式的书面声明，以更新以前期间所做的书面声明。更新后的书面声明需要表明，以前期间所做的书面声明是否发生了变化，以及发生了哪些变化（如有）。③在审计报告中提及的所有期间内，现任管理层均尚未就任。他们可能由此声称无法就上述期间提供部分或全部书面声明。然而，这一事实并不能减轻现任管理层对财务报表整体的责任。相应地，审计人员仍然需要向现任管理层获取涵盖整个相关期间的书面声明。

（五）对书面声明的疑虑和管理层不提供书面声明的情形

1. 对书面声明可靠性的疑虑

如果对管理层的胜任能力、诚信、道德价值观或勤勉尽责存在疑虑，或者对管理层在这些方面的承诺或贯彻执行存在疑虑，审计人员应当确定这些疑虑对书面或口头声明和审计证据总体的可靠性可能产生的影响。如果书面声明与其他审计证据不一致，审计人员应当实施审计程序以设法解决这些问题。

审计人员可能需要考虑风险评估程序结果是否适当。如果认为不适当，审计人员需要修正风险评估的结果，并确定进一步审计程序的性质、时间安排和范围，以应对评估的风险。如果问题仍未得到解决，审计人员应当重新考虑对管理层胜任能力、诚信、道德价值观或勤勉尽责的评估。如果认为书面声明不可靠，审计人员应当采取适当措施，包括确定其对审计意见可能产生的影响。

2. 管理层不提供书面声明的情形

如果管理层不提供符合要求的一项或多项书面声明，审计人员应当：①与管理层讨论该事项；②重新评价管理层的诚信，并评价该事项对书面或口头声明和审计证据总体的可靠性可能产生的影响；③采取适当措施，包括确定该事项对审计意见可能产生的影响。

如果审计人员认为有关这些事项的书面声明不可靠，或者管理层不提供有关这些事项的书面声明，则审计人员无法获取充分、适当的审计证据。这对财务报表的影响可能是广泛的，并不局限于财务报表的特定要素、账户或项目。在这种情况下，审计人员需要按照准则规定，对财务报表发表无法表示意见。

第二节 期后事项审计

审计人员审计的年度财务报表，以每年资产负债表日（12月31日）为截止日。但企业是持续经营的，审计人员作为独立的第三者，要对报表的合法性、公允性发表审计意见，降低审计风险，就必须在审计某一会计年度的会计报表时，瞻前顾后，除对所审会计年度内发生的交易和事项实施必要的审计程序外，还必须对在资产负债表日后发生的但又对所审会计报表产生重大影响的期后事项进行审计。

一、期后事项的含义及种类

期后事项，是指资产负债表日至审计报告日之间发生的事项以及审计人员在审计报告日后知悉的事项。审计报告日，是指审计人员对财务报表出具的审计报告签署的日期；财务报表报出日，是指审计报告和已审财务报表提供给第三方的日期。

期后事项有两类：一类是对资产负债表日已经存在的情况提供了新的或进一步证据的事项，称为调整事项；另一类是资产负债表日后才发生的事项，称为非调整事项。在审计过程中应重点关注第一类调整事项。所谓调整事项，是指由于资产负债表日后获得新的或进一步的证据，以表明依据资产负债表日存在状况编制的会计报表已不再具有有用性，应依据新发生的情况对资产负债表日所反映的收入、费用、利润、资产、负债以及所有者权益进行调整，在审计过程中予以重点关注。但这并不意味着对非调整事项不做任何处理，非调整事项应在报表附注中充分披露。

二、期后事项的审计目标

资产负债表日后事项的审计目标如下。
（1）确定期后事项的存在性。
（2）确定期后事项的类型和重要性。
（3）确定期后事项处理的恰当性。

三、期后事项的审计程序

为实现期后事项的审计目标,审计人员必须实施适当的审计程序,获取充分、适当的审计证据。审计人员对期后事项的审计不同于一般财务报表审计,对期后事项的审计可分为两类:一是结合会计报表年末余额实施实质性测试程序;二是专为发现所审计会计期间必须弄清的事项另行实施的审计程序。值得注意的是,审计人员一般无须专门对期后事项发表审计意见。当被审计单位不接受对已发现的对会计报表产生重大影响的期后事项的调整建议或披露建议时,审计人员应当根据其重要程度,发表保留意见或否定意见。

(一)结合会计报表年末余额实施实质性测试程序

审计人员在对会计报表项目实施实质性测试程序时,通常通过对各项目的截止期和估价测试等确定被审计单位管理当局对其编制的会计报表项目的年末余额认定是否正确。例如:检查本年度12月份的销售发票是否已经正确地计入了本年的收入,将后期的存货销售价格与前期的存货成本相比较,以确定前期期末存货估价是否适当等。尽管这些审计程序是针对年末余额实施的,本质上是会计报表年末余额实质性测试的一部分,但从实际效果上看,仍然不失为期后事项审计的一种有效程序。

(二)专为发现所审计会计期间必须弄清的事项另行实施的审计程序

这类审计程序主要有以下几种。

1. 向被审计单位管理当局及有关人员询问

由于被审计单位的业务性质、经营规模等情况不同,审计人员询问的内容也不相同。审计人员审计期后事项,通常应当询问以下内容。

(1)已依据初步数据进行会计处理的项目的现状。
(2)是否已进行或即将进行异常的会计调整。
(3)是否已发生或可能发生影响会计政策适当性的事项。
(4)资产是否被政府征用或因不可抗力而遭受损失。
(5)资产是否已出售或计划出售。
(6)是否发生新的担保、贷款或承诺。
(7)是否已发行或计划发行新的股票或债券。
(8)是否已签订或计划签订合并或清算的协议。
(9)其他相关内容。

这里所说的"初步数据"是指被审计单位在编制会计报表时所做的各种估计或预计。这些估计或预计基于预期的未来事件,而不是已经发生的事实。随着时间的推移和实际事件的发生,这些初步估计可能会被调整以反映更准确的信息。审计人员的责任是评估这些估计是否合理,并确保财务报表反映了最佳估计值。如果该事项估计或预计金额与实际发生金额不符,仍需进行调整。

2. 复查被审计单位资产负债表日后编制的内部报表及其他相关管理报告

审计人员首先应评估内部控制措施是否足够有效,以确保内部报表和其他管理报告的准确性和可靠性。若认为内控有效,则可以选择复查被审计单位资产负债表日后编制的内部报表及其他相关管理报告。复查的重点应放在被审计年度生产经营业务中与同期结果有关的变化上,特别是被审计单位经营业务和经营环境的主要变化上。与被审计单位管理当局讨论报表,以确定它们的编制基础与本年度会计报表是否一致,并调查经营结果的重大变化。

3. 复查资产负债表日后编制的会计记录

审计人员应复核被审计单位期后编制的日记账和分类账,尤其应检查大额的或异常项目,从而确定所有与本年相关的业务的存在和内容,以及期后发生的但需要披露的事项,判断其是否需要在财务报表中进行调整,或者是否仅需要在附注中进行披露。

4. 检查被审计单位资产负债表日后发布的董事会和股东大会的会议记录

被审计单位的重大事项,尤其是涉及证券管理机构规定的需要向外发布的重大经营事项,被审计单位都要以一定的形式向外发布。对这些发布的事项,在相关的会议记录中应有详细的记录。审计人员应仔细阅读会议记录,关注会议中讨论的重大事项,特别关注与财务报告相关的议题,如财务政策变更、重大交易、管理层变动等。

5. 获取被审计单位管理当局和其律师的声明书

由被审计单位向审计人员递交的管理当局和其律师的声明书,是他们对审计中各种不同事项的说明,其中包括对审计现场工作结束前有关期后事项的陈述,但应注意验证声明书的真实性。

四、期后事项对审计报告的影响

(一)资产负债表日至审计报告日发生的期后事项的处理

审计人员如在审计报告日至会计报表公布日之间获知可能影响会计报表的期后事项,应当及时与被审计单位管理当局讨论,以确保管理层了解这些事项对财务报表的影响。必要时,还应追加适当的审计程序,以确定期后事项的类型及其对会计报表和审计报告的影响程度。然后,审计人员应当根据其类型分别做以下处理:①对于调整事项,审计人员应提请被审计单位调整会计报表;②对于非调整事项,审计人员应提请被审计单位披露。若被审计单位不接受调整或披露建议,审计人员应当发表保留意见或否定意见。

(二)审计报告日至财务报表报出日发生的期后事项的处理

如对审计报告日至会计报表报出日获知的期后事项实施了追加审计程序,并已做适当处理，审计人员可选用以下方式确定审计报告日期：①签署双重报告日期，即保留原定审计报告日，并就该期后事项注明新的审计报告日；②更改审计报告日期，即将原定审计报告日推迟至完成追加审计程序时的审计报告日。

如决定更改审计报告日期，审计人员应当实施必要的审计程序，以发现原定审计报告日至更改后的审计报告日发生的可能严重影响会计报表的其他期后事项；如在会计报表公布日后获知审计报告日已经存在但尚未发现的期后事项，审计人员应当与被审计单位讨论如何处理，并考虑是否需要修改已审计会计报表；如被审计单位拒绝采取适当措施，审计人员应当考虑是否修改审计报告。

审计报告日后，审计人员没有责任主动执行任何询问或其他审计程序，以发现任何重要的期后事项。但如果审计人员已经注意到了该期后事项，就必须及时与客户管理当局讨论。必要时，还应追加适当的审计程序，以确定期后事项的类型及其对会计报表和审计报告的影响程度。如果需要调整，并且管理当局做了适当的调整，那么审计人员可签发标准审计报告。如果需要披露且管理当局已做了必要的披露，审计人员可签发重署日期为期后事项日期的标准审计报告。当然，在这种情况下，审计人员也可不重署报告日期，而在报告上采用双重日期，即在审计报告上保留原先的日期，另外再说明期后事项的日期。

（三）财务报表报出日后发生的期后事项的处理

此阶段，对期后事项，审计人员没有义务针对财务报表实施任何审计程序。但如果审计人员在财务报表报出后知悉了某事实，应与客户讨论如何处理，并考虑是否需要修改已审会计报表。如客户拒绝调整，审计人员应当考虑是否修改审计报告。

年审机构时隔9个月"改口"，
*ST科林年报变"非标"

案例研讨问题：

1. 该期后事项属于第几阶段？

2. 审计人员在期后发现了哪些新的信息或情况，导致他们需要修改审计意见？

案例10-1：年审机构时隔9个月"改口"，*ST科林年报变"非标"

3. "标准无保留意见"变为"无法表示意见"，对公司当前和未来的财务状况有何影响？投资者和市场对这种修改审计意见的行为有何反应？

永拓会计师事务所在财务报表批准报出后，得知*ST科林涉嫌多项信息披露违法违规，且会计师事务所无法就相关影响取得*ST科林管理层的积极配合，在审慎核查之后修改了审计意见。通过该案例，我们可以发现，审计人员也可能在财务报表报出日后，得知企业期后事项可能对财务报表产生影响。此时审计人员应对该事项予以重视，如有必要还应运用恰当的审计程序进行审查，以减少审计风险。

第三节 或有事项审计

一、或有事项的概念

或有事项,是指过去的交易或者事项形成的,其结果须由某些未来事件的发生或不发生才能决定的不确定事项。常见的或有事项主要包括未决诉讼或仲裁、债务担保、产品质量保证(含产品安全保证)、亏损合同、承诺、重组义务、环境污染整治、退货承诺等。

通常情况下,或有事项满足以下条件时,企业才需要对其进行确认和计量。

(1)存在不确定性,即未来事件的发生或不发生仍然存在不确定性。

(2)结果的重大影响,即未来事件的结果可能对企业的财务状况、经营成果或现金流量产生重大影响。

(3)可靠估计,即未来事件的结果可以通过合理的估计进行预测。

二、或有事项的审计目标与特征

(一)或有事项的审计目标

对或有事项进行审计具有如下审计目标。

(1)或有事项是否存在和完整,尤其是完整性。

(2)或有事项的确认和计量是否符合规定。

(3)或有事项的列报是否恰当。

(二)或有事项的审计特征

或有事项审计与其他审计事项相比具有如下特征。

(1)或有事项审计的主要目标在于确定或有事项的存在主要是发现未记录或未披露的或有事项,其他审计项目的审计主要是核实已记录的资料的正确性。了解了或有事项是否存在及其重要性,就可以确定被审计单位对或有事项的处理是否符合会计准则。

(2)或有事项的审计通常附属于其他项目审计,往往作为其他项目审计的一个组成部分。在审计其他项目时,附带对或有事项进行审计,而不将其作为一个单独的项目来审计。例如,应收票据贴现可在应收票据审计中查明,产品保修费用可在销售收入审计中查验。

三、或有事项应实施的审计程序

(1)向管理当局询问。向被审计单位管理层询问其确定、评价与控制或有事项的有关方针政策和工作程序。尽管询问不能发现被审计单位的有意舞弊行为,但可以发现被审计单位忽略的或有事项。

（2）询问有关销售人员并获取被审计单位对产品质量保证方面的记录，确定存在损失的可能性。

（3）查阅会议记录。查阅管理当局、董事会和股东大会会议记录，可以了解为他人债务担保、未决诉讼和未决索赔、产品质量保证、不可撤销的财务承诺等情况。

（4）获取声明书。向被审计单位管理当局获取书面声明，保证其已按会计准则对全部或有事项进行了正确处理。

（5）向银行函证。向与被审计单位有业务往来的银行函证，了解贷款担保（包括担保期间、金额、性质）、应收票据贴现、背书等或有事项情况。

（6）向被审计单位的法律顾问和律师进行函证。分析被审计单位在审计期间所发生的法律费用，从法律顾问和律师处复核发票，视其是否足以说明存在或有事项，特别是未决诉讼或未决税款估价等方面的问题。

（7）检查与税务征管机构之间的往来函件和税收结算报告，以确定是否存在税务争议。

（8）查验会计资料。例如，可根据被审单位的应收账款验证其坏账准备，了解其预计的坏账损失是否合理；根据销售收入验证保修费用的计提是否充分等。

四、或有事项审计对审计报告的影响

或有事项的会计处理情况是审计人员签发审计意见考虑的一个重要因素。对于截至审计报告日被审计单位应披露而未披露或披露不当，或者确认与计量不正确、不合理的或有事项，审计人员应提请被审计单位以适当形式予以披露或正确、合理地进行确认和计量。如果被审计单位拒绝接受相关建议，审计人员应当运用其专业判断并根据其会计处理情况和重要程度决定在审计报告中所发表的审计意见类型。

除了期后事项审计、或有事项审计，期初余额审计对完成审计也会产生影响，审计人员应对被审计单位的期初余额充分关注。

期初余额审计的主要内容

1. 期初余额审计的含义。
2. 期初余额的审计目标。
3. 期初余额的审计程序。
4. 期初余额对审计报告的影响。

知识链接：期初余额审计

第四节　质　量　复　核

质量复核是审计工作的重要一环，对得出的审计结论以及在整个审计工作中是否遵循了审计准则至关重要。本节聚焦质量复核，在对其内涵进行剖析的基础上，明确其实施过程。

一、质量复核的内容

质量复核主要包括两方面内容。

(1) 项目组内部复核,是指在项目执行过程中,项目团队成员对工作成果进行的检查和评估。

(2) 项目质量控制复核,是指会计师事务所挑选不参与该业务的人员,在出具报告前,对项目组做出的重大判断和在准备报告时形成的结论做出客观评价的过程。项目质量控制复核并不能减轻项目合伙人的责任,更不能替代项目合伙人的责任。

项目组内部复核与项目质量控制复核的内容和目的有一定的相似性,但存在以下主要区别。

(1) 复核的主体不同。项目组内部复核是项目组内部成员进行的复核,包括项目负责经理的现场复核和项目合伙人实施的复核,项目质量控制复核则是会计师事务所挑选不参与该项目的人员或者会计师事务所委派的外部人员,独立地对特定业务实施的复核。后者的独立性和客观性通常高于前者。

(2) 复核的对象不同。按照准则规定,对每项业务都应当实施项目组内部复核,而会计师事务所只对特定业务才独立实施项目质量控制复核。如对所有上市实体财务报表审计实施项目质量控制复核,对所有符合标准的业务实施项目质量控制复核。

(3) 复核的要求不同。按照准则规定,对每项业务实施项目组内部复核的内容比较宽泛。事务所对项目质量控制复核的重点是,对项目组做出的重大判断和据此得出的结论做出客观评价。

二、质量复核的总体要求

在审计结束或临近结束时,审计人员需要确定经审计调整后的财务报表整体是否与对被审计单位的了解一致,是否具有合理性。审计人员应当围绕这一目的运用分析程序。

在运用分析程序进行总体复核时,如果识别出以前未识别的重大错报风险,审计人员应当重新考虑对全部或部分各类别的交易、账户余额、披露评估的风险是否恰当,并在此基础上重新评价之前计划的审计程序是否充分,是否有必要追加审计程序。

三、项目组内部复核

(一) 复核人员安排

《会计师事务所质量管理准则第 5101 号——业务质量管理》规定,会计师事务所在安排复核工作时,应当由项目组内经验较为丰富的人员对经验较为缺乏的人员所做的工作进行复核。会计师事务所应当根据这一原则,确定有关复核责任的政策和程序。

对一些较为复杂、审计风险较高的领域,如舞弊风险的评估与估计、重大会计估计及其他复杂的会计问题、审核会议记录和重大合同、关联方关系和交易、持续经营存在的问题等,需要指派经验丰富的项目组成员执行复核,必要时可以由项目合伙人执行复核。

（二）复核范围

执行复核时，复核人员需要考虑的事项如下。
（1）审计工作是否已按照职业准则和适用的法律法规的规定执行。
（2）重大事项是否已提请进一步考虑。
（3）相关事项是否已进行适当咨询，由此形成的结论是否已得到记录和执行。
（4）是否需要修改已执行审计工作的性质、时间安排和范围。
（5）已执行的审计工作是否支持形成的结论，并已得到适当记录。
（6）已获取的审计证据是否充分、适当。
（7）审计程序的目标是否已实现。

（三）复核时间

审计项目复核贯穿审计全过程。随着审计工作的开展，复核人员在审计计划阶段、执行阶段和完成阶段及时复核相应的工作底稿。例如，在审计计划阶段复核记录总体审计策略和具体审计计划的工作底稿，在审计执行阶段复核记录控制测试和实质性程序的工作底稿，在审计完成阶段复核记录重大事项、审计调整及未更正错报的工作底稿等。

（四）项目合伙人复核

根据审计准则的规定：项目合伙人应当负责对审计项目组成员进行指导、监督并复核其工作。项目合伙人应当确定指导、监督和复核的性质、时间安排和范围符合下列要求：①按照适用的法律法规和职业准则的规定，以及会计师事务所的政策和程序进行计划和执行；②符合审计项目的性质和具体情况，并与会计师事务所向审计项目组分配或提供的资源相匹配。

《中国注册会计师审计准则第1121号——对财务报表审计实施的质量控制》指出，项目合伙人在审计过程的适当阶段及时实施复核，有助于重大事项在审计报告日之前得到及时满意的解决。项目合伙人复核的内容包括：①对关键领域所做的判断，尤其是执行业务过程中识别出的疑难问题或争议事项；②特别风险；③项目合伙人认为重要的其他领域。

在审计报告日或审计报告日之前，项目合伙人应当通过复核审计工作底稿以及与审计项目组讨论，确保已获取充分、适当的审计证据，以支持得出的结论和拟出具的审计报告。在签署审计报告前，为确保拟出具的审计报告符合审计项目的具体情况，项目合伙人应当复核财务报表、审计报告以及相关的审计工作底稿，包括对关键审计事项的描述（如适用），项目合伙人无须复核所有审计工作底稿，但需记录复核的时间和范围。项目合伙人还应当在与管理层、治理层或相关监管机构签署正式书面沟通文件之前对其进行复核。

四、项目质量控制复核

（一）质量控制复核人员安排

《会计师事务所质量管理准则第 5102 号——项目质量复核》规定，会计师事务所应当制定政策和程序，将委派项目质量复核人员的职责分配给会计师事务所内具有履行该职责所需的胜任能力及适当权威性的人员。该人员在全所范围内（包括分所或分部）统一委派项目质量复核人员。

会计师事务所应当制定政策和程序，以明确项目质量复核人员的任职资质要求。项目组成员不得进行质量复核，可由合伙人或其他类似职位的人员，或者事务所委派的外部人员实施项目质量复核。复核人员还应当同时满足下列条件。

（1）具备适当的胜任能力，包括充足的时间和适当的权威性以实施项目质量复核。项目质量复核人员的胜任能力应当至少与项目合伙人相当。

（2）遵守相关职业道德要求，包括与项目质量复核人员如何应对对其客观性和独立性产生的不利影响相关的职业道德要求，并在实施项目质量复核时保持独立、客观、公正。

（3）遵守与项目质量复核人员任职资质要求相关的法律法规规定（如有）。

（二）质量控制复核范围

《中国注册会计师审计准则第 1121 号——对财务报表审计实施的质量控制》规定，项目质量控制复核人员应当客观地评价项目组做出的重大判断以及在编制审计报告时得出的结论。评价工作应当涉及以下内容。

（1）与项目合伙人讨论重大事项。

（2）复核财务报表和拟出具的审计报告，以及审计报告中对关键审计事项的描述（如适用）。

（3）复核选取的与项目组做出的重大判断和得出的结论相关的审计工作底稿。

（4）评价在编制审计报告时得出的结论，并考虑拟出具审计报告的恰当性。

对于上市实体财务报表审计，项目质量控制复核人员在实施项目质量控制复核时，还应当考虑以下几方面。

（1）项目组就具体审计业务对会计师事务所独立性做出的评价。

（2）项目组是否已就涉及意见分歧的事项，或者其他疑难问题或争议事项进行适当咨询，以及咨询得出的结论。

（3）选取的用于复核的审计工作底稿，是否反映了项目组针对重大判断执行的工作，以及是否支持得出的结论。

（三）质量控制复核时间

只有完成了项目质量复核，才能签署审计报告。审计人员要考虑在审计过程中与项目质量复核人员积极协调配合，使其能够及时实施质量控制复核，而非在出具审计报告前才实施复核。例如，在审计计划阶段，质量控制复核人员复核项目组对会计师事务所独立性做出的评价、项目组在制定审计策略和审计计划时做出的重大判断及发现的重大事项等。

（四）项目合伙人的责任

《中国注册会计师审计准则第1121号——对财务报表审计实施的质量控制》规定，对于需要实施项目质量复核的审计项目，项目合伙人应当承担下列责任。

（1）确定会计师事务所已委派项目质量复核人员。

（2）配合项目质量复核人员的工作，并告知审计项目组其他成员配合项目质量复核人员工作的责任。

（3）与项目质量复核人员讨论在审计中遇到的重大事项和重大判断，包括在项目质量复核过程中识别出的重大事项和重大判断。

（4）只有完成项目质量复核，才签署审计报告。

审计项目组内部、审计项目组与项目质量复核人员之间（如适用），或者审计项目组与在会计师事务所质量管理体系内执行相关活动的人员（包括提供咨询的人员）之间如果出现意见分歧，审计项目组应当遵守会计师事务所处理及解决意见分歧的政策和程序。针对意见分歧，项目合伙人应当承担下列责任。

（1）对按照会计师事务所的政策和程序处理和解决意见分歧承担责任。

（2）确定咨询得出的结论已经记录并得到执行。

（3）在所有意见分歧得到解决之前，不得签署审计报告。

质量管理存在问题，天衡所遭警示

案例研讨问题：

1. 会计师事务所质量复核的人员安排、范围、时间有哪些具体的规定？

2. 质量管理问题导致该会计师事务所受到哪些影响？客户、市场、社会公众的反应如何？

3. 该会计师事务所应采取哪些改进措施，以避免再次出现质量管理问题？

案例10-2：质量管理存在问题，天衡所遭警示

第五节 审 计 沟 通

审计人员与被审计单位治理层及其他相关人员进行必要的沟通贯穿审计整个流程，涵盖初步业务活动、计划审计工作、执行审计工作、出具审计报告以及审计报告日后等各个阶段。在审计工作中，审计人员应当就与财务报表审计相关的且根据职业判断认为必要的重大事项，以适当的方式，在恰当的时间与前任审计人员、治理层、管理层、组成部分注册会计师以及集团管理层与治理层等对象进行明晰的沟通。

一、接受委托及计划阶段的沟通

(一)与前任审计人员的沟通

与前任审计人员进行沟通,是后任审计人员在接受委托前应当执行的必要审计程序。在进行必要沟通后,后任审计人员应对沟通结果进行评价,以确定是否接受委托。沟通过程中值得关注和询问的事项通常包括:①是否发现被审计单位管理层存在诚信方面的问题;②前任审计人员与管理层在重大会计、审计等问题上存在的意见分歧;③前任审计人员向治理层通报的管理层舞弊、违反法律法规行为以及值得关注的内部控制缺陷;④前任审计人员认为导致被审计单位变更会计师事务所的原因。

后任审计人员应当首先提请被审计单位以书面方式同意前任审计人员对其询问做出充分答复。如果被审计单位不同意前任审计人员做出答复或限制答复的范围,后任审计人员需要向被审计单位询问原因,并考虑是否接受委托。若前任审计人员答复有限,后任审计人员需要判断是否存在由被审计单位或潜在法律诉讼引起的答复限制,并考虑对接受委托的影响;如果前任审计人员未做出答复,且没有理由认为变更会计师事务所的原因异常,后任审计人员需要设法以其他方式与前任审计人员再次进行沟通。如果仍得不到答复,后任审计人员可以致函前任审计人员,说明如果在适当的时间内得不到答复,将假设不存在专业方面的原因使其拒绝接受委托,并表明拟接受委托。在接受委托后,如需查阅前任审计人员的审计工作底稿,后任审计人员应征得被审计单位的同意,并与前任审计人员沟通。

(二)与治理层的沟通

在接受业务委托和计划审计工作阶段,审计人员应与治理层沟通,使其了解审计工作的性质、责任、已制订的审计计划及需要治理层提供的支持等,从而有助于后续审计工作的顺利开展。具体包括以下方面的沟通内容:①审计人员自身的责任。治理层通过沟通了解审计人员与财务报表审计相关的责任,包括审计人员负责对管理层在治理层的监督下编制的财务报表形成和发表意见,以及财务报表审计并不能减轻管理层或治理层的责任。②审计人员的独立性。审计人员应使治理层相信其独立性,并使其了解为了保持独立性或消除与降低影响独立性的因素或事项已采取的措施。③计划实施的审计工作的时间和范围以及识别出的特别风险。当与治理层沟通计划实施的审计工作的时间和范围时,审计人员应当防止审计程序为管理层所预见。④沟通的形式、时间安排和拟沟通的基本内容。通过此类沟通,治理层有所准备,以配合审计人员的行动,也有助于治理层更好地了解审计人员的工作。

(三)与管理层的沟通

在接受业务委托或签订业务约定书之前,审计人员应与管理层进行沟通,以评估是否可接受该业务委托。沟通内容通常涉及两方面的重要问题:①确定审计的前提条件是否存在,即管理层在编制财务报表时采用的财务报告编制基础是否可接受,管理层是否认可并理解其责任。②就审计业务约定条款（包括财务报表审计的目标与范围、适用的财务报告编制基础、双方责任等）与管理层或治理层（如适用）达成一致意见。

二、风险评估及风险应对阶段的沟通

（一）与前任审计人员的沟通

接受委托后的沟通与接受委托前不同，它不是必要程序，而是由后任审计人员根据审计工作的需要自行决定的。这一阶段的沟通主要包括查阅前任审计人员的工作底稿及询问有关事项等。

如果发现前任审计人员审计的财务报表可能存在重大错报，后任审计人员应当提请被审计单位告知前任审计人员。必要时，后任审计人员应当要求被审计单位安排三方会谈。如果被审计单位拒绝告知前任审计人员，或前任审计人员拒绝参加三方会谈，或后任审计人员对解决问题的方案不满意，后任审计人员应当考虑该重大错报对审计意见的影响或解除业务约定。

（二）与治理层的沟通

审计人员应就审计过程中已发生或值得关注的重要问题与治理层沟通，一方面使治理层了解这些事项以便责成改进，另一方面可借此厘清责任或获取治理层的支持。沟通事项一般包括：①审计过程中发现的重大问题，如审计工作中遇到的重大困难（如管理层在提供审计所需信息时出现严重拖延、不合理地要求缩短完成审计工作的时间、审计人员无法获取预期的信息、管理层对审计人员施加限制）。②以书面形式及时通报审计过程中识别出的值得关注的内部控制缺陷。值得关注的内部控制缺陷是指审计人员依据职业判断，认为足够重要并值得关注的一个或多个缺陷的组合。审计人员应先识别出内部控制缺陷，再考虑其是否构成值得关注的内部控制缺陷。③管理层拒绝更正其他信息中存在的对事实的重大错报。

（三）与管理层的沟通

审计人员与管理层沟通的内容包括：①及时向相应层级的管理层通报已向或拟向治理层通报的值得关注的内部控制缺陷，以及在审计过程中识别出的、其他方尚未向管理层通报而审计人员根据职业判断认为足够重要从而值得管理层关注的内部控制缺陷（该要求也适用于集团审计）；②在阅读其他信息以识别重大不一致时注意到的明显对事实的重大错报。

三、终结审计阶段的沟通

（一）与治理层的沟通

在终结审计阶段，审计人员应就以下信息与治理层进行沟通：①关键审计事项，即根据职业判断认为对当期财务报表审计最为重要的事项；②发生在财务报表日至审计报告日之间的期后事项。

需要特别指出的是,在确定关键审计事项后,审计人员应当在审计报告中单设一部分,以"关键审计事项"为标题,并在该部分使用恰当的子标题逐项描述关键审计事项,这些事项是如何使预期使用者了解为何该事项对审计来说是最为重要的事项之一,以及在审计过程中的应对措施。

(二)与管理层的沟通

审计人员应与管理层沟通哪些其他信息文件组成年度报告,以及被审计单位计划公布这些文件的方式和时间安排等,并就及时获取该文件最终版本与管理层做出适当安排。最好是在审计报告日之前获取该文件。

四、审计报告日后的沟通

在这一阶段,需要沟通的事项包括:①审计报告日后获取的其他信息存在重大错报。②在审计报告日后至财务报表报出日前,如果知悉了某事实,且在审计报告日知悉可能导致修改审计报告,审计人员应当与管理层和治理层讨论该事项。③在财务报表报出后,如果知悉了某事实,且在审计报告日知悉可能导致修改审计报告,审计人员应当与管理层和治理层就该事项进行讨论。

需要说明的是,审计准则要求与治理层沟通的许多事项在正常的审计过程中都可以与管理层进行讨论。换言之,在与治理层沟通某些事项前,审计人员可就这些事项与管理层进行讨论,除非这种做法明显不恰当。例如,就管理层的胜任能力或诚信与管理层自身进行讨论可能是不恰当的。某些情况下,治理层全员参与管理被审计单位时,只要能够确信与负有管理责任人员的沟通能够向所有负有治理责任的人员充分传递应予沟通的内容,审计人员就无须就有关事项再次与负有治理责任的相同人员沟通。

第六节 大数据背景下的完成审计

一、大数据技术在完成审计中的运用

互联网背景下,海量信息的储存与处理给审计工作带来了新的挑战,传统的审计程序难以满足大数据时代的审计需求。云计算技术是一种按使用量付费的模式,提供可用的、便捷的、按需的网络访问,进入可配置的计算资源共享池。基于云计算环境的大数据审计将对审计行业产生重大变革,运用云计算技术及相关服务器,运用网络信息工程等技术,建立动态数据资源池,能够支持数据的存储、收集及管理服务,通过构建云计算审计平台,实现跨区域、跨行业数据终端分布式存储,帮助审计主体实现数据的动态调取、加工与处理,解决审计过程中数据的收集、存储及审计资源在不同审计主体间资源共享的问题。

在互联网时代，会计师事务所需要提高对云计算等新技术的敏感度，紧跟国家审计信息化建设要求，利用云计算技术，搭建信息共享平台，做到及时更新、整理、分析审计所需信息，从而达到实时审计、持续审计的目的。这就需要会计师事务所对其云平台的审计程序进行改进，了解互联网对审计范围、审计数据、审计风险、审计技术和审计人员的影响，以此为依据进行优化设计。

结合本章内容，在完成审计阶段，云平台能够存储大量的数据，这些数据由被审计单位在相关经济活动中产生，并且可以被高效地管理、检索和筛选。审计人员不再需要将被审计单位的数据转移至自己的办公电脑中，大大节约了审计时间。储存的数据在云平台上运行、计算和交付，最后形成电子形式的审计证据。审计人员再通过云平台对审计证据进行分类，筛选出与期后事项、或有事项以及评估客户关系可持续性相关的审计证据，对这些证据进行检查后，对被审计单位进行综合评价，发布初步审计报告。然后，经复核修改完善，确定最终审计报告。最后，对相关数据进行整理存档（图10-2）。

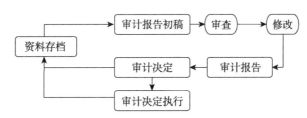

图 10-2　大数据云平台完成审计阶段程序流程

二、大数据背景下完成审计的关注点

（一）严格执行质量复核程序

无论是国家审计还是社会审计，它们都明确规定了对审计工作底稿的三级复核制度。所谓的三级复核制度，是指审计工作底稿应由项目经理、部门经理和审计机构的主任会计师或专职的复核机构或复核人员进行逐级复核的一种制度。很多会计师事务所的三级复核程序执行不到位，存在项目经理互签、代签，以及忽视自检直接进入二级复核等情况。

大数据背景下应加强对三级复核制度的执行监督。在完成审计阶段，会计师事务所云平台应根据人员岗位设置相应权限，必要时设置电子签名等程序，确保三级复核人员各司其职，复核制度执行规范。每一层级复核人员应对负责检验的部分进行仔细审查。项目经理对审计助理完成的审计工作底稿的正确性、完整性进行复核。部门经理对项目经理完成的审计报告初稿进行审核，查验项目经理撰写的报告是否如实反映被审计单位状况，审计中发现的问题描述、提出的审计意见、得出的审计结论是否恰当。会计师事务所合伙人对审计报告的质量进行复核，整体把握审计工作效果。在最终形成的审计档案中应将各级复核提出的问题和相关人员回复在会计师事务所云平台上进行记录，以展现审计复核流程和工作成果。

（二）风险管理重视审后工作

基于风险收益考量，审计人员通常更愿意追求新的审计业务，对已完成审计的项目不够重视。审计人员应及时对完成的审计工作进行反思，总结经验教训。

因此，在大数据背景下，应积极建立会计师事务所"知识库"，除及时更新外部准则制度、内部流程指南外，在审计项目组完成相关业务后，对实施过程中遇到的问题、处理方法等进行汇总，对特殊行业、性质的审计对象进行总结，为后续同类型客户的审计积累经验。证监会、注册会计师协会等监督机构对会计师事务所监督力度相对较弱，会计师事务所应利用云平台加强审计业务自查，进行定期或不定期抽查，随时发现问题，改正不足，全面控制审计风险。

三、大数据背景下完成审计的保障

（一）加强复合型人才建设

大数据背景下数据挖掘技术的利用、云计算平台在审计领域的搭建运用，需要审计行业与其他行业的优秀专业人士进行合作建设，内外共同发展才能迎接新时代。会计师事务所目前的人力资源配置中，缺乏既懂财务审计又懂数据分析的复合型人才，在基于云审计平台的大数据审计模式中，对于复合型人才的需求更是迫在眉睫。

针对复合型人才的培养，会计师事务所需要加强对现有审计人员及数据中心人员的相关技能培训，如向审计人员开展大数据分析相关培训，向数据中心人员开展财务和审计相关培训，也可以在审计项目的具体工作中让数据中心人员与审计人员轮岗，在实际工作中通过不同人员的融合，促进其互相指导和学习。完成审计阶段往往涉及项目经理等高职级审计人员，对于他们的培养除了实践层面的大数据技术与财务分析相结合，还要注重向互联网思维的转化，使他们接受、使用并推广大数据技术。

（二）政府参与云平台构建

注册会计师行业规划文件要求提高会计师事务所信息化水平，政府也正在积极搭建审计平台。当前大数据审计、"互联网+审计"还处于起步阶段，要达到审计行业全覆盖，还需各方专业人士共同努力，其中政府扮演的角色尤为重要。

当前我国大数据技术仍处于探索和发展阶段，尚未制定完善的大数据审计标准和法律法规体系。只有将大数据审计工作标准化，才能促进审计行业的信息化发展。相关监管机构应积极推动大数据审计相关法律法规的出台，参与行业标准制定工作。大数据审计的实现依赖云平台的搭建，但目前云审计平台基础设施不完善，无法只依靠会计师事务所搭建，需要政府监督机构、审计机构和审计对象共同合作，才能实现审计行业信息化。综上所述，政府搭建审计平台有助于监督机构抽查或有事项审计程序是否执行、是否留下相应审计证据；有助于监督机构判断会计师事务所是否有效执行三级复核制度；有助于监督机构检查审计沟通相关文件及记录；有助于规范会计师事务所审计工作，提高审计质量。

思考题

1. 期初余额审计的目标是什么？期初余额审计实施的程序有哪些？
2. 期后事项的定义是什么？期后事项审计目标及审计程序有哪些？
3. 或有事项的审计目标是什么？或有事项有哪些特征？
4. 简述后任审计人员与前任审计人员沟通的重点。
5. 简述在接受业务委托和计划审计工作阶段，审计人员与治理层沟通的意义。
6. 简述审计报告日后阶段需要沟通的事项。
7. 简述不同阶段审计人员需要与管理层沟通的内容。

伦理与道德专栏

航天通信退市系"纸包不住火"？

案例研讨问题：

1. *ST航通曾三次更换会计师事务所，试分析其原因。
2. 审计人员在首次承接审计业务时应注意哪些问题？
3. 如何防范上市公司频繁更换会计师事务所？

伦理与道德专栏：航天通信退市系"纸包不住火"？

即测即练

自学自测 扫描此码

第十一章

审计报告出具

【思想领航】

- 审计作为国家治理体系的重要组成部分，在全面建设社会主义现代化国家的新征程中发挥着重要作用。审计报告质量的提高有助于推动高质量发展和实现全面建设社会主义现代化国家的战略目标。
- 党的二十大报告指出"全面从严治党永远在路上，党的自我革命永远在路上"。审计报告作为审计工作的重要组成部分，对于维护财务信息的透明度、保护投资者利益、促进市场稳定等方面具有不可替代的作用。
- 审计人员应坚持以可持续发展的眼光来看待问题，遵守职业道德，独立、客观、公正地评价审计证据和出具审计报告，形成持续学习、注重法制、诚信为本的职业习惯和价值观念。

普华永道为中国恒大出具无保留意见审计报告

2021年10月15日，香港财务汇报局（以下简称财汇局）发布公报，就中国恒大2020年年度账目、2021年中期账目的财务报表展开查讯，对普华永道为中国恒大出具的2020年年度账目进行的审计展开调查。关于调查原因，财汇局称："通过监察市场活动，在中国恒大2020年年度账目、2021年中期账目及普华永道出具的2020年年度审计报告中，发现该集团在有关持续经营汇报的充分性方面存在问题。"

实际上，中国恒大2020年资金链早已十分紧张。根据财汇局公报，截至2020年12月31日，中国恒大共报告现金及现金等价物1 590亿元，不足以涵盖其流动负债15 070亿元。扣除流动负债后，中国恒大2020年年底现金及现金等价物为-13 480亿元，而2020年中国恒大有高达1 670亿元的借款将要到期。

经查明，2019年恒大地产虚增收入金额高达2 139.89亿元，占据当期营业收入的50.14%。为了掩盖这一欺诈行为，恒大地产还相应地虚增了成本，涉及金额达1 732.67亿元。相应地，恒大地产所宣称的利润中，有407.22亿元是虚假的，占到了当期利润总额的63.31%。

到了2020年，恒大地产的财务造假行为并没有收敛，反而变本加厉。这一年，公司虚增的收入飙升至3 501.57亿元，占当期营业收入的比例也上升到了78.54%。与此同时，虚增的成本也水涨船高，达到2 988.68亿元，恒大地产在2020年虚增的利润更是高达512.89亿元，占到了当期利润总额的86.88%。

在短短两年的时间里，恒大地产竟然虚增了高达5 641.46亿元的营业收入和920.11亿元的利润。这一行为不仅严重掩盖了公司的真实财务状况，更对广大投资者和公众造成了极大的误导，让他们对公司的经营状况产生了错误的判断。

2024年3月18日晚间，恒大地产发布了关于收到中国证监会（下称"证监会"）行政处罚及市场禁入事先告知书的公告，将对恒大地产、许家印、夏海钧、潘大荣、潘翰翎、柯鹏、甄立涛、钱程进行罚款和市场禁入等行政处罚。

其中，对恒大地产处以41.75亿元的罚款。同时，时任公司董事局主席的许家印和时任中国恒大董事局副主席兼总裁的夏海钧等人，因决策并组织实施了财务造假等严重违法行为，且手段特别恶劣、情节特别严重，分别被处以4 700万元和1 500万元的罚款，并被采取终身证券市场禁入措施。

值得一提的是，2019—2020年，中国恒大的审计机构一直是普华永道，它从中国恒大那里获得了数千万元的审计费用。而普华永道在中国恒大2020年年度审计报告中发表了无保留意见，也没有提及中国恒大经营的重大不确定性。

普华永道与中国恒大的合作已经持续12年之久。2009年，中国恒大赴港上市时，普华永道便是其合作会计师事务所，中国恒大每年的审计报告均由普华永道出具。作为资深合作伙伴，中国恒大存在重大资金链问题，普华永道却出具无保留意见，是没有审计出问题，还是对中国恒大的相关问题故意视而不见呢？

作为大型房地产集团，中国恒大业务类型多样，情况比较复杂。审计机构未能查出其隐藏的经营风险，存在勤勉尽责而未发现的可能。如果中国恒大向普华永道出具几乎完美的假账，普华永道仍存在无法查出问题的可能。如果普华永道已经勤勉尽责，穷尽审计工作应尽的调查程序，尽到专业注意义务，那么其可能无须担责。

会计师事务所设有严格的质控体系，审计报告出具需经层层把关，若断定审计方配合企业造假，一般是会计师事务所行为而非审计人员个人行为，个人配合企业造假很难通过会计师事务所的内部复核。判定会计师事务所配合企业造假需有确凿证据，审计费是一大关键。如果审计费畸高，严重偏离正常收费范围，则可能存在商业贿赂。或若审计费用合理，可能是具体审计人员收受贿赂，而此行为会涉嫌非国家工作人员受贿罪。

资料来源：改编自中国经营网《中国恒大审计报告存疑　普华永道被调查》，www.cb.com.cn。

本章聚焦审计报告的出具。审计报告作为审计工作的最终结果，直接影响到企业的投资决策、信贷决策及破产预测，其重要性不言而喻。审计人员完成与各个业务循环相联系的财务报表列报项目的审计工作之后，在完成审计工作、出具审计报告之前还需要对一些特殊的项目进行审计，据此对审计结果进行评价，与被审计单位的管理层及治理层进行沟通，确定审计意见的类型，编制审计报告，最终完成审计工作。

第一节　沟通关键审计事项

2008年全球金融危机爆发后，国际上对提高审计质量、增加审计报告信息含量的呼声日趋强烈。2014年，欧盟出台了新审计指令，规定在对公众利益实体财务报表出具的审计报告中，应指出最重要的重大错报风险以及审计人员应对措施等内容。同时，美国的审计准则制定机构也进行了相关改革。2015年年初，国际审计与鉴证准则理事会（IAASB）发布了新制定和修订的审计报告系列准则，改革审计报告模式，增加审计报告要素，丰富审计报告内容。2016年12月23日，财政部印发《中国注册会计师审计准则第1504号——在审计报告中沟通关键审计事项》，并自2017年1月1日起首先在"A+H"股公司以及"H"股公司实施，2018年1月1日起扩大到其他被审计单位。

一、审计人员的目标

审计人员的目标是，确定关键审计事项并在对财务报表形成审计意见后，以在报告中描述关键事项的方式沟通这些事项。沟通关键事项，旨在通过提高已执行审计工作的透明度和可信度，增加审计报告的沟通价值和提高审计质量，为财务报表预期使用者提供额外信息，帮助其了解审计人员通过职业判断识别对本期财务报表审计最为重要的事项和被审计单位，以及财务报表中涉及的重大管理层判断领域。

二、确定关键审计事项

关键审计事项，是指审计人员根据职业判断认为对本期财务报表审计最为重要的事项。这些事项对报告使用者更好地评价被审计单位的财务报表非常重要，同时有助于他们理解审计人员的工作和评价审计过程。

确定关键审计事项需要依靠审计人员的专业判断能力。这些事项是个性化的，针对具体的业务环境不同而有所变化，因而只能提供一般指导。关键审计事项可能产生于审计人员与治理层和管理层所沟通的问题中，包括审计人员评估的重大错报风险较高的领域、财务报表中涉及重大管理层判断的领域、占据了审计人员较多精力和审计资源的领域，以及审计人员运用了重大职业判断的领域等，比如商誉、金融工具的计价和收入确认等事项。

三、关键审计事项在审计报告中的表述

针对关键审计事项，在审计报告中不应仅重复财务报表中已做的披露，还应当索引至所涉及的财务报表相关附注，并说明以下内容：

（1）审计人员认为该事项构成关键审计事项的原因。在描述时，审计人员需要考虑信息是否与使用者相关以及描述能否使信息使用者更好地理解审计和审计人员的判断。

（2）在审计中该事项是如何处理的，包括审计人员的应对措施、审计程序概览、审计程序的结果及审计人员对该事项的看法等。

在描述关键审计事项时，应当注意以下几点：

（1）不能越位，不能代替管理层披露原始信息。原始信息是指被审计单位尚没有公开披露的。关于被审计单位的信息，披露原始信息属于被审计单位治理层和管理层

的责任,审计人员应当避免在描述关键审计事项时不当地提供有关被审计单位的原始信息。

(2)提供与被审计单位相关的个性信息,避免通用的或标准化的套话。

(3)不能暗示此事项在形成审计意见时尚未得到满意解决。

(4)不能包含或暗示对单独财务报表项目表示独立的意见。

"C公司"审计报告中关键审计事项部分

案例研讨问题:

1. 审计人员在描述"C公司"关键审计事项时指出了哪些方面?

2. 在审计报告中,关键审计事项部分发挥了怎样的作用?

案例11-1:"C公司"审计报告中关键审计事项部分

四、关键审计事项的适用范围

对于引起保留意见、否定意见和无法表示意见的事项,以及持续经营存在重大不确定性的事项,就其性质而言都是关键审计事项,但这些事项在审计报告中的披露应根据《中国注册会计师审计准则第1502号——在审计报告中发表非无保留意见》或者《中国注册会计师审计准则第1324号——持续经营》。审计人员不得用关键审计事项段替代本应出具的非无保留意见;对于管理层应当在财务报表中做出而未做出的披露,审计人员应当发表非无保留意见,不得用关键审计事项段替代;对于持续经营假设存在的重大不确定性,审计人员不得用关键审计事项段替代。

对无法表示意见的审计报告,如果在其中再沟通其他关键审计事项,可能会向审计报告使用者暗示财务报表整体在这些事项方面比实际情况更为可信。因此,禁止审计人员在其中再增加关键审计事项。

对于保留意见和否定意见的审计报告,在审计报告中沟通其他关键审计事项,对于使用者增强对审计工作的理解有帮助,因而沟通关键事项的要求仍然适用。不过,对于否定意见审计报告,取决于否定意见所涉及事项的重要程度,审计人员可能觉得没有其他事项构成关键审计事项。如果存在这样的事项,审计人员在描述这些事项时,不能暗示财务报表整体在这些事项方面比实际情况更为可信。

审计报告中加入关键审计事项

自2013年以来,英国财务报告理事会(FRC)、国际审计与鉴证准则理事会、我国财政部和美国公众公司会计监督委员会(PCAOB)陆续发布了新的审计准则,其中最大的变化就是要求审计人员在审计报告中增加披露关键审计事项,但是对于关键审计事项披露的具体要求（内容、形式、数量等）既存在相似之处，也有一些差异。

英国是最早实施关键审计事项的国家。英国FRC于2013年6月发布新准则ISA（UK and Ireland）700；IAASB在2015年1月发布准则ISA701；我国财政部于2016年12月发布1504号审计准则，准则的实施分两个阶段进行；美国于2017年5月发布新准则，计划分三阶段实施。

知识链接：关键审计事项准则的国内外比较

第二节 形成审计意见和出具审计报告

一、形成审计意见

审计人员在完成收集审计证据和相关的质量复核工作之后，需要对审计工作和审计证据进行全面综合的评价，最终形成审计意见。审计意见的形成，需要考虑如下因素：

（1）审计人员必须基于适用的财务报告编制准则，对财务报表在所有重大方面是否公允反映进行审计，并根据审计结果发表审计意见。

（2）为了形成审计意见，针对财务报表整体是否不存在舞弊或错误导致的重大错报，审计人员应当得出结论，确定是否已就此获取合理保证。在得出结论时，审计人员应当考虑以下几个方面：

①按照《中国注册会计师审计准则第1231号——针对评估的重大错报风险采取的应对措施》的规定，是否已获取充分、适当的审计证据。

②按照《中国注册会计师审计准则第1251号——评价审计过程中识别出的错报》的规定，未更正错报单独或汇总起来是否构成重大错报。

③审计人员应当评价财务报表是否在所有重大方面按照适用的财务报告编制基础编制。在评价时，审计人员应当考虑被审计单位会计实务的质量，包括表明管理层的判断可能出现偏向的迹象。审计人员应当依据适用的财务报告编制基础特别评价下列内容：

A. 财务报表是否充分披露了选择和运用的重要会计政策。做出这一评价时，审计人员应当考虑会计政策与被审计单位的相关性，以及会计政策是否以可理解的方式予以表述。

B. 选择和运用的会计政策是否符合适用的财务报告编制基础，并适用于被审计单位的具体情况。

C. 管理层做出的会计估计是否合理。

D. 财务报表列报的信息是否具有相关性、可靠性、可比性和可理解性。做出这一评价时，审计人员应当考虑以下方面：

a. 应当包括的信息是否均已包括，这些信息的分类、汇总或分解以及描述是否适当。

b. 财务报表的总体列报（包括披露）是否由于包括不相关的信息或有碍正确理解所披露事项的信息而受到不利影响。

E. 财务报表是否做出充分披露，使财务报表预期使用者能够理解重大交易和事项对财务报表所传递的信息的影响。

F. 财务报表使用的术语（包括每一财务报表的标题）是否适当。

④财务报表是否实现公允反映。在评价财务报表是否实现公允反映时，审计人员应当考虑下列内容：

A. 财务报表的整体列报、结构和内容是否合理。

B. 财务报表（包括相关附注）是否公允地反映了相关交易和事项。

⑤审计人员应当评价财务报表是否恰当提及或说明适用的财务报告编制基础。

二、出具审计报告

审计人员在完成审计工作后，必须书面记录最终审计结果以及完成审计任务的情况，并以审计报告的形式呈现。这一步骤是审计过程的最后阶段。无论是哪种形式的审计，都必须完成审计报告。

（一）审计报告的概念及作用

1. 审计报告的概念

审计报告是审计人员根据相关审计准则的要求，在实施了必要的审计程序后出具的，用于对被审计单位年度会计报表发表审计意见的书面文件。

2. 审计报告的作用

审计报告作为审计工作完成情况的总结，主要作用如下：

1）鉴证作用

审计人员以独立的第三方身份，对被审计单位财务报表的合法性、公允性发表意见。这种意见具有鉴证作用，得到了政府及其他各部门和社会各界的普遍认可。政府有关部门，如财政部门、税务部门等了解、掌握企业财务状况和经营成果的主要依据是企业提供的财务报表。财务报表是否合法、公允，主要依据审计人员的审计报告做出判断。股份制企业的股东主要依据审计人员的审计报告来判断被投资企业的财务报表是否公允地反映了财务状况和经营成果，以进行投资决策等。

2）保护作用

审计人员通过审计，可以对被审计单位财务报表出具不同类型审计意见的审计报告，以提高或降低财务报表信息使用者对财务报表的信赖程度，能够在一定程度上对被审计单位的财产、债权人和股东的权益及企业利害关系人的利益起到保护作用。如投资者为了减少投资风险，在进行投资之前，必须查阅被投资企业的财务报表和审计人员的审计报告，了解被投资企业的经营情况和财务状况。投资者根据审计人员的审计报告做出投资决策，可以降低其投资风险。

3）证明作用

审计报告是对审计人员审计任务完成情况及其结果所做的总结，它可以表明审计工作的质量并明确审计人员的审计责任。因此，审计报告可以对审计工作质量和审计人员的审计责任起到证明作用。它可以证明审计人员在审计过程中是否实施了必要的审计程序,是否以审计工作底稿为依据发表审计意见,发表的审计意见是否与被审计单位的实际情况相一致,审计工作的质量是否符合要求。同时,可以证明审计人员审计责任的履行情况。

(二)审计报告的分类

审计报告可以按不同的标准进行分类。

1. 按照审计工作范围和性质可以分为标准审计报告和非标准审计报告

标准审计报告,一般是指格式和措辞基本统一的报告,不附加任何说明段、强调事项段或修正性用语,如标准无保留意见审计报告。除标准审计报告以外的其他审计报告统称为非标准审计报告,如带强调事项段的无保留意见审计报告、保留意见审计报告、否定意见审计报告、无法表示意见审计报告等。

2. 按照审计报告使用的目的可以分为公布目的审计报告和非公布目的审计报告

公布目的审计报告是指用于向被审计单位的所有者、投资者或债权人等非特定性质利害关系者公布的审计报告,这种审计报告必须附送会计报表。非公布目的审计报告是指用于向经营者、合并或业务转让的关系人、提供信用的金融机构等具有特定目的的关系人分发的审计报告。审计人员提供这类审计报告通常是满足委托人的特定目的而出具的,如会计报表某些特定项目、经营管理、合并或业务转让、融通资金等目的的审计。

3. 按照审计报告的详略程度可以分为简式审计报告和详式审计报告

简式审计报告,顾名思义,是内容和格式简明扼要的审计报告,包括审计人员对会计报表审计后出具的各类审计意见的审计报告。这类审计报告记载的内容是法律或审计准则规定的,而且用以表述的文字是众人皆通晓的,因此,它必须简明扼要,并具有大体的标准格式。详式审计报告,是指审计人员由于对所有重要的经济业务和情况都必须做详细、具体的分析和说明而出具的审计报告。详式审计报告因为说明的内容丰富,程度不一,很难做出统一措辞或基本统一措辞的要求,不具有标准格式的特点。

4. 按照审计报告的格式可分为文字说明式审计报告与表格式审计报告

文字说明式审计报告是常见的格式,绝大多数审计报告采用这一格式。表格式审计报告是以表格为主体格式的审计报告。这类审计报告并不多见,而且也不是人们观念中想象的通篇均是表格,因为它或多或少还需要配以一定的文字进行说明,纯粹的表格式审计报告并不存在。

(三)审计报告的内容

中国审计准则在吸收和借鉴国际审计准则、美国一般公认审计准则的基础上,形成了较为科学、合理、严谨的审计报告内容。审计报告应当包括下列要素:标题;收件人;审计意见;形成审计意见的基础;与持续经营相关的重大不确定性(如适用);关键审计事项(如适用);其他信息(如适用);管理层对财务报表的责任;审计人员对财务报表审计的责任；按照相关法律法规的要求报告的事项（如适用）；审计人员的签名和盖章；会计师事务所的名称、地址和盖章；报告日期。

1. 标题

审计报告的标题应当统一规范为"审计报告"。考虑到这一标题已广为社会公众所接受，因此，我国审计报告标题没有"独立"两个字，但审计人员在执行财务报表审计业务时，应当遵守独立性的要求。

2. 收件人

审计报告的收件人是指审计人员按照业务约定书的要求致送审计报告的对象，一般是指审计业务的委托人。审计报告应当载明收件人的全称。

审计人员应当与委托人在业务约定书中约定致送审计报告的对象，以防止在此问题上发生分歧或审计报告被委托人滥用。针对整套通用目的财务报表出具的审计报告，审计报告的致送对象通常为被审计单位的全体股东或董事会。

3. 审计意见

审计报告的第一部分应当包含审计意见，并以"审计意见"作为标题。审计意见部分还应当包括下列内容：

（1）指出被审计单位的名称。

（2）说明财务报表已经审计。

（3）指出构成整套财务报表的每一财务报表的名称。

（4）提及财务报表附注，包括重大会计政策和会计估计。

（5）指明构成整套财务报表的每一财务报表的日期或涵盖的期间。

4. 形成审计意见的基础

该部分应以"形成审计意见的基础"为标题。形成审计意见的基础部分提供关于审计意见的重要背景，因此，该部分应当紧接在审计意见之后，并包括下列内容：

（1）说明审计人员按照审计准则的规定执行了审计工作。

（2）提及审计报告中用于描述审计准则规定的审计人员责任的部分。

（3）声明审计人员按照与审计相关的职业道德要求独立于被审计单位，并履行了职业道德方面的其他责任。声明中应当指明适用的职业道德要求，如中国注册会计师职业道德守则。

（4）说明审计人员是否相信获取的审计证据是充分、适当的，为发表审计意见提供了基础。

5. 与持续经营相关的重大不确定性（如适用）

此部分主要涉及被审计单位在可预见的将来是否能够持续经营的问题，需要向财务报表使用者提供关于可能导致被审计单位无法持续经营的重要事项或情况的信息。具体来说，如果审计人员根据职业判断认为被审计单位持续经营能力存在重大不确定性，审计准则要求在审计报告中提醒财务报表使用者关注相关披露。如果披露不充分，审计人员应发表非无保留意见。

6. 关键审计事项（如适用）

应以"关键审计事项"作为标题，关键审计事项是审计人员根据职业判断，认为对本期财务报表审计最为重要的事项。这些事项的应对以对财务报表整体进行审计并形成审计意见为背景，审计人员不对这些事项单独发表意见。通过这种标准化的描述，审计人员告知审计报告的使用者，在审计报告中沟通的关键审计事项如下：①不暗示此事项在形成审计意见时尚未得到满意解决；②不包含或暗示对单独财务报表项目表示独立的意见。

《中国注册会计师审计准则第1504号——在审计报告中沟通关键审计事项》要求在上市公司的审计报告增设关键审计事项部分，披露审计工作中的重点、难点等审计项目的个性化信息。但是，法律法规可能要求在对非上市实体的审计报告中沟通关键审计事项，例如被法律法规认定为公众利益实体的实体。

审计人员也可能决定在对其他实体的审计中沟通关键审计事项，包括可能涉及重大公众利益的实体。例如，实体拥有数量众多且分布广泛的利益相关者，以及考虑到实体业务的性质和规模。在公共部门，上市实体并不常见。然而，因其规模、复杂程度或公众利益方面，公共部门实体可能是重要的。在这种情况下，法律法规可能要求在审计报告中沟通关键审计事项，或在法律法规未做要求时，审计人员可能决定在审计报告中沟通关键审计事项。

7. 其他信息（如适用）

其他信息，是指在被审计单位年度报告中包含的除财务报表和审计报告以外的财务信息和非财务信息。审计人员在获取其他信息后，应审慎阅读，考虑其他信息和财务报表之间是否存在重大不一致。作为考虑的基础，审计人员应当将其他信息中选取的金额或项目进行概括，或为其提供更详细的信息与财务报表中的相应金额或项目进行比较，以评价其一致性；在已获取审计证据并得出审计结论的背景下，考虑其他信息与审计人员在审计中了解到的情况是否存在重大不一致。

如果在审计报告日存在下列情况，其他信息应在审计报告中作为一个单独的部分，并以"其他信息"为标题。

（1）对于上市实体财务报表审计，审计人员已获取或预期将获取其他信息。

（2）对于上市实体以外的其他被审计单位的财务报表，审计人员已获取全部或部分其他信息。

审计报告中的其他信息应当包括：

（1）管理层对其他信息负责的说明。

（2）指明审计人员于审计报告日前已获取的其他信息（如有），对于上市实体财务报表审计，预期将于审计报告日后获取的其他信息（如有）。

（3）说明审计人员的审计意见未涵盖其他信息，因此，审计人员对其他信息不发表（或不会发表）审计意见或任何形式的鉴证结论。

（4）描述审计人员根据本准则的要求，对其他信息进行阅读、考虑和报告的责任。

8. 管理层对财务报表的责任

审计报告应包含"管理层对财务报表的责任"。审计报告应当使用特定国家和地区法律框架下的恰当术语,而不必限定为"管理层"。在某些国家或地区,恰当的术语可能是"治理层"。管理层对财务报表的责任部分应当说明下列方面:

(1)按照适用的财务报告编制基础,使其实现公允反映,并设计执行和维护必要的内部控制,以使财务报表不存在舞弊或错误导致的重大错报。

(2)评估被审计单位持续经营能力和使用持续经营假设是否适当,并披露与持续经营相关的事项(如适用)。对管理层评估责任的说明应当包括描述在何种情况下使用持续经营假设是适当的。

当对财务报告负有监督责任的人员与履行上述责任的人员不同时,管理层对财务报表的责任部分还应当提及对财务报告过程负有监督责任的人员。在这种情况下,该部分还应当提及"治理层"或特定国家和地区法律框架中的恰当术语。在管理层责任下面加上"治理层负责监督××公司的财务报告过程"。

9. 审计人员对财务报表审计的责任

应以"注册会计师对财务报表审计的责任"为标题,审计人员对财务报表审计的责任部分应当包括下列内容:

(1)审计人员的目标是为财务报表整体提供合理保证,确保不存在重大错误或舞弊行为导致的错报,并发布包含审计意见的审计报告。

(2)合理保证是一种高水平的保证,但并不能保证在任何情况下都能发现错误或舞弊导致的重大错报。即使执行了符合审计准则的审计程序,也不能完全排除错报的可能性。

(3)重大错报可能是错误或舞弊行为导致的。错误可能是无意的会计处理错误或误解导致的,舞弊则是指故意操纵财务信息以欺骗利益相关者的行为。

在说明错报可能是舞弊或错误导致的时,审计人员应当从下列两种做法中选取一种。

①描述如果合理预期错报单独或汇总起来可能影响财务报表使用者依据财务报表做出的经济决策,则通常认为错报是重大的。

②根据适用的财务报告编制基础,提供关于重要性的定义或描述。

(4)说明在按照审计准则执行审计工作的过程中,审计人员运用职业判断,并保持职业怀疑。

(5)通过说明审计人员的责任,对审计工作进行描述。审计人员的责任包括以下几方面:

①识别和评估舞弊或错误导致的财务报表重大错报风险,设计和实施审计程序以应对这些风险,并获取充分、适当的审计证据,作为发表审计意见的基础。由于舞弊可能涉及串通、伪造、故意遗漏、虚假陈述或凌驾于内部控制之上,未能发现舞弊导致的重大错报的风险高于未能发现错误导致的重大错报的风险。

②了解与审计相关的内部控制,以设计恰当的审计程序,但目的并非对内部控制的

有效性发表意见。当审计人员有责任在财务报表审计的同时对内部控制的有效性发表意见时，应当略去上述"目的并非对内部控制有效性发表意见"的表述。

③评价管理层选用会计政策的恰当性和做出会计估计及相关披露的合理性。

④对管理层使用持续经营假设的恰当性得出结论。同时，根据获取的审计证据，就可能导致对被审计单位持续经营能力产生重大疑虑的事项或情况是否存在重大不确定性得出结论。如果审计人员得出结论认为存在重大不确定性，审计准则要求审计人员在审计报告中提请报表使用者注意财务报表中的相关披露；如果披露不充分，审计人员应当发表非无保留意见。审计人员的结论基于截至审计报告日可获得的信息。然而，未来的事项或情况可能导致被审计单位不能持续经营。

⑤评价财务报表的总体列报、结构和内容（包括披露），并评价财务报表是否公允地反映相关交易和事项。

（6）当《中国注册会计师审计准则第1401号——对集团财务报表审计的特殊考虑》适用时，通过说明下列事项，进一步描述审计人员在集团审计业务中的责任。

①审计人员的责任是就集团中实体或业务活动的财务信息获取充分、适当的审计证据，以对合并财务报表发表审计意见。

②审计人员负责指导、监督和执行集团审计。

③审计人员对审计意见承担全部责任。

除上述所列事项之外，审计人员对财务报表审计的责任部分还应当包括下列内容：

（1）说明审计人员与治理层就计划的审计范围、时间安排和重大审计发现等事项进行沟通，包括沟通审计人员在审计中识别的值得关注的内部控制缺陷。

（2）对于上市实体财务报表审计，指出审计人员就已遵守与独立性相关的职业道德要求向治理层提供声明，并与治理层沟通可能被合理认为影响审计人员独立性的所有关系和其他事项，以及相关的防范措施（如适用）。

（3）对于上市实体财务报表审计，以及决定按照《中国注册会计师审计准则第1504号——在审计报告中沟通关键审计事项》的规定沟通关键审计事项的其他情况，说明审计人员从与治理层沟通过的事项中确定哪些事项对本期财务报表审计最为重要，因而构成关键审计事项。审计人员应当在审计报告中描述这些事项，除非法律法规禁止公开披露这些事项，或在极少数情形下，审计人员合理预期在审计报告中沟通某事项造成的负面后果超过在公众利益方面产生的益处，因而确定不应在审计报告中沟通该事项。

除审计准则规定的审计人员责任外，如果审计人员在对财务报表出具的审计报告中履行其他报告责任，应当在审计报告中将其单独作为一部分，并以"按照相关法律法规的要求报告的事项"为标题，或使用适合该部分内容的其他标题，除非其他报告责任涉及的事项与审计准则规定的报告责任涉及的事项相同。如果涉及相同的事项，其他报告责任可以在审计准则规定的同一报告要素部分列示。

如果将其他报告责任在审计准则要求的同一报告要素部分列示，审计报告应当清楚区分其他报告责任和审计准则要求的报告责任。

如果审计报告将其他报告责任单独作为一部分，审计准则第二十四条至第三十五条的要求应当置于"对财务报表出具的审计报告"标题下；"按照相关法律法规的要求报告的事项"部分置于"对财务报表出具的审计报告"部分之后。

10. 按照相关法律法规的要求报告的事项（如适用）

本部分的格式和内容，取决于法律法规对其他报告责任的性质规定。法律法规规定的事项应该在本部分进行处理，除非其他报告责任与审计准则所要求的报告责任涉及相同的主题。如果涉及相同的主题，其他报告责任可以在审计准则所要求的同一报告要素部分中列示。在某些情况下，相关法律法规可能要求或允许审计人员将对这些其他责任的报告作为对财务报表出具的审计报告的一部分，此时，审计报告应区分为"对财务报表出具的审计报告"和"按照相关法律法规的要求报告的事项"两部分。

11. 审计人员的签名和盖章

审计报告应当由审计项目合伙人和另一名负责该项目的注册会计师签名和盖章。

（1）会计师事务所应当建立健全的全面质量控制政策与程序以及各审计项目的质量控制程序，严格按照有关规定和本通知的要求在审计报告上签名盖章。

（2）审计报告应当由两名具备相关业务资格的注册会计师签名盖章并经会计师事务所盖章方为有效。

①合伙会计师事务所出具的审计报告，应当由一名对审计项目负最终复核责任的合伙人和一名负责该项目的注册会计师签名盖章。

②有限责任会计师事务所出具的审计报告，应当由会计师事务所主任会计师或其授权的副主任会计师和一名负责该项目的注册会计师签名盖章。

（3）签名顺序。

①如果是三个人会签，第一个应是合伙人（主任会计师），第二个是部门经理，最后一个是项目负责人。

②如果是两个人签名，一般是小事务所，第一个签名的是级别高的，第二个是级别低的。

12. 会计师事务所的名称、地址和盖章

审计报告应当载明会计师事务所的名称和地址，并加盖会计师事务所公章。

根据《中华人民共和国注册会计师法》的规定，注册会计师承办业务，由其所在的会计师事务所统一受理并与委托人签订委托合同。因此，审计报告除应由注册会计师签名并盖章外，还应载明会计师事务所的名称和地址，并加盖会计师事务所公章。

审计人员在审计报告中载明会计师事务所地址时，标明会计师事务所所在的城市即可。在实务中，审计报告通常载于会计师事务所统一印刷的、标有该所详细通信地址的信笺上，因此，无须在审计报告中注明详细地址。此外，根据国家的有关规定，在主管登记机关管辖区内，已登记注册的企业名称不得相同。因此，在同一地区内不会出现重名的会计师事务所。

13. 报告日期

审计报告应当注明报告日期。审计报告的日期不应早于审计人员获取充分、适当的审计证据（包括管理层认可对财务报表的责任且已批准财务报表的证据），并在此基础上对财务报表形成审计意见的日期。

审计人员在确定审计报告日期时，需要考虑：应当实施的审计程序已经完成；应当提请被审计单位调整的事项已经提出，被审计单位已经做出调整或拒绝做出调整；管理层已经正式签署财务报表。

审计报告的日期非常重要。审计人员对不同时段的资产负债表日后事项有着不同的责任，而审计报告的日期是划分时段的关键时点。在实务中，审计人员在正式签署审计报告前，通常把审计报告草稿和已审计财务报表草稿一同提交给管理层。如果管理层批准并签署已审计财务报表，审计人员即可签署审计报告。审计人员签署审计报告的日期通常与管理层签署已审计财务报表的日期为同一天，或晚于管理层签署已审计财务报表的日期。在审计报告日期晚于管理层签署已审计财务报表日期时，审计人员应当获取自管理层声明书日到审计报告日期之间的进一步审计证据，如补充的管理层声明书。

国际审计准则变化内容

国际审计与鉴证准则理事会于 2015 年 1 月 15 日颁布了新的审计报告系列准则。修订内容主要包括：（1）制定《ISA 701——在独立注册会计师报告中沟通关键审计事项》；（2）修订 ISA700、ISA705、ISA706、ISA260、ISA570、ISA720 六项准则；（3）因（1）、（2）而对其他数项审计准则做出的符合性修订。注册会计师在审计财务报告期间截止日为 2016 年 12 月 15 日及之后的财务报表时，将适用新的审计报告准则。

知识链接：国际审计准则变化的内容及特征

IASSB 审计报告变革的内容：

（1）新增关键审计事项要素，增加审计报告信息含量和决策价值。

（2）在审计报告中增加"其他信息"部分，提高其他信息的质量。

（3）提高管理层、注册会计师对持续经营的责任与报告要求，增加审计报告风险预警价值。

（4）对独立性和履行相关职业道德责任做出积极声明，增强使用者信心。

（5）改进对注册会计师责任的描述，使审计责任更加明晰、具体和可理解。

（6）调整了原审计报告的结构和顺序，突出使用者关心的核心内容，以公众利益为标准。

（7）强制要求披露审计项目合伙人姓名。

第三节 审计报告的基本类型

审计人员根据审计结果和被审计单位对有关问题的处理情况，形成不同审计意见的审计报告。审计人员出具审计报告的类型有四种：无保留意见审计报告、保留意见审计报告、否定意见审计报告和无法表示意见审计报告。

一、无保留意见审计报告

无保留意见审计报告是指审计人员对被审计单位出具的是不含有说明段、强调事项段、其他事项段或任何修饰性用语的无保留意见的审计报告。无保留意见是指审计人员对被审计单位的会计报表,依照中国注册会计师独立审计准则的要求进行审查后确认:被审计单位采用的会计处理方法遵循了会计准则及有关规定;会计报表反映的内容符合被审计单位的实际情况;会计报表内容完整,表述清楚,无重要遗漏;报表项目的分类和编制方法符合规定要求。因而,对被审计单位的会计报表无保留地表示满意。无保留意见意味着审计人员认为会计报表的反映是合法、公允和一贯的,能满足非特定多数利害关系人的共同需要,具有较高的可信性。

由于无保留意见是认为被审计单位的经营活动和会计报表不存在重要错误或问题而给予的一种肯定的评价,因此,在认为被审计单位会计报表的编制同时符合下述情况时,应出具无保留意见审计报告。

(1)会计报表的编制符合《企业会计准则》及国家其他财务会计法规的规定。

(2)会计报表在所有重大方面公允地反映了被审计单位的财务状况、经营成果和资金变动情况。

(3)会计处理方法的选用符合一贯性原则。

(4)审计人员已按照独立审计准则的要求,实施了必要的审计程序,在审计过程中未受限制和阻碍。

(5)不存在应调整而被审计单位未予调整的重要事项。

审计人员在编制无保留意见审计报告时,应以"我们认为"作为意见段的开头,并使用"在所有重大方面公允地反映了"等专业术语,不能使用"我们保证"的字样。因为审计人员发表的是自己的判断或意见,不能对会计报表的真实性、合法性做出绝对保证,以避免会计报表使用者产生误解,同时也可明确审计人员仅仅承担审计责任,它并不能减除被审计单位对会计报表承担会计责任。

因此,既不能使用"完全正确""绝对真实"等词语,也不能使用"大致反映""基本反映"等模糊不清、态度暧昧的术语。

标准无保留意见审计报告格式如下。

对上市实体财务报表出具的审计报告

ABC 股份有限公司全体股东:

一、对财务报表出具的审计报告

(一)审计意见

我们审计了 ABC 股份有限公司(以下简称 ABC 公司)财务报表,包括 202×年12月31日的资产负债表,202×年度的利润表、现金流量表、股东权益变动表以及相关财务报表附注。

我们认为，后附的财务报表在所有重大方面按照企业会计准则的规定编制，公允反映了 ABC 公司 202×年 12 月 31 日的财务状况以及 202×年度的经营成果和现金流量。

（二）形成审计意见的基础

我们按照中国注册会计师审计准则的规定执行了审计工作。审计报告的"注册会计师对财务报表审计的责任"部分进一步阐述了我们在这些准则下的责任。按照中国注册会计师职业道德守则，我们独立于 ABC 公司，并履行了职业道德方面的其他责任。我们相信，我们获取的审计证据是充分、适当的，为发表审计意见提供了基础。

请扫码查看审计报告背景信息

（三）关键审计事项

关键审计事项是我们根据职业判断，认为对本期合并财务报表审计最为重要的事项。这些事项的应对以对合并财务报表整体进行审计并形成审计意见为背景，我们不对这些事项单独发表意见。（按照《中国注册会计师审计准则第 1504 号——在审计报告中沟通关键审计事项》的规定描述每一关键审计事项。）

非流动资产减值

1）事项描述

ABC 集团的非流动资产主要包括可供出售金融资产、长期股权投资、固定资产、在建工程、无形资产、商誉及其他非流动资产等。截至 202×年 12 月 31 日，ABC 集团非流动资产金额为人民币×××元。公司管理层在进行非流动资产减值测试而计算资产或资产组预计未来现金流量的现值时，需要对××寿命、××计划、销售价格、运营成本、折旧费用、税金、资本性支出及折现率等关键假设做出判断、估计和假设，因此，我们认为该事项为关键审计事项。上述非流动资产减值准备的披露分别包括在财务报表附注×××中。

2）审计应对

我们在审计过程中对非流动资产减值的评估执行了以下工作。

（1）与管理层讨论并复核 ABC 集团的非流动资产，以评估是否存在减值迹象。

（2）对于存在减值迹象的非流动资产，以及存在商誉的资产组，复核管理层编制的折现现金流计算模型，主要审计程序包括：

a）复核所采用的折现现金流计算模型、适用对象及方法。

b）复核折现现金流计算模型所采用的关键假设的合理性，与管理层进行沟通，获取相关技术报告进行参考；对比关键假设与第三方公开数据。

c）复核所采用的关键假设与历史数据的相关性。

d）请事务所内部评估专家进行协助，包括复核折现现金流计算模型的逻辑，并对管理层在上述计算模型中采用的折现率进行复核，事务所内部评估专家选取了一系列相同行业的可比公司进行参考及数据演算，以确定折现率的合理范围。

e）复核财务报表附注中相关披露的充分性和完整性。

（四）其他信息

ABC 公司管理层（以下简称管理层）对其他信息负责。其他信息包括×报告中涵盖的信息，但不包括财务报表和我们的审计报告。

我们对财务报表发表的审计意见不涵盖其他信息，也不对其他信息发表任何形式的鉴证结论。

结合我们对财务报表的审计，我们的责任是阅读其他信息，在此过程中，考虑其他信息是否与财务报表或我们在审计过程中了解到的情况存在重大不一致或者似乎存在重大错报。

基于我们已执行的工作，如果我们确定其他信息存在重大错报，应当报告该事实。在这方面，我们无任何事项需要报告。

（五）管理层和治理层对财务报表的责任

ABC公司管理层（以下简称管理层）负责按照企业会计准则的规定编制财务报表，使其实现公允反映，并设计、执行和维护必要的内部控制，以使财务报表不存在舞弊或错误导致的重大错报。

在编制财务报表时，管理层负责评估ABC公司的持续经营能力，披露与持续经营相关的事项（如适用），并运用持续经营假设，除非管理层计划清算ABC公司、终止运营或别无其他现实的选择。

治理层负责监督ABC公司的财务报告过程。

（六）注册会计师对财务报表审计的责任

我们的目标是对财务报表整体是否不存在舞弊或错误导致的重大错报获取合理保证，并出具包含审计意见的审计报告。合理保证是高水平的保证，但并不能保证按照审计准则执行的审计在某一重大错报存在时总能被发现。错报可能是舞弊或错误导致的，如果合理预期错报单独或汇总起来可能影响财务报表使用者依据财务报表做出的经济决策，则通常认为错报是重大的。

在按照审计准则执行审计工作的过程中，我们运用职业判断，并保持职业怀疑。同时，我们也执行以下工作。

（1）识别和评估舞弊或错误导致的财务报表重大错报风险，设计和实施审计程序以应对这些风险，并获取充分、适当的审计证据，作为发表审计意见的基础。由于舞弊可能涉及串通、伪造、故意遗漏、虚假陈述或凌驾于内部控制之上，未能发现舞弊导致的重大错报的风险高于未能发现错误导致的重大错报的风险。

（2）了解与审计相关的内部控制，以设计恰当的审计程序，但目的并非对内部控制的有效性发表意见。

（3）评价管理层选用会计政策的恰当性和做出会计估计及相关披露的合理性。

（4）对管理层使用持续经营假设的恰当性得出结论。同时，根据获取的审计证据，就可能导致对ABC公司持续经营能力产生重大疑虑的事项或情况是否存在重大不确定性得出结论。如果我们得出结论认为存在重大不确定性，审计准则要求我们在审计报告中提请报表使用者注意财务报表中的相关披露；如果披露不充分，我们应当发表非无保留意见。我们的结论基于截至审计报告日可获得的信息。然而，未来的事项或情况可能导致ABC公司不能持续经营。

（5）评价财务报表的总体列报、结构和内容（包括披露），并评价财务报表是否公允反映相关交易和事项。

我们与治理层就计划的审计范围、时间安排和重大审计发现等事项进行沟通，包括沟通我们在审计中识别出的值得关注的内部控制缺陷。

我们还就已遵守与独立性相关的职业道德要求向治理层提供声明，并与治理层沟通可能被合理认为影响我们独立性的所有关系和其他事项，以及相关的防范措施（如适用）。

从与治理层沟通过的事项中，我们确定哪些事项对本期财务报表审计最为重要，因而构成关键审计事项。我们在审计报告中描述这些事项，除非法律法规禁止公开披露这些事项，或在极少数情形下，如果合理预期在审计报告中沟通某事项造成的负面后果超过在公众利益方面产生的益处，我们确定不应在审计报告中沟通该事项。

二、按照相关法律法规的要求报告的事项

本部分的格式和内容，取决于法律法规对其他报告责任性质的规定。本部分应当说明相关法律法规规定的事项（其他报告责任），除非其他报告责任涉及的事项与审计准则规定的报告责任涉及的事项相同。如果涉及相同的事项，其他报告责任可以在审计准则规定的同一报告要素部分列示。

当其他报告责任和审计准则规定的报告责任涉及同一事项，并且审计报告中的措辞能够将其他报告责任与审计准则规定的责任（如存在差异）予以清楚区分时，可以将两者合并列示（即包含在"对财务报表出具的审计报告"部分中，并使用适当的副标题）。

DEF 会计师事务所	中国注册会计师：×××
（盖章）	（签名并盖章）
	中国注册会计师：×××
	（签名并盖章）
中国××市	二〇二×年×月×日

二、非无保留意见审计报告

非无保留意见，是指对财务报表发表的保留意见、否定意见或无法表示意见。审计人员确定恰当的非无保留意见类型，取决于下列事项。

（1）导致非无保留意见的事项的性质，是财务报表存在重大错报，还是在无法获取充分、适当的审计证据的情况下，财务报表可能存在重大错报。

（2）审计人员就导致非无保留意见的事项对财务报表产生或可能产生影响的广泛性做出的判断。

在发表非无保留意见时，审计人员应当对审计意见部分使用恰当的标题，如"保留意见""否定意见"或"无法表示意见"。审计意见决策如表 11-1 所示。

表 11-1 审计意见决策

导致发表非无保留意见的事项的性质	这些事项对财务报表产生或可能产生影响的广泛性	
	重大但不具有广泛性	重大且具有广泛性
财务报表存在重大错报	保留意见	否定意见
无法获取充分、适当的审计证据	保留意见	无法表示意见

（一）保留意见审计报告

保留意见是指审计人员对会计报表的反映有所保留的审计意见。审计人员经过审计后，认为被审计单位会计报表的反映就其整体而言是恰当的，但还存在下述情况之一时，应出具保留意见的审计报告。

（1）在获取充分、适当的审计证据后，审计人员认为错报单独或汇总起来对财务报表影响重大，但不具有广泛性。

（2）审计人员无法获取充分、适当的审计证据以作为形成审计意见的基础，但认为未发现的错报（如存在）对财务报表可能产生的影响重大，但不具有广泛性。

由于财务报表存在重大错报而发表保留意见时，审计人员应当在审计意见部分说明："注册会计师认为，除形成保留意见的基础部分所述事项产生的影响外，后附的财务报表在所有重大方面按照适用的财务报告编制基础的规定编制，公允反映了……"

由于无法获取充分、适当的审计证据而发表保留意见时，审计人员应当在审计意见部分使用"除……可能产生的影响外"等措辞。

保留意见的审计报告具体格式如下。

参考格式 11-2

由于财务报表存在重大错报而发表保留意见的审计报告

ABC 有限公司全体股东：

一、对财务报表出具的审计报告

（一）保留意见

我们审计了 ABC 股份有限公司（以下简称 ABC 公司）财务报表，包括 202×年 12 月 31 日的资产负债表，202×年度的利润表、现金流量表、股东权益变动表以及相关财务报表附注。

我们认为，除"形成保留意见的基础"部分所述事项产生的影响外，后附的财务报表在所有重大方面按照企业会计准则的规定编制，公允反映了 ABC 公司 202×年 12 月 31 日的财务状况以及 202×年度的经营成果和现金流量。

（二）形成保留意见的基础

ABC 公司 202×年 12 月 31 日资产负债表中存货的列示金额为×××元。ABC 公司管理层（以下简称管理层）根据成本对存货进行计量，而没有根据成本与可变现净值孰低的原则进行计量，这不符合企业会计准则的规定。ABC 公司的会计记录显示，如果管理层以成本与可变现净值孰低来计量存货，存货列示金额将减少×元。相应地，资产减值损失将增加×元，所得税、净利润和股东权益将分别减少×元、×元和×元。

我们按照中国注册会计师审计准则的规定执行了审计工作。审计报告的"注册会计师对财务报表审计的责任"部分进

请扫码查看审计报告背景信息

一步阐述了我们在这些准则下的责任。按照中国注册会计师职业道德守则，我们独立于 ABC 公司，并履行了职业道德方面的其他责任。我们相信，我们获取的审计证据是充分、适当的，为发表保留意见提供了基础。

（三）关键审计事项

关键审计事项是我们根据职业判断，认为对本期财务报表审计最为重要的事项。这些事项的应对以对财务报表整体进行审计并形成审计意见为背景，我们不对这些事项单独发表意见。除"形成保留意见的基础"部分所述事项外，我们确定下列事项是需要在审计报告中沟通的关键审计事项。

（按照《中国注册会计师审计准则第 1504 号——在审计报告中沟通关键审计事项》的规定描述每一关键审计事项。）

（四）其他信息

管理层对其他信息负责。其他信息包括×报告中涵盖的信息，但不包括合并财务报表和我们的审计报告。

我们对合并财务报表发表的审计意见不涵盖其他信息，也不对其他信息发表任何形式的鉴证结论。

结合我们对财务报表的审计，我们的责任是阅读其他信息，在此过程中，考虑其他信息是否与合并财务报表或我们在审计过程中了解到的情况存在重大不一致或者似乎存在重大错报。

基于我们已执行的工作，如果我们确定其他信息存在重大错报，应当报告该事实。如上述"形成保留意见的基础"部分所述，无法就 202×年 12 月 31 日 ABC 集团对 XYZ 公司投资的账面价值以及 ABC 集团按持股比例计算的 XYZ 公司当年度净收益份额获取充分、适当的审计证据。因此，我们无法确定与该事项相关的其他信息是否存在重大错报。

（五）管理层和治理层对财务报表的责任

管理层负责按照企业会计准则的规定编制财务报表，使其实现公允反映，并设计、执行和维护必要的内部控制，以使财务报表不存在舞弊或错误导致的重大错报。

在编制财务报表时，管理层负责评估 ABC 公司的持续经营能力，披露与持续经营相关的事项（如适用），并运用持续经营假设，除非管理层计划清算 ABC 公司、终止运营或别无其他现实的选择。

治理层负责监督 ABC 公司的财务报告过程。

（六）注册会计师对财务报表审计的责任

我们的目标是对财务报表整体是否不存在舞弊或错误导致的重大错报获取合理保证，并出具包含审计意见的审计报告。合理保证是高水平的保证，但并不能保证按照审计准则执行的审计在某一重大错报存在时总能被发现。错报可能是舞弊或错误导致的，如果合理预期错报单独或汇总起来可能影响财务报表使用者依据财务报表做出的经济决策，则通常认为错报是重大的。

在按照审计准则执行审计工作的过程中，我们运用职业判断，并保持职业怀疑。同时，我们也执行以下工作。

（1）识别和评估舞弊或错误导致的财务报表重大错报风险，设计和实施审计程序以应对这些风险，并获取充分、适当的审计证据，作为发表审计意见的基础。由于舞弊可能涉及串通、伪造、故意遗漏、虚假陈述或凌驾于内部控制之上，未能发现舞弊导致的重大错报的风险高于未能发现错误导致的重大错报的风险。

（2）了解与审计相关的内部控制，以设计恰当的审计程序，但目的并非对内部控制的有效性发表意见。

（3）评价管理层选用会计政策的恰当性和做出会计估计及相关披露的合理性。

（4）对管理层使用持续经营假设的恰当性得出结论。同时，根据获取的审计证据，就可能导致、在重大不确定性得出结论。如果我们得出结论认为存在重大不确定性，审计准则要求我们在审计报告中提请报表使用者注意财务报表中的相关披露；如果披露不充分，我们应当发表非无保留意见。我们的结论基于截至审计报告日可获得的信息。然而，未来的事项或情况可能导致 ABC 公司不能持续经营。

（5）评价财务报表的总体列报、结构和内容（包括披露），并评价财务报表是否公允反映相关交易和事项。

我们与治理层就计划的审计范围、时间安排和重大审计发现等事项进行沟通，包括沟通我们在审计中识别出的值得关注的内部控制缺陷。

我们还就已遵守与独立性相关的职业道德要求向治理层提供声明，并与治理层沟通可能被合理认为影响我们独立性的所有关系和其他事项，以及相关的防范措施（如适用）。

从与治理层沟通过的事项中，我们确定哪些事项对本期财务报表审计最为重要，因而构成关键审计事项。我们在审计报告中描述这些事项，除非法律法规禁止公开披露这些事项，或在极少数情形下，如果合理预期在审计报告中沟通某事项造成的负面后果超过在公众利益方面产生的益处，我们确定不应在审计报告中沟通该事项。

二、按照相关法律法规的要求报告的事项

见参考格式 11-1。

DEF 会计师事务所	中国注册会计师：×××
（盖章）	（签名并盖章）
	中国注册会计师：×××
	（签名并盖章）
中国××市	二〇二×年×月×日

（二）否定意见审计报告

否定意见是指与无保留意见相反，认为会计报表不能合法、公允、一贯地反映被审计单位财务状况、经营成果和现金流动情况。审计人员经过审计后，认为被审计单位的会计报表存在下述情况时，应当出具否定意见的审计报告。

（1）会计处理方法的选用严重违反《企业会计准则》和国家其他财务会计法规的规定，被审计单位拒绝进行调整。

（2）会计报表严重歪曲了被审计单位的财务状况、经营成果和现金流动情况，而且被审计单位拒绝进行调整。

由于否定意见与保留意见审计报告的出具条件都涉及重大不调整事项和违反一贯性原则等问题，因此，必须注意这两种意见审计报告的区别，不能混淆：保留意见适用于个别重要事项存在严重错误，违反一贯性原则，或存在或有事项，且预期结果不能合理估计或不很严重，但会计报表总体上还能接受；否定意见适用于较多的重要事项或特别重要的事项存在严重错误，违反一贯性原则，或存在或有事项，而且预期结果能够合理估计并很严重，以致严重歪曲会计报表，使会计报表总体上不能接受。

发表否定意见时，审计人员应当在审计意见部分说明：审计人员认为，由于形成否定意见的基础部分所述事项的重要性，后附的财务报表没有在所有重大方面按照适用的财务报告编制基础的规定编制，未能公允反映……

否定意见的审计报告格式如下。

由于合并财务报表存在重大错报而发表否定意见的审计报告

ABC 有限公司全体股东：

一、对合并财务报表出具审计报告

（一）否定意见

我们审计了 ABC 股份有限公司及其子公司（以下简称 ABC 集团）的合并财务报表，包括 202×年 12 月 31 日的合并资产负债表，202×年度的合并利润表、合并现金流量表、合并股东权益变动表以及相关合并财务报表附注。

请扫码查看审计报告背景信息

我们认为，由于"形成否定意见的基础"部分所述事项的重要性，后附的合并财务报表没有在所有重大方面按照××财务报告编制基础的规定编制，未能公允反映 ABC 集团 202×年 12 月 31 日的合并财务状况以及 202×年度的合并经营成果和合并现金流量。

（二）形成否定意见的基础

如财务报表附注×所述，202×年 ABC 集团通过非同一控制下的企业合并获得对 XYZ 公司的控制权。因未能取得购买日 XYZ 公司某些重要资产和负债的公允价值，故未将 XYZ 公司纳入合并财务报表的范围。按照××财务报告编制基础的规定，该集团应将这一子公司纳入合并范围，并以暂估金额为基础核算该项收购。如果将 XYZ 公司纳入合并财务报表的范围，后附的 ABC 集团合并财务报表的多个项目将受到重大影响。但我们无法确定未将 XYZ 公司纳入合并范围对合并财务报表产生的影响。

我们按照中国注册会计师审计准则的规定执行了审计工作。审计报告的"注册会计师对合并财务报表审计的责任"部分进一步阐述了我们在这些准则下的责任。按照中国注册会计师职业道德守则，我们独立于 ABC 集团，并履行了职业道德方面的其他责任。我们相信，我们获取的审计证据是充分、适当的，为发表否定意见提供了基础。

(三）关键审计事项

除"形成否定意见的基础"部分所述事项外，我们认为，没有其他需要在我们的报告中沟通的关键审计事项。

(四）其他信息

ABC集团管理层（以下简称管理层）对其他信息负责。其他信息包括×报告中涵盖的信息，但不包括合并财务报表和我们的审计报告。

我们对合并财务报表发表的审计意见不涵盖其他信息，也不对其他信息发表任何形式的鉴证结论。

结合我们对合并财务报表的审计，我们的责任是阅读其他信息，在此过程中，考虑其他信息是否与合并财务报表或我们在审计过程中了解到的情况存在重大不一致或者似乎存在重大错报。

基于我们已执行的工作，如果我们确定其他信息存在重大错报，应当报告该事实。如上述"形成否定意见的基础"部分所述，ABC集团应当将XYZ公司纳入合并范围，并以暂估金额为基础核算该项收购。我们认为，由于×报告中的相关金额或其他项目受到未合并XYZ公司的影响，其他信息存在重大错报。

(五）管理层和治理层对合并财务报表的责任

管理层负责按照××财务报告编制基础的规定编制合并财务报表，使其实现公允反映，并设计、执行和维护必要的内部控制，以使合并财务报表不存在舞弊或错误导致的重大错报。

在编制合并财务报表时，管理层负责评估ABC集团的持续经营能力，披露与持续经营相关的事项（如适用），并运用持续经营假设，除非管理层计划清算ABC集团、终止运营或别无其他现实的选择。

治理层负责监督ABC集团的财务报告过程。

(六）注册会计师对合并财务报表审计的责任

我们的目标是对合并财务报表整体是否不存在舞弊或错误导致的重大错报获取合理保证，并出具包含审计意见的审计报告。合理保证是高水平的保证，但并不能保证按照审计准则执行的审计在某一重大错报存在时总能被发现。错报可能是舞弊或错误导致的，如果合理预期错报单独或汇总起来可能影响财务报表使用者依据合并财务报表做出的经济决策，则通常认为错报是重大的。

在按照审计准则执行审计工作的过程中，我们运用职业判断，并保持职业怀疑。同时，我们也执行以下工作。

（1）识别和评估舞弊或错误导致的合并财务报表重大错报风险，设计和实施审计程序以应对这些风险，并获取充分、适当的审计证据，作为发表审计意见的基础。由于舞弊可能涉及串通、伪造、故意遗漏、虚假陈述或凌驾于内部控制之上，未能发现舞弊导致的重大错报的风险高于未能发现错误导致的重大错报的风险。

（2）了解与审计相关的内部控制，以设计恰当的审计程序，但目的并非对内部控制的有效性发表意见。

（3）评价管理层选用会计政策的恰当性和做出会计估计及相关披露的合理性。

（4）对管理层使用持续经营假设的恰当性得出结论。同时，根据获取的审计证据，就可能导致对 ABC 集团持续经营能力产生重大疑虑的事项或情况是否存在重大不确定性得出结论。如果我们得出结论认为存在重大不确定性，审计准则要求我们在审计报告中提请报表使用者注意合并财务报表中的相关披露；如果披露不充分，我们应当发表非无保留意见。我们的结论基于截至审计报告日可获得的信息。然而，未来的事项或情况可能导致 ABC 集团不能持续经营。

（5）评价合并财务报表的总体列报、结构和内容（包括披露），并评价合并财务报表是否公允反映相关交易和事项。

（6）就 ABC 集团中实体或业务活动的财务信息获取充分、适当的审计证据，以对合并财务报表发表审计意见。我们负责指导、监督和执行集团审计，并对审计意见承担全部责任。

我们与治理层就计划的审计范围、时间安排和重大审计发现等事项进行沟通，包括沟通我们在审计中识别出的值得关注的内部控制缺陷。

我们还就已遵守与独立性相关的职业道德要求向治理层提供声明，并与治理层沟通可能被合理认为影响我们独立性的所有关系和其他事项，以及相关的防范措施（如适用）。

从与治理层沟通过的事项中，我们确定哪些事项对本期合并财务报表审计最为重要，因而构成关键审计事项。我们在审计报告中描述这些事项，除非法律法规禁止公开披露这些事项，或在极少数情形下，如果合理预期在审计报告中沟通某事项造成的负面后果超过在公众利益方面产生的益处，我们确定不应在审计报告中沟通该事项。

二、按照相关法律法规的要求报告的事项

见参考格式 11-1。

DEF 会计师事务所	中国注册会计师：×××
（盖章）	（签名并盖章）
	中国注册会计师：×××
	（签名并盖章）
中国××市	二〇二×年×月×日

（三）无法表示意见审计报告

无法表示意见是指审计人员说明其对被审计单位会计报表的合法性、公允性和一贯性无法发表意见，也即对会计报表不发表无保留、保留和否定的审计意见。审计人员在审计过程中，由于审计范围受到委托人、被审计单位或客观环境的严格限制，不能获取必要的审计证据，以致无法对会计报表整体反映发表审计意见时，应当出具无法表示意见的审计报告。

当审计人员出具无法表示意见的审计报告时，审计人员应当使用恰当的标题"无法表示意见"。同时，由于无法获取充分、适当的审计证据而发表无法表示意见，审计人员应当：

（1）说明审计人员不对后附的财务报表发表审计意见。

（2）说明由于形成无法表示意见的基础部分所述事项的重要性，审计人员无法获取充分、适当的审计证据以作为对财务报表发表审计意见的基础。

当审计人员对财务报表发表无法表示意见时，审计报告中不应当包括：提及审计报告中用于描述注册会计师责任的部分；说明审计人员是否已获取充分、适当的审计证据以作为形成审计意见的基础。

无法表示意见的审计报告格式如下。

由于审计人员无法针对合并财务报表单一要素获取充分、适当的审计证据而发表无法表示意见的审计报告

ABC 有限公司全体股东：

一、对合并财务报表出具的审计报告

（一）无法表示意见

我们接受委托，审计 ABC 股份有限公司及其子公司（以下简称 ABC 集团）合并财务报表，包括 202×年 12 月 31 日的合并资产负债表，202×年度的合并利润表、合并现金流量表、合并股东权益变动表以及相关合并财务报表附注。

我们不对后附的 ABC 集团合并财务报表发表审计意见。由于"形成无法表示意见的基础"部分所述事项的重要性，我们无法获取充分、适当的审计证据以作为对合并财务报表发表审计意见的基础。

（二）形成无法表示意见的基础

ABC 集团对共同经营 XYZ 公司享有的利益份额在该集团的合并资产负债表中的金额（资产扣除负债后的净影响）为×元，占该集团 202×年 12 月 31 日净资产的 90%以上。我们未被允许接触 XYZ 公司的管理层和注册会计师，包括 XYZ 公司注册会计师的审计工作底稿。

因此，我们无法确定是否有必要对 XYZ 公司资产中 ABC 集团共同控制的比例份额、XYZ 公司负债中 ABC 集团共同承担的比例份额、XYZ 公司收入和费用中 ABC 集团的比例份额，以及合并现金流量表和合并股东权益变动表中的要素做出调整。

（三）管理层和治理层对合并财务报表的责任

ABC 集团管理层（以下简称管理层）负责按照××财务报告编制基础的规定编制合并财务报表，使其实现公允反映，并设计、执行和维护必要的内部控制，以使合并财务报表不存在舞弊或错误导致的重大错报。

在编制合并财务报表时，管理层负责评估 ABC 集团的持续经营能力，披露与持续经营相关的事项（如适用），并运用持续经营假设，除非管理层计划清算 ABC 集团、终止运营或别无

请扫码查看审计报告背景信息

其他现实的选择。

治理层负责监督 ABC 集团的财务报告过程。

（四）注册会计师对合并财务报表审计的责任

我们的责任是按照中国注册会计师审计准则的规定，对 ABC 集团的合并财务报表执行审计工作，以出具审计报告。但由于"形成无法表示意见的基础"部分所述的事项，我们无法获取充分、适当的审计证据以作为发表审计意见的基础。

按照中国注册会计师职业道德守则，我们独立于 ABC 集团，并履行了职业道德方面的其他责任。

二、按照相关法律法规的要求报告的事项

见参考格式 11-1。

DEF 会计师事务所	中国注册会计师：×××
（盖章）	（签名并盖章）
	中国注册会计师：×××
	（签名并盖章）
中国××市	二〇二×年×月×日

三、带有强调事项段和其他事项段的审计报告

审计人员的目标是，在对财务报表形成审计意见后，如果根据职业判断认为有必要在审计报告中增加强调事项段或其他事项段，通过明确提供补充信息的方式，提醒财务报表使用者关注下列事项：

（1）尽管已在财务报表中恰当列报或披露，但对财务报表使用者理解财务报表至关重要的事项。

（2）未在财务报表中列报或披露，但与财务报表使用者理解审计工作、审计人员的责任或审计报告相关的其他事项。

（一）强调事项段

强调事项段，是指审计报告中含有的一个段落，该段落提及已在财务报表中恰当列报或披露的事项，且根据审计人员的职业判断，该事项对财务报表使用者理解财务报表至关重要。

在下列情形下，审计人员应在审计报告中增加强调事项段：

（1）法律法规规定的财务报告编制基础是不可接受的，但其是基于法律法规做出的规定。

（2）提醒财务报表使用者关注财务报表按照特殊目的编制基础编制。

（3）审计人员在审计报告日后知悉了某些事实（即期后事项），并且出具了新的或经修改的审计报告。

除上述事项之外，审计人员可能认为需要增加强调事项段的情形举例如下：

（1）异常诉讼或监管行动的未来结果存在不确定性。

（2）在财务报表日至审计报告日之间发生的重大期后事项。

（3）在允许的情况下，提前应用对财务报表有重大影响的新会计准则。

（4）存在已经或持续对被审计单位财务状况产生重大影响的特大灾难。

如果在审计报告中包含强调事项段，审计人员应当采取下列措施：

（1）将强调事项段作为单独的一部分置于审计报告中，并使用包含"强调事项"这一术语的适当标题。

（2）明确提及被强调事项以及相关披露的位置，以便能够在财务报表中找到对该事项的详细描述。强调事项段应当仅提及已在财务报表中列报或披露的信息。

（3）指出审计意见没有因该强调事项而改变。

强调事项段在审计报告中的具体位置取决于拟沟通信息的性质，以及与按照对财务报表形成审计意见和出具审计报告的规定需要报告的其他要素相比较，审计人员针对该信息对财务报表预期使用者的相对重要程度的判断。例如，当强调事项段与适用的财务报告编制基础相关时，包括当审计人员确定法律法规规定的财务报告编制基础不可接受时，审计人员可能认为有必要将强调事项段紧接在"形成审计意见的基础"部分之后，从而为审计意见提供合适的背景信息。

（二）其他事项段

其他事项段，是指审计报告中含有的一个段落，该段落提及未在财务报表中列报或披露的事项，且根据审计人员的职业判断，该事项与财务报表使用者理解审计工作、审计人员的责任或审计报告相关。

如果认为有必要沟通虽然未在财务报表中列报或披露，但根据职业判断认为与财务报表使用者理解审计工作、审计人员的责任或审计报告相关的事项，在同时满足下列条件时，审计人员应当在审计报告中增加其他事项段。

（1）未被法律法规禁止。

（2）该事项未被确认为关键审计事项。

审计人员可能认为需要增加其他事项段的情形包括但不限于：

（1）与使用者理解审计工作相关的情形。

（2）与使用者理解审计人员的责任或审计报告相关的情形。

（3）对两套或两套以上财务报表出具审计报告的情形。

（4）限制审计报告分发和使用的情形。

其他事项段在审计报告中的具体位置取决于拟沟通信息的性质，以及与按照《中国注册会计师审计准则第1501号——对财务报表形成审计意见和出具审计报告》的规定需要报告的其他要素相比较，审计人员针对该信息对财务报表预期使用者的相对重要程度的判断。例如，当审计报告中包含关键审计事项部分，且其他事项段也被认为必要时，审计人员可以在"其他事项"标题中增加进一步的背景信息，如"其他事项——审计范围"，以将其他事项段和关键审计事项部分描述的每个事项予以区分。当增加其他事项段旨在提醒使用者关注与审计报告中提及的其他报告责任相关的事项时，该段落可以置于"按照相关法律法规的要求报告的事项"部分内。当其他事项段与审计人员的责任或使用者理解审计报告相关时，可以单独作为一部分，置于"对财务报表出具的审计报告"和"按照相关法律法规的要求报告的事项"之后。

带强调事项段和其他事项段的无保留意见审计报告格式如下。

包含关键审计事项部分、强调事项段及其他事项段的审计报告

ABC 股份有限公司全体股东：

一、对财务报表出具审计意见

（一）审计意见

请扫码查看审计报告背景信息

我们审计了 ABC 股份有限公司（以下简称 ABC 公司）财务报表，包括 202×年 12 月 31 日的资产负债表，202×年度的利润表、现金流量表、股东权益变动表以及相关财务报表附注。

我们认为，后附的财务报表在所有重大方面按照企业会计准则的规定编制，公允反映了 ABC 公司 202×年 12 月 31 日的财务状况以及 202×年度的经营成果和现金流量。

（二）形成审计意见的基础

我们按照中国注册会计师审计准则的规定执行了审计工作。审计报告的"注册会计师对财务报表审计的责任"部分进一步阐述了我们在这些准则下的责任。按照中国注册会计师职业道德守则，我们独立于 ABC 公司，并履行了职业道德方面的其他责任。我们相信，我们获取的审计证据是充分、适当的，为发表审计意见提供了基础。

（三）强调事项

我们提醒财务报表使用者关注，财务报表附注×描述了火灾对 ABC 公司的生产设备造成的影响。本段内容不影响已发表的审计意见。

（四）关键审计事项

关键审计事项是我们根据职业判断，认为对本期财务报表审计最为重要的事项。这些事项的应对以对财务报表整体进行审计并形成审计意见为背景，我们不对这些事项单独发表意见。（按照《中国注册会计师审计准则第 1504 号——在审计报告中沟通关键审计事项》的规定描述每一关键审计事项。）

（五）其他事项

202×年 12 月 31 日的资产负债表，202×年度的利润表、现金流量表、股东权益变动表以及相关财务报表附注由其他会计师事务所审计，并于 202×年 3 月 31 日发表了无保留意见。

（六）其他信息

ABC 公司管理层（以下简称管理层）对其他信息负责。其他信息包括×报告中涵盖的信息，但不包括财务报表和我们的审计报告。

我们对财务报表发表的审计意见不涵盖其他信息，也不对其他信息发表任何形式的鉴证结论。

结合我们对财务报表的审计，我们的责任是阅读其他信息，在此过程中，考虑其他信息是否与财务报表或我们在审计过程中了解到的情况存在重大不一致或者似乎存在重大错报。

基于我们已执行的工作，如果我们确定其他信息存在重大错报，应当报告该事实。在这方面，我们无任何事项需要报告。

（七）管理层和治理层对财务报表的责任

管理层负责按照企业会计准则的规定编制财务报表，使其实现公允反映，并设计、执行和维护必要的内部控制，以使财务报表不存在舞弊或错误导致的重大错报。

在编制财务报表时，管理层负责评估 ABC 公司的持续经营能力，披露与持续经营相关的事项（如适用），并运用持续经营假设，除非管理层计划清算 ABC 公司、终止运营或别无其他现实的选择。

治理层负责监督 ABC 公司的财务报告过程。

（八）注册会计师对财务报表审计的责任

我们的目标是对财务报表整体是否不存在舞弊或错误导致的重大错报获取合理保证，并出具包含审计意见的审计报告。合理保证是高水平的保证，但并不能保证按照审计准则执行的审计在某一重大错报存在时总能被发现。错报可能是舞弊或错误导致的，如果合理预期错报单独或汇总起来可能影响财务报表使用者依据财务报表做出的经济决策，则通常认为错报是重大的。

在按照审计准则执行审计工作的过程中，我们运用职业判断，并保持职业怀疑。同时，我们也执行以下工作。

（1）识别和评估舞弊或错误导致的财务报表重大错报风险，设计和实施审计程序以应对这些风险，并获取充分、适当的审计证据，作为发表审计意见的基础。由于舞弊可能涉及串通、伪造、故意遗漏、虚假陈述或凌驾于内部控制之上，未能发现舞弊导致的重大错报的风险高于未能发现错误导致的重大错报的风险。

（2）了解与审计相关的内部控制，以设计恰当的审计程序，但目的并非对内部控制的有效性发表意见。

（3）评价管理层选用会计政策的恰当性和做出会计估计及相关披露的合理性。

（4）对管理层使用持续经营假设的恰当性得出结论。同时，根据获取的审计证据，就可能导致对 ABC 公司持续经营能力产生重大疑虑的事项或情况是否存在重大不确定性得出结论。如果我们得出结论认为存在重大不确定性，审计准则要求我们在审计报告中提请报表使用者注意财务报表中的相关披露。如果披露不充分，我们应当发表非无保留意见。我们的结论基于截至审计报告日可获得的信息。然而，未来的事项或情况可能导致 ABC 公司不能持续经营。

（5）评价财务报表的总体列报、结构和内容（包括披露），并评价财务报表是否公允反映相关交易和事项。

我们与治理层就计划的审计范围、时间安排和重大审计发现等事项进行沟通，包括沟通我们在审计中识别出的值得关注的内部控制缺陷。

我们还就已遵守与独立性相关的职业道德要求向治理层提供声明，并与治理层沟通可能被合理认为影响我们独立性的所有关系和其他事项，以及相关的防范措施（如适用）。

从与治理层沟通过的事项中，我们确定哪些事项对本期财务报表审计最为重要，因而构成关键审计事项。我们在审计报告中描述这些事项，除非法律法规禁止公开披露这些事项，或在极少数情形下，如果合理预期在审计报告中沟通某事项造成的负面后果超过在公众利益方面产生的益处，我们确定不应在审计报告中沟通该事项。

二、按照相关法律法规的要求报告的事项

见参考格式 11-1。

DEF 会计师事务所	中国注册会计师：×××
（盖章）	（签名并盖章）
	中国注册会计师：×××
	（签名并盖章）
中国××市	二○二×年×月×日

第四节　持续经营的影响

一、持续经营假设的基本含义及内容

持续经营假设的内容是假定企业将无限期地延续下去，既没有破产清算，也没有停止经营和进行大规模削减业务的情况。在这个假设下，企业的生产经营活动将按照既定的目标持续下去，并在可以预见的未来不会发生重大的改变。

持续经营假设是企业财务会计的基本假设之一，它意味着企业的资产将按照预定的用途被使用，并在正常的经营过程中被转换为现金或现金等价物，同时负债也将在正常的经营过程中被清偿。这个假设为企业的财务管理和决策提供了基础，使得企业可以制定长期的发展规划和投资策略，并据此进行财务报表的编制和财务分析。

需要注意的是，持续经营假设并不是绝对的，因为企业可能会面临各种不确定性和风险，如市场变化、竞争压力、技术革新、自然灾害等，这些都可能对企业的持续经营产生影响。因此，审计人员应当就管理层编制财务报表时运用持续经营假设的适当性，获取充分、适当的审计证据，就是否存在与可能导致对被审计单位持续经营能力产生重大疑虑的事项或情况相关的重大不确定性得出结论，并考虑其对审计报告的影响。

可能导致对企业持续经营能力产生疑虑的事项或情况如下：

（1）管理层计划清算或被终止经营。
（2）关键管理人员离职且无人替代。
（3）失去主要市场、关键客户、特许权、执照或主要供应商。
（4）出现用工困难问题。
（5）重要供应短缺。

（6）财务困境。

二、与持续经营相关的审计工作

审计人员在审计过程中应充分关注与持续经营相关的事项或情况，应当充分了解被审计单位的经营情况，包括行业环境、市场状况、竞争对手、经营策略等，以评估其持续经营能力。在实施风险评估程序时，审计人员应当考虑是否存在可能导致对被审计单位持续经营能力产生重大疑虑的事项或情况，并确定管理层是否已对被审计单位持续经营能力做出初步评估。如果管理层已对持续经营能力做出初步评估，审计人员需要与管理层进行充分沟通，评价其评估的合理性，并获取必要的审计证据来支持自己的判断。如果管理层未对持续经营能力做出初步评估，审计人员应当与管理层讨论其拟运用持续经营假设的基础。针对有关可能导致对被审计单位持续经营能力产生重大疑虑的事项或情况的审计证据，审计人员应当在整个审计过程中保持警觉。

审计人员在评价管理层对被审计单位持续经营能力做出评估时，应当注意并考虑以下情形：

（1）评估程序的合理性。审计人员需要评估管理层在做出持续经营能力评估时所遵循的程序是否合理，包括了解管理层是否考虑了所有相关信息，并采用了适当的假设和预测。

（2）评估依据的假设。审计人员应仔细审查管理层评估持续经营能力时所依据的假设。这些假设是否合理、是否基于可靠的数据和信息，以及是否考虑了未来的经济环境、市场条件等因素，都是审计人员需要关注的问题。

（3）管理层的未来应对计划。审计人员需要评估管理层是否有明确的未来应对计划，以应对可能导致持续经营能力产生重大疑虑的事项或情况。这些计划是否可行、是否考虑了所有相关因素，也是审计人员需要考虑的问题。

（4）超出评估期间的事项或情况。审计人员应当询问管理层是否知悉超出评估期间的、可能导致对持续经营能力产生重大疑虑的事项或情况，包括已知的或可能发生的重大事件、政策变化等。这些事项或情况可能对被审计单位的持续经营能力产生重大影响。

（5）重大不确定性。审计人员需要特别关注可能导致持续经营能力产生重大疑虑的不确定性因素。这些不确定性因素可能包括经济环境的变化、市场竞争的加剧、关键人员的流失等。审计人员需要评估这些不确定性因素是否可能对被审计单位的持续经营能力产生重大影响。

当识别出可能导致对持续经营能力产生重大疑虑的事项或情况时，审计人员应当实施下列进一步审计程序：

（1）评价与持续经营能力评估相关的未来应对计划。审计人员需要评估被审计单位是否有明确的未来应对计划，以应对可能导致持续经营能力产生重大疑虑的事项或情况。这些计划是否可行、是否考虑了所有相关因素，都是审计人员需要关注的问题。

（2）考虑自管理层做出评估后是否存在其他可获得的事实或信息。审计人员需要询问管理层，自其做出持续经营能力评估后，是否出现了其他可能影响持续经营能力的事实或信息。这有助于审计人员全面了解被审计单位的持续经营能力状况。

（3）要求管理层提供有关未来应对计划及可行性的书面声明。审计人员可以要求管理层提供一份书面声明，说明其未来应对计划的具体内容和可行性。这有助于审计人员获取更直接、更具体的证据，以评估被审计单位的持续经营能力。

（4）如果管理层尚未对被审计单位持续经营能力做出评估，提请其进行评估。如果审计人员发现管理层尚未对被审计单位的持续经营能力进行评估，应当提醒并要求管理层进行评估。这是审计人员的职责之一，也是获取充分、适当审计证据的重要步骤。

三、持续经营审计结论对审计报告的影响

持续经营审计结论对审计报告的影响具体有以下几种情况。

（1）如果财务报表已按照持续经营假设编制，但根据判断认为管理层在财务报表中运用持续经营假设是不适当的，审计人员应当发表否定意见。

审 计 报 告

ABC 股份有限公司全体股东：

一、否定意见

我们审计了 ABC 股份有限公司（以下简称 ABC 公司）财务报表，包括 202×年 12 月 31 日的资产负债表，202×年度利润表、现金流量表、股东权益变动表以及相关财务报表附注。

我们认为，由于"形成否定意见的基础"部分所述事项的重要性，后附的财务报表没有在所有重大方面按照企业会计准则的规定编制，未能公允反映 ABC 公司 202×年 12 月 31 日的财务状况以及 202×年度的经营成果和现金流量。

二、形成否定意见的基础

如财务报表附注"二、财务报表的编制基础"所述，ABC 公司财务报表以持续经营假设为基础编制。目前 ABC 公司已停止经营，无法清偿到期债务，且在可预见的未来不会复业，ABC 公司已不具备持续经营能力，因此我们认为至臻传媒按照持续经营假设编制的 202×年度财务报表不恰当。

我们按照中国注册会计师审计准则的规定执行了审计工作。审计报告的"注册会计师对财务报表审计的责任"部分进一步阐述了我们在这些准则下的责任。按照中国注册会计师职业道德守则，我们独立于 ABC 公司，并履行了职业道德方面的其他责任。我们相信，我们获取的审计证据是充分、适当的，为发表否定意见提供了基础。

三、其他信息

　　…………

四、管理层和治理层对财务报表的责任
……………

五、注册会计师对财务报表审计的责任
……………

DEF 会计师事务所	中国注册会计师：×××
（盖章）	（签名并盖章）
	中国注册会计师：×××
	（签名并盖章）
中国××市	二〇二×年×月×日

（2）如果运用持续经营假设是适当的，但存在重大不确定性，且财务报表对重大不确定性已做出充分披露，审计人员应当发表无保留意见，并在审计报告中增加以"与持续经营相关的重大不确定性"为标题的单独部分，以提醒财务报表使用者关注财务报表附注中对所述事项的披露，说明这些事项或情况表明存在可能导致对被审计单位持续经营能力产生重大疑虑的重大不确定性，说明该事项并不影响发表的审计意见。

审 计 报 告

ABC 股份有限公司全体股东：

一、审计意见

我们审计了 ABC 股份有限公司及其子公司（以下简称 ABC 公司）财务报表，包括 202×年 12 月 31 日的合并及母公司资产负债表，202×年度的合并及母公司利润表、现金流量表、股东权益变动表以及相关财务报表附注。

我们认为，后附的财务报表在所有重大方面按照企业会计准则的规定编制，公允反映了 ABC 公司 202×年 12 月 31 日的合并及母公司财务状况以及 202×年度的合并及母公司经营成果和现金流量。

二、形成审计意见的基础

我们按照中国注册会计师审计准则的规定执行了审计工作。审计报告的"注册会计师对财务报表审计的责任"部分进一步阐述了我们在这些准则下的责任。按照中国注册会计师职业道德守则，我们独立于 ABC 公司，并履行了职业道德方面的其他责任。我们相信，我们获取的审计证据是充分、适当的，为发表审计意见提供了基础。

三、与持续经营相关的重大不确定性

我们提醒财务会计报表使用者关注，如财务报表附注"二、财务报表的编制基础持续经营"所述，ABC 公司 202×年度归属于母公司的净利润×元，累计未分配利润×元，流动负债大于流动资产×元，资产负债率为 96.13%。截至 202×年 12 月 31 日，ABC 公司逾期借款合计×万元，部分银行账户被冻结。上述事项或情况，表明存在可能导致对 ABC 公司持续经营能力产生重大疑虑的不确定性。该事项不影响已发表的审计

意见。

  四、关键审计事项

  …………

  五、其他信息

  …………

  六、管理层和治理层对财务报表的责任

  …………

  七、注册会计师对财务报表审计的责任

  …………

DEF 会计师事务所	中国注册会计师：×××
（盖章）	（签名并盖章）
	中国注册会计师：×××
	（签名并盖章）
中国××市	二○二×年×月×日

  （3）当多项可能导致对其持续经营能力产生重大疑虑的事项或情况存在重大不确定性时，在极少数情况下，尽管对每个单独的不确定事项获取了充分、适当的审计证据，但由于不确定事项之间可能存在相互影响以及可能对财务报表产生累计影响，审计人员难以判断财务报表的编制基础是否适合继续采用持续经营假设。在这种情况下，审计人员应当考虑发表无法表示意见。

  （4）如果运用持续经营假设是适当的，但存在重大不确定性，且财务报表对重大不确定性未做出充分披露，审计人员应当恰当发表保留意见或否定意见。审计人员应当在审计报告"形成保留（否定）意见的基础"部分说明，存在可能导致对被审计单位持续经营能力产生重大疑虑的重大不确定性，但财务报表未充分披露该事项。

  ①当审计人员确定存在重大不确定性，且财务报表由于未做出充分披露而存在重大错报时，出具保留意见的审计报告。

审 计 报 告

ABC 股份有限公司全体股东：

  一、保留意见

  我们审计了 ABC 股份有限公司（以下简称 ABC 公司）财务报表，包括202×年12月31日的资产负债表，202×年度的利润表、现金流量表、股东权益变动表以及相关财务报表附注。

  我们认为，除"形成保留意见的基础"部分所述事项产生的影响外，后附的财务报表在所有重大方面按照企业会计准则的规定编制，公允反映了 ABC 公司 202×年 12

31日的财务状况以及202×年度的经营成果和现金流量。

二、形成保留意见的基础

如财务报表附注×所述,ABC公司融资协议期满,且未偿付余额将于202×年5月3日到期。ABC公司未能重新商定协议或获取替代性融资。这种情况表明存在可能导致对ABC公司持续经营能力产生重大疑虑的重大不确定性。财务报表对这一事项并未做出充分披露。

我们按照中国注册会计师审计准则的规定执行了审计工作。审计报告的"注册会计师对财务报表审计的责任"部分进一步阐述了我们在这些准则下的责任。按照中国注册会计师职业道德守则,我们独立于ABC公司,并履行了职业道德方面的其他责任。我们相信,我们获取的审计证据是充分、适当的,为发表审计意见提供了基础。

三、其他信息

　…………

四、管理层和治理层对财务报表的责任

　…………

五、注册会计师对财务报表审计的责任

　…………

DEF会计师事务所	中国注册会计师:×××
（盖章）	（签名并盖章）
	中国注册会计师:×××
	（签名并盖章）
中国××市	二○二×年×月×日

②当注册会计师存在重大不确定性,但财务报表遗漏了与重大不确定性相关的披露时（遗漏该披露对财务报表的影响重大且具有广泛性）,出具否定意见的审计报告。

审 计 报 告

ABC股份有限公司全体股东：

一、否定意见

我们审计了ABC股份有限公司（以下简称公司）财务报表,包括202×年12月31日的资产负债表,202×年度的利润表、现金流量表、股东权益变动表以及财务报表附注。

我们认为,由于"形成否定意见的基础"部分所述的对信息的遗漏这一事项,后附的财务报表没有在所有重大方面按照企业会计准则的规定编制,未能公允反映公司202×年12月31日的财务状况以及202×年度的经营成果和现金流量。

二、形成否定意见的基础

公司融资协议期满,且未偿付余额于202×年12月31日到期。公司未能重新商定

协议或获取替代性融资,正考虑申请破产。这种情况表明存在可能导致对公司持续经营能力产生重大疑虑的重大不确定性。财务报表对这一事项并未做出充分披露。

我们按照中国注册会计师审计准则的规定执行了审计工作。审计报告的"注册会计师对财务报表审计的责任"部分进一步阐述了我们在这些准则下的责任。按照中国注册会计师职业道德守则,我们独立于 ABC 公司,并履行了职业道德方面的其他责任。我们相信,我们获取的审计证据是充分、适当的,为发表审计意见提供了基础。

三、其他信息

……………

四、管理层和治理层对财务报表的责任

……………

五、注册会计师对财务报表审计的责任

……………

DEF 会计师事务所	中国注册会计师:×××
(盖章)	(签名并盖章)
	中国注册会计师:×××
	(签名并盖章)
中国××市	二〇二×年×月×日

第五节　管理建议书

一、管理建议书的含义

管理建议书是审计人员在完成审计工作后,针对审计过程中发现的可能导致被审计单位财务报表出现重大错误的内部控制缺陷所提出的书面建议。根据当前的审计准则规定,审计人员可以口头或以其他适当方式向被审计单位相关人员提出内部控制的一般问题,而对于审计过程中发现的重大内部控制缺陷,必须向被审计单位的管理当局告知,并在必要时出具管理建议书。

二、管理建议书的作用

管理建议书的作用体现在两个方面:第一,由于审计人员的职业特点,他们在审计过程中按规定需要检查被审计单位的内部控制系统,了解被审计单位经营管理中的关键所在。通过管理建议书,审计人员可以针对被审计单位内部控制弱点,提供进一步完善内部控制、改进会计工作、提高经营管理水平的参考意见。这种意见最及时、有效,能促使被审计单位注意加强控制,改善工作,以防止弊端的发生。第二,审计人员借助管理建议书,事先提出了改进建议,可以把审计人员的法律责任降到最低限度。

三、管理建议书的内容

管理建议书应包括如下内容:

（1）标题。管理建议书的标题应当统一规范为"管理建议书"。

（2）收件人。管理建议书的收件人应为被审计单位管理当局。

（3）会计报表审计目的及管理建议书的性质。管理建议书应当指明审计目的是对会计报表发表审计意见，指出审计人员在审计过程中注意到的内部控制重大缺陷，不应被视为对内部控制发表的鉴证意见，所提建议不具有强制性和公正性。

（4）内部控制重大缺陷及其影响和改进建议。管理建议书应当指明审计人员在审计过程中注意到的内部控制设计及运行方面的重大缺陷，包括前期建议改进但本期仍然存在的重大缺陷。

（5）使用范围及使用责任。管理建议书应当指明其仅供被审计单位管理当局内部参考，因使用不当造成的后果，与审计人员及其所在会计师事务所无关。

（6）签章。管理建议书应当由审计人员签章，并加盖会计师事务所公章。

（7）日期。管理建议书应当注明日期。

四、管理建议书与审计报告的区别

管理建议书和审计报告是针对同一委托事项，执行完审计业务以后形成的意见，但两者有着明显的区别，主要表现在以下方面：

（1）内容不同。

管理建议书的基本内容一般包括标题、收件人、会计报表审计目的及管理建议书的性质、内部控制重大缺陷及其影响和改进建议、使用范围及使用责任、签章、日期。但是日期没有明确的规定，段落也没有严格的限制。

审计报告基本内容一般包括标题、收件人、引言段、管理层对财务报表的责任段、审计人员的责任段、审计意见段、审计人员的签名和盖章、会计师事务所的名称、地址及盖章、报告日期，日期和段落都有严格的规定。审计人员可以根据需要在审计报告中增加说明段和强调事项段。

（2）对象不同。管理建议书与审计报告是同一委托项目的不同结果：管理建议书是针对与审计相关的内部控制提出的；审计报告是针对被审计单位的会计报表提出的。

（3）责任不同。管理建议书可以提出，也可以不提出，是一种非法定业务。审计报告是针对会计报表提出的，是必须出具的，是法定业务，具有法定责任。

（4）作用即影响程度不同。管理建议书无须对外报送，仅提供给被审计单位管理当局，供内部参考，不对外报送，影响面小，而审计报告要向外报送，影响面大。

管理建议书的参考格式如下。

管理建议书

××公司：

我们接受委托，对××公司（以下简称"贵公司"）截至202×年6月30日的××

结果进行专项审计,并于202×年××月××日出具了××××审字(202×)第××××号××专项审计报告。我们的这份管理建议书是基于为贵公司服务的目的,根据××××过程中发现的问题而提出的。由于我们主要是参与贵公司××××工作,并没有对贵公司的内部控制和管理过程进行专门的测试,所以管理建议书中包括的内部控制及管理缺陷,仅是我们在参与贵公司××××的过程中注意到的,不应被视为对内部控制及管理发表的鉴证意见,所提建议不具有强制性和公正性。

在××××专项财务审计过程中,我们注意到贵公司内部控制存在如下问题,希望引起贵公司管理当局注意。

一、财务管理方面

(一)货币资金管理方面

1. 存在问题

(1)未达账项金额是否较大、时间是否较长,列出金额较大、时间较长的未达账项明细。

(2)开户银行是否较多,是否能与银行及时对账,大额的借出款项(如基建借款)是否常年以借出人的名义挂在往来账中,外币及大额人民币存款是否以个人名义存入银行。

(3)企业的资金管理是否集中,是否存在相互牵制的内控制度,是否容易形成账外小金库,大额资金支出的批准权限是否明确,资金的使用支出是否有预先制订的资金使用计划,资金使用计划的批准权限是否合理。

2. 完善建议

(针对上述情况,结合企业实际,提出合理化建议)贵公司应采取以下措施:×××。

(二)债权、债务管理方面

1. 存在问题

(1)是否存在三年以上账龄的往来款项,在日常核算中是否存在由于未能及时收到对方单位开出的发票而未做账务处理,成本少计或成本没有计入正确的会计期间的情况。

(2)往来账项是否挂在个人头上,未按客户核算,债权账龄较长,是否存在由于相关人员职位调整,新老人员业务不能很好衔接,对已存在的部分债权催收不力的情况,企业在对债权的催收方面是否有相应的激励措施。

(3)企业是否建立了客户信誉评分制度,严格控制应收款项的限额,对各类客户进行分类、区别对待,是否有严格控制对信誉差或财务状况恶化单位的赊销业务的措施,是否定期与对方单位进行对账、结账。

(4)企业与下属公司以及下属公司之间的内部往来是否存在差异,未能核对一致,并且对同一单位的往来不在同一个明细账户核算。

(5)其他应收款中是否有大量的个人借款,对其中的费用性支出未及时核销。

2. 完善建议

针对上述情况,结合企业的实际情况,提出一套完整的债权、债务管理建议:×××。

(三) 存货管理

1. 存在问题

（1）是否存在对原材料的核算采用"以领代耗"制，期末未对存放在各分厂（车间）的原材料进行盘点，导致企业期末少计资产、多计成本支出、虚减利润。

（2）是否存在高留低转形成虚假存货，有些合同已经完工，但在结转时只结转部分成本。

（3）存货是否未设数量金额账；是否建立了一贯有效执行的存货盘点制度。

（4）企业是否建立了对实物管理及采购部门进行监督控制所必要的组织保证。

（5）是否存在残次、报废、弃用的存货，未能及时予以处理，财务账与实物账是否一致。

2. 完善建议

针对上述情况，提出一套完整的存货管理建议：×××。

(四) 长期投资管理方面

1. 存在问题

（1）对外投资决策与管理是否让财务部门充分参与，投资行为是否与投资的财务管理脱节，投资项目是否有可行性分析报告，是否建立了投资行为的风险控制制度。

（2）是否存在长期投资金额数量多、主业分散，以及无持续经营能力、已注销或长期停业的投资单位财务资料有不同程度的散失现象；是否存在非法人企业注销未及时进行并账工作，使财务信息严重失真，并丧失了对其实物进行回收处置及其债权进行催要的机会，大量实物资产盘亏的现象。

（3）长期投资中是否存在原始投资与被投资单位的实收资本不一致的情况，对部分被投资企业未进行有效管理监控，并且存在出资不实的情况；是否存在被投资单位营业执照、验资报告及账面实收资本数额不一致，但没有办理相关的产权转移和变更登记手续的情况。

2. 完善建议

针对上述情况，结合企业实际，提出一套完整的长期投资管理建议：×××。

(五) 固定资产管理方面

1. 存在的问题

（1）财务部门是否设立了独立的固定资产明细账，计提的累计折旧是否落实到单项资产，固定资产台账是否由财务部门管理，财务部门是否能与其他部门协调对固定资产进行及时有效的监督与管理，账与物是否存在脱节现象。

（2）是否存在在建工程未能及时结转固定资产的情况，导致较多的在建工程完工后未能及时向使用部门办理移交手续，在会计核算上也未结转固定资产（或虽已结转固定资产，但转固价值不完整）。

（3）是否存在固定资产已处理，但未及时入账的情况，实物资产购置、转移和处置是否缺乏相应完备的手续。

（4）固定资产是否进行了编号，编号与实物是否相符，账面与实物是否一一对应。

（5）是否存在固定资产购置后长期闲置，无法发挥应有作用的现象。

2. 完善建议

针对上述情况，结合企业实际，提出一套固定资产管理建议：×××。

（六）工程建设方面

（1）对工程物资收发存是否做出相应的账务记录。

（2）是否建立了对工程项目的投资立项及验收制度。

针对上述情况，提出管理建议：×××。

（七）收入及成本核算方面

1. 存在的问题

（1）企业对成本的核算是否按产品（项目）归集。

（2）成本的核算是否符合相关会计制度的规定

（3）收入的确认是否符合相关会计制度的规定，收入和成本是否配比。

2. 完善建议

针对上述问题，结合企业实际，提出收入及成本核算方面的建议：×××。

二、综合管理方面

1. 内部审计

企业是否设置了内部审计机构，内部审计是否发挥了重要作用。

2. 对外担保

企业是否建立了对外担保的立项、考察、审批登记等制度，严格担保权限和金额控制，对此提出合理建议。

3. 会计工作机构及会计人员配备

是否设立了与企业规模相适应的独立的会计机构和专职的会计人员。

4. 关于合并报表

是否存在以下情况，并提出合理建议。

1）内部往来差异较大

纳入合并会计报表范围的各子公司之间以及子公司与母公司之间存在大量的内部往来、内部交易，但由于各方入账时间以及票据传递不及时，其间未抵销的内部往来核对差异和内部交易金额较大，直接影响了合并报表的真实性、公允性。

2）会计政策和会计估计存在差异

母公司与纳入合并范围的子公司执行的会计制度、会计政策存在差异，前后各期执行的会计政策和会计估计亦存在差异，但在编制合并会计报表时未对相关会计制度、会计政策的差异进行调整。

3）内部购销业务、内部未实现利润未进行抵销

在编制合并会计报表时，根据重要性原则应将内部购销业务、内部未实现利润进行抵销。

5. 会计电算化

财务部门在用的计算机从性能和功能上是否能适应企业日益增多的信息处理与深加工的需要，电算化软件的选用是否适当，电算化核算的结果是否符合相关会计制度的规定。

三、资产结构及财务状况方面

主要对各单位的资产结构、流动能力、盈利能力、偿债能力等财务指标进行分析，

对存在异常的指标,如短期资产在总资产中的比例,对外投资、无形资产在总资产中的比例,短期、长期负债在总负债中的比例,流动比例、速动比例、资产负债率,毛利率、收入利润率、收入管理费用率、收入营业费用率,以及应收账款、存货、流动资产、总资产周转率等提出建议。

四、资本运营方面

(1)企业的对外扩张速度能否与自身管理相匹配。
(2)企业的资本运营是否与企业的长期发展战略相一致。
(3)企业的资本运营成本是否与收益相匹配。
(4)目前企业的哪些产业(或产品、分厂、子公司)应当关停并转。
(5)目前企业的哪些优良资产应当组合,分析组合后是否符合发起设立股份公司和上市的基本条件。

五、法人治理结构方面

(1)分析企业组织结构图,是否与企业规模及实际情况相适应。
(2)股东会、董事会(经理办公会)、总经理的职权范围及决策程序是否符合公司章程和公司法的有关规定。
(3)是否建立了各部门之间相互牵制、相互监督的管理机制。

针对上述情况,结合企业实际,提出管理建议。

DEF 会计师事务所	中国注册会计师:×××
(盖章)	(签名并盖章)
	中国注册会计师:×××
	(签名并盖章)
中国××市	二〇二×年×月×日

第六节 大数据背景下的审计报告出具

一、大数据技术在审计报告出具中的运用

会计信息披露是指企业直接或间接地把财务报表、利润表、现金流量表、附注等会计信息以公开报告的形式提供给信息使用者。对社会而言,提高会计信息披露质量是对投资者负责,让投资者能够了解企业真实的财务状况。对企业而言,会计信息披露能够提高公司信息的透明度、可靠性,提高公司可持续发展的能力。提高会计信息披露的质量是企业对自己负责,是企业在生产经营过程中的约束自我,能为企业员工形成诚信意识产生潜移默化的影响。

大数据时代,高质量的信息数据会给经济发展带来正面影响。信息大数据是重要的竞争力,赢得信息对占据市场、做出正确决策有积极作用。在大数据环境下,信息发布的途径日渐多元化。除了传统的披露方式,越来越多的上市公司选择在资源共享网络平台上披露相关财务信息。这样做,不仅为上市公司信息披露提供了一个很好的"展现舞

台",而且在一定程度上降低了信息收集成本,使信息的传播速度加快,流通性增强,让信息使用者能够快速接收到上市公司的经营成果数据并及时捕捉到投资决策所需信息,提高上市公司信息披露效率。这在很大程度上满足了信息披露的及时性原则,推动了财务信息资源的快速流动。

大数据技术在审计报告出具中发挥的作用主要包括以下方面。

(一)数据分析支持报告结论

大数据技术可以用于对审计数据进行全面、深入的分析,以发现异常模式,识别潜在风险。审计报告可以利用这些分析结果,支持审计结论的形成,并提供数据支持的证据。

(二)可视化呈现审计结果

大数据技术可以通过数据可视化技术将审计结果以图表、图形等形式直观呈现,使报告更具说服力和易懂性。审计人员可以利用数据可视化工具,将复杂的审计结果转化为直观的可视化图表,帮助读者更好地理解审计发现和结论。

(三)报告自动生成和定制

借助大数据技术,人们可以开发报告自动生成系统,根据审计数据和分析结果自动生成审计报告的内容和结构。审计人员可以根据需要定制报告的格式和内容,使报告更加符合读者的需求和期望。

(四)实时监控与警报

大数据技术可以支持审计团队对企业数据进行实时监控,并设定警报机制以便及时发现异常情况。通过实时监控,审计人员可以更快速地响应风险事件,有助于降低潜在的损失和影响。

(五)风险评估与预测

利用大数据技术,审计团队可以进行更准确的风险评估和预测。通过分析大规模的数据,审计人员可以识别潜在的风险因素,预测未来可能出现的风险趋势,有助于企业及时采取措施降低风险。

大数据技术在审计中的应用

案例研讨问题:

1. 大数据审计在该案例中发挥了哪些具体作用?

2. 如何加强税务部门的数据分析和勾稽关系比对能力,确保税收的准确性和公平性?

案例 11-2:大数据技术在审计中的应用

二、大数据背景下的信息披露关注点

（一）提升网络信息安全

在大数据背景下，随着信息系统发展和信息规模日益庞大，信息披露的载体和受体也呈现出多元化发展态势。然而，这也导致资源共享平台存在一定的安全隐患。这些资源共享平台可能存储了大量的商业信息，其中包括不法分子所需要的信息。为了谋取私利，这些不法分子可能会利用他们对信息系统设计和运行的熟悉程度，以网络黑客的身份穿越网络防火墙，对上市公司财务信息数据进行不留痕迹的篡改和破坏。

这种行为可能导致上市公司的部分财务信息数据丢失或毁坏，从而给信息披露带来了安全性风险。财务信息的篡改和破坏可能会误导投资者和其他利益相关方，损害上市公司的声誉和利益。因此，对于上市公司和其他信息共享平台的管理者来说，加强信息安全管理，采取有效的防范措施，包括加密技术、网络监控和入侵检测系统等，变得至关重要。同时，对于投资者和利益相关方来说，需要加强对信息披露的审查和验证，以保护自身的权益。在大数据背景下，网络信息安全问题的重要性日益凸显，因为它直接关系到金融环境、证券市场交易以及投资者权益等各个方面。为了保证资源共享网络平台上财务信息的安全，相关部门应采取一系列有效措施。

首先，利用信息加密技术对财务信息进行加密处理，从而禁止未被授权的信息受众者对数据进行访问。这样做可以有效地保护财务信息的机密性，防止敏感数据被未经授权的用户获取。

其次，建立严密的信息系统监控模块，对财务信息软件进行实时监控。通过监控系统，审计人员可以及时发现异常活动和潜在的安全威胁，从而采取应对措施，尽可能阻止不法之徒利用信息网络存在的漏洞进行恶意入侵。

最后，对财务信息系统进行定期的漏洞扫描和安全评估，及时修补和更新系统中存在的安全漏洞，以提高系统的抵御能力。同时，加强员工的安全意识培训，提高他们对网络安全的认识和警惕性，防止员工疏忽导致的安全漏洞。

（二）提升信息披露质量

信息披露的真实性是上市公司披露信息的首要原则，然而目前存在上市公司财务信息披露失真的普遍现象，其中一个重要原因是掩盖真实的业务信息。上市公司受自身利益驱动，可能出于虚增利润或避税的考虑，采取虚增收入、少计生产经营管理费用或隐瞒收入、多计成本费用等手段，记录的财务报表数据不准确，进而使信息披露失真。

另外，由于上市公司信息披露内容缺乏统一的规定，一些上市公司存在披露信息时避实就虚的情况。这些公司往往选择性地披露对自身有益的信息，而隐瞒不利的信息，从而使得披露信息内容不完整。这种做法大大降低了信息披露的相关性，使投资者难以准确评估公司的真实情况和风险水平。

如果上市公司的信息披露偏离了真实性和相关性，投资者将很难深入了解公司真实的财务和经营状况，从而可能导致信息使用者做出不正确的财务决策。在大数据背景下，面对海量的信息数据，保证其真实性和相关性成为一个重要的挑战，这也是值得关注和解决的问题。

首先，建立完善的数据采集和验证机制来确保信息的真实性，包括对数据来源的认证和验证，确保数据来源的可信、可靠，以及对数据的准确性和完整性进行验证，避免数据被篡改或损坏。

其次，为了保证信息的相关性，利用大数据分析技术对海量数据进行深度挖掘和分析，从中提取出与投资者相关的关键指标和信息。通过分析数据之间的关联性和趋势，审计人员可以更好地了解公司的财务和经营状况，为投资者提供更有针对性和有效的信息。

最后，建立一套严格的信息披露规范和监管制度，也是保障信息真实性和相关性的关键措施。监管部门应加强对信息披露的审核和监督，对违反披露规定的行为进行严厉处罚，以维护市场秩序和投资者的合法权益。

三、大数据背景下的信息披露保障

（一）推动建立诚信数据库

大数据背景下，信息的收集、整理、分析和处理更加便捷。为确保信息披露的真实性和相关性，证券监管部门可利用大数据技术优势建立"诚信上市公司数据库"。数据库内可按出现信息披露违规的次数以及重大程度对所有上市公司进行评级，出现信息披露违规公司的相关材料记录也会在这个数据库里呈现。毋庸置疑，上市公司一旦评级过低，被戴上"失信"的帽子之后会直接影响该公司的声誉和未来发展前景，损害公司的盈利能力，影响公司在证券市场中的形象，最终导致该公司市场价值大大降低。因而，上市公司为了避免由此付出的高额违规成本，也会竭力规范自身的信息披露行为，提高信息披露的真实性和相关性。

（二）构建信息披露质量评价指标体系

大数据背景下，数据资源数量庞大且种类繁多。使用大数据技术进行数据分析区别于传统方式的目的在于实现数据资源的优化整合。资源共享平台提供的海量数据方便了上市公司和不同信息使用者之间的沟通交流，促使上市公司为了保证自身未来长久的发展潜力而努力满足利益相关者不断变化的偏好和需求。

因此，审计人员应充分利用大数据的技术优势，基于相关理论的综合评价方法，深入研究财务信息披露相关指标，从财务数据的完整性、可靠性、相关性和及时性等多个维度全方位构建上市公司信息披露质量评价指标体系，从而使信息披露更加完整、系统、全面、及时，充分满足不同信息使用者对财务信息披露质量的需求，以此提升上市公司信息披露质量。

思考题

1. 审计报告的定义是什么？审计报告包括哪些内容？
2. 审计报告的分类方法有哪些？
3. 评价审计结果包括哪些内容？
4. 有关持续经营的审计结果如何影响审计意见和审计报告？
5. 管理建议书的含义及作用是什么？
6. 大数据审计在审计报告出具中发挥了哪些作用？

伦理与道德专栏

*ST 左江财务造假案阶段性调查

伦理与道德专栏：*ST 左江财务造假案阶段性调查

案例研讨问题：

1. 审计人员在面对未能取得函证回函和未实施现场访谈的情况下，应如何平衡保障审计质量与满足公司要求的关系？

2. 审计人员应当如何通过审计程序，提高对财务造假的检测能力？

3. 在退市风险警示下，审计人员需要考虑更严格的标准和流程，以确保审计报告的准确性和可靠性。审计人员在这种情况下可能面临的压力和挑战是什么？

即测即练

自学自测 扫描此码

第十二章

智能审计

【思想领航】

- 根据国家"十四五"规划纲要,要更好发挥审计在党和国家监督体系中的重要作用,需全面贯彻落实科技强审要求,加强审计技术创新,提升信息化支撑、数据管理水平和数据资源分析利用能力,保障数据安全,推动审计工作向数据分析和现场审计并重转变。
- 习近平总书记在二十届中央审计委员会第一次会议上强调,审计是党和国家监督体系的重要组成部分,是推动国家治理体系和治理能力现代化的重要力量。审计在强国建设、民族复兴新征程上担负重要使命,审计要立足经济监督定位,聚焦主责主业,更好发挥作用,以有效审计监督服务保障党和国家工作大局。
- 《"十四五"国家审计工作发展规划》强调,要加强审计信息化建设和创新技术方法,充分运用现代信息技术提高审计质量和效率。同时,随着大数据、人工智能等技术的普及,大数据审计在强化国家审计职能和实现审计全覆盖中扮演越来越重要的角色。

为审计插上"科技翅膀"
——浙江中烟以数字化转型助推"智慧审计"新模式

近年来,浙江中烟进一步落实行业关于建设权威、高效的审计监督体系要求,以"数字改造思维、数据驱动业务"为指引,坚持"建数、用数、管数"一体推进,以构建"数智审计"平台为依托,积极推进审计数字化转型,强化数智赋能,不断提升审计质效,促进业务规范与效率并进,持续增强风险防控力。

以"数"为先集资源。"数智审计"平台从各类业务系统中获取物资采购、物流运输、仓储管理、市场营销、生产计划、会计核算等生产经营数据,集合审计项目、审计调研等业务开展产生的审计底稿、审计报告等数据,从审计职能、审计实务两个维度,初步实现审计工作全方位覆盖、全流程贯通。通过系统覆盖、信息全览,浙江中烟将原来线下汇集困难的海量数据在线上展现,为制订审计计划、分配审计资源、调整审计内容等工作提供数据支撑和决策依据。

以"智"为要强应用。充分发挥智能工具作用,在多个领域提升审计工作质效。如在物资采购方面，利用文本智能识别工具，设定审核模型，自动输出采购文件审核意见、提供合同文本自动比对等功能；在物流费用方面，构建分解模型，通过目标值设置跟踪整体趋势，实现预警功能；在审计整改方面，设置系统闹钟，根据整改措施时间节点，提醒被审计部门及时推进整改。以"数智"强"人智"，不断提升审计工作系统性、精准性、有效性。

以"人"为本谋转型。从审计人员和被审计部门两方面出发强化数字思维。以审计人员为本，不断提升数字化思维能力，在系统设计与应用过程中，通过业务流程梳理和制度深入学习，推动思维转变，从局部观念转向整体观念，从结果导向转向问题导向，从事后确认转向事前预警。以被审计部门为本，不断提升全员整体规范意识，加强整改主体责任意识，推动审计关口前移、服务增值。通过系统交互持续促进业审同频，有效加强双方数字化能力，提升规范水平。

浙江中烟将进一步深化数字化转型，加快建立审计标准化体系，有力推动审计关口前移，不断加强审计成果应用，为构建集中统一、全面覆盖、权威高效的审计监督体系和推动审计高质量发展持续贡献力量。

资料来源：节选自中国金融信息网。

浙江中烟深入贯彻落实习近平总书记"坚持科技强审，加强审计信息化建设"的重要指示精神，在省审计厅和杭州市委市政府的正确领导下，着眼于破解人少事多矛盾、全面提升审计监督质效，进一步深化数字建设，增强审计创新力，持续强化信息化建设和大数据审计，有效拓展了审计工作的广度、深度和精准度。运用"数智审计"开展智能审计工作，让人们对经济业务的监督变得更加高效、精准，点对点的数据审查工作和沟通交流工作也变得相对容易。

第一节 智能审计产生的背景

一、引言

审计作为一种独立的经济监督活动，一直受到国内外政府和社会的重视。传统手工环境下，审计人员常用的审计方法包括检查法、观察法、询问法、外部调查法、重新计算法、重新执行法、分析法、鉴定法等。随着信息技术的发展，被审计单位的运行越来越依赖信息化环境。信息化环境下，审计工作发生了巨大的变化，传统的手工审计技术方法遇到了挑战，利用信息技术开展审计工作成为必然。随着被审计单位信息化趋势普及，审计对象的信息化使得审计信息化成为必然。审计信息化对审计人员和审计工作的开展提出了更高的要求。我国高度重视审计信息化工作。为了适应审计信息化建设的需要，审计署已经成功开展"金审工程"一期和二期的建设工作。为了探索适合我国国情的互联网审计实施方案以及一些数据采集与分析方法，审计署还成功开展了两期国家高技术研究发展计划（"863计划"）项目，并依托国家"十二五"科技支撑计划项目开展审计信息化的研发及应用示范工作，另外，"金审工程"三期也正在建设中。

二、智能审计概述

智能审计，顾名思义，是指应用现代信息技术和人工智能算法，对大量数据进行高效、精确的分析和评估，以辅助审计工作的一种方法。智能审计利用计算机算法和数据分析技术，自动识别和追踪数据中的异常模式和潜在风险，以提高审计的效率和准确性。

在智能审计过程中，审计人员会首先设定一系列的审计标准和规则，这些标准可能涉及合规性、财务准确性、内部控制效果等多个方面。随后，智能审计系统会自动扫描和分析大量的数据，寻找与这些标准不符或可能表明风险存在的数据点。系统可以通过机器学习持续优化算法，以更准确地识别复杂的异常模式。

智能审计系统通常具备以下几个特点。

（1）高效处理大数据：能够快速处理和分析海量的数据集，这是传统手工审计难以实现的。

（2）实时监控与分析：智能审计可以进行实时监控，对发生的交易或事件即时进行分析。

（3）精准识别风险：通过先进的算法，智能审计能够精准地识别潜在的合规风险和财务风险。

（4）持续学习和优化：智能审计系统可以通过不断的机器学习，提高审计判断的准确性和效率。

（5）自动化报告：自动生成审计报告，提供审计决策支持。

智能审计在多个行业和领域有广泛应用，例如金融、保险、公共基金管理等。智能审计作为一种创新的审计手段，正逐渐成为提高审计质量、降低审计成本、提升风险管理能力的重要工具。随着技术的不断进步和完善，智能审计的应用范围和影响力将会进一步扩大。

三、智能审计的产生背景

智能审计的产生背景可以从以下几个方面进行理解。

（1）信息技术的发展：信息技术的飞速发展，特别是大数据、云计算、人工智能等技术的成熟和应用，为审计工作提供了新的技术支持。这些技术能够帮助审计人员处理和分析大量数据，提高审计的效率和准确性。

（2）经济活动的复杂性：在全球化背景下，企业和经济实体的活动日益复杂，涉及的交易和信息量也在不断增加。传统的审计方法难以应对这些复杂性，需要借助智能审计技术来提高审计的全面性和深度。

（3）审计要求的提高：随着投资者和利益相关方对透明度和信任度的要求不断提高，审计工作也需要更加精确和高效。智能审计可以帮助审计人员发现潜在的风险和问题，提供更高质量的审计报告。

（4）审计标准的国际化：国际审计标准（如国际注册会计师协会的ISA）对审计工作提出了更高的要求。智能审计技术可以帮助审计人员更好地理解国际审计标准，提高审计工作的国际竞争力。

（5）成本效益的考虑：在经济压力和成本控制的要求下，企业和个人越来越注重成本效益。智能审计技术可以帮助审计人员在保证审计质量的同时，降低人力和时间成本。

（6）监管环境的压力：在全球范围内，监管机构对企业和经济实体的监管越来越严格。智能审计可以帮助企业更好地遵守监管要求，降低违规风险。

综上所述，智能审计的产生背景是多方面的，包括信息技术的发展、经济活动的复杂性、审计要求的提高、审计标准的国际化、成本效益的考虑以及监管环境的压力等。这些因素共同推动了智能审计技术的应用和发展。

四、智能审计发展历程

智能审计的发展历程可以追溯到 20 世纪末。随着信息技术的进步和大数据的出现，智能审计逐渐从概念走向实践。智能审计发展历程的简要概述如下。

（一）早期探索（1990—1999 年）

在这个时期，审计开始引入计算机辅助审计技术，这些技术允许审计人员利用计算机程序分析数据，提高了审计的效率。初步的应用还包括使用电子表格和简单的数据库查询来分析财务数据。

（二）数据挖掘和机器学习（2000—2009 年）

数据挖掘技术的出现使得审计人员能够从大量的数据中提取有用的信息，识别潜在的异常和模式。机器学习算法开始被用于预测分析，帮助审计人员识别未来可能出现的问题。

（三）云计算和移动技术（2010—2019 年）

云计算技术的运用使得审计人员可以远程访问审计数据和应用程序，提高了审计的灵活性和可访问性。

移动技术的进步使得审计人员可以随时随地通过移动设备访问审计软件和数据。

（四）人工智能和深度学习（2010—2020 年）

人工智能和深度学习算法的出现，使得审计工具能够更加智能化地处理复杂的数据分析任务。智能审计系统能够自我学习，不断优化审计流程，提高审计质量和效率。

（五）实时监控和智能自动化（2020 年至今）

智能审计系统开始实现实时监控，能够对发生的事件和交易进行实时分析和评估。自动化程度的提高，使得许多传统的审计任务可以通过智能系统自动完成，减少了人为干预。

智能审计的发展历程是技术与审计实践不断融合的过程。随着信息技术的不断进步，智能审计将继续在审计领域发挥更大的作用，提高审计的准确性、效率和价值。

第二节 智能审计的内涵

一、智能审计的对象

智能审计借助现代信息技术手段，重点聚焦被审计单位的信息系统和底层电子数据。

智能审计过程如图 12-1 所示。首先，通过检查评估信息系统，采集、转换、清理和验证底层数据，形成审计中间表；接着，运用查询分析、多维分析、数据挖掘等多种技术和方法，构建数据分析模型，揭示数据中的趋势、异常和错误。在整个审计过程中，始终遵循"全面掌控、精准聚焦、有效延伸"的原则，收集审计证据，最终达成审计目标。这一流程体现了智能审计在信息化背景下的高效与精准。

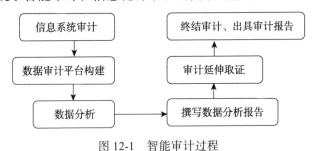

图 12-1 智能审计过程

1. 信息系统审计是智能审计的基石

在大数据时代，信息系统审计是开展数据审计的基础。在网络化与无纸化环境下，信息系统成为审计的关键入口。若系统有漏洞，其产生的数据便不可信。所以，进行信息系统审计的目的是保护资产安全，保证数据的完整性、可靠性、有效性和效率性。

简言之，信息系统审计就是收集并评估证据，判断信息系统及相关资源能否妥善保护资产，维护数据完整，提供可靠信息，有效实现组织目标，高效利用资源，并具备有效的内部控制。其目标是满足业务、运作和控制需求，并在意外事件发生时及时应对。

2. 数据式与智能审计逐渐取代传统财务审计

随着政府部门、事业单位及企业的财务处理全面信息化与数据化，纸质会计凭证、账簿和报表将逐步退出，取而代之的是电子形式的财务数据。这一转变由海量存储技术加速推动。审计对象将变为计算机及其智能终端中的文本、视频、图片和声音等信息。因此，审计的首要步骤不再是查验纸质材料，而是进行数据分析。数据式与智能审计正逐渐取代传统财务审计。

3. 智能审计作业模式多样化

大数据时代，智能审计在理论上继承了传统审计的合理部分，但在方法和作业模式上有重大变革。除数据式与智能审计外，审计人员还引入区块链、互联网和人工智能等现代技术，改进或变革审计模式。未来，将形成多种审计作业模式并存的局面。

二、智能审计的定义

审计工作的核心在于从复杂数据中识别风险，找出重大错报。大数据技术给审计工作带来机遇和挑战，引起国内外高度重视。国家审计署前审计长刘家义强调跟踪大数据分析技术新进展，为审计信息化建设做准备。中共中央办公厅、国务院办公厅于2015年印发的《关于实行审计全覆盖的实施意见》明确提出，强调创新审计技术方法，构建智能审计工作模式，提高审计能力、质量和效率。习近平总书记也强调科技强审，加强审计信息化建设。

学术界对"智能审计"一词尚未有明确的统一定义。根据当前的研究和应用状况，智能审计是随着大数据时代的来临以及大数据技术的不断发展而新兴的一种计算机审计（审计作业信息化）方式。其涵盖两个主要方面：大数据环境下的电子数据审计（即如何运用大数据技术审查和分析电子数据，以及如何在大数据环境下进行电子数据审计）和大数据环境下的计算机信息系统审计（即如何利用大数据技术审计信息系统，以及如何在大数据环境下进行信息系统审计）。智能审计是审计信息化的进一步发展，对智能审计的研究与应用日益重要。

智能审计的目的在于赋能审计，不断提升内部审计的价值，推动内部审计创新与转型。智能审计的本质特征在于智能与审计的协同发展和应用，它既不是单纯的信息技术开发和计算机网络应用，也不是单纯的人脑功能开发，而是审计人员的智能与工具智能协同发展，不断提升审计价值的过程。智能审计是在审计数字化转型与智能化应用过程中不断发展起来的新型审计方式。它以人工智能等高科技作为基础设施与核心要素，实现人工智能与审计全面融合，并不断赋能审计组织，提升审计组织的效率，拓展审计职能的广度和深度，最终实现审计组织价值提升与颠覆性创新。在智能审计时代，审计的事务性工作、重复性工作将由"人工"转向"人工智能"，各类审计软件自动按审计人员的思路"智能"地完成审计数据采集、审计数据预处理、审计数据分析、审计线索核实、审计报告生成等工作。另外，还可以将审计人员从繁杂的、重复性的工作中解放出来，实现审计工作流程自动化，从而提高审计效率。

三、智能审计的工作流程

数据审计的发展历程可以分为电子数据审计和智能审计两个阶段。电子数据审计流程作为数据审计的初始形态，构建了基础的审计流程框架。智能审计流程则是在此基础上深化发展，不仅扩大了数据采集的覆盖范围，还丰富了数据分析的技术手段。

电子数据审计流程通常包括审计平台构建、审计数据分析、审计报告撰写和审计延伸取证四个阶段。

1. 审计平台构建阶段

审计平台构建阶段着眼于被审计单位的信息系统和底层电子数据，通过导入审计机构的软硬件平台，进行数据清理和转换，形成审计中间表，从而构建审计信息系统，为数据分析奠定基础。这一阶段包括审前调查、数据采集、数据预处理和创建审计中间表等关键步骤。

2. 审计数据分析阶段

审计数据分析阶段以审计资源平台为基础，结合审计目标，进行有针对性的数据分析。这包括系统分析模型构建、类别分析模型构建和个体分析模型构建三个阶段。通过构建这些模型，审计人员能够全面把握被审计单位的总体状况，确定审计重点，并选择合适的审计突破口。同时，构建个体分析模型，通过数据分析方法，审计人员能够寻找审计线索，形成数据分析报告，为后续审计工作提供有力支持。

3. 审计报告撰写阶段

审计报告主要记录分析审计中间表数据的过程和结果。撰写数据分析报告应分为三个阶段：首先根据数据分析结果撰写数据分析报告，其次撰写审计数据分析报告，最后复核审计数据分析报告，确保其科学性和合理性。

4. 审计延伸取证阶段

审计延伸取证阶段，即在形成数据分析报告后，根据分析发现的审计线索进行深入调查，获取被审计单位舞弊的证据，以辅助其他审计工作。

随着大数据时代的来临，大数据正重塑审计规则与工作方式。非结构化数据如视频、音频、文本等的融入，拓展了审计功能，增强了审计证据的充分性与适当性，提高了审计效率。智能审计作为电子数据审计的深化，并非否定前者，而是涵盖审计平台构建、数据分析、报告撰写和延伸取证四个阶段。基于广泛的数据源，包括结构化、半结构化和非结构化数据，智能审计运用特定方法进行数据分析。其特点在于处理海量、多样数据，包括图像、语言、文本及数据库等。丰富的数据格式推动新型分析方法如社会网络分析、数据可视化及文本挖掘等的应用，使其在智能审计中发挥关键作用。

第三节　智能审计的主要工具

随着网络应用的迅速发展，万维网成为大量信息的载体，大数据时代如何有效地提取并利用这些信息成为一个巨大的挑战。大数据是开展大智能审计的前提，没有大数据的支持，智能审计无从谈起。智能审计是利用大数据技术对大量数据进行收集、存储、管理、分析的过程，旨在发现有价值的信息，支持决策和提高审计效率。智能审计涵盖多种工具和技术，包括网络爬虫、机器学习、自然语言处理和社会网络分析等。

一、网络爬虫

网络爬虫是一种按照一定的规则，自动抓取万维网信息的程序或者脚本。开展智能审计需要各类相关数据，因此，网络爬虫技术对获得开展智能审计所需的相关数据具有重要作用。

基于网络爬虫技术的智能审计方法主要是充分利用被审计单位外部的公共数据，通过对这些数据和从被审计单位以及其他单位获得的相关数据进行对比分析，更充分地发现相关审计线索。相比目前常用的方法，这种方法的优点是能够扩展数据分析范围，更充分地发现相关审计线索。采用网络爬虫技术获取相关数据的过程如下。

（1）确定目的。确定抓取目标网站哪些网页上的哪些数据。

（2）分析页面结构。为了抓取上述数据，需要对相应的网页页面进行分析。

（3）获得所需数据。根据以上分析，采用相关网络爬虫软件，如R语言、Python等，实现上述数据的抓取功能。

（4）对获得的数据进行分析。采用网络爬虫技术获取相关数据之后，审计人员可以针对获得的数据，在审计大数据预处理的基础上，采用智能审计技术与工具对相关数据进行分析，从而发现异常数据，获得审计线索。在此基础上，对这些结果数据做进一步的延伸审计和审计事实确认，最终获得审计证据。

综上分析，基于网络爬虫技术的智能审计数据采集方法原理如图12-2所示。

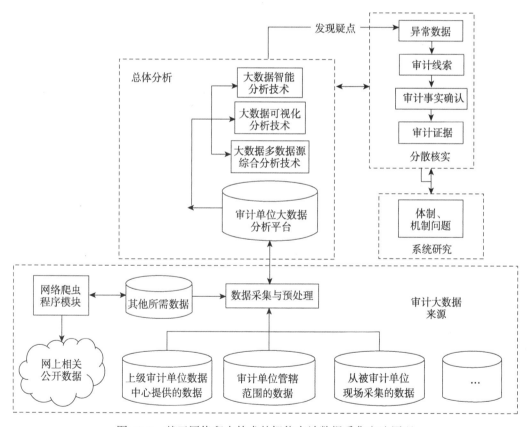

图12-2　基于网络爬虫技术的智能审计数据采集方法原理

（一）网络爬虫在审计中的应用

网络爬虫就是把网页上的非结构化数据爬取下来，并将其转化成结构化数据。在对部门预算公开的准确性进行审计时，使用Python语言编写网络爬虫将部门预算公开数据爬取下来。通过 Requests 库下载网页数据，使用正则表达式（re）从非结构化数据中提取结构化数据，并以二维列表形式存储数据，通过 Pandas 库把二维列表导出成 Excel 表格；再将 Excel 表格导入 Oracle 或者 SQLServer 数据库，与部门预算数据进行比对，查找其中的差异。使用网络爬虫收集部门预算公开数据相对于手工操作，提高了审计效率，避免了失误。

使用 Python 语言编写简洁明了，以上内容只需要几十行的代码便可完成，相比 VB 等高级语言操作简单。

把部门预算公开的网址加载到爬虫里，爬虫会按照正则表达式格式来爬取数据。如果没有爬取到数据，可能是部门没有公开预算，或者没有按照财政部门的要求公开。我们应该把它当作审计疑点仔细查看；如果爬取到数据，爬虫会把从不同网页上爬取到的数据按照规范的二维表的方式存储下来，再将结构化数据导入数据库进行分析比对。

（二）网络爬虫在审计中的应用效果

网络爬虫在审计中的应用效果如下：

（1）实现了自动化数据采集，提升了工作效率。手动点击页面上的超级链接、页面跳转、翻页、选中附件、下载、保存、重命名，较为麻烦。使用 Python 爬虫几秒内可以完成数据下载保存，节约了大量人力和时间。

（2）实现了自动化数据比对，提升了审计精度。应用 Python 爬虫读取预算公开表和预算表数据，保存到新建 Excel 表中，借助 Excel 公式实现两个口径预算数据自动比对，避免了人为复制粘贴或计算过程中的失误，保障了分析结果的精准度。在 Excel 中运用函数通过部分数据名称匹配，实现数据对比，发现未能匹配上的结果，重点核实此类数据的真实性、准确性。

（3）锁定了一批问题线索，提升了审计成效。

二、机器学习

机器学习就是让机器通过大量的训练数据，建立一个更加准确的模型，通过这个模型对新的数据进行预测。通俗来讲，机器学习就是要让电脑像人一样学习知识，然后利用学到的知识解决问题。

例如，在使用打车软件时，同一条路线，价格并非一成不变，早晚高峰往往比平时价格贵。这是因为打车软件会利用已有的数据，如交通状况、时间、天气、整体客户需求等，建立模型，再通过此模型预测价格，实现动态定价。打车软件通过机器学习进行动态定价过程如图 12-3 所示。其中 Y 为打车价格，x 为平时价格。

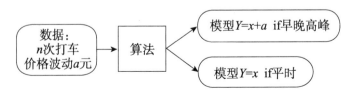

图 12-3　打车软件通过机器学习进行动态定价过程

（一）人工智能、机器学习、深度学习的关系

人工智能、机器学习和深度学习紧密相关但又有所区别。人工智能是一个广泛的领域，从表面上可以理解为机器的智能化，让机器像人一样思考并解决问题。人工智能研究的范围非常广，包括演绎、推理和解决问题、知识表示、学习、运动和控制、数据挖掘等众多领域。机器学习是实现人工智能的一种方法，而深度学习是机器学习中的一种技术，专门用于处理复杂的、高维度的数据。简言之：人工智能>机器学习>深度学习。

（二）机器学习算法分类

1. 监督学习（有导师学习）

监督学习是指利用一组已知类别的样本调整分类器的参数，使其达到所要求性能的过程，也称为监督训练或有导师学习。通俗地讲，监督学习就是根据已有的数据集，知道输入和输出结果之间的关系，再依据这种已知的关系进行训练，得到一个最优模型。

例如，审计人员可以训练计算机识别审计风险。首先，拿出几十万条财务数据，凡是舞弊概率高的数据，就告诉计算机这些数据舞弊概率高；凡是舞弊概率不高的数据，就告诉计算机这些数据舞弊概率不高。经过一段时间的监督学习后，当审计人员输入客户公司的数据，计算机就会自动分析它们的舞弊概率，然后自动判断审计风险。

监督学习常用的算法如下。

1）决策树算法

决策树是一类将输入空间分成不同的区域，每个区域有独立参数的算法。决策树算法充分利用了树形模型，根节点到一个叶子节点是一条分类的路径规则，每个叶子节点象征一个判断类别。先将样本分成不同的子集，再进行分割递推，直至每个子集得到同类型的样本，从根节点开始测试，到子树再到叶子节点，即可得出预测类别。此方法的特点是结构简单，处理数据效率较高。

2）朴素贝叶斯算法

朴素贝叶斯算法是一种分类算法。它不是单一算法，而是一系列算法，它们都有一个共同的原则，即被分类的每个特征与任何其他特征的值无关。朴素贝叶斯分类器认为，这些特征中的每一个都独立地贡献概率，与特征之间的相关性无关。然而，特征并不总是独立的，这通常被视为朴素贝叶斯算法的缺点。简言之，朴素贝叶斯算法允许使用概率给出一组特征来预测一个类。与其他常见的分类方法相比，朴素贝叶斯算法需要的训练很少。在进行预测之前必须完成的唯一工作是找到特征的个体概率分布的参数，这通常可以快速且确定地完成。这意味着即使对于高维数据点或大量数据点，朴素贝叶斯分类器也可以表现良好。

3）人工神经网络算法

人工神经网络与神经元组成的异常复杂的网络大体相似，由个体单元互相连接而成，每个单元有数值量的输入和输出，形式可以为实数或线性组合函数。它首先要以一种学习准则去学习，然后才能进行工作。当网络判断错误时，通过学习，它可以降低其犯同样错误的可能性。该方法有很强的泛化能力和非线性映射能力，可以对信息量少的

系统进行模型处理。从功能模拟角度看，该方法具有并行性，且传递信息速度极快。

2. 非监督学习（无导师学习）

非监督学习是让计算机根据类别未知的训练样本解决模式识别中的各种问题。非监督学习没有明确目的的训练方式，没有预先对计算机要学习的训练数据进行分类，也没有监督计算机学习的过程，需要计算机根据聚类或一定的模型得到数据中的关系。非监督学习就像"自学"，所以也被称为"无导师学习"。

例如，有很多违法行为都需要"洗钱"，这些"洗钱"行为与普通用户的行为是不一样的，到底哪里不一样？审计人员通过这些行为的特征对用户进行分类，这样更容易找到那些行为异常的用户，再深入分析这些异常的行为到底哪里不一样，是否属于违法洗钱的范畴。审计人员通过无监督学习，可以快速将行为进行分类。虽然我们不知道这些分类意味着什么，但是通过这种分类，能够快速排除正常的用户，更有针对性地对异常行为进行深入分析。

非监督学习常见的算法包括聚类算法和降维算法。

（1）聚类算法：简单来说就是一种自动分类的方法。在监督学习中，我们很清楚每一个分类是什么，但聚类则不然，我们并不清楚聚类后的几个分类分别代表什么意思。

以 K 均值聚类为例。K 均值聚类就是制定分组的数量为 K，自动进行分组。首先，定义 K 个随机重心。每个数据点都被分配给离它们最近的重心，这样会形成 K 个聚类。然后，将重心移动到它们聚类的中心。每个聚类重心的新位置是通过计算该聚类中所有数据点的平均位置得到的。不断重复这个过程，直到每次迭代时重心的位置不再显著变化（即直到该算法收敛）。

聚类算法在审计领域的应用很广泛。如在医院审计中，聚类算法可以自动发现异常住院病人数据，从大量多维数据中迅速发现异常数据，并通过三维图像的显示直接发现异常数据。

（2）降维算法：在尽可能保存相关结构的同时降低数据的复杂度。

以主成分分析法（PCA）为例。PCA 的主要思想是将 n 维特征映射到 k 维上。这 k 维是全新的正交特征，也被称为主成分，是在原有 n 维特征的基础上重新构造出来的。PCA 的工作就是从原始的空间中顺序地找一组相互正交的坐标轴，新的坐标轴的选择与数据本身密切相关。其中，第一个新坐标轴选择是原始数据中方差最大的方向，第二个新坐标轴选取是与第一个坐标轴正交的平面中使得方差最大的，第三个轴是与第 1、2 个轴正交的平面中方差最大的。依次类推，可以得到 n 个这样的坐标轴。通过这种方式获得的新的坐标轴，大部分方差包含在前面 k 个坐标轴中，后面的坐标轴所含的方差几乎为 0。于是，我们可以忽略余下的坐标轴，只保留前面 k 个含有绝大部分方差的坐标轴。这相当于只保留包含绝大部分方差的特征维度，而忽略包含方差几乎为 0 的特征维度，实现对数据特征的降维处理。

3. 强化学习

强化学习是指一个智能体如何在一个复杂的、不确定的环境中使它能获得的奖励极大化。通过感知所处环境的状态对动作的反应，来指导更好的动作，从而获得最大的收益。例如，机器人在判断数据的舞弊概率时，一开始并不知道如何判断，只是随机判断。如果审计人员在计算机判断正确时给予计算机奖励，在计算机判断错误时给予计算机惩罚，经过大量的训练，计算机就能学会如何判断舞弊概率。

4. 迁移学习

通俗来讲，迁移学习就是学会举一反三的能力，通过运用已有的知识来学习新的知识，其核心是找到已有知识和新知识之间的相似性，通过这种相似性的迁移达到迁移学习的目的。

三、自然语言处理

自然语言处理是计算机科学领域与人工智能领域的一个重要方向。自然语言处理是一门集语言学、计算机科学、数学于一体的科学。因此，这一领域的研究将涉及自然语言，即人们日常使用的语言，所以它与语言学的研究有着密切的联系，但又有重要的区别。自然语言处理并不是一般地研究自然语言，而在于研制能有效地实现自然语言通信的计算机系统，特别是其中的软件系统，因而它也是计算机科学的一部分。

自然语言处理结合了多种技术，包括语言学、计算机科学和统计学，以处理和分析大量自然语言数据，主要应用于机器翻译、舆情监测、自动摘要、观点提取、文本分类、问题回答、文本语义对比、语音识别、中文 OCR 等方面，一般基于 Python、Java、C 或 C++等不同的程序设计语言来实现。

对于智能审计来说，自然语言处理技术可以起到一定的整体辅助分析作用，但尚不能精确地直接发现审计证据。其中，文本相似度计算具有一定的应用价值。

文本相似度常用的计算方法有词频—逆文档频率（term frequency-inverse document frequency，TF-IDF）、潜在语义索引（latent semantic indexing，LSI）、潜在狄瑞雷克模型（latent dirichlet allocation，LDA）、编辑距离计算等。其中，TF-IDF 是常用的方法，但对于一义多词和一词多义问题，它并不能很好地解决，需要采用 LSI 方法来解决。LSI 又称潜在语义分析（LSA），它主要利用 SVD 降维的方法将词项和文本映射到一个新的空间，从而解决一义多词和一词多义问题。LDA 是一种非监督机器学习技术，是一种文档主题生成模型，可以用来识别大规模文档集（document collection）或语料库（corpus）中潜藏的主题信息。这种方法将每一篇文档视为一个词频向量，将文本信息转化为易于建模的数字信息。

大数据环境下，相似度分析是一种有效的文本数据审计方法，其中 TF-IDF 是一种常用的自然语言处理方法。TF-IDF 的主要思想是，根据字词在文本中出现的频率以及在整个文本库中出现的频率来计算一个字词在整个文本库中的重要程度。如果某个词或短语在一篇文章中出现的频率较高，并且在其他文本中出现的频率很低，则认为该词或者短语具有很好的代表性，适合用来分类。TF-IDF 可用于比较两个文本文件的相似程度、文本聚类、文本分类等。TF-IDF 的计算步骤如下。

（1）计算词频。词频（term frequency，TF）表示某个词组在整个文本中出现的频率，其计算公式如下。

$$TF = \frac{某个词在文本中出现的次数}{文本中所有词的个数}$$

（2）计算逆文档频率。文档频率是指某个关键词在整个文本库所有文件中出现的次数。逆文档频率（inverse document frequency，IDF）又称倒文档频率，它是文档频率的倒数，主要用于削弱所有文档中一些常见的却对文档影响不大的词语的作用。为防止分母为0（即词语在文本库中不存在），使用"包含该词的文本数+1"作为分母。IDF的计算公式如下。

$$IDF = \frac{文本库中文本的总数}{包含该词的文本数+1}$$

（3）计算TF-IDF。综上，TF-IDF的计算公式如下。

$$TF\text{-}IDF = TF \times IDF$$

不难发现，TF-IDF值越大，表示该特征词对这个文本的重要性越强。

由以上分析可知，TF-IDF的优点是能过滤掉一些常见的却无关紧要的词语，同时保留影响整个文本的重要词语。该方法简单快速，结果比较符合实际情况；缺点是有时重要的词语可能出现次数并不多，仅仅以词频衡量一个词的重要性不够全面，另外，这种算法无法体现词语的位置信息。

综上分析，如果同时计算一个文件中所有词组的TF-IDF，将这些词组的TF-IDF相加，可以得到整个文本文件的值，从而可用于文本文件的相似度比较。

四、社会网络分析技术

（一）社会网络分析方法概述

网络指的是各种关联，社会网络（social network）可被简单地称为社会关系所构成的结构。

社会网络分析是对社会网络的关系结构及其属性加以分析的一套规范和方法，它基于信息学、数学、社会学、管理学、心理学等多学科的融合理论和方法，为理解人类各种社会关系的形成、行为特点以及信息传播的规律提供一种可计算的分析方法。社会网络分析采用的方式和方法从概念上有别于传统的统计分析和数据处理方法，它是研究一组行动者关系的方法，所关注的焦点是关系和关系的模式。近年来，该方法在职业流动、城市化对个体幸福的影响、世界政治和经济体系、国际贸易等领域广泛应用。

（二）社会网络分析方法的实现

对于社会网络分析方法，审计人员无须研究太多理论，采用Python、Pajek、Gephi、R语言等工具实现该方法完成审计数据分析并发现审计线索十分关键。相关社会网络分析工具简介如下。

（1）Pajek。在斯洛文尼亚语中，Pajek 是蜘蛛的意思。Pajek 是在 Windows 环境下运行的大型复杂网络分析工具，是用于研究目前存在的各种复杂非线性网络的有力工具，可以进行非线性网络的分析和可视化操作。

（2）Gephi。Gephi 就是基于 Java 制作关系网络图的工具。Gephi 是一款易学、强大、美观的复杂网络分析软件，可用于社交网络分析、可视化分析等。

（3）R 语言。R 语言是世界上最广泛使用的统计编程语言。它是一种解释型的面向数学理论研究工作者的语言，它在语法层面提供了更加丰富的数据结构操作，并且能够十分方便地输出文字和图形信息。在审计领域，审计人员也可以采用 R 语言实现基于社会网络的审计数据分析。

五、数据可视化

（一）数据可视化概述

数据可视化是大数据研究的一个重要内容。简单地讲，数据可视化就是通过图形化手段，将复杂的数据模型表达出来，从而清晰有效地表达数据中的信息，用户通过数据可视化可以洞察数据中的规律。数据可视化技术的基本思想是将数据库中的每一个数据项作为单个图片元素表示，大量的数据集构成数据图像，同时将数据的各个属性值以多维数据的形式表示，从不同的维度观察数据，从而对数据进行更深入的观察和分析。数据可视化起源很早，一般认为，计算机图形学起源于 1963 年。近年来，数据可视化技术在商业智能中也得到广泛应用。数据可视化的内涵和外延都有了明显的变化，逐渐由单纯展现演变为报表、分析和展现的综合体。

数据中心主要进行数据的采集与存储，采集到的数据需要基于 ETL（即 Extract、Transform、Load）工具进行标准化处理后存入相应类型的数据库中。数据采集的来源主要有两类：一是从各行业业务系统中导出的数据，基本上是结构化数据；二是从线下收集的各类办公文档、图件、各类报表、音频等资料。数据存储主要依托两类数据库，一类是关系型数据库，是指采用了关系模型来组织数据的数据库，主要代表有 SQL Server、Oracle、MySQL 等，主要用来存储经过 ETL 工具处理的结构化数据；另一类是 NoSQL 非关系型数据库，基于键值对来存储，结构不固定，主要代表有 MongoDB、CouchDB 和 Redis 等，主要用来储存经过处理的非结构化数据。

搜索引擎采用分布式架构，既可以部署在数据中心，供数据中心数据分析团队使用；也可以部署在移动端，通过个人计算机调用数据中心的数据。分布式搜索引擎应该具有两个功能：一是全类型数据搜索功能，不仅要能够搜索结构化数据，也要能够建立算法实行非结构化数据的搜索；二是主题数据聚合功能，建立审计业务所需的主题数据库或索引，在通过搜索功能从数据中心调出所需的数据库后，利用数据聚合功能建成可供可视化分析使用的主题数据库。建成的主题数据库一般存储在移动端，以确保源头数据不可更改，下一步可视化分析则可以直接调用该主题数据库。

(二)可视化技术在审计中的应用

大数据环境下,采集的审计数据在数量和复杂度上都给审计数据分析带来了巨大挑战,数据可视化分析方式有助于审计人员探索、分析和解释复杂的海量数据。可视化有助于审计人员对审计数据进行直观分析,审计人员可以通过交互界面对审计数据进行分析和了解。一般来说,采用可视化手段进行审计数据分析的流程为:通过某种可视化软件将被审计数据转化为审计人员可以分析观察的图形和图像。然后,审计人员结合自己的审计背景知识,发挥人类视觉系统高通量的特性,通过视觉系统对可视化的结果图形和图像进行分析、观察和认知,从总体上系统地理解和分析被审计数据的内涵与特征。另外,审计人员交互地改变可视化软件的设置,改变输出的可视化图形和图像,从不同的方面获得对被审计数据的理解,从而全面地分析被审计数据。

对于传统的结构化数据,审计人员可以采用数值、表、各种统计图形等形式来表示数据,而大数据处理的非结构化数据,种类繁多,关系复杂,传统的显示方法通常难以表现。大量的数据表、繁乱的关系图加大了审计人员对数据信息读取的难度,甚至可能误导审计人员。数据可视化是利用计算机图形学、图像处理的可视计算技术以及Office办公软件,将数据或数据分析结果转换成图形、图像、表格、文件等形式,用三维形体来表示复杂的信息,并可进行交互处理。相较于传统的数据分析,三维形体是对审计对象的各个侧面进行更多的数据描述,实现从整体视角对审计对象进行较为全面的立体式、多角度、多维度的数据分析。这样信息的记录更加全面,审计人员可更加直观地读出数据表述的问题,弥补现有科学分析方法的不足。

(三)可视化技术在审计中的应用效果

可视化技术在审计中的应用效果如下:

(1)提升审计效率。可视化技术通过图形化的方式呈现数据,使审计人员能够更快地识别数据中的关键信息和异常,从而缩短审计周期,提升工作效率。

(2)提高数据可读性。通过图形化的数据展示,提高数据的可读性和易理解性,降低数据解读的难度。

(3)增强审计精准性。利用可视化工具对数据进行深入分析,可以发现隐藏的数据模式和关联,提高审计结果的准确性和可靠性。

(4)推动审计创新与发展可视化技术的应用,促使审计方法和技术不断创新,推动审计行业向智能化、自动化方向发展,提高审计工作的整体质量和水平。

第四节 电子数据审计

一、智能审计数据采集

根据《中华人民共和国审计法》的规定,审计机关有权要求被审计单位提供与财政收支、财务收支有关的电子数据和必要的计算机技术文档等资料。被审计单位应当按照审计机关的要求，提供这些资料，并且不得拒绝、拖延、谎报。同时，被审计单位负责人对本单位提供的财务会计资料的真实性和完整性负责。为了保证数据的时效性和准确性，审计机关可以定期采集数据，也可以根据审计项目的需要，临时采集数据。同时，审计机关还需要及时更新数据，以确保审计结果的准确性和可靠性。采集被审计单位的电子数据，是开展智能审计的关键步骤。

（一）审计数据采集原理

审计数据采集是指为了完成审计任务，审计人员在审前调查提出的数据需求基础上，按照审计目标，采用一定的工具和方法从被审计单位信息系统中的数据库或其他来源获取相关电子数据的过程。审计数据采集流程如图12-4所示。

图 12-4　审计数据采集流程

智能审计中，审计数据采集的对象主要包括被审计单位的内部数据和其他来源获得的外部关联数据。内部数据通常包括财务数据、业务数据、人员数据等，这些数据可能存储在企业的财务系统、业务系统、人力资源系统等内部系统中。外部关联数据则包括市场数据、行业数据、公共机构数据等，这些数据可能来自外部市场、行业协会、政府部门等相关机构。

（二）审计数据采集的主要步骤

审计数据采集的主要步骤如下：

（1）数据梳理。审计组应根据项目的内容，梳理出需要采集哪些方面的数据，明确数据采集的目标和范围。这有助于确保采集的数据满足审计需求，并提供准确、可靠和相关的审计证据。

（2）数据采集审前调查。审计组应了解被审计单位的数据来源，包括承载数据的平台、应用系统等。这包括财务系统、业务系统、办公系统等，以及系统的品牌、模块和所使用的数据库，以及连接系统、获取数据的方式和格式。此外，还应了解被审计单位对数据的备份管理。这些信息有助于审计组确定合适的数据采集方法和技术手段。

（3）制订数据采集方案。根据以上调查结果，审计组应制订详细的数据采集方案。方案应包括采集的数据范围、类型、来源、采集方法、时间安排和技术手段等。同时，还应考虑数据的安全性和保密性问题，确保采集的数据合法合规，并尊重被审计单位的隐私权和商业秘密。

（4）数据采集实施。根据制订的数据采集方案，审计组应开始实施数据采集。这可能包括从被审计单位的内部系统中导出数据、从外部数据源获取数据等。在采集过程中，应确保数据的准确性和完整性，并采取必要的安全措施，防止数据泄露、损坏或丢失。

（5）数据验证与处理。在数据采集完成后，审计组应对数据进行验证和核实，确保数据的真实性和准确性。同时，还应对数据进行清洗、整理和转换等处理，以便进行后续的数据分析和挖掘工作。

（6）持续更新与维护。智能审计是一个持续的过程，因此审计组应定期更新和扩充数据采集方案。这可能包括新增数据源、调整数据采集范围或改进数据采集技术等。同时，还应注意数据的安全性和保密性，确保数据的使用合法合规。

（三）常用的审计数据采集方法

智能审计中常用的审计数据采集方法主要包括以下几种：

（1）备份恢复法。根据被审计单位信息系统情况，利用后台数据库的备份工具进行相关数据备份，再利用数据库还原工具进行数据恢复。此外，还可以通过审计软件的采集转换模板采集备份数据形成标准表。

（2）直接拷贝法。如果被审计单位信息系统中存在非结构化数据或非数据库数据，如 txt 文件、Word 文件、Excel 文件等，可以通过直接拷贝法采集数据。采集的数据可以通过相应的数据清洗、数据转换等处理，形成所需的数据信息。

（3）数据接口法。通过已有的数据接口访问和采集被审计单位的数据，具体包括通用审计接口和专用审计接口。通用审计接口包括直接连接目标数据库采集、使用数据采集工作站联网远程采集、获取并生成交换文件，转换为目标格式数据等方法。专用审计接口则适用于特定的被审计单位和数据源。

（4）审计接口法。从被审计信息系统向审计应用系统传递审计信息，可以采取直接连接目标数据库采集、使用数据采集工作站联网远程采集、获取生成交换文件转换为目标格式数据三种方法，但需要注意采取控制措施。

（5）通过专用模板采集。一些审计软件针对不同的被审计信息系统设计了相应的专用采集模板，审计人员在进行审计数据采集时，通过选择相应的模板，可以自动实现数据的采集。这种方式称为通过专用模板采集。

这些方法各有特点，适用范围也有所不同。在实际应用中，应根据被审计单位的具体情况和数据环境，选择合适的数据采集方法，以满足审计需求并确保数据的准确性和完整性。同时，还应遵守相关法律法规和规章制度，确保数据的安全性和保密性。

（四）审计数据采集的特点

一般来说，审计数据采集具有以下特点：

（1）来源广。审计数据并非只来自单一部门或领域，而是涵盖了众多审计对象的财务、业务和管理等数据。这些数据通常涉及多个领域和更广泛的覆盖范围，包括结构化、半结构化和非结构化等多种数据类型。审计人员在开展审计数据采集工作之前，必须认真分析和研究本次审计工作方案中明确的审计范围、审计内容以及审计重点，结合审前调查所提出的数据需求，确认本次审计数据采集的范围、内容和重点。

（2）技术多。智能审计技术不仅限于单一的方法或工具，而是一系列技术和方法。这些技术包括数据采集、存储管理和挖掘分析等，并贯穿整个审计过程，必须根据被审计单位的实际情况，选择合适的审计数据采集方法。

（3）关系杂。审计数据不仅能够反映被审计对象的财务状况，还揭示了其与相关单位之间的业务关系。这些关系体现了被审计对象在不同层级、不同地域的经济活动，为审计人员提供了更全面的视角。

二、智能审计数据预处理

审计数据预处理是指在进行正式的审计数据分析之前，对原始数据进行一系列处理，以提高数据的质量和可用性。这些处理活动包括数据清洗、数据转换、数据集成、数据脱敏、数据标注等，旨在提升数据的一致性、准确性和完整性，使数据更符合审计分析的要求。

审计数据预处理的目的是为后续的审计分析提供高质量的数据基础，从而更好地支持审计工作的开展。通过数据预处理，审计人员可以减少数据分析中的误差和异常，提高审计结果的准确性和可靠性。

在智能审计中，数据预处理是至关重要的一环，它为审计人员提供了更加全面、准确和可靠的数据基础，有助于发现潜在的风险和问题，为组织提供更好的风险管理和决策支持。

（一）数据质量

1. 数据质量的概念

审计预处理的目标是提高数据质量，数据质量问题并不仅仅是指数据错误。数据质量是指数据的准确性、完整性、一致性、时效性以及可解释性等方面的特性，这些特性影响着数据是否能够满足使用要求。数据质量是大数据处理流程中的关键要素，对大数据应用的价值和效果起着决定性的作用。

2. 数据质量评价指标

（1）准确性，是指数据是否真实、准确地反映了事物的实际情况。准确性对于数据分析、数据挖掘等应用非常重要。如果数据不准确，会导致分析结果偏离实际，影响决策的正确性。

（2）完整性，是指数据是否全面、完整地包含了所需的信息。数据的缺失或遗漏可能导致分析结果的不准确或片面性。

（3）一致性，是指数据在不同系统、不同来源之间是否具有相同或相似的结构、格式和含义。不一致的数据会导致分析结果的混乱和误导。

（4）时效性，是指数据是否及时更新，以反映新的情况。过时的数据可能导致分析结果失去实际意义。

（5）可解释性，是指数据是否易于理解，数据的含义是否清晰、明确。如果数据难以理解，会影响对其的有效利用和正确分析。

（二）常用的审计数据预处理方法

目前，常用的审计数据预处理方法包括以下几种：

（1）数据清洗，包括去除重复数据、处理缺失值、处理异常值等，以确保数据的准确性和完整性。

（2）数据转换，包括规范化、标准化、离散化、归一化等处理，以便后续的数据分析和建模。

（3）特征选择，通过统计方法、机器学习算法等，选择对目标变量具有显著影响的特征，减少数据维度和冗余信息。

（4）数据集成，将多个数据源的数据进行整合，消除数据冗余和不一致，以便综合分析和建模。

（5）数据降维，通过主成分分析（PCA）等方法，将高维数据转化为低维表示，减少数据的复杂性和计算负担。

（6）数据采样，对大数据进行抽样，以减少计算资源的消耗，并保持样本的代表性。

（7）数据平滑，对数据进行平滑处理，去除噪声和波动，以便更好地分析趋势和模式。

（8）数据聚合，将大数据按照一定的规则进行聚合，以减少数据量和提高计算效率。

（三）审计数据预处理的意义

由于采集的被审计数据存在一定数据质量问题，因此需要对采集的电子数据进行预处理，为后续的审计数据分析打下基础。概括起来，进行审计数据预处理的意义如下：

（1）提高数据质量。通过对被审计数据进行预处理，审计人员可以去除重复数据、异常数据和缺失值，提高数据的准确性和完整性，为后续的审计分析提供更加可靠的依据。

（2）减少计算资源消耗。预处理可以通过数据降维、数据采样和数据聚合等技术，缩小被审计数据的规模和复杂度，降低计算资源的消耗，提高审计分析的效率。

（3）提高数据分析的准确性。通过数据清洗、特征选择和数据转换等处理，审计人员可以将原始数据转换为适合审计分析的格式或表达方式，提高数据的可分析性和可理解性，从而更好地支持审计工作的开展。

（4）降低审计风险。预处理可以识别和解决潜在的数据问题，如异常值和离群点等，降低数据问题导致的审计风险。

（5）提高审计结果的可靠性。通过数据预处理，审计人员可以更好地洞察和分析潜在的问题与风险，提高审计结果的准确性和可靠性。

三、智能审计数据分析

审计数据采集和审计数据预处理的目的是为审计数据分析做准备，通过审计数据分析，发现审计线索，获得审计证据，形成审计结论，才是审计的最终目的。因此，数据分析是指对大量数据运用适当的方法进行深入、复杂和综合的分析,并相应构建"总体分析、发现疑点、分散核实、系统研究"的数字化审计模式。这种审计方法充分利用内部数据和外部数据、财务数据和业务数据开展综合分析,大大增加了审计揭示问题的深度和提出建议的高度。如何对采集的电子数据进行分析获取审计证据,是审计人员面临的重要问题。

1. 数据查询

数据查询法是审计数据分析中的一种常用方法,它允许审计人员根据自己的经验和审计分析模型,对采集到的电子数据进行分析。这种方法可以帮助审计人员更好地理解数据库之间的结构关系,以及数据在系统之间的传输体系,进而深入了解被审计单位的实质业务流程和采取的关键控制点。

数据查询法通常涉及以下几个步骤:

(1)数据选择。审计人员根据审计目标选择需要分析的数据集。

(2)数据清洗。确保所选数据准确无误,删除重复或不完整的数据。

(3)数据转换。将数据转换为适合分析的格式。

(4)数据分析。使用 SQL 或其他查询语言分析数据,查找异常。

(5)结果解释。根据分析结果形成结论,并提出改进建议。

数据查询法的优势在于其灵活性和可定制性。审计人员可以根据实际情况设计查询,深入挖掘数据背后的信息。然而,这种方法也有一定局限性,比如依赖审计人员的专业知识和经验,如果查询设计不当可能导致分析结果不准确。此外,随着数据量的增加,手动查询可能变得非常耗时。

2. 审计抽样

审计抽样法是指审计人员在审计工作中,采用适当的抽样方法从被审查和评价的审计总体中抽取一定数量有代表性的样本进行测试,以样本审查结果推断总体特征并得出相应结论的过程。

审计抽样法可以分为统计抽样和非统计抽样两种。统计抽样是指审计人员运用概率论的原理,按随机原则在审计总体中抽取一定数量作为样本进行审计,再根据样本结果推断总体特征。非统计抽样也称为判断抽样,是指根据审计目的、被审计单位内部控制完备程度和所需要的证据,由审计人员根据经验,有选择、有重点地对审计总体中的一部分内容进行审计,据此对总体做出推断。虽然审计人员可能将个人的"偏见"体现在样本的选取中,使样本不能客观地反映总体的真实情况,但是可以有效地利用审计人员的经验和直觉,及时发现和揭露问题或异常。因此,非统计抽样只要设计得当,也可以达到与统计抽样相同的效果。

在审计过程中应用统计抽样和非统计抽样方法一般包括如下四个步骤:

(1)根据具体审计目标确定审计对象总体。

(2)确定样本量。

(3)选取样本并审查。

(4) 评价抽样结果。

目前,很多审计软件开发了审计抽样模块,如现场审计实施系统(AO)、电子数据审计模拟实验室软件、IDEA 等。这使得以前烦琐的数学计算、随机数生成等工作可以轻松完成,而且保证抽样工作的准确性和合法性。审计人员只要按照抽样向导的提示,输入相应的参数即可。这对审计人员规避审计风险、提高审计工作质量起到了很大的作用。

3. 统计分析

统计分析是指利用统计学原理和方法,对审计数据进行分析,以发现数据之间的内在联系和规律,从而为审计决策提供依据。

统计分析主要包括描述性统计分析和推断性统计分析。描述性统计分析主要是通过数据整理、统计图表、指标分析等手段,对数据进行初步的整理和分析,以揭示数据的基本特征和规律。推断性统计分析则是通过建立数学模型,对数据进行深入的定量分析,以揭示数据之间的内在联系和规律,从而为审计决策提供依据。

对于统计分析,很多审计软件具有这一功能,如现场审计实施系统、电子数据审计模拟实验室软件、IDEA 等。统计分析通常和其他审计数据分析方法配合使用。

4. 数值分析

数值分析是根据被审计数据记录中某一字段具体数据值的分布情况、出现频率等指标,对该字段进行分析,从而发现审计线索的一种审计数据分析方法。这种方法从微观角度对电子数据进行分析,审计人员在使用时无须考虑具体的审计对象和业务。在完成数值分析之后,针对分析出的可疑数据,再结合具体业务进行审计判断,审计人员可发现审计线索,获得审计证据。常用的数值分析方法主要有重号分析、断号分析和基于 Benford 定律的分析方法。一些方法目前已用于 IDEA、电子数据审计模拟实验室软件等审计软件。

(1)重号分析,主要是用来计算某个相同数值重复的次数,可以用来检查是否存在发票重复报销、重复使用发票、使用虚假发票等情况。通过重号分析,审计人员可以发现数据表中是否存在相同的发票被重复多次记账,从而发现潜在的风险点。

(2)断号分析,主要是用来检查数据中是否存在不连续的数值,以发现数据异常。例如,在人员工资表中,如果某人的工资突然大幅增加或减少,就可能存在异常情况。通过断号分析,审计人员可以发现这些异常值,从而为审计人员提供线索。

(3)基于 Benford 定律的数值分析方法。

Benford 定律,也称为第一数字定律,指出在真实世界的许多数据集中,以数字 1 开头的数据出现的概率要远高于以数字 9 开头的数据,以其他数字开头的数据出现的概率则逐渐降低。具体来说,根据 Benford 定律,以数字 d($1 \leqslant d \leqslant 9$)开头的数据出现的概率近似为 $\log 10(1 + 1/d)$。

由此根据 Benford 定律,审计人员可以计算出数据各位数字出现的概率。

根据以上分析可以得出:如果被分析的审计数据不符合 Benford 定律的标准概率分

布曲线，则表明被分析的审计数据中可能含有异常数据。

虽然 Benford 定律提供了一种审计数据分析方法，通过采用 Benford 定律对被审计数据进行分析，审计人员可以识别出其中可能的错误、潜在的欺诈或其他不规则事物，从而发现审计线索，然而，Benford 定律并不适用于所有被审计数据。Nigrini 对 Benford 定律的适用条件进行了研究，认为 Benford 定律适用的三个经验条件如下：

①被审计数据量需要具备一定的规模，能够代表所有样本。一般而言，应用 Benford 定律进行分析的数据集规模越大，分析结果越精确。这特别适用于我国大数据环境下的电子数据审计。

②被审计数据没有人工设定的最大值和最小值范围。例如，一般单位的固定资产台账数据可能不适用 Benford 分布规律，因为按照财务制度，只有超过一定金额的固定资产才被登录台账。

③数据需要反映真实世界的实际情况，目标数据受人为因素的影响较小。

如果数据不满足这些条件，Benford 定律可能无法准确预测数字出现概率的分布，从而无法发现数据中的异常情况和潜在的风险点。因此，在使用 Benford 定律分析法时，需要确保数据集符合这些条件，以提高审计的准确性和效率。

第五节　信息系统审计

一、信息系统审计介绍

（一）信息系统审计的概念

1. 国际信息系统审计协会（ISACA）的定义

信息系统审计是一个获取并评价证据，以判断计算机系统是否能够保证资产的安全、数据的完整以及有效率地利用组织的资源并有效果地实现组织目标的过程。

2.《第 3205 号内部审计实务指南——信息系统审计》的定义

信息系统审计是对组织信息系统建设的合法合规性、内部控制的有效性、信息系统的安全性、业务流程的合理有效性、信息系统运行的经济性所进行的检查与评价活动。

（二）信息系统审计的职能

信息系统审计的职能涵盖了审计、控制和管理三个方面，旨在评估被审计单位信息系统的安全性、可靠性和经济性，并提供相关的咨询和建议，以帮助企业改进管理和提高经济效益。

1. 审计职能

审计职能是信息系统审计的核心职能，它是以相关规定、标准等为评价依据，对被审计单位的信息资产和信息系统进行审计，以判断其是否安全、可信，反映的财务收支和经济活动的电子轨迹是否合法、合规、合理和有效。审计职能还包括对信息系统内部控制的评价和审计，以确保其能够有效地保障信息资产的安全和数据的完整性。

2. 控制职能

控制职能主要是通过对信息系统进行审计，检查信息系统运行是否得到有效控制，以及控制程度和效果是否达到预期目标。审计人员还可以提出控制中存在的不足和问题，并为企业改进内部控制提供建议，从而帮助企业实现控制系统的最终目标。

3. 管理职能

管理职能主要涉及对企业信息资产安全与信息系统运行状况提供决策咨询，确保信息系统发展与企业的战略一致。审计人员还可以对制度、管理和控制等方面提供咨询服务，帮助企业预防出现大的信息技术风险和管理漏洞，提高企业的管理水平和经济效益。

（三）信息系统审计的特点

信息系统审计除具备传统审计的权威性、客观性、公正性等特点之外，还具备一些独有的特点。例如，信息系统审计的范围具有广泛性。信息系统审计不仅关注财务数据和业务流程，还涉及整个信息系统的安全性、可靠性和经济性。审计范围涵盖了信息系统的基础设施、网络、数据库、应用程序等各个方面，需要综合考虑技术、管理、法律等多个层面；信息系统审计的技术具有复杂性，信息系统审计涉及多个学科领域的知识和技术，如计算机科学、网络通信、数据库管理、加密技术等。审计人员需要具备专业的技术知识和技能，能够熟练运用各种审计工具和技术手段，以应对复杂的审计环境和任务。

（四）信息系统审计的一般原则

1. 依法审计原则

信息系统审计应依据国家法律法规和相关标准进行，确保审计工作的合法性和合规性。审计人员应遵守审计法、会计法等相关法律法规，以及国际审计准则和行业标准。

2. 客观公正原则

信息系统审计应保持客观、公正的态度，确保审计结果的客观性和公正性。审计人员应避免任何可能影响审计判断的利益冲突，保持独立的审计立场。

3. 风险管理原则

信息系统审计应关注信息系统的风险管理，评估风险对组织目标的影响，并提出相应的管理建议。审计人员应关注信息系统的安全性、可靠性和经济性，揭示存在的风险和问题。

4. 证据充分原则

信息系统审计应获取充分、适当的审计证据，以支持审计结论和建议。审计人员应运用专业技术和方法，获取真实、完整、准确的审计证据，确保审计结果的可靠性。

5. 保密性原则

信息系统审计的信息可能涉及组织的商业机密和敏感信息，审计人员应严格保密，确保审计信息的安全性和保密性。

6. 持续审计原则

信息系统审计应采取持续审计的方式，对信息系统进行实时监控和评估，及时发现和解决问题。审计人员应关注信息系统的变化和发展，及时调整审计策略和方法。

这些原则为信息系统审计提供了指导和规范，能够保障审计工作的质量和效果。

（五）信息系统审计的发展历程

信息系统审计的发展历程大致可以分为以下几个阶段。

1. 萌芽阶段（20世纪60年代）

萌芽阶段的信息系统审计是20世纪60年代从美国诞生的，该阶段主要是计算机审计的初期发展。由于计算机的运用和会计电算化的出现，传统审计难以满足时代的需要，审计人员开始借助电子数据和计算机进行审计。人们称之为电子数据处理审计或计算机审计，它是作为传统审计业务的扩展发展起来的。

2. 发展阶段（20世纪70—80年代）

随着计算机技术的广泛应用，信息系统审计开始关注计算机系统的可靠性和安全性。在这个阶段，信息系统审计的业务内容已经扩展到了符合性测试领域。同时，各国也开始制定自己的信息系统审计标准，如美国制定了COBIT（信息系统和技术控制目标），英国、澳大利亚、日本等也相继开展了信息系统审计的实践。信息系统审计从萌芽阶段的概念模糊逐渐向标准化成长进步。

3. 成熟阶段（20世纪90年代至今）

在这个阶段，信息系统审计逐渐成熟并形成了相对完善的理论体系和实践方法，审计的重点也开始转向对信息系统内部控制的评估和对信息系统风险的管理。同时，随着信息技术在被审计单位各个领域的广泛应用，信息系统的安全性、可靠性与其所服务的组织所面临的各种风险的联系越来越紧密，信息系统审计的重要性也越来越突出。

（六）信息系统审计的目标与内容

1. 信息系统审计的目标

1）信息系统审计的总体目标

对被审计单位信息系统进行全面检查和评估，确保信息系统的安全性、可靠性和经济性，揭示信息系统存在的问题和风险，提出改进建议，促进被审计单位完善信息系统的管理和控制，提高信息系统的效率和效益。

2）信息系统审计的具体目标

（1）评估信息系统的安全性：信息系统审计要评估信息系统的物理安全、网络安全、应用安全等方面的情况，确保信息系统能够抵御各种安全威胁和攻击，保障信息资产的安全和完整。

（2）评估信息系统的可靠性：信息系统审计要评估信息系统的稳定性、可用性和准确性等方面的情况，确保信息系统能够稳定、可靠地运行，提供准确的数据和信息支持组织的决策和运营。

（3）评估信息系统的经济性：信息系统审计要评估信息系统的投资效益、运行维护成本等方面的情况，确保信息系统能够以合理的成本实现组织的目标和需求。

（4）揭示信息系统存在的问题和风险：通过全面检查和评估信息系统，信息系统审计要揭示信息系统存在的问题和风险，包括技术缺陷、管理漏洞、安全隐患等方面的问题，为被审计单位提供改进建议。

（5）促进被审计单位完善信息系统的管理和控制：信息系统审计要帮助被审计单位完善信息系统的管理和控制，建立健全的信息系统管理制度和规范，提高信息系统的效率和效益。

2. 信息系统审计的内容

信息系统审计的内容主要包括组织层面信息技术控制、信息技术一般性控制及业务流程层面相关应用控制的检查和评价。具体包括但不限于以下几个方面。

（1）信息系统的管理、规划与组织。
（2）信息技术基础设施与操作。
（3）资产的保护。
（4）灾难恢复与业务持续计划。
（5）应用系统的开发与维护。
（6）业务流程的评价与风险管理。

3. 信息系统审计的类型

信息系统审计的类型主要包括真实性审计、安全性审计及绩效审计。

（1）真实性审计，主要关注被审计单位的信息系统以及电子数据的真实性、准确性、完整性。在大数据环境下，审计人员需要核实信息系统中数据与实际业务流程的符合程度，以发现信息系统使用过程中的固有弊病，从而提高财务审计的准确性。这种审计类型能够为财务审计提供基础支持。

（2）安全性审计，以被审计单位电子信息系统的安全防护为主要目标，确保信息系统的安全、持久、可靠运行。随着现代信息技术的迅猛发展，企业及党政机关事业单位正面临着前所未有的网络安全威胁，因此安全性审计变得尤为重要。

（3）绩效审计，是对信息系统投入产出比进行评价，包括效果性、效率性及经济性。信息系统绩效的主要目的是提升信息系统建设及运行效率，促进组织目标的实现。

二、信息系统审计实施

（一）信息系统审计流程

信息系统审计流程主要有六个阶段，分别是接受审计委托、评估审计风险、制订审计计划、收集审计证据、出具审计报告、后续审计。信息系统审计流程与一般审计流程十分相似，此处不再赘述。

（二）信息系统审计的工具

信息系统审计工具主要包括数据分析工具、数据库审计工具、源代码安全审计工具、日志安全审计工具、网络安全审计工具和专用审计工具箱。具体介绍如下。

1. 数据分析工具

数据分析工具是一种用来处理、转换和分析数据的软件或工具，主要包括数据检索工具、数据结构转换工具、数据处理工具（如合并、排序、复制、修改等）、数据比较工具等。

2. 数据库审计工具

数据库审计工具是指跟踪数据以及数据库变化的工具，包括本地数据库审计、数据库活动监控等。

3. 源代码安全审计工具

源代码安全审计是一种针对软件源代码的安全审计过程，旨在发现并纠正潜在的安全漏洞。通过对源代码进行深入审查和分析，审计人员可以发现代码中的错误、漏洞和不合规行为，并提供修复建议，从而提高软件的安全性和可靠性。源代码安全审计可以针对不同的编程语言和框架，包括 Java、Python、PHP、C++等。源代码安全审计工具可提供安全编码规范咨询、定位源代码中存在的安全漏洞、提出修改建议等服务。

4. 日志安全审计工具

日志安全审计工具是专门用于分析和审计系统或应用程序日志的软件工具。这些工具可以帮助企业和组织识别潜在的安全威胁、合规性问题和性能瓶颈，从而确保系统的安全和稳定运行。

5. 网络安全审计工具

网络安全审计工具是用于监测、分析和评估网络安全状况的软件或系统。这些工具可以帮助组织识别潜在的安全威胁、漏洞和不合规行为，确保网络环境的安全性和稳定性。网络安全审计工具主要分为两种类型：主动型和被动型。主动型工具通过主动扫描网络设备和系统，发现潜在的漏洞和威胁；被动型工具通过监听网络流量和分析系统日志来检测异常行为。

6. 专用审计工具箱

专用审计工具箱是一个集成了多种网络安全审计工具和功能的综合性平台，旨在为企业和组织提供全面、高效的网络安全审计解决方案。专用审计工具箱可能包含一些关键组件和功能，比如漏洞扫描与评估工具、网络流量分析工具、日志管理与分析工具等。

（三）信息系统审计的方法

信息系统审计的方法与一般的审计方法有相似之处，因此着重介绍信息系统审计与一般审计方法的不同之处。

信息系统审计方法主要包括访谈法、调查法、检查法、观察法、数据测试法、程序代码检查法、程序编码比较法、风险评估法、追踪测试法、系统监视法。这里着重介绍数据测试法、程序代码检查法、程序编码比较法、风险评估法、追踪测试法、系统监视法等审计方法。

1. 数据测试法

数据测试法是指将一组数据（称为"测试数据"或"测试卡组"，包括正常的、不正常的、有效的、无效的业务数据）输入被审查系统，使系统在审计人员的控制或亲自操作下完成对该组数据的处理，然后将输出结果与审计人员预先独立计算的结果进行核对的方法，其目的在于检查系统的程序功能是否能准确地完成预定的数据处理任务。在设计测试数据时，审计人员应当考虑信息系统中可能发生的每种错误，比如数据类型错误、编码顺序紊乱、逻辑判断条件不合理等。数据测试法主要包括黑盒法、白盒法、平行模拟法等。

（1）黑盒法：它的主要特点是在测试过程中，将程序视为一个不能打开的黑盒子，完全不考虑程序内部的结构和特性，只在程序接口处进行测试。这种测试方法旨在检查程序功能是否按照需求规格说明书的规定正常使用，以及程序是否能正确地接收输入数据并产生正确的输出信息，同时保持外部信息（如数据库或文件）的完整性。

（2）白盒法：白盒法允许测试人员检查程序的内部结构，从检查程序的逻辑着手，得出测试数据，通过测试来检测产品内部动作是否按照设计规格说明书的规定正常进行，检验程序中的每条通路是否都能按预定要求正确工作。因此，它可以全面覆盖代码、分支、路径和条件，确保测试的全面性和准确性。

（3）平行模拟法：它是检查被审计单位应用程序处理逻辑的正确性、控制功能的有效性和处理结果的可靠性的一种方法。实施这种方法是由审计人员自行编写与被审计单位的应用程序功能相同、目的一致的计算机程序，同被审计单位相应的应用程序并行，对被审单位的实际数据进行处理，并将两者的处理结果进行比较，检查被审计单位的程序是否有效，并得出有效程度的结论。

2. 程序代码检查法

程序代码检查法是一种通过检查和分析程序代码来发现其中潜在错误和缺陷的方法。它是一种重要的质量保证手段，可以帮助审计人员及时发现并修复代码中的问题，从而提升整体质量。

3. 程序编码比较法

程序编码比较法是一种主要用于小规模、数据量小的单位的审计方法，它采用现场单机审计的方式，具有灵活方便的特点。在审计过程中，审计人员会对被审计单位的程序代码进行比对和分析，以检查代码的一致性、逻辑正确性，以及是否存在潜在的安全隐患或错误。

4. 风险评估法

风险评估法分为分级技术和经验判断法。

（1）分级技术：分级技术是一种更为系统和量化的风险评估方法。它通常涉及对风险因素进行识别和分类，并根据预设的标准或模型对风险进行量化评估。这种方法依赖大量的数据和统计分析，以便对风险进行准确的分级和排序。常见的分级技术包括风险矩阵法、风险指数法等。

（2）经验判断法：经验判断法更多地依赖专家的经验和直觉来进行风险评估。这种方法通常不需要大量的数据和复杂的计算，而是依赖专家的专业知识和对风险的理解。专家根据自身的经验和观察，对风险因素进行评估和判断，并给出相应的风险等级或建议。

5. 追踪测试法

追踪测试法的核心在于对测试过程中的各个环节进行细致的跟踪和记录，以确保测试的全面性和准确性。这种方法主要关注测试用例的执行、缺陷的发现与修复，以及测试进度的跟踪等方面。在执行追踪测试法时，测试人员通常会使用测试管理工具来创建和管理测试用例、缺陷等。测试人员还会编写测试日志，记录每天完成的测试工作、遇到的问题以及解决方案等信息。追踪测试法的主要目的是保证测试工作按计划有序开展，及时发现并解决实施过程中出现的问题。

6. 系统监视法

系统监视法是一种用于观察、记录和分析系统运行状态的方法。它通过使用系统命令进行监视、查阅系统记录文件、集成命令、文件记录和可视化技术、使用远程协议进行监视等多种方式实现。系统监视法是一种全面、多角度的监视方法，审计人员可以根据不同的需求和场景选择合适的方式进行系统监视。在实际应用中，可能需要结合多种监视方法以达到最佳的监视效果。

（四）数字证据取证的方法和技术

数字证据取证是指对计算机中的数据进行检查、识别、收集、分析、提取、保存的活动。

1. 数字证据取证的方法

数字证据取证的方法包括数据保护、数据采集、数据镜像、数据提取、数据获取或正规化。数字证据取证的方法确实涵盖多个关键步骤，以确保电子数据的完整性、真实性和可用性。

（1）数据保护：这是数字取证的第一步，它是指审计人员确立特定的协议，通知相应各方开展电子证据搜寻工作，告知他们不要通过任何方式破坏证据，目的是确保电子数据在收集、分析和呈现过程中不被篡改或损坏。这通常涉及对目标系统的隔离，以防止任何未经授权的访问或修改。

（2）数据采集：这一步涉及从目标系统或设备中收集与案件相关的电子数据。可以使用专门的数据采集工具来复制硬盘、内存或其他存储设备上的数据。在采集过程中，需要确保数据的完整性和真实性，避免任何形式的篡改。

（3）数据镜像：数据镜像是指创建一个与目标系统或设备完全相同的副本，以便在不破坏原始数据的情况下进行分析。这通常使用专门的硬件和软件工具来完成，可以确保镜像数据的完整性和准确性。

（4）数据提取：在数据镜像的基础上，进行数据提取，即从镜像中分离出与案件相关的特定信息或文件。这可能涉及对文件系统的分析、关键字的搜索或特定数据类型的识别等。

（5）数据获取：数据获取是指从目标系统或设备中直接获取电子数据的过程，正规化则是对这些数据进行标准化处理，以便后续的分析和呈现。在获取数据后，可能需要进行格式转换、去重、排序等操作，以便更好地分析和展示证据。

2. 数字证据取证的技术

（1）识别类技术：主要用于判定可能与指控或突发事件相关的项目、属性和数据，包括通过关键词搜索、数据模式识别等方式，从海量的电子数据中筛选出与案件相关的信息。此类技术还包括元数据分析，通过对文件的创建时间、修改时间等元数据进行提取和分析，以确定文件的来源和变化历史。

（2）保全类技术：旨在保证证据状态的完整性，防止数据在取证过程中被篡改或损坏。通常涉及使用哈希函数、数字签名等技术对数据进行加密和校验，确保数据的原始性和未修改状态，还可以使用写保护设备或只读存储设备来确保数据的物理保全。

（3）收集类技术：用于提取或捕获突发事件的项目及其属性或特征，包括从计算机硬盘、移动设备、网络设备等来源中收集数据。收集技术可能涉及对数据的镜像复制、内存捕获、网络流量捕获等，以确保数据的完整性和准确性。

（4）检查类技术：主要用于对突发事件的项目及其属性或特征进行检查，可能涉及对文件内容的详细分析、数据结构的解析、程序代码的审查等。检查技术还包括使用专门的取证工具对数据的隐藏区域、已删除文件进行恢复和分析。

（5）分析类技术：目的是对数字证据进行融合、关联和同化，以获得结论，可能涉及数据挖掘、模式识别、统计分析等高级技术。

（6）呈堂类技术：旨在客观、有条不紊、清晰、准确地报告事实。呈堂技术可能涉及创建可视化报告、制作演示文稿、编写专业的取证报告等，以便将复杂的数字证据转换为易于理解的形式。

（五）信息系统审计的程序

信息系统审计程序与一般审计程序类似，这里着重介绍不同之处。信息系统审计程序主要包括审计准备、开展现场审计工作、编制审计工作底稿、出具审计报告及后续审计工作。

1. 审计准备

（1）审前准备：实施信息系统审计前，审计人员需要根据审计目标开展审前的调查。审前调查主要了解组织信息系统的治理管理体制（如信息系统管理机构设置、管理职责等）、总体架构（包括系统分布、信息系统主要类型、各信息系统的基本情况和系统之间的关联关系等）、规划和建设、应用管理情况等。

（2）制订审计工作方案：根据审前准备制订信息系统审计工作方案。审计工作方案的内容与一般审计的工作方案类似，如审计的目的、范围、依据等，此处不再赘述。

2. 开展现场审计工作

审计人员应根据审前准备和审计计划，评估被审计单位的信息系统内部控制（包括了解相关信息、开展控制测试、评估信息系统内部控制）、开展实质性测试。

3. 编制审计工作底稿

在审计工作底稿中正确记录审计文书、活动、测试、发现和事故。将审计过程、结果和分析整理成审计工作底稿，为后续出具审计报告提供依据。信息系统审计人员尤其应该考虑如何保持审计测试证据的完整性和保护证据。

4. 出具审计报告

需要注意信息系统审计师签发的信息系统审计报告不同于其他类型的审计报告，信息系统审计报告专注于评估信息系统的安全性、可靠性、效率性及合规性等方面。它主要关注信息系统的技术架构、数据管理、网络安全、系统控制以及业务连续性等问题。它以独立的第三方视角对被审计单位信息系统管理的安全性、产生数据的真实性、运行的绩效等发表意见，具有鉴证作用，在信息系统审计报告中应该陈述信息系统审计结论、建议和保留意见。

审计报告的结构和内容主要包括报告简介、审计发现、审计人员对所检查的控制和程序的充分性发表的总体结论和意见以及识别出的实际潜在风险、审计人员关于审计的保留意见或资质（说明所检查的控制或程序是否充分）、详细的审计发现或意见、审计过程中的各种发现。

三、信息系统内部控制

信息系统的业务活动和内部控制之间存在很多相互交叉关联的内容。原本以权力制衡和岗位分离为基础的内部控制逐渐发展为以信息流为基础的信息系统内部控制。信息系统内部控制是指企业为确保会计信息系统的正确性、可靠性和安全性，提高会计信息系统的运营效率，而采取的一系列管理和控制手段，其根本目的在于在信息系统风险分析的基础上，消除或降低系统风险所带来的危害。

（一）信息系统内部控制的需求

信息系统内部控制的需求主要源于对信息系统安全性、稳定性和效率性的高度关注。信息系统内部控制的需求主要表现在安全（需要有安全的操作系统、数据库、网络、防火墙等）、变更控制（需要有程序控制和确保对系统变更的恰当批准）、灾难恢复（数据备份和恢复）、信息系统治理（信息系统是否有清晰策略、程序、沟通，职责分离是否明确等）、开发以及实施活动（将新系统或系统变更引入生产环境前，需要建立恰当的控制）等方面。

(二)信息系统内部控制的目标

信息系统内部控制的目标主要是确保信息系统的有效运行和信息安全,保障企业业务的顺利进行和资产安全。信息系统内部控制的终极目标是实现企业价值最大化,主要体现在与业务目标的一致性、有效利用信息资源和风险管理上。

(三)信息系统内部控制的要素

信息系统内部控制的要素是指内部控制的构成要素,这五个要素共同构成了信息系统内部控制的完整框架,具体内容如下。

1. 信息系统内部控制环境

信息系统内部控制环境是信息系统内部控制的基础,涉及组织的治理结构、企业文化、人力资源政策等。一个良好的内部控制环境能够为信息系统的安全、稳定运行提供有力的保障,包括信息系统治理架构、信息系统组织与职责、信息系统决策机制等。

2. 信息系统风险评估

信息系统风险评估是识别、分析和评估信息系统可能面临的风险的过程,包括识别潜在的安全威胁、评估风险的严重性和可能性,以及制定风险应对策略。信息系统风险评估主要包括信息系统战略与规划、信息系统风险识别与分析应对等。

3. 信息系统控制措施

信息系统控制措施是为了实现信息系统的安全目标而采取的一系列具体行动和方法。审计人员应针对OT(operational technology)运营技术风险评估结果,实施信息系统控制措施。信息系统控制措施包括信息系统技术类控制措施(比如防火墙、入侵检测等)和信息系统管理类控制措施(比如开发管理、项目管理等各种信息系统管控制度与流程)。

4. 信息系统信息与沟通

信息系统信息与沟通是确保信息系统内部控制有效运行的关键环节,包括建立有效的信息传递和沟通机制,确保相关人员能够及时获取和分享与信息系统相关的信息,以便更好地履行职责和协作工作。审计人员要建立服务平台与事件管理程序,及时在企业内部层级间传递相关的外部信息。

5. 信息系统内部监控

信息系统内部监控是对信息系统内部控制活动的持续监督和评估过程。通过内部监控,企业可以及时发现和纠正内部控制的缺陷和不足,确保内部控制体系的有效性和适应性。审计人员需建立信息系统内部控制体系审核机制,评价信息系统控制的有效性,通过信息系统的技术管理手段,不断改进信息系统内部控制。

(四)信息系统内部控制的设计对象

实施信息系统内部控制时,主要涉及决策层面、业务层面及技术层面。

（1）决策层面，主要包括政策制定、信息与沟通、风险评估、监控检查。这一层面主要关注信息系统内部控制如何与企业的整体目标、政策和战略决策相契合。企业设计信息系统内控时，应确保其与企业的战略方向保持一致，从而支持企业的长期发展。此外，决策层面还涉及对信息系统治理架构、信息系统组织与职责、信息系统决策机制等基础内容的关注，以确保信息系统决策的有效性和合规性。

（2）业务层面，包括信息安全策略（如问题管理、应急管理、职责分离等）和信息安全流程（比如备份管理、设备安全等）。在业务层面，信息系统内部控制需要关注具体的业务流程和操作。包括确保业务流程的顺畅运行，防范操作风险，保证数据的完整性和安全性。此外，业务层面的内部控制还需要关注与业务相关的信息系统和应用的安全性，防止系统漏洞或应用缺陷导致的业务风险。

（3）技术层面，包括信息系统的变更和维护（如变更申请与管理等）、信息系统的操作和运行（如对系统操作的总体控制、管理数据中心环境等）。技术层面是信息系统内部控制的关键环节，涉及对信息系统技术类措施和信息系统管理类措施的使用，以防范和控制风险。通过采用数据加密、访问控制、网络安全防护等技术手段，企业可以提高信息系统的安全性。同时，制定和执行严格的信息系统管理制度与规范，确保信息系统和应用的合规运行。

（五）信息系统内部控制的设计内容

在设计信息系统内部控制时，需要涵盖职责分工控制、授权审批控制、信息资产保护控制、系统控制、人员控制和内部报告控制等多个方面。这些控制措施共同构成一个全面而有效的内部控制体系，旨在确保信息系统的安全性、稳定性和高效性。

职责分工控制是确保不同岗位和人员之间的职责明确划分，避免职责冲突和重叠。职责分离控制禁止系统开发人员访问生产环境。

授权审批控制是通过对系统访问和操作进行严格的授权和审批，确保只有经过授权的人员才能访问敏感信息或执行关键操作。授权审批控制要求各级管理人员必须在授权范围内行使职权、承担责任以及对变更活动进行监管。

信息资产保护控制是对企业的信息资产进行全面的保护和管理，包括采取适当的加密措施、备份策略和数据恢复计划，确保信息资产的完整性、可用性和保密性。

系统控制是对信息系统的硬件、软件和网络环境进行全面的监控和管理，包括定期更新和修补系统漏洞、设置防火墙和入侵检测系统，以及制订应急响应计划等，以确保系统的稳定运行和抵御外部威胁。

人员控制是对信息系统相关人员进行管理和培训，提高他们的信息安全意识和操作技能。人员控制要求科学设置信息技术部门的考核指标体系，加强人员日常管理和培训。

内部报告控制是建立有效的内部报告机制，及时收集、分析和报告与信息系统相关的风险和问题，有助于企业及时发现和解决潜在的安全隐患，不断完善和优化内部控制体系。

（六）信息系统内部控制审计

信息系统内部控制审计事项主要包括组织层面信息管理控制审计事项、一般控制审计事项、应用控制审计事项三个方面。

1. 组织层面信息管理控制审计事项

（1）审查组织的信息管理策略、政策和程序，确保其与公司战略目标保持一致。

（2）评估信息管理部门的职能和人员配置，检查其是否满足组织的业务需求。

（3）审查信息安全管理机制，包括风险评估、安全策略、应急响应计划等。

（4）核实组织层面的信息系统培训计划，确保员工具备必要的技能和知识。

2. 一般控制审计事项

（1）对信息系统的基础设施进行审计，包括硬件、网络、数据中心等，确保其稳定性和安全性。

（2）审查系统开发和维护流程，确保遵循既定的标准和规范。

（3）评估系统备份和恢复策略，验证其可靠性和有效性。

（4）检查系统访问控制和身份认证机制，确保其能够阻止未经授权的访问。

3. 应用控制审计事项

（1）审查应用程序的功能和性能，确保其满足业务需求并稳定运行。

（2）核实应用程序的数据输入和输出控制，确保数据的准确性和完整性。

（3）评估应用程序的安全控制，如数据加密、访问控制等。

（4）检查应用程序的变更管理流程，确保其经过适当的审批和测试。

四、信息系统审计相关准则与规范

（一）与信息系统审计相关的国际准则与规范

1. 国际审计准则

国际审计准则（ISA）由国际审计与鉴证准则委员会发布，为审计人员提供了在全球范围内进行审计工作的标准和要求。其中，与信息系统审计相关的部分强调了对信息系统内部控制的评估、对信息技术风险的管理，以及对电子数据的审计等。

2. COBIT 框架

COBIT 框架（Control Objectives for Information and Related Technologies）是目前国际上通用的信息系统审计标准，由信息系统审计与控制协会（ISACA）于 1996 年公布，其为组织提供了一个全面的信息系统审计、控制和安全的方法论。它涵盖了五个关键领域：信息安全、风险管理、合规性、业务连续性和绩效管理。COBIT 为审计人员提供了一个评估、监控和改进信息系统管理的框架。

(二)与信息系统审计相关的国内准则与规范

1.《信息系统审计指南》

2012年2月,审计署发布了《信息系统审计指南——计算机审计实务公告第34号》。该指南概述了信息系统审计的定义、信息系统审计目标、信息系统审计组织,并界定了信息系统的审计内容。

2.《内部审计基本准则》

为了进一步完善内部审计准则体系以及指导新系统审计实践,2020年12月,中国内部审计协会发布了《第3205号内部审计实务指南——信息系统审计》。对于信息系统审计,该准则要求审计人员应当评估信息系统的内部控制设计和执行的有效性,关注信息系统的安全性、稳定性和效率性。同时,它还提到了审计人员可以采用以风险为导向的审计方法,对信息系统进行全面的审计。

3.《中国注册会计师审计准则》

对于信息系统审计,审计人员需要遵循该准则中关于审计原则、审计证据、审计报告等方面的规定。他们需要采用适当的审计方法和技术手段,对信息系统的内部控制、数据安全、系统运行等进行全面、客观、公正的审计。

思考题

1. 简述智能审计产生的背景。
2. 智能审计的对象有哪些?它们的定义分别是什么?
3. 智能审计的主要工具有哪些?请举两三个例子。
4. 智能审计数据采集、预处理、分析的方法分别有哪些?请简要列举并做适当说明。
5. 信息系统审计的实施流程是什么?有哪些工具?

伦理与道德专栏

施工企业数字化审计转型案例——以中铁大桥局智慧审计平台建设为例

1. 哪些内外部因素驱动了中铁大桥局对审计流程进行数字化转型?分析这些因素如何影响企业决策层推进审计信息化和数字化策略?

2. 智慧审计平台集成了大数据、云计算和人工智能等技术,提高了审计效率和质量。请探讨这些技术是如何具体应用于审计工作中的,并分析它们对审计效率和质量提升的具体影响。

伦理与道德专栏:企业因出具虚假报告受罚案的具体内容

3. 中铁大桥局面临的审计资源有限与项目地理分布广泛的挑战,在智慧审计平台的帮助下得到了有效应对。探讨其在实现审计全覆盖的过程中遇到的主要挑战及其制订的解决方案,包括技术、人员和管理等方面。

即测即练

自学自测 扫描此码

参 考 文 献

[1] 陈汉文，杨道广，董望. 审计[M]. 5版. 北京：中国人民大学出版社，2022.
[2] 中国注册会计师协会. 审计[M]. 北京：中国财政经济出版社，2024.
[3] 荣国萱，肖虹霞. 审计原理与实务[M]. 2版. 南京：南京大学出版社，2021.
[4] 赵保卿. 审计学[M]. 北京：清华大学出版社，2021.
[5] 么秀杰. 审计全流程实操：从入门到精通[M]. 北京：中国铁道出版社，2018.
[6] 赵华. 财务审计实务[M]. 北京：中国政法大学出版社，2019.
[7] 亚东. 财务审计实务指南[M]. 北京：人民邮电出版社，2021.
[8] 秦荣生，卢春泉. 《审计学（第11版）》学习指导书[M]. 北京：中国人民大学出版社，2022.
[9] 韩洪灵，陈汉文. 会计职业道德（立体化数字教材版）[M]. 北京：中国人民大学出版社，2021.
[10] 包建玲，刘玥彤. 熵权视域下大数据审计风险的估计及控制研究[J]. 财会通讯，2023(1)：109-115.
[11] 刘海英，高修政，李静芬. 审计重要性水平的设定与应用问题研究[J]. 财务管理研究，2023(11)：102-107.
[12] 梁力军，张莉，刘丽娜. 审计重要性、重要性水平与审计风险辨析[J]. 财会月刊，2020(19)：101-105.
[13] 陈汉文，韩洪灵. 审计理论与实务[M]. 北京：中国人民大学出版社，2018.
[14] 董东，王艳君，陈玉哲. 审计分析：从关系到大数据[M]. 北京：清华大学出版社，2019.
[15] 宋常，王玉涛. 审计学[M]. 9版. 北京：中国人民大学出版社，2022.
[16] 吕颖菲. 审计学[M]. 上海：上海财经大学出版社，2023.
[17] 阚京华，周友梅，管亚梅. 审计学[M]. 2版. 北京：人民邮电出版社，2016.
[18] 谢荣. 高级审计理论与实务[M]. 北京：经济科学出版社，2011.
[19] 张振华，周洋，胡晓清. 财务报告审计实训[M]. 南京：南京大学出版社，2017.
[20] 颜晓燕，欧阳春，李自连，等. 高级财务会计[M]. 南昌：江西高校出版社，2018.
[21] 陆喜阳. 货币资金审计失败成因及防范对策：基于证监会行政处罚决定[J]. 中国注册会计师，2023(6)：66-69.
[22] 朱巍. 现代风险导向视角下的企业审计实践探究[J]. 中国产经，2024(2)：114-116.
[23] 文文. 现代风险导向审计基本内涵分析[J]. 中国集体经济，2024(5)：72-75.
[24] 赵锦文. 会计信息化环境下的企业内部控制分析[J]. 中国总会计师，2024(2)：94-96.
[25] 《中华人民共和国现行审计法规与审计准则及政策解读》编写组. 中华人民共和国现行审计法规与审计准则及政策解读：2022年版[M]. 上海：立信会计出版社，2022.

[26]　陈伟. 大数据审计[M]. 北京：中国人民大学出版社，2021.

[27]　陈伟. 智能审计[M]. 北京：机械工业出版社，2021.

[28]　RUI S, XIANFEI X, GUANGMING D, et al. The Influence of Accounting Computer Information Processing Technology on Enterprise Internal Control Under Panel Data Simultaneous Equation[J]. Applied Mathematics and Nonlinear Sciences, 2022, 8(1): 1685-1694.

[29]　MARTINIS D M, HOUGHTON K. The Business Risk Audit Approach and Audit Production Efficiency[J]. Abacus, 2019, 55(4): 734-782.

[30]　KEITH A HOUGHTON, CHRISTINE JUBB, MICHAEL KEND. Materiality in the Context of Audit: The Real Expectations Gap[J]. Managerial Auditing Journal, 2011(6).

教师服务

感谢您选用清华大学出版社的教材！为了更好地服务教学，我们为授课教师提供本书的教学辅助资源，以及本学科重点教材信息。请您扫码获取。

》教辅获取

本书教辅资源，授课教师扫码获取

》样书赠送

会计学类重点教材，教师扫码获取样书

 清华大学出版社

E-mail: tupfuwu@163.com　　　　　　网址: https://www.tup.com.cn/
电话: 010-83470332 / 83470142　　　传真: 8610-83470107
地址: 北京市海淀区双清路学研大厦 B 座 509　　邮编: 100084